KB060548

임진왜란과 청주 의병

● 지은이

이석린

경희대학교 사학과 문학박사(1985), 충북대학교 사학과 교수(1985~현재),
충북대학교 박물관장(1993~1995), 충북대학교 중원문화연구소장(2003~2005),
보훈연수원 외래교수(1992~2009), 공군사관학교 외래교수(1989~1994),
공무원교육원 외래교수(1985~현재), 경찰대학 외래교수(1988~현재)

주요 논저

『임란의병장 조헌연구』(1993)
『임란의병장 민양공 박춘무』(2002)
『조선왕조 왜란 · 호란기 의병장 박춘무 일가의 삼대창의록』(2005) 외 다수

임진왜란과 청주 의병

초판인쇄일　2014년 1월 15일
초판발행일　2014년 1월 20일
지 은 이　이석린
발 행 인　김선경
책 임 편 집　김윤희, 김소라
발 행 처　도서출판 서경문화사
　　　　　주소 : 서울 종로구 이화장길 70-14(동숭동) 105호
　　　　　전화 : 743 - 8203, 8205 / 팩스 : 743 - 8210
　　　　　메일 : sk8203@chol.com
등 록 번 호　제300-1994-41호

ISBN 978-89-6062-118-3　93910

　정가　20,000원

임진왜란과 청주 의병

이석린 지음

서경문화사

───── 머리말 ─────────────────────────────

    역사가 그냥 재미있다는 것 한 가지 때문에 사학과에 진학하여 공부를 시작하였다. 그렇지만 변변한 재주라고는 없는 터라 이렇게 오래도록 역사를 공부하리라고는 생각하지 못했었다. 아마도 우인(又仁) 김용덕(金龍德) 교수님이 계시지 않았다면 내가 여태까지 역사를 공부하지 못했을 것이다. 김용덕 교수님은 보잘 것 없는 나를 학문의 길로 이끌어 주셨다. 그 덕에 임진왜란 의병장 조헌에 대한 연구를 시작하게 되었고, 조헌 연구는 내 석사와 박사 논문의 주제이자 평생의 연구 과제가 되었다.

    충북대학교 사학과에 자리를 잡은 후 조헌에 대한 연구와 더불어 임진왜란 때 각지에서 일어난 지방 향병에 대해서도 관심을 갖게 되었다. 그 중 청주성 탈환에 결정적 역할을 했던 순천박씨 화천당 박춘무라는 분을 찾아내게 되었다. 박춘무에 대해 공부하다보니 순천박씨 가문은 왜란·호란 때 3대에 걸쳐 의병활동을 한 의병 가문이었다는 특별한 연구 결과를 얻어 내었다. 또한 동고 이준경에 관한 작은 연구 결과를 얻었는데, 이 분은 조선 명종대의 역사를 이끌었음에도 불구하고 연구가 되어 있지 않았다. 임진왜란 직전 국내 정치 상황을 파악하기 위해선 반드시 이준경에 대한 연구가 필요하기에 관심을 가졌던 것이다.

    이제 정년퇴임을 앞두고 그 동안의 연구를 정리하고자 조헌·박춘무·이준경과 관련된 논문들만 모아 자그마한 책을 꾸리게 되었다. 이 책이 나올 수 있도록 애써 준 충북대학교 사학과의 여러 제자들에게 고마운 마음을 전하고 싶다.

1970년에 대학을 졸업한 후 고등학교 교사, 전문대학 교수를 거쳐 1985년 충북대학교 사학과 교수로 부임해 지금까지 사십년 넘게 수많은 제자들을 가르치는 기쁨을 얻었다.

이는 모두 주변에서 보살펴주고 이끌어 준 많은 분들의 덕택으로 안다. 그저 모든 분들에게 감사할 따름이다. 오랜 세월 말없이 주변에서 지켜봐 준 가족과 동료 그리고 지인들께 글로써나마 고마운 마음을 전하고 싶다.

2014년 1월
청주 우봉정사에서
이 석 린

차 례

차 례

趙憲을 中心으로 한
壬辰初期의 義兵分析

1. 머리말

16世紀에 접어든 朝鮮王朝 社會는, 15世紀에 일단 確立되었던 支配體制가 動搖되기 시작하여 政治·經濟·社會·國防 等 諸分野에서 많은 변화를 가져왔고,[1] 특히 16世紀 後半에 이르러 露出된 朋黨의 形勢는[2] 朝鮮王朝의 政治秩序 維持에 커다란 試鍊이 아닐 수 없었다. 이러한 政爭이 시작되고 얼마 아니 되어 壬辰倭亂이라는 朝鮮開倉 이래 最大의 變亂을 맞게 된 것이었다. 壬辰亂이 일어나자 國防體制의 虛點이 드러나, 亂初에 官軍들은 大部分 敗散하고 義兵들의 活動이 돋보였으며 이들의 활약은 周知하는 바와 같이, 難局을 克服하는 데 결정적인 작용을 하였다. 이에 대해 芝峯 李睟光은

---

1) 姜萬吉氏는 「十六世紀史의 變化」, 『韓國社會思想史論選』(全北史學會 韓國史研究室編, 1983)에서 "16세기의 변화는 역사발전의 필연적인 결과이며, 임진왜란과 같은 외부적인 자극 이전에 이미 우리 역사 속에서 15세기의 조선왕조 지배체제를 무너뜨리는 힘이 나타나고 있었다"라고 설명하고 있다.
2) 朋黨의 형세는 16세기에 이르러 간혹 지적되었지만 明宗代의 領相이던 東皋 李浚慶이 宣祖에게 올린 遺箚의 四條目에서 明白히 지적하고 있다. 『東皋遺稿』參照.

"壬辰倭變에 乘輿가 西幸하고 國內가 空虛하며 敵兵이 充斥하여 號令이 實行되지 아니해서 거의 나라의 形體를 잃은 것이 달포를 넘겼는데, 嶺南의 郭再祐 · 金沔, 湖南의 金千鎰 · 高敬命, 湖西의 趙憲 等이 義兵을 倡起하고 遠近에 檄文을 傳達하여 이로부터 百姓들은 비로소 나라를 위하는 마음을 갖게 되었다. 州郡의 士子들이 곳곳에서 召集하여 義兵將을 호칭한 者가 무려 수백 사람으로, 倭賊을 剿除하여 國家가 회복되기에 이르렀다"[3]라고 하였으니 義兵의 역할이 매우 컸었음을 보여주는 記錄이라 하겠다.

八道에서의 義兵蜂起는 時期的으로 亂初부터 연이어 일어났고 地域的으로도 全國의 大部分 지역에서 일어났다. 또 그들은 各各 特殊性을 가지고 있었으니, 대체적으로 北部地域보다는 南部에서 먼저 倭軍의 침입을 받았기 때문에 義兵活動도 자연 남쪽에서부터 시작되었고, 직접 倭軍의 공격을 받았던 慶尙道보다는 그 피해가 적었던 全羅道 地域에서 義兵의 募集이나 活動이 容易하였던 것이다. 또한 忠淸道는 비교적 儒敎의 敎化를 많이 받은 地域으로서 나름대로 義兵募集이 크게 어렵지 않았던 곳으로 볼 수 있다. 그리고 全國 어디에서나 官軍과의 마찰이 적지 않게 야기되었는데, 그런데도 德望있는 儒學者들의 휘하에 많은 義兵들이 모였으니 忠淸道에서 蜂起한 重峰 趙憲도 그 代表的 人物 중의 한 사람이다.

壬辰義兵에 대한 硏究는 1960年代 이후 지금까지 나름대로 많은 成果를 거두어 왔다.[4] 義兵에 관한 全船的인 問題들은 물론 各 地域別, 義旅別 硏

●●●● ·····························

3) 李章熙,「鄭文孚의 義兵活動」,『史叢』21 · 22合輯, 329쪽의 所引(李睟光,『芝峯類說』卷3, 君道部 賞功條).
4) 그간 義兵關係의 硏究 論文들을 소개하면 다음과 같다.
　崔永禧, 1960,「壬辰義兵의 性格」,『史學硏究』8, 韓國史學會 ; 金錫禧, 1962,「壬辰倭亂의 義兵運動에 關한 一考」,『鄕土서울』15, 서울市史編纂委員會 ; 金潤坤, 1967,「郭再祐의 義兵活動」,『歷史學報』33, 歷史學會 ; 李載浩, 1967,「壬亂義兵의 一考察」,『歷史學報』35 · 36合輯, 歷史學會 ; 李章熙, 1969,「壬亂海西義兵에 對한 一考察」,『史叢』14, 高大史學會 ; 崔槿默, 1970,「壬亂때의 湖西義兵에 對하여」,『忠南大論文集 人文社會科學篇』9, 忠南大學校 ; 宋正炫, 1972,「壬辰倭亂과 湖西義兵」,『歷史學硏究』IV, 全南大史學科 ; 金錫禧,

究도 상당한 進展을 보였다. 그러나, 아직도 좀 더 연구되어야 할 문제점들이 남아 있고 또 壬辰初期 義兵將 및 義兵集團들에 대해 比較·檢討하는 作業도 좀더 補完되어 진행되어야 하리라고 본다.

따라서 本稿에서는 時期的으로 보아 壬辰勃發 初期, 卽 壬辰년 4月부터 8월 사이에 일어난 몇몇 義兵集團들에 대한 構成·性分·性格 등을 살펴보고자 하며, 그 對象은 대략 慶尙道의 郭再祐, 全羅道의 高敬命·金千鎰, 咸鏡道의 鄭文孚 및 忠淸道의 趙憲 義旅로 삼아, 旣히 硏究된 趙憲 以外의 他義旅에 관해서는 先學들의 業績을 빌어, 간추려 소개하고 趙憲 義旅에 대해서는 좀 더 자세히 考察해 보고자 한다. 이는 壬辰 初期의 義兵集團들을 종합적으로 究明하는데 다소 도움이 되지 않을까 하는 생각에서이다. 先輩·同學들의 많은 叱正을 부탁드린다.

2. 各地 義兵構成의 槪觀

壬辰亂이 일어난 직후 慶尙·全羅道에서는 곧바로 義兵이 蜂起하였는데 慶尙道의 경우엔 郭再祐가 그 효시요, 全羅道에선 金千鎰이 처음 일어났다.[5] 그리고 약간 늦은 時期에 忠淸道의 趙憲이 蜂起했고 7월에 이르러서는

1972,「壬辰亂의 義兵에 對한 再考察」,『釜山大論文集』13, 釜山大 ; 崔永禧, 1975,「壬辰倭亂中의 社會動態 -義兵을 中心으로-」,『韓國硏究叢書』, 韓國硏究院 ; 許善道, 1976,「鶴峰金先生과 壬辰義兵活動」,『國譯鶴峰全集』第三章 論考, 國譯鶴峰全集刊行委員會 ; 李章熙, 1977,「鄭文孚의 義兵活動」,『史叢』21·22合輯, 高大史學會 ; 宋正炫, 1979,「義兵의 蜂起와 그 戰果」,『光州市史』第一卷, 光州市史編纂委員會 ; 金丁鎭, 1979,「義兵運動과 民族의 主體意識」,『東洋文化硏究』6, 慶北大東洋文化硏究所 ; 趙湲來, 1980,「金千鎰의 義兵活動과 그 性格」,『史學硏究』31, 韓國史學會 ; 李章熙, 1983,『郭再祐硏究』, 서울 養英閣 ; 金鎭鳳, 1982,「壬辰倭亂中 湖西地方의 義兵活動과 地方士族의 動態에 關한 硏究」,『史學硏究』34 ; 李錫麟, 1984,『重峰 趙憲 硏究』, 서울 慶熙大大學院博士學位論文 ; 貫井正之, 1965,「豊臣秀吉의 朝鮮侵略におげる 朝鮮人民의 動向について」,『朝鮮史硏究會論文集』1 ; 貫井正之, 1978,「郭再祐一抵抗과 その生涯一」,『朝鮮學報』83 ; 貫井正之, 1979,「全羅道 義兵について」,『朝鮮歷史論集』上.

咸鏡道에서 鄭文孚도 起兵하였다. 따라서 本章에서는 慶尙·全羅·咸鏡道 地域의 義兵構成에 대해 살펴보고 趙憲의 경우는 다음 章에서 說明하도록 하겠다.

1) 慶尙道義兵의 構成

慶尙道 地域에서는 賦役의 煩重으로 亂前에 이미 人心이 離散되어 자체 적으로 붕괴될 요소가 다분히 내재하고 있었으며, 倭軍이 侵入하자 목숨을 바쳐 싸우려는 將帥가 적고 守令들은 자기 관할지역을 지키기 전에 먼저 가 족을 이끌고 避身하여 百姓들의 怨聲을 사게 되었고, 百姓들 역시 安全地帶 를 찾아 避亂함으로써 各 고을은 그대로 放置된 상태였다. 일부 土賊들은 이러한 기회를 利用하여 官倉을 털기도 하고 武器를 약탈하는 等 反國家的 行動을 자행하는 者도 있었으며, 日本軍의 宣傳에 속아 그들의 嚮導가 된다 든지 또는 倭軍을 가장하여 民家를 약탈하는 일도 있었으며 倭軍의 諜者가 되어 情報를 빼돌려서 敵을 有利하게 하는 일도 있었다. 그러나 倭軍이 本 性을 드러내 만행을 저지르게 되자 慶尙道의 士民들은 차츰 自覺하게 되고 自己들의 活路를 찾기 위해서도 抵抗意識이 高潮되어, 士民들을 지휘하여 싸울 수 있는 人物을 기다리게 되었다. 이러한 상황 속에서 慶尙道의 義兵 活動은 전개되기 시작한 것이다.[6]

郭再祐의 경우, 壬辰년 4월 23일경, 즉 倭亂 발발 후 9일 만에 家僮(私奴 中心)을 이끌고 起兵함과 동시에 檄文을 띄우니 50여 인의 鄕人과 그 地域 兩班들이 이에 호응하였는데, 그 起兵의 動機를 李章熙氏는 '忠義丹心', '自 保鄕里', 及 '識者의 良心'이라는 측면에서 理解하였다.[7] 이것이 郭再祐 義

●●●● ···
5) 趙湲來氏는 1980, 「金千鎰의 義兵活動과 그 性格」, 『史學硏究』 31, 韓國史學會에서 湖南義 兵將中 最初의 起兵은 高敬命이 아니고 金千鎰이었다고 보고 있다.
6) 李章熙, 1983, 『郭再祐 硏究』, 서울 養英閣, 64쪽 參照.
7) 李章熙, 上揭書, 70~71쪽.

兵軍의 처음 出發이었으나 그는 5월 초 4일에서 6일 사이에 洛東江 下流에서 소규모 戰鬪를 치른 후[8] 5월 중순에 倭軍의 六番隊인 〈小早川隆景〉軍의 支隊인 〈安國寺惠瓊〉軍이 本隊와 全州에서 合流할 目的으로 慶尙道를 橫斷하여 全羅道로 진격하게 되었는데 郭再祐의 根據地인 宜寧이 저들의 진격로에 놓이게 되자 郭再祐 義兵軍은 死活을 걸로 戰鬪에 臨해 宜寧 進入路인 南江(洛東江 支流)에서 크게 勝利하였다.[9] 이로써 郭再祐 義兵軍은 그동안 官軍으로부터 반란군이라고 지목받은 汚名을 씻게 됨과 同時에[10] 道內의 義兵 蜂起에 많은 영향을 주었다. 즉, 5월 중순에 前工曹在郎 金沔이 高靈에서 家屬을 이끌고 起兵하여 居昌으로 가서 倭軍과 싸웠으며, 陜川에서는 前 掌令 鄭仁弘이 地域兩班들과 鄕民을 모아 茂溪에 주둔한 倭兵을 격파하고 軍糧을 불태운 뒤 돌아오는 戰果를 올린 바 있었다.[11] 또한 新寧에서도 前 奉事 權應銖가 兄弟·奴僕·壯丁들을 이끌고 起兵하여 倭의 〈毛利〉軍과 六月初에 싸운 바도 있었다.

前述한 바와 같이 郭再祐 義兵軍은 〈安國寺〉倭軍을 南江에서 격퇴한 후 部隊를 크게 改編했는데 義兵數도 50여 인에서 수백 인으로 늘었고 전투범위도 크게 擴大되었다. 여기에서 倡義初의 郭再祐 義兵團의 幹部陣 軍務分掌表를 보면 〈표 1〉과 같다.

〈표 1〉을 바탕으로 郭再祐와 幹部 17名과의 關係를 分類하면 첫째 그룹은 妹兄 許彦深, 舊友 朴思齊와 같이 平常時 郭再祐와 깊은 親分關係가 있는 사람이요, 둘째 그룹은 그들의 居住地가 보여 주듯이 同鄕人(9명)과 隣近 地域人(三嘉의 五名, 榮州·晋州·草溪가 각 1명씩)들로 地理的으로 깊은 연고를 가진 사람들로 構成되어 있으며, 셋째 이들은 대부분 그 地方의 土着兩班들로서 각기 義兵을 募集해 이들을 이끌고 郭再祐의 義兵團에 가담

---

8) 『瑣尾錄』卷1,「慶尙道儒生郭再祐書」.
9) 『忘憂堂集』附錄,「龍蛇別錄」.
10) 『宣祖實錄』卷27, 王 25年 6月 丙辰條.
11) 同上條.

표 1 軍務分掌表[12]

職 位		姓 名	居住地	參考事項
龍蛇別錄	龍蛇應募錄			
義兵將	義兵將	郭再祐	宜 寧	幼學, 讀兵書治弓馬, 通春秋
代 將	領 將	尹 鐸	三 嘉	前訓練奉事, 宣廟武 副正
都 摠	都 摠	朴思齊	三 嘉	學諭, 典籍
收兵將	收兵將	吳 澐	榮 州	前牧使
收兵將	收兵將	李雲長	宜 寧	武, 左副將
先鋒將	先鋒將	裵孟伸	宜 寧	
先鋒將	先鋒將	沈大承	宜 寧	訓練判官
督後將	督後將	鄭 演	三 嘉	
突擊將	突擊將	權 鸞	宜 寧	訓練奉事, 武, 軍威縣監
調軍糧	調 軍	鄭 演	三 嘉	
典軍饋	典 軍	許彦深	宜 寧	家甚殷富
主軍饋	典 鈒	盧 錞	草 溪	曹植門人
治兵械	治 兵	姜彦龍	宜 寧	
造軍器	軍 器	許子大	三 嘉	慷慨有大節, 率家僮
譏察	譏察	沈紀一	宜 寧	有智略
伏 兵	伏 兵	安起宗	宜 寧	訓練奉事, 家僮과 白米百石提供
軍 官	軍 官	曹士男	宜 寧	
軍 官	軍 官	朱夢龍	晉 州	登武科, 宣傳官

한 것으로 파악할 수 있다.[13] 그리고 李章熙氏는 위 表를 分析함에 있어서 出身性分을 대부분 하급관료층을 中心으로 하여 士族·智略者·地主層 等 支配階級으로 파악했고 構成員 中 武科에 及第하고 武班職에 從事했던 人物들이 많다는 특징을 지적하였으며, 居住地別로 보면 대부분 宜寧과 三嘉 地方의 土着人들로 構成되어 있어 鄕里保存的 性格을 강하게 띠고 있다고 說明하고 있다.[14]

●●●●○ ⋯⋯⋯⋯⋯⋯⋯⋯⋯⋯⋯⋯⋯⋯⋯⋯⋯⋯⋯⋯⋯

12) 이 表는 李章熙氏의 『郭再祐研究』, 81쪽의 表를 引用하였는데, 日本人 貫井正之氏도 「郭再祐-抵抗과 その生涯-」, 『朝鮮學報』 83輯의 111쪽에서 編成表를 제시하였는바, 그것은 이 表의 「龍蛇應募錄」과 內容이 같기 때문에 이 表를 引用한 것이다.
13) 貫井正之, 「郭再祐-抵抗과 その生涯-」, 『朝鮮學報』 83, 112쪽.

단편적이나마 이러한 分析을 통해 볼 때 郭再祐의 義兵部隊는 그 指導部에 있어서는 대개 地方의 儒生인 土着 兩班들로 構成 되어 있고, 一般構成員들은 그들의 家屬인 子弟·奴僕들로 되어 있으며 地域的으로는 郭再祐가 起兵한 宜寧을 中心으로 하여 그 부근 사람들이 主流를 이루고 있어 全體的으로 볼 때 郭再祐 義兵團은 이들이 이끌고 온 義兵들이 모여 이루어진 聯合部隊로서의 性格을 띠고 있으며 따라서 鄕里保存이 一次的 目的이었음을 알 수 있다.

2) 全羅道義兵의 構成

全羅道 地域은 他地域에 비해 대체로 倭軍의 발길이 크게 미치지 않았던 곳으로서 비교적 義兵活動이 활발하게 展開된 곳이다. 이 地域 義兵의 代表的 人物로서는 金千鎰·高敬命을 비롯하여 崔慶會·柳彭老·任啓英 等을 들 수 있는데 이들을 中心으로 全羅道 義兵의 構成과 性分을 살펴보기로 하겠다.

壬辰년 6월 3일, 金千鎰을 中心으로 潭陽에서 모였던 人物들을 보면 高敬命의 두 아들인 高從厚·高用厚 外에 朴元玉·崔慶會·鄭湛·柳彭老·安瑛·安齊民·梁山龍·梁山璹·朴權·李光宙·徐廷厚 等으로서[15] 이들은 列邑의 有力者들인 儒生·生員들이 대부분이었으며, 그들 各各의 集團을 보더라도 金千鎰의 경우 반수 以上이 儒生이었고[16] 任啓英도 처음 儒生들과 함께 倡義했다고 하였다.[17] 또한 全州 地方의 義兵들도 生員인 李鎧 等 30여 인이 中心이 되었고, 더욱 고부의병의 檄文에도 擧義 主倡者들이 儒生인 金晛·金听·金暹 等이라고 되어 있다.[18] 이와 같이 全羅道 地域을 代表

●●●●●·····································
14) 李章熙, 前揭書, 82쪽.
15) 『再造蕃邦志』 壬辰 六月條.
16) 『練藜室記述』 壬辰義兵 金千鎰條, "千鎰軍中 精勇雖多 半是儒生."
17) 『亂中雜錄』 壬辰下 八月條, "義兵之擧 自儒生倡 則名參士類者 固當奮起爲士卒先."
18) 『瑣尾錄』 壬辰南行日錄.

하는 人物들의 幕下人들이 대부분 儒生이나 生員과 같은 土着勢力層이었으며, 指導部는 道內·邑內의 有力者들로 되어 있고 아울러 義兵將들은 거의 前職 官吏들로 구성되어 있음을 알 수 있다.[19]

그러면 이들을 따라 義兵에 가담했던 사람들과 그 규모를 간략히 살펴보자.

먼저 高敬命의 경우엔 士庶들이 대거 募集에 應하여 약 6천여 명을 얻을 수 있었으며 柳彭老·梁大樸·李大胤·崔尙重·楊工衡·楊希迪 等이 中心이 되어 대강의 職務도 分掌된 것 같다.[20] 또 金千鎰의 경우엔 七百餘名을 모아 京城을 수복하고자 했다는 備邊司의 啓가 있었고[21] 崔慶會도 南原의 士民을 6~7백 명 정도 모아 이들을 中心으로 起兵한 것 같으며,[22] 柳彭老의 경우엔 梁大樸·楊希迪과 함께 高敬命에게 가서 謀議한 후 鄕兵을 모아 起兵했다고 했으며[23] 任啓英의 경우는 邑中의 子弟를 비롯하여 散亡한 兵卒들을 수습하고, 누락된 장정들을 모았으며, 長興의 某氏가 모아온 精卒 二百餘人이 合勢하여 四百餘名의 義兵을 얻었는데 이들은 그 계층이 多樣하여 列邑聯合軍的 색채를 띠고 있기도 하다.[24] 또한 金千鎰 義旅의 從事官이었던 宋齊民의 경우엔 通文을 列邑에 보내고 留鄕所와 鄕校의 訓導·堂長·有司 等과 함께 金千鎰을 따르게 되었으며[25] 더욱이 古阜儒生의 檄文

●●●●
19) 金千鎰은 진안현령, 강원도사, 담양부사를 역임했고, 高敬命은 울산, 영산, 서산 郡守와 동래부사를 역임했으며, 崔慶會도 전직부사였고, 任啓英도 전직현감이었으니 모두가 전직관리 출신들이라 하겠다.
20) 『練藜室記述』 壬辰義兵 高敬命 條, "士庶多應募 得兵六千餘人 (中略) 推敬命爲大將 學諭柳彭老 學官梁大樸 爲從事 正郎李大胤 正字崔尙重 楊工衡 幼學楊希迪等 爲募糧有司 ……."
21) 『宣祖實錄』 卷27, 王 25年 6月 丁巳條, "聞羅州居府使金千鎰 亦聚義兵七百餘名 直欲收復京城."
22) 『亂中雜錄』 壬辰下 八月條, "南原士民募義者 幾至六七百."
23) 註 19)와 同條, "與大樸及希迪 往謀于敬命 倡起鄕兵."
24) 註 21)과 同條, "鄕人某某等 先獲臣心 議以克合勸勵邑中子弟 收拾散亡之卒 召募遺漏之丁得鄕兵二百餘人 長興某某等 亦募精卒二百餘 來屬於臣."

에선 더욱 다양한 계층의 사람들이 義兵에 가담하도록 종용하고 있는데 그 대상을 보면 文武나 尊卑를 불구하고 耆耈·儒生·閑良·僧俗·衙前·驛吏·奴隷·九流·雜類에 이르기까지 매우 다양하다.[26] 물론 이러한 많은 계층의 사람들이 실제 얼마만큼 應募해 왔느냐 하는 것은 뒤로 하고라도 이는 當時 義旅 構成의 一面을 表現하고 있음에 틀림없다. 한편 瑣尾錄에 나타난,

前府使高敬命崔慶會金千鎰等 奮忠擧義 檄告列邑 則或前朝官 或儒生等 各卒壯奴應募者多 己於今月十一二日間 會於參禮驛前 將向上路云[27]

이라는 기록으로 보아 前職 官吏와 儒生이 中心이 되어 각기 壯奴를 거느리고 應募하기도 했고, 반대로 현직자도 있었으니 高敬命 義旅에서 募馬의 책임을 맡고 있던 楊大樹는 現職 濟州牧使였고, 역시 高敬命軍의 副將으로 활약했던 吳有는 寶城 사람으로 都元帥 金命元의 휘하에 있던 官軍으로서 高敬命軍에 應募하여 副將이 되었던 것이다.[28] 또 全羅道 地域에선 보기 드물게 僧兵도 조직되었으니,

南原邑內驍健之人七十餘名聚討賊 共推李應水爲將 境內僧徒亦募聚 以斗仁爲將[29]

이라 한 것 같이 南原에서 〈斗仁〉을 大將으로 한 僧兵이 조직된 것을 알 수 있다.

●●●●●●···································

25) 『瑣尾錄』壬辰南行日錄, "七月二十一日 全羅道義兵從事官宋齊民 痛哭再拜 通文于本道列邑 留鄕所及鄕校訓導堂長有司 伏以齊民 去月二十三日 從金義將."
26) 同上, "凡忠君愛國之心者 不拘文武前衙尊卑耆耈儒生閑良僧俗衙前驛吏奴隷九流雜類 今月二十七日 咸會于參禮驛前者 古阜儒生金晛金斫金暹等."
27) 同上.
28) 註 19)와 同條, "寶城人吳有初元師幕下 募義來從 爲其副將."
29) 『亂中雜錄』壬辰下 九月條.

아울러 이 지역의 의병들은 結束力이 강한 것으로 나타났는데 그것은 血緣的·地緣的 結合으로 뭉쳐진데서 그 原因을 찾아 볼 수 있을 것이다.[30]

以上에서 대략 살펴본 바와 같이 全羅道 義兵은 慶尙道 義兵에 비해서 起兵時부터 組織的이고 統一的이었다. 그것은 全羅道 地域이 대체적으로 倭軍의 직접적인 侵入을 덜 받았다는 有利한 條件이 그 理由中의 하나로 볼수 있다. 또 그 義兵 構成은 우선 邑內의 有力者가 數十名에서 數百名 정도의 鄕兵을 모아 이들을 인솔하고 보다 有力한 金千鎰·高敬命·崔慶會·任啓英 等의 義兵軍에 合勢했기 때문에 대규모의 義旅가 될 수 있었던 것이다. 따라서 應募한 계층들도 폭이 넓어져 指導層은 前職 官吏 및 各地方의 土着 兩班이나 勢力者, 儒生들로 構成 되게 되었고 一般 構成員들은 鄕吏·良人·農民·奴婢·雜類 等이 中心이 되었고 거기에 많은 수효는 아니지만 官軍에서 이탈되었던 자나 누락되었던 자들이 가담하고 있고 심지어는 僧徒까지 포함하는 그야말로 身分의 모든 限界를 초월한 전 계층이 총망라된 구성 형태를 보이고 있다.

3) 咸鏡道 義兵의 構成

본시 咸鏡道를 비롯한 北部 地域은 朝鮮王朝 開國 以來 他地域에 比해 差別이 심해 官職에 登用되기도 어려웠고, 中央의 官吏들도 이 地域으로 官職이 옮겨지는 것을 매우 꺼려하였다. 때문에 이 地域民에 대한 中央政府의 關心도 적을 수밖에 없었으며 따라서 敎化도 제대로 이루어지기 어려웠던 곳이다. 그런고로 이 地域民들의 國王이나 朝廷에 대한 感情이 좋을리 없었고 兩班 支配層에 대해서도 不滿이 컸음은 오히려 당연한 것인지도 모른다. 거기에다 이 지역에 赴任해 오는 武將들이나 官吏들의 횡포는 더욱 北道 百姓들의 怨聲을 사기에 充分했을 것이니,

●●●● ··

30) 『宣祖修正實錄』 卷26, 25年 12月條, "義兵則多是鄕里親舊 私相結約 故遇賊必戰而不易於遺散."

先是北土人若武吏侵虐 怨國最甚 及聞訛言 倭國立新主改國政 民間喧然傾向
爭縛吏以迎敵[31]

이라는 記錄이 그 실상을 말해 주고 있다. 이러한 地域的 事情이 倭亂을 맞
아 他地域에서 볼 수 없을 만큼 叛亂이 심했고 또 倭軍에게 投降하는 事例
가 많게 한 것이라 보겠다. 이러한 惡條件 속에서 北道兵馬評事 鄭文孚는
起兵하였던 것이다. 여기서는 주로 鄭文孚를 中心으로 하여 咸鏡道 義兵 構
成의 一面을 살펴볼까 한다.

鄭文孚가 처음 起兵한 것은 7월이고 본격적으로 활동을 시작한 것은 9월
16일 鏡城에서부터이다. 그가 최초로 起兵할 당시에 前監司 李聖任, 慶源府
使 吳應台, 慶興府使 羅廷彦, 輸城察訪 崔東望 및 流配人이었던 韓百謙·羅
德明 等이 함께 협력하여 鏡城에 들어갔었으나 이곳에서 叛賊 鞠世弼에게
쫓겨 모두 흩어지고 말았다. 鄭文孚는 그 후 龍城의 巫人 韓仁侃의 집을 거
쳐 鏡城의 李鵬壽 집에 가서 再次 擧義할 것을 도모하게 되었는데, 이때 崔
配天·池達源 等과 함께 謀議하여 그 同類들을 끌어 들이고 招諭하였다. 가
장 먼저 찾아온 사람은 壯士 姜文佑였고 慶城府使 鄭見龍, 慶源府使 吳應兌
또한 산속에 있다가 나왔으며 各鎭의 守將들과 避難한 朝士 徐渚·李成吉
등도 合勢하였고 바로 직후엔 端川郡守 姜燦 또한 군사를 일으켜 원조하기
에 이르렀다.[32]

이때 鄭文孚 義兵團은 일단 指導部體制를 갖추게 된 것으로 보이는데 그
組織은 대략 〈표 2〉와 같다.

이 같은 조직을 한 후 이어 各邑에 檄文을 내고 義兵을 召募하니 古州人
인 許珍·金國信·許大成 等도 군사를 모아 應募하여 왔다.[33] 그 후에도 鄭

31) 『宣祖修正實錄』 卷26, 25年 6月條.
32) 李章熙, 1977, 「鄭文孚의 義兵活動」, 『史叢』 21·22, 高大史學會, 335쪽 參照.
33) 李章熙, 上揭書, 336쪽 所引; 朴興宗 撰, 『農圃集』 卷2, 義旅錄; 金時讓 撰, 『大東野乘』 卷
72, 涪溪記聞; 李肯翊, 『練藜室記述』 卷15, 宣祖朝故事本末 北道之陷鄭文孚收復; 鄭文
孚, 『農圃集』 卷3, 年譜.

표 2

姓 名	義兵團內의 職責	備 考
鄭文孚	倡義大將	北道兵馬評事
鄭見龍	倡義中衛將	鐘城府使
柳擎天	倡義左衛將	高嶺僉使
吳應台	倡義右衛將	鏡源府使
李鵬壽	倡義別將	鏡城漁郎里居(擊事謨議處)
姜文佑	斥候將	

文孚에게 協力한 사람들을 보면 朱乙萬戶 李希唐이 鏡城싸움에서 도왔고, 會寧에선 儒生 吳允迪과 都訓導 申世俊이 叛賊 鞠景仁과 일당 6명을 斬首하여 功을 세웠으며, 呂村權管 具滉은 姜文佑와 함께 明川에서 叛賊 鄭末秀를 斬首하였다.[34]

한편 鄭文孚의 兵力數를 보면, 9월 16일 鐘城에 入城할 무렵엔 불과 100여 명 정도였으나 10월 21일 古州의 長坪 長德山 戰鬪 때는 이미 2,600여 명에 達했으니[35] 이때의 兵力 配置는 鄭文孚와 鄭見龍이 明川에서 1,000명, 柳擎天이 海汀에서 1,000명, 吳應台가 阿間倉에 200명 및 古驛地에 매복병 400명을 배치했다. 그 후 12월 25일에 있은 吉州·臨溟·雙浦 戰鬪 때는 3,000여 명으로 늘어나고 있으니 일단 鄭文孚는 義兵募集과 戰鬪를 成功的으로 이끌어 나간 셈이 된다.

그러면 鄭文孚 義旅의 性格과 그 構成員들의 性分에 대해 간략히 살펴보자. 우선 먼저 鄭文孚는 現職官吏로서 義兵將이 되었다는 點이 特異하다. 卽, 壬亂 初期의 義兵將들이 大部分 前職官吏나 未仕宦者들이었는데, 鄭文孚는 극히 드문 예로서 北道兵馬評事라는 現職에 있으면서, 그것도 官吏들

----

34) 鄭文孚, 『農圃集』 卷1, 「倡義起兵入守鏡城後擊斬倭賊狀啓」 및 「誅叛賊會寧鞠景仁明末秀狀啓」.

35) 이 長德山 戰鬪에서 鄭文孚軍은 군마 118필을 비롯해 많은 군장비를 획득했고 적병 600여 명을 참수하였다. 『宣祖修正實錄』 卷26, 25年 10月條.

에 대한 적개심이 강했던 北部 地域에서 起兵했다는 점이다.[36] 그러나 南部
地域과 共通되는 點은 鄭文孚가 처음 起兵하는 데 合勢한 사람들이 대개 校
生들이나 그에게 受學했던 사람들이라는 것이 그 하나요, 또 이들에 의해
鄭文孚가 義兵將으로 選出되었다는 點이 다른 하나요, 또 起兵 및 活動時
官軍과 마찰을 빚었던 것도 共通點으로 지적될 수 있다.[37]

그리고 起兵 當初의 鄭文孚 義旅의 構成員 性分을 보면 他義旅에 비해 월
등하게 邊將이나 武人들이 많다는 특징을 지니고 있다. 卽,

표 3

品職所持者				其他		
現職者		前職者				
文班	武班	文班	武班			
府使 2	評事 1	監察 1	萬戶 2	生員 1	座首 2	羽林衛 1
判官 2	僉使 3	直長 1	權管 1	及第 1	忠義衛 3	別侍衛 11
學諭 1	萬戶 3			幼學 5	忠順衛 1	甲士 7
	權管 3			校生 1	內禁衛 1	正兵 1
				書吏 2	定虜衛 7	保人 7
						不明 1
計 5	10	2	3			52[38]

와 같이 鄭文孚의 경우 僉使·萬戶·權管 等 武班職에 종사한 人物들이 核
心을 이루고 있으며, 前職者보다 現職者의 수가 세 배나 많은 절대수가 참
여하고 있는 것이다.

다음 鄭文孚 義旅의 中心 人物들을 地域別로 보면 다음과 같다. 卽,

●●●●● ·······································

36) 李章熙氏는 그의 「前揭論文」, 339~340쪽에서, 鄭文孚가 현직관인으로서 起兵할 수 있었
던 이유를 첫째, 他官吏와 달리 평소 住民들의 환심을 얻었고 둘째, 萬戶 高敬民에 의해
明軍의 도착소식과 北界에 대한 조정에서의 征討가 있을 것이라는 傳言이 사태의 추이를
관망하던 사람들에게 의병에 가담할 수 있는 용기를 주었다고 설명하고 있다.
37) 鄭文孚는 함경감사 尹卓然과 마찰을 빚었는데 이는 郭再祐가 경상감사 金睟와, 趙憲이 충
청감사 尹元覺과, 또 황해도 초토사 李廷馣과 관찰사 柳永慶이 마찰을 일으킨 것과 같다.
38) 李章熙, 前揭書, 340쪽의 性分表 引用.

표 4[39)

姓 名	義兵職責	出身地	姓 名	義兵職責	出身地
李鵬壽	倡義別將	鏡 城	姜文佑	斥候將	鏡 城
崔配天	未 詳	鏡 城	李琪壽	未 詳	鏡 城
池達源	未 詳	鏡 城	徐 逡	未 詳	鏡 城
許 珍	未 詳	吉 州	車應獜	斥候將	會 嶺
金國信	伏 兵 將	吉 州	朴克勤	未 詳	會 嶺
金麗光	未 詳	鏡 城	朴希悅	未 詳	會 嶺
許大成	未 詳	吉 州	朴希發	未 詳	會 嶺
朴銀柱	未 詳	鏡 城	金 銓	未 詳	會 嶺
朴銀澄	未 詳	鏡 城	金 鏡	未 詳	會 嶺
朴連柱	未 詳	鏡 城	車得道	未 詳	會 嶺
朴惟一	討 賊 將	鏡 城	黃 垂	未 詳	會 嶺
吳允迪	未 詳	會 嶺	金嗣朱	未 詳	鏡 城
元忠恕	從 事 官	慶 興	崔敬守	未 詳	鏡 城
鄭允傑	未 詳	鏡 城	余 貞	未 詳	穩 城
鄭應聖	未 詳	鏡 城			

위 表를 地域別로 分類해 보면 總 29명 중 鏡城人이 15명, 會寧人이 9명, 吉州人이 3명, 慶興과 穩城人이 各各 1명씩으로 나타나 있는 바, 이렇게 볼 때 義兵의 一般 構成員들도 대개 이 地域 사람들이 절대 다수를 차지했을 것이라고 짐작할 수 있다.

以上에서 본 바와 같이 鄭文孚 義旅는 咸鏡道에 倭軍의 侵入이 늦었던 고로 南部 地域보다는 起兵時期가 한참 後에 이루어졌고, 朝廷과 支配層에게 反感을 많이 갖고 있던 地域이라는 惡條件 속에서, 더욱이 現職官吏라는 不利한 立場에서 起兵했다는 點이 注目된다. 또 그 核心人物들이 出身別로 보아 文班보다는 武班職이, 그리고 前職官吏보다는 現職官吏가 他地域에 비해 월등하게 많다는 點과 出身地域別로 보아 鏡城과 會寧地域의 사람들이 많이 참여하고 있다는 특징을 갖고 있다고 보겠다.

●●●● ··

39) 同上, 342쪽 引用表, 『農圃集』 卷2, 「從義人別錄」.

끝으로 鄭文孚 義旅를 소개한 것은 그가 北部를 代表할 만한 義兵將이요, 그의 義旅가 慶尙·全羅·忠淸 等 南部地域의 義旅들과 相異한 점이 많았기 때문에 서로 비교해 보기 위해서였음을 부언해 두고자 한다.[40]

3. 趙憲 義旅의 分析

忠淸道 地方에서의 義兵 蜂起는 咸鏡道보다는 좋은 條件이었으나 全羅道에 비해서는 不利하였을 것으로 생각된다. 忠淸道는 兩南으로 갈리는 交通路였고 또 全羅道의 외곽 방어선이라 할 수 있는 戰略上 重要한 지역이었다. 그것은 倭軍이 錦山을 경유하여 湖南의 北部로 進入하려다 失敗했던 事實이 증명하고 있다. 때문에 全羅·忠淸의 義兵들이 錦山에서 많은 희생을 치렀던 것이며 趙憲 역시 이 錦山에서 殉節했던 것이다. 이러한 地理的 條件 卽, 南으로는 全羅道와 慶尙道로 통하는 분기점이고 北으로는 漢陽으로 直進할 수 있는 곳이며 西로는 湖南 北部를 공격할 수 있는 곳이었기 때문에 이곳에서 義兵이 蜂起했던 것이며 따라서 이 지역 義兵은 다른 지역 義兵과 다른 점도 갖고 있을 것이요, 또 共通點도 지니고 있을 것이다. 그러므로 本章에서는 趙憲 義旅를 中心으로 그 構成과 性分 및 組織·軍需·軍律 等에 대해 살펴봄으로써 前述한 다른 지역의 의병집단들과 비교할 수 있는 근거를 찾아보고자 한다.

1) 義兵構成 및 性分 分析

義兵은 官에서 징발한 것이 아니라 義兵將의 自募에 의해 構成되는 것이 일반적 현상이다. 따라서 趙憲이 어떻게 自募하여 義兵團을 構成하였느냐 하는 사실은 매우 주목된다. 그는 자신이 스스로 말한 것처럼,

●●●●
40) 그 외에 起兵 時期에 있어서도, 곽재우·김천일·조헌 등이 조정의 召募권유를 받기 이전인데 정문부는 그 이후라는 비교기준이 있었기 때문이기도 하다. 물론, 郭·金·趙 등의 召募命令 受令여부는 좀 더 정확히 考究되어야 할 문제이기도 하다.

臣本貧簍乏財 不能如文天祥之賣家財 備兵器 僅以公共諸邑士民有職者 勸納米
栗牛鐵[41]

하였던 상태였고, 郭再祐처럼

家頗饒財 聞賊渡海 盡散家藏 交結材武[42]

하거나, 朴挺琬의 경우처럼

傾財鑽餉 日辨弓失[43]

하는 것과 같이 自募를 뒷받침할 수 있는 經濟力이 없었던 人物이었다.

이렇게 自募할 수 없는 형편에 있었음에도 불구하고 義兵團을 구성할 수
있었던 要因은 무엇인가가 관심사이다. 또한 그가 거느린 義兵團은 湖南地
方의 방어에 한몫을 할 수 있는 1,600여 명에 달하는 대규모였다. 이러한 大
集團은 여러 계층의 사람들로 구성되었을 것이다. 또한 각자의 出身背景도
多樣할 것임은 물론이라 하겠다. 따라서 이들에 대한 性分 分析은 趙憲 義
兵部隊의 核心人物들을 추출하는 작업이 우선적이라 할 것이며, 또한 他義
兵 集團과 충분히 비교되고 구분될 수 있는 特性이 밝혀지리라 생각된다.

이와 같은 分析을 하기 위해서는 『重峰集』附錄 卷7의 「幕在門生同日殉
節錄」에 크게 의존할 수밖에 없는데, 內容이 워낙 疏略한 편이어서 分析 對
象者의 선정이나 또 실제 分析에서 몇 가지의 문제점이 있다.

첫째는 金千鎰이나 僧將 靈圭와 같이 趙憲 義兵部隊와는 區別되는 人物
들까지 포함하고 있어서 그 선별이 매우 어려웠으며, 둘째는 應募 및 從軍

41)『重峰集』卷8, 起兵後疏.
42)『宣祖修正實錄』26卷, 25年 6月條.
43)『亂中雜錄』卷1, 壬辰 6月條.

事實 여부가 不分明한 人物들이 많고 혹 그 여부가 밝혀졌다 하더라도 居住地나 출신배경이 밝혀져 있지 않은 경우 分析上 분류·평가하기가 어려웠고 셋째로는 錦山戰에서 趙憲과 合流했거나 또는 合軍되지 못하고 錦山方面에서 殉節한 義兵들도 있어서 이들을 趙憲 義兵部隊에서 가려내는 작업도 큰 난관이었다.

따라서 첫째의 경우 趙憲과 區別되는 義兵은 除外했고 둘째의 경우 從軍事實이 확인되지 않는 人物들은 除外시키되 他資料에서 확인되는 人物은 선정하였다. 위와 같은 곤란한 점도 있을뿐더러 그 數가 100여 명에 달하기 때문에 이러한 分析 結果가 자칫 客觀性을 잃을 우려도 없지 않다는 염려도 생긴다. 그러나 수치로써의 비교가 절대적일 수는 없겠으나 이들이 幕在門生 즉 核心人物들임은 분명한 것이므로 趙憲 義兵部隊의 性格을 파악하는 데 있어서 결코 무리한 작업이라고는 생각하지 않는다.

그래서 우선 『殉節錄』을 토대로 개개인의 성분을 圖示해 보면 다음과 같다.

표 5

그룹	연번	姓 名	居住地 (本貫)	區 分 文	武	備 考
(가)	1	李光輪	定州	參奉		募鄉兵數百從之
	2	金 節	沃川	士人		門人, 募鄉兵首自從義旅, 戰功多
	3	梁 鐵	(濟州)		副司果	武科及第, 募鄉兵數十, 赴先生幕下
	4	金亭進	未詳	參奉		服事, 率義旅百余人, 從先生同殉錦山
	5	李 許	(全州)			問先生義擧 募集鄉人數十 往從之
	6	李 潤	南原	參知		栗谷門人 率家僮赴先生募 同殉錦山
	7	金 潔	(光山)			門下生, 率家丁七十人 募集兵器 輸運兵糧八百石
	8	韓應聖	(清州)			師事, 聞先生起義 率家僮數十 馳赴軍中
	9	姜渭龜	(晉州)			先生倡義飛檄笑之 公白衣奮臣募壯士傾家 困訣家人
	10	鄭民秀	(羅州)	參奉		募義旅五百人 將赴龍灣 聞先生建旗于公州 檄召兩南義士 …… 馳赴義募先生屬

11	金籌	(開城)			趙憲의 三從弟
12	趙完基	沃川	士人		趙憲의 子
13	趙愈	(白川)			趙憲의 族弟
14	朴事三	(忠州)			趙憲의 妹壻
15	邊繼溫	(原州)		萬戶	
16	朴士振	公州·報恩	士人		公州提督時門下生(殉節錄)
17	金聲遠	林川	士人		報恩縣監時門下生
18	權洛	林川	士人		
19	金善復	(淸州)	士人		
20	卜應吉	(靑陽)	參奉		
21	申慶一	(平山)	士人		
22	趙敬南	(洪州)		通善郎	公州提督時門下生, 宗親
23	高明遠	(長興)	士人		全羅都事時門下生
24	全忠南	沃川		忠義衛	
25	姜夢祖	(始興)		司勇	
26	徐應時	(達城)	士人		
27	尹汝翼	(坡平)		壯士郎	公州提督時門下生
28	李養立	未詳	士人		
29	丁麟	(押海)		壯士	公州提督時服事
30	楊應章	(石城)		壯士	公州提督時門下生,
31	陸廷華	靑山		壯士	
32	朴天鵬	燕崎	參奉		文武兼備
33	盧應晥	公州	士人		公州提督時門下生
34	林大盛	(扶安)			後栗堂時門下生
35	全潗	沃川			全忠南, 全承業과 同學
36	金汝溫	公州	主簿		
37	程億綱	(河南)			
38	郭鉉	(善山)	參奉		
39	盧應晫	公州	士人		
40	盧應晧	公州	士人		錦山戰에는 從軍치 못함
41	金可權	尙州	郡守(현)		將才로서 천거되어 尙州郡守가 됨
42	李珹	未詳			
43	李宗彦	(振威)			錦山戰에는 從軍치 못함
44	朴忠儉	沃川			
45	李命百	(加平)			將才로서 천거됨. 錦山戰엔 從軍치 못함
46	郭崇仁	(善山)			

(나)

	47	金 篆	(開城)			전주에 격서를 전달하느라 錦山戰에 從軍치 못함
	48	南應瑞	未 詳			
	49	李重德	(韓山)			
	50	金聲振	(開城)			武藝能通
	51	白虎燮	定州			定州訓導時門下生
	52	盧 瓊	(海州)			定州訓導時門下生
	53	强德盖	公州			鄕兵募集
	54	高擊宇	公州			鄕兵募集
(다)	55	任廷式	定山		奉 事	弓馬能
	56	郭自防	沃川		奉 事	武 才
	57	姜仁恕	(晉山)		副司直	武 才
	58	鄭元福	(河東)		忠順衛	勇 猛
	59	李仁賢	(內浦)		司 果	
	60	金仁南	(淸州)		宣敎郎	
	61	黃三讓	(長水)		忠翊衛	勇 力
	62	韓 琦	(淸州)		司 猛	
	63	朴 贊	(湖西)		宣敎郎	武才特出
	64	鄭 霠	(河東)		軍資監	正文科及第
	65	韓 護	(淸州)			司馬試及第, 提川縣監
	66	鄭奇龍	(東萊)			
	67	吳大傑	(寶城)		判 官	武科及第
	68	黃 瑎		參 奉		沃川에 流配中 擧義
	69	朴崇輝		主 簿		
	70	朴光祖		主 簿		武科及第
	71	李 勵				
	72	李 玨				勇寇一軍所向無敵
(라)	73	金 獻	(三山)		武 人	弓馬才操
	74	金希哲	(慶州)		武 人	武藝能通
	75	朴春年	(忠州)		武 人	弓馬兼備
	76	朴春年	未 詳		武 人	驍 勇
	77	朴 渾	未 詳	士 人		
	78	盧德元	(咸平)	士 人		錦山戰後 閑山戰에 參戰
	79	具 恒	(綾城)	士 人		
	80	庚 傑	(茂松)			아들 明智·明理와 同擧
	81	鄭 霪	(河東)			李忠範과 同擧
	82	陸承福	未 詳			

	83	趙汝寬	沃川			
	84	金汝鐵	公州			
	85	朴玄齡	(咸陽)			아우인 希齡과 同學
	86	琴應信	未詳		奉事	武科及第, 訓練院奉事歷任
	87	崔希伋	(隨城)			錦山戰後 金千鎰幕下에서 從軍
	88	金 憲	(光州)			武科及第
	89	朴連賢	(密陽)			
(마)	90	金 爐	(江陵)	進士		從事官
	91	金應壽	(金海)			宣傳官, 武科及第
	92	郭 賢	(玄風)			從事官, 濟州捷書를 行在所에 전달

위의 表에서 (가)그룹은 스스로 募兵하고 趙憲의 幕下로 들어와 義兵活動
에 큰 몫을 담당한 사람들이다. 이들의 思想이나 從軍動機는 李潤(6)의 경
우를 통해 알 수 있는데, 그는

學於栗谷李先生門 與先生會後栗堂 講磨春秋大義 …… 官至兵曹參知 見東西
岐義 棄官遁居南原[44]

과 같이 당시의 東西分黨에 염증을 느끼고 관직을 포기한 후 南原에 있다가
義兵에 合勢했던 것 같다. 특히 그는 栗谷의 門人일 뿐만 아니라 趙憲과 함
께 後栗堂에서 春秋大義를 講磨하기도 하였다. 이런 기회를 이용하여 時局
에 관한 상호의견이 교환됐을 것이며 결국 이들의 예측대로 壬辰亂이 일어
나자 起兵하게 된 것이다. 또한 金節(2)·金亨進(4)·金潔(7)·韓應聖(8) 等
도 趙憲의 門人들로서 이들 역시 趙憲과의 學問的 關係를 通하여 時局이나
日本에 對한 높은 識見을 가질 수 있지 않았나 생각된다. 이렇게 보면 趙憲
의 義兵活動은 學問的 關係에 바탕을 둔 門人들의 역할이 컸다고 볼 수 있
으며 또한 趙憲이 倭亂 前에 鄭民秀(10)에게 忠義를 勉勵케 하고 姜渭龜(9)

44)『重峰集』附錄 卷7,「幕在門生同日殉節錄」.

에게 弓馬의 武藝를 익히도록 권고한 사실로[45] 미루어 보아도 이들과의 관계나 應募 동기를 알 수 있다. 이 점은 趙憲과 직접적인 私的關係를 맺지 않고 있는 李光輪(1) · 梁鐵(3) · 李許(5)도 마찬가지라고 생각된다. 이러한 (가)그룹의 分析을 통하여 門人의 힘이 컸다는 사실 以外에 다음 몇 가지 사실이 더 파악되어진다.

첫째, 趙憲의 義兵團은 群小集團의 投合에 의해 構成되었다는 사실이다. 즉 鄭民秀는 그의 三從弟 繪와 더불어 義兵 五百餘人을 모아 倡義起兵하고 龍灣으로 勤王하려 했는데 趙憲의 擧義 소식을 듣고 投合하였던 것이다. 물론 義兵 五百餘名을 募集할 수 있었던 背景이나 또 그의 위치에 대해서 자세히 알 수는 없으나 趙憲이 그에게 軍務를 주관하도록 부탁한 것을 보면[46] 그의 財力과 兵力은 趙憲 義兵團의 주축을 이루었을 것으로 생각된다. 원래 趙憲이 財力을 바탕으로 한 募兵이 사실상 不可能했다는 것은 앞서 지적한 바 있지만 門人들의 힘으로 四次 募兵時에는 1,600여 명에 달하는 대규모 집단을 형성할 수 있었다. 그런데 이 兵力은 7월 5일 이후 定山 · 溫陽 等地를 巡訪하여 募集한 義兵도 많았을 것이라고 생각한다면 鄭民秀군은 초기의 趙憲部隊에 있어서 상당한 비율을 점하고 있는 것이다. 여기에 李光輪의 鄕兵 數百人, 梁鐵의 鄕兵 數十人, 金潔의 家丁 七十人 및 韓應聖의 家僮 數十人, 金亭進의 義兵 百餘人 그리고 家屬을 인솔하고 응모한 사람들까지 합하면 趙憲의 義兵團은 100명 이상의 대규모 投合을 비롯한 群小集團의 合軍이라는 性格을 강하게 나타내고 있는 것이다. 이것은 壬辰亂 初期 湖西各地의 大小 義兵集團이 趙憲의 幕下로 吸收되어 그는 湖西를 代表하는 義兵將이 되고 따라서 그의 지휘아래 義兵活動이 展開된 것을 意味한다.

둘째는, 核心人物들이 대부분 前職 仕官者나 未仕官者들로서 儒者層이지만 一般義兵들은 역시 서민들이 주축을 이루고 있다. 이렇게 身分的 性分面

●●●●
45) 同上.
46) 同上.

에서 볼 때 兩班階層에서 平民·賤民에 이르기까지 광범한 신분층으로 형성되어 있다. 그렇기 때문에 各其 利害關係가 다를 수도 있겠으나 募兵主體者와의 私的인 關係 以外에 이들도 역시 향토방어나 家族의 보호 等 討賊에 관한 限 어느 신분층을 막론하고 共同體的 의식을 갖고 있었다고 봄이 타당할 것이다.

　(나)그룹에서 (11)~(14)는 趙憲과 親族關係에 있으며 그 以下는 門人 혹은 服事者들이다. (가)그룹의 門人들을 合하면 總 92명 중 48명(52.1%)을 차지하고 있다. 물론 이는 『殉節錄』을 中心으로 分析한 데도 원인이 있겠으나 (가)그룹의 分析에서도 알 수 있듯이 募兵이나 義兵活動은 이들 門人들이 주동이 되고 있기 때문이다. 이렇게 門生들이 趙憲의 義兵活動에 주체가된 背景에는 그가 湖西士林에서 名望이 높았다는 學問的 위치 이외에도 그의 居住地가 沃川이었으며, 특히 定州·報恩·公州 等地에서 官職生活을했고 더구나 訓導나 敎授職을 역임한 것이 크게 作用한 때문이었다. 卽, 金節(2)·全忠南(24)·全承業·朴忠儉(44)·金敬伯 등은 沃川 同鄕의 門生들이며 朴士振(16)·金聲遠(17)·趙敬南(22)·高明遠(23)·尹汝翼(27)·丁麟(29)·楊應章(30)·盧應晥 3兄弟(33, 39, 40) …… 白虎燮(51) 等은 그가 官職에 있을 때 인연을 맺은 門下生들인 것이다. 이는 金千鎰의 軍士가 半이儒生,[47] 또는 倡義하여 召集한 義兵들의 대개가 儒士[48]였다는 기록을 보면, 壬亂 初期의 공통된 현상인 것 같은데 특히 趙憲의 경우 儒士들 중에서도門生들이 절대적인 위치를 차지하고 있다고 보아야 할 것이다.

　(다)·(라)그룹은 趙憲과 私的인 關係를 맺지 않고 주로 檄文 등을 통하여應募한 義兵들로서 仕官者와 未仕官者로 분류한 것이다. 따라서 이들은 自發的인 討賊意識을 갖고 응모하였을 것이며, 趙憲 휘하에서 더욱 節義精神이 강해졌을 것이다. 이들을 全體的으로 개괄하여 보면 金可權(41)과 韓護(65)[49]을 제외하면 대개 전직 仕官者와 未仕官者들이다. 前職仕官者는 26

47) 『宣祖實錄』卷27, 25年 7月 丁酉條, "忠侃曰 千鎰之軍 半是儒生."
48) 『宣祖實錄』卷26, 25年 12月條, "倡義召募 多是儒士 自以爲忘身殉國."

30　임진왜란과 청주 의병

명(18.3%)를 차지하여 아마 이들에 의해 義兵活動이 주도되었을 것이다. 李潤과 鄭壼이 各各 正三品의 兵曹參知와 軍資監正을 역임했으며 기타 從五品의 判官에서 從九品의 參奉에 이르기까지 다양한 분포를 보이고 있다. 이러한 前職者나 未仕官者들이 거의 占有하고 있는 것은 당연한 현상으로 現職者가 義兵將이 되거나 義兵에 應募한 형상은 特殊한 狀況下에서만이 가능했을 것이다.[50] 위의 金可權은 出仕時期가 모호한 감이 있을 뿐만 아니라 韓護의 경우도 提川이 亂初에 倭軍의 焚蕩地域이었음이 그것을 추측케 한다. 특히 一般義兵의 募集도 결코 쉽지 않아 靑陽縣監 任純이 義兵募集에 적극 協助했다 하여 軍律로 다스려지고 또한 제 4차의 募兵이 軍籍에 올라있지 않은 자를 그 대상으로 한 것을 보면 充分히 납득되는 일이다.

셋째로, 應募者의 居住地域은 湖左의 沃川·報恩·永同·青山 等地와 湖右의 公州·洪州·林川·燕岐·庇仁·定山·恩律과 여기에 募兵地域의 일부였던 溫陽·懷德 等으로 나타난다. 또한 李光輪과 같이 漢城에서 避難와 있다가 募應한 경우도 있고, 李潤과 같이 南原에서도 應募한 것을 보면 거리의 遠近이나 倭軍의 勢力圈 안팎과 관계없이 應募하고 있음을 알 수 있지만 역시 이는 소수였을 것이며 대부분은 湖右의 義兵들로서 이들은 同鄕意識의 고조로 湖西의 방어라는 연대의식을 형성하는데 크게 작용했을 것으로 본다.

넷째로, 武人 혹은 文武를 兼備한 義兵들이 많다는 사실이다. 前職武班은 20명(21.7%)이며 未仕官者 中 武人은 7명(6.3%)으로 총 27명(29.3%)을 차지하고 있다. 특히 梁鐵(3)·吳大傑(67)·朴光祖(70)·琴應信(86)·金應壽(91) 등은 武科及第者이며 이중 琴應信은 訓練院奉事를 역임한 바 있어 주목된다. 또 文武를 兼備한 者도 많아서 士人 金聲振은,

----

49) 『重峰集』附錄 卷7, 「幕在門生同日殉節錄」 "(金可權) 壬辰倡義 先生疏薦將才 使守尙州郡 龍化一路猝遇 公率民岩僧軍 終日督戰 乃遁去 及至錦山 與先生同時殉節" "(韓護) 萬曆辛卯司馬 官提川縣監 壬辰從先生赴錦山 先生勸公退去 公不應 竟與先生同時殉節."
50) 官員들이 戰鬪에서 敗北한 후 義兵에 가담하는 경우는 적지 않게 있었으나 현직관리가 義兵將이 된 것은 함경도의 鄭文孚 같은 경우가 극히 드문 예로서 나타난다.

十三能武藝 有百步穿楊之才 先生甚愛 常稱之曰 隨陸之文 韓彭之武 兼備者 此
兒也[51]

라고 하여 文武를 兼備하고 있음을 시사하고 있다. 이렇게 趙憲 義兵團에는
武藝에 뛰어난 사람이 많아 전투력 증진에 크게 기여하였다. 또 이들이 軍
務를 많이 담당하였으니 趙憲은 人物들을 적재적소에 잘 배치했던 것이다.
다섯째는, 未仕官者들이 압도적으로 많다는 事實이다. 이것은 義兵團의
構成이 대체로 젊은 연령층으로 되어 있다는 것을 시사해 주기도 한다. 물
론 官職進出의 어려움도 있겠고 또 연령층도 다양하여 姜渭龜(9)는 50세에
아들 鳳翎(20세)과 함께 종군하였고 李彦은 65세에 倡義하여 歸家를 종용받
기도 했으며 鄭奇龍은 16세에 參戰하기도 하였다. 이와 같은 현상은 討賊은
위한 從軍에 老少를 불문한 데도 그 要因이 있겠지만 특히 群小集團의 投合
에서 연유한다고도 생각된다. 즉 庾傑(80)이 아들 明智·明理와 함께 殉節
한 것에서 알 수 있듯이 대부분 家屬關係에 의한 群小의 投合이 많았던 데
에 근거한다고 볼 수 있다. 그러나 戰鬪能力上 靑壯年層이 요구됨은 당연한
일이고 보면 未仕官者인 儒生들이나 壯士로 불리우는 靑年層이 많았을 것
임은 명백하다.
이와 같이 趙憲의 義兵團은 門人들이 압도적인 비율을 보이고 있는데 이
는 그의 義兵部隊가 사실상 門生들이 핵심세력이었음을 보여주는 것이다.
따라서 이것은 他義兵部隊와 비교되고 구분될 수 있는 特性으로 볼 수 있
다. 바로 이 점이 그의 義兵部隊 자체가 강한 결속력을 지니게 한 주요 원인
이 된 것이다. 周知하는 바와 같이 淸州城 戰鬪나 錦山戰에서 이들의 勇猛
性이나 또는 離脫者 없이 同時에 殉節할 수 있었던 것은 이러한 結束力의
所産이라고 볼 수 있으며 궁극적으로는 평소에 趙憲에게 많은 영향을 받았

---

51) 『重峰集』 附錄 卷7, 「幕在門生同日殉節錄」. 이외에 朴天鵬(32)·任廷式(55)·郭自防(56)
等도 武藝에 特出하였으며 특히 朴天鵬은 武班職인 漢城參軍에 발탁되었으나 나아가지
않았다.

을 것으로 생각되는 節義精神의 具現이라고도 하겠다. 또한 그는 儒學者이면서도 平素에 武藝를 重視했음이 幕佐門生들과의 對話나 관계에서 잘 나타나고 있다. 그것은 趙憲의 義兵部隊안에 文武를 兼備한 者나 武人들이 비교적 많았다는 사실이 잘 증명해 주고 있다. 이러한 諸般特性은 倭賊의 侵略에 對備해야 된다는 趙憲의 國防思想에서 그 연원을 찾을 수 있다.

2) 組織과 軍需 및 軍律

趙憲은 처음 數十名에 불과한 門人들과 結志하여 결국에는 千餘名 이상에 달하는 대규모 義兵部隊를 조직하기에 이른다. 또한 門人들의 역할이 매우 컸고 또 群小集團의 投合이라는 토대 위에서 構成 되었다고는 하지만 趙憲이 主管하여 이루어졌다는 점에서 單獨的 起兵의 性格을 강하게 나타내고 있다. 물론,

義士同類討賊 俾憲爲將[52]

이라고 한 것을 보면 일단 成軍이 된 후에 義兵將으로 추대된 듯 하나 이것은 형식상의 절차였을 뿐이니 그것은 본래 結志한 사람들이나 應募한 사람들은 대개 趙憲의 門生들이거나 평소에 그와 人間關係를 맺고 있던 사람들 혹은 儒敎的 節義精神을 갖고 있던 사람들, 또는 義兵活動을 통해 身分的 上昇을 기대하고 모여든 賤民出身의 사람들이었기 때문이다.

趙憲의 義兵部隊는 7월 4일 熊津의 龍堂에서 討賊을 위한 祭를 올리고 本格的인 義兵活動에 들어갔다. '義'라는 旗를 세우고 部署를 나눈 것은 이때의 일인데 이에 대한 具體的인 記錄이 없는 형편이라 정확하게 파악하기는 어렵다. 그러나 趙憲의 幕下에는 武科及第者나 仕官經歷을 지닌 武人 및 文武兼備者가 많았기 때문에 戰時의 部署로서 이들을 活用하는 陣容을 갖추

●●●●○ ·······································
52) 『重峰集』 卷13, 「起義時祭熊津龍堂文」.

었을 것으로 생각된다. 이 部隊의 部署組織을 파악하기 위해 여러 記事를 종합하여 圖表를 作成해 보면 대략 다음과 같이 構成되었을 것이라고 생각한다.

다음 표에서 보는 바와 같이 趙憲의 義兵部隊는 二元的 體制로 編成되어 있음을 알 수 있다.

표6 趙憲義兵部隊 部署組織表　　　　　　　　　　[錦山戰 基準]

직책	성명	거주지 (본관)	사관경력		비고	기사근거
			문	무		
義兵將	趙　憲	沃　川	提督官			
參　謀	李光輪（1）	洪　州	參　奉			一軍殉義碑銘
參　謀	具　恒（79）	（陵城）	士　人		軍需調達	殉節錄
參　謀	鄭民秀（10）	（羅州）	參　奉		軍需調達（軍務）	殉節錄
參　將	李天駿					（瑣尾錄）53）
宣傳官	金應壽（91）	（金海）			武科及第	殉節錄
從事官	郭　賢（92）	（玄風）				殉節錄
斥候將	任廷式（55）	定　山		奉　事		殉節錄
偏　將	金　爐（90）	（江陵）	進　士		義兵從事官	一軍殉義碑銘
偏　將	邊繼溫（15）	（原州）		萬　戶	門下生	一軍殉義碑銘
偏　將	楊應春	（恩津）	縣　監			一軍殉義碑銘
偏　將	李養立（28）		士　人		門下生	一軍殉義碑銘
偏　將	郭自防（56）	沃　川		奉　事		一軍殉義碑銘
偏　將	姜仁恕（57）	（晉山）		副司果		一軍殉義碑銘
偏　將	鄭元福（58）	（河東）		忠順衛		一軍殉義碑銘
偏　將	李仁賢（59）	內　浦		司　果		一軍殉義碑銘
偏　將	金仁南（60）	（清州）		宣教郎		一軍殉義碑銘
偏　將	黃三讓（61）	（長水）		忠翊衛		一軍殉義碑銘
偏　將	韓　琦（62）	（清州）		司　猛		一軍殉義碑銘
偏　將	朴　贊（63）	湖　西			武才特出	一軍殉義碑銘
偏　將	金希哲（74）	（慶州）		武　人		一軍殉義碑銘
偏　將	朴鳳瑞（76）			武　人		一軍殉義碑銘
偏　將	朴春年（75）	（忠州）		武　人		一軍殉義碑銘

※ 인명란의 (　)는 性分表의 연번인

우선 參謀 역할을 한 李光輪·具恒·鄭民秀 等의 역할을 보면,

가) 李光輪 ; 募鄕兵數百 寬贊公終始 竟與公同死[54]
나) 具 恒 ; 擧義於車嶺 公爲助劃方略 調發備糧 與先生同倡[55]
다) 鄭民秀 ; 馳赴義募先生屬 以軍務移檄運糧[56]

즉, 義兵活動은 지속적인 募兵과 軍糧兵器의 確保가 절대 必要한 것이므로 이들의 역할이 클 수밖에 없었다. 그런 면에서 李光輪은 趙憲의 門生들과 더불어 募兵의 主體的 역할을 담당했다고 하겠다. 特히 具恒의 軍需調達도 그 공이 컸지만 鄭民秀의 경우 義兵 五百人을 合勢시킬 정도로 그 德望이나 財富는 상당했던 것으로 추측되는데 軍資의 確保面에서 이들이 중요한 역할을 담당하였던 것이다. 그러나 무엇보다도 위의 表에서 두드러지게 나타나는 특징 중의 하나는 偏將들이 대개 武人出身이며 仕官經歷이 있었다는 점이다. 여기에서 武科及第者 梁鐵·琴應信·吳大傑·朴光祖·金憲 등이 어떠한 위치에 있었는지 정확하게 알 수는 없으나 상당한 비중을 차지하고 있었을 것으로 보인다. 이렇게 偏將들을 거의 武人들로 構成한 것은 이들의 武藝를 적극 活用하여 戰鬪力을 最大限 증강하려는 의도였을 것이다.

다음은 軍律에 관하여 살펴보자. 이렇게 규모가 크고 또 各部署가 정해진 조직체 안에서 軍律이 있었을 것이라는 것은 당연하다. 特히 趙憲이 일찍이 宣祖 8년 11월에 올린「八條疏」에서도 軍師紀綱에 관해 언급했던 것을 보면

53)『瑣尾錄』第一 壬辰南行日記,「義兵從事官宋齊民通文」에 "然湖西義兵 環恩連鎭沃守備有制 而大將趙憲參將李天駿 以應時人傑 測天觀時 量敵制勝 云云"이라는 기사로 보아 李天駿이 趙憲의 幕下에서 크게 활약한 것 같으나『殉節錄』등엔 보이지 않는다. 또 應時나 人傑도 偏將으로 보이는데, 應時는 바로 徐應時(26)임이 확인되나 人傑은 확인되지 않는다. 아마 吳大傑(67)의 誤記로 생각된다.
54)『重峰集』附錄 卷4,「一軍殉義碑銘序」.
55) 上揭書 卷7,「幕在門生同日殉節錄」.
56) 同上.

軍紀에 대해 엄정했었음을 짐작케 한다. 그가 湖西의 官軍에 대하여,

臣慣見湖西將驕卒惰之習 置而不責則 雖聚兵十歲 決無恢復之理[57]

라고 하여 軍紀가 정연하지 않은 湖西官軍을 비판하면서 이를 放置하면 비록 千年을 募兵하여도 결코 勢力을 恢復할 수 없다고 하였다. 이러한 記事를 통하여 보면 趙憲이 軍紀에 엄했을 것은 分明하나 그 細部的인 內容은 전해지지 않는다. 그러나 7월 5일에 행한 「犒軍誓辭」[58]는 사실상 趙憲 義兵部隊가 討賊에 임하는 지표이자 軍紀라고 할 수 있다. 여기 그 內容을 소개, 分類해 보고자 한다.

犒軍誓辭
一. 毋喧譁 毋懈怠 毋失伍 毋離次
二. 勿侵人物 勿畏敵兵 惟思將令 惟念國難 惟思進擊
三. 勿敢退步 惟殺大賊 勿貪小利
四. 一乃心力 終克有勳 心力不一 有罰有悔 惟一義字 終始念之

　위는 筆者가 편의상 분류한 것이다. 그 내용을 개괄해 보면 (一)은 部隊의 편성상 꼭 이행되어야 하는 것이고, (二)와 (三)은 部隊員의 團結을 도모하고 臨戰時 반드시 지켜야 할 命令遵守, 進擊에 관한 내용이다. (四)는 賞罰에 관한 것이며 討賊을 위해서는 始終 '義'字만을 생각하라고 덧붙이고 있다.
　위의 내용들이 얼마나 지켜졌는지 자세히 알 수 없으나 다음의 기사내용으로 대강 짐작할 수 있다.

●●●●● ....

57) 『重峰集』 卷8, 「淸州破賊後狀啓別紙」.
58) 上揭書 卷13, 「犒軍誓辭」.

憲起兵數日 未嘗斧鉞鞭筵 而士皆用命 各自爲戰 所至蕭然 整而不撓[59])

즉, 趙憲은 起兵後 채찍을 가하는 일이 없었지만 각자가 戰鬪에 임하는 데 있어서 질서가 정연했다는 것이다. 아마도 그는 號令으로 軍紀를 장악하기보다는 士卒들 스스로가 自服할 수 있는 분위기를 만들었던 것 같다. 그는 士卒들을 다루기를,

先生愛養士卒 出於至誠 士卒仰戴先生 如赤子之於慈母[60])

라고 하여 趙憲은 士卒들을 至誠으로 사랑하고 이에 士卒들은 그를 자애로운 어머니와 같이 받들었다는 것이다. 이로써 보면 軍律 또는 規制事項이 엄격한 가운데 自服하는 自律性이 강했다고 볼 수 있다. 이는 趙憲을 비롯한 幕佐들이 士卒들을 感服시킬 수 있는 德望을 지녔을 뿐만 아니라 그 構成이 門生이나 同系의 儒生, 그리고 家屬集團 또는 地緣으로 연결돼 있는 同鄕人으로 이루어져서 集團間에 異質感이 없었다는 데에도 기인한다고 보겠다. 더구나 壬辰亂 初期의 義兵部隊라는 점에서 後期에 비해 討賊에 대한 열의나 단결력은 더 강했지 않나 생각된다.

다음으로 軍資調達을 어떻게 확보했느냐 하는 문제를 살펴보자.

앞에서 趙憲은 원래 가난하여 軍糧이나 兵器를 自辦할 수 없었다고 지적하였다. 사실 募兵도 어려웠지만 그에 못지않게 軍資의 確保도 어려운 문제였다. 아마도 趙憲의 本格的인 義兵活動이 7월 말에 가서야 본궤도에 오르고 8월 초에 이르러서야 淸州城을 恢復하는 등 상당한 時日이 소요된 것도 바로 軍資의 不足에 한 원인이 있었던 것으로 파악된다. 또한 계속적인 軍資의 供給이 있어야만이 義兵活動을 계속 展開할 수 있음은 당연한 일이다. 그는 그때의 事情을,

---

59) 『重峰集』附錄 卷4, 「遺事」.
60) 同上.

> 手無寸刃 難可徒手搏虎 壯士須飽 乃有氣力 而被兵各色 難得一升之粮 却懼諸
> 事不集 未遂爲國討賊之願[61]

이라 했으니 위의 기록으로 보아 兵器와 軍糧의 具備가 어려워 討賊하고자 하는 熱望을 이루지 못할까 두렵다고 하였음을 알 수 있다. 이러한 軍資의 確保를 위해서 앞서 지적한 바와 같이 盧民秀 等 幕下 義兵들의 助力도 큰 도움이 되었을 것이나 그것만으로는 장기간에 걸친 의병활동이 지탱될 수 없는 것이며, 그렇다고 특별히 軍資補給의 據點을 확보하지도 못한 狀況임에 틀림없었다. 단지 幕下人들의 助力에 의존하거나 軍需調達을 맡은 사람들의 督餉만으로는 이러한 난관을 타개할 수 없어 불가피하게 軍資補給을 要請할 수 밖에 없지 않았나 생각된다. 그래서,

> 幸得一月糧 則將謀進師 而州縣旣匱 監司題給軍粮六百石 而實無現積者 未易
> 辦集 僅以列邑儒生之力 收拾村閭 圖得若干石 以謀前進[62]

라고 한 바와 같이 적어도 한 달 분의 軍糧이 확보되어야만 義兵活動이 展開될 수 있는데 사정이 그렇지 못해 討賊을 할 수 없는데다 監司가 題給한 軍糧마저도 現品이 아니어서 辨出하기가 쉽지 않았다는 것이다. 여기서 "監司題給軍粮六百石"云云한 것을 보면 分明 官軍에게 軍資의 支援을 要請했던 것임에 틀림없다. 이는 水軍節度 邊良傑에게 보낸 書信에서 더욱 뚜렷하게 나타난다.

> 湖南義兵 則爲有各邑完備 軍需整齊 可支一歲 而此中義民 徒有區區忠義之心
> 一無蚍蜉蟻子之助 勤王事急 計無奈何[63]

● ● ● ● ● ······································
61) 『重峰集』 卷8, 「與湖右沿海列邑」(六月二十七日字).
62) 上揭書 卷8, 「起兵後疏」.
63) 上揭書 卷9, 「與湖西水軍邊節度良傑」.

즉, 趙憲은 邊良傑에게 湖南義兵들은 軍需品이 完備되어 1년은 지탱할 수 있으나 湖西義兵들은 忠義로운 마음만 있을 뿐 軍需物資의 支援을 받지 못하고 있어 勤王의 計策이 없다고 軍需支援을 호소하고 있다. 그런데 이 要請이 받아들여졌는지의 여부는 자세히 알 수 없으나, 官軍의 軍糧事情도 여의치 못했을 뿐만 아니라 통상 官軍과 義兵間의 不和關係로 미루어 보아 官軍이 軍糧을 支援했다고 생각하기는 어렵다.

역시 趙憲 義兵部隊의 軍資補給은 湖西 列邑의 儒生들에 의해 이루어졌으며 地域的으로는 公州를 비롯한 洪城 等 湖右 沿海 列邑이었다고 보인다. 이는 壬辰年 6월 27일 公州 鄕社堂에서 보낸 「與湖右沿海列邑」의 기록에서도 알 수 있으며, 이는 이 地域이 아직 兵亂을 심하게 겪지 않은 탓도 있지만 또한 곡창지대이기 때문에 可能했던 것으로 보인다. 兵器의 補給에 있어서도 軍糧의 確保方法과 同一하다고 생각되나 '分局造箭'[64]이라 한 것과 같이 따로 部署를 두어 화살을 自體的으로 解決하려 한 듯도 보이나 그 生産量은 극히 小量이었을 것이다. 이같이 趙憲의 義兵部隊는 自體內에서 充分하게 軍資를 確保할 수 없었으며 이러한 어려움 속에서 義兵活動을 展開하지 않으면 안되었던 것이 壬亂 初期 義兵들의 커다란 고충이었던 것이다.

4. 맺음말

朝鮮王朝 開國 以來 最大의 變亂이었던 壬辰倭亂을 맞아 全國이 禍를 입게 되었을 때 비록 官軍들은 大部分 敗戰했다 하더라도 義兵들의 활약은 倭軍에게 전쟁 수행상 막대한 차질을 가져오게 했고 우리 民族에겐 용기를 심어주어 倭軍과 저항할 수 있게 한 精神的 초석이 되었다는 점에서 높이 평가되어야 할 것이다. 그중에서도 慶尙道의 郭再祐, 全羅道의 金千鎰・高敬命, 咸鏡道의 鄭文孚, 忠淸道의 趙憲 等은 亂初에 義兵을 모아 활약함으로써 그 이름을 靑史에 남기고 있다. 이들은 地域的・猜忌的으로 起兵을 달리

---

64) 『重峰集』 卷8, 「起兵後疏」.

하고 있으며 그들 義兵部隊의 構成이나 性分·性格 等에서도 다소 차이를 보이고 있다.

　먼저 地域的 特性을 보면, 慶尙道는 직접 倭軍의 侵入地가 되었기 때문에 義兵蜂起도 일찍 始作되었는데, 이곳은 다른 지방도 그러했지만 亂前에 부역의 煩重 등으로 인해 조정으로부터 人心이 멀어져 있었고 倭亂을 당해서는 대부분의 將帥와 守令들이 任地를 버리고 도피함으로써 百姓들의 원성을 크게 사고 있었다. 때문에 亂初 상당수의 慶尙道 地域民들이 倭軍에게 속아 저들의 嚮導가 되는 등 倭軍에게 協助하는 事例가 많이 나타났다. 그러나 차츰 倭軍의 本性이 드러나자 抵抗意識이 생겨 義兵活動이 展開되기 始作한 것이다. 한편 全羅道 地方은 倭軍의 발길이 직접 닿지 않은 곳이 대부분이었기에 義兵活動을 展開할 수 있는 條件이 제일 좋았던 곳이므로 어느 지방보다도 활발한 義兵活動을 보이고 있다. 또 곡창지대인 이 지역의 방어는 戰術上으로도 매우 비중이 컸었기에 이 지역 의병들의 활동이 더욱 활발했는지도 모른다. 그러나 咸鏡道의 경우 狀況이 전라도와는 전혀 달랐다. 卽, 北道 地域은 開國 以來 差別이 심해 政治·經濟的으로도 中央政府의 關心이 적었고 敎化도 제대로 이루어지지 못했던 곳이다. 따라서 이 地域民들의 國王이나 朝廷에 대한 感情이 좋을 리 만무했고 兩班支配層에 대한 不滿 역시 컸던 곳이다. 거기에다 이곳으로 赴任해 오는 武將이나 守令들의 횡포는 더욱 이 地域民들의 怨聲을 크게 사고 있어서 壬辰亂을 맞아 어느 지역보다도 叛亂이 심했고 倭軍에게 投降하는 事例가 많았던, 다시 말하면 가장 義兵活動을 展開하기가 어려웠던 곳이라 하겠다. 그러나 忠淸道의 경우는 비록 왜군의 발길이 지나긴 했어도 그 피해가 그리 심하지 않았고, 위치상으로 湖南·嶺南의 북쪽에 위치하면서 漢陽으로 연결되는 交通의 要地이므로 무시될 수 없었던 중요한 지역이었다. 거기에다 兩班士大夫層이 많이 반거해 있었기에 儒敎的 敎化가 제대로 이루어져서 타 지역에 비해 節義精神이 강하게 表出될 수 있는 즉 義兵活動을 하기에 비교적 容易한 지역이었다. 따라서 이 지역의 義兵活動은 향토방어의 성격도 있었지만 倭軍의 湖南進出을 저지하는데 큰 역할을 담당하였고 그것은 壬辰亂의 展開

過程에서 매우 重要한 意味를 갖게 되었던 것이다.

다음으로 義兵集團의 構成을 보면 대부분이 義兵將으로 추대된 人物과의 地緣·血緣·學緣·官職 등으로 연결된 사람이 많아 이들이 그 指導部를 形成하고 있고, 이들의 身分은 대부분 儒生들이거나 前職官吏들이었다. 반면 一般構成員들은 이들 儒生이나 지방의 토착세력가 등 양반층에 의해 인솔된 家屬 내지는 地方民들로서 그 身分이 賤民에서 兩班까지 다양했고 또 前職官吏나 未仕官者까지 文武의 出身을 가리지 않고 全階層이 총망라되어 구성되었다. 그러나 咸鏡道의 경우는 義兵將인 鄭文孚와 學緣으로 연결된 사람들도 있었으나 그보다는 地域人들의 協助가 컸고 特히 鄭文孚 자신도 그러했지만 他地域에 비해 現職官吏와 武將들이 대거 참여하고 있다. 그중 趙憲의 경우는 대부분이 學緣과 地緣에 의해 이루어진 대표적 경우라고 볼 수 있겠다.

이들의 組織은 全體的으로 보아 體系가 잡혀 있지는 않았으나 各義兵들의 사정과 성격에 따라 各自 편의한 대로 戰鬪遂行에 적합하도록 그 形態를 갖추고 있으며 대부분의 義兵集團이 軍務分掌을 하고 있는데 비교적 義兵활동이 오래 지속되어진 集團은 점차 그 짜임새가 조직적으로 되어가고 있으나 義兵將의 戰死 등으로 義兵活動이 단기에 끝난 集團은 아무래도 덜 조직적인 면이 나타났다.

한편 이들 義兵構成 過程에 있어 共通的으로 보여지는 것은, 처음부터 한 명의 義兵將이 대규모 의병단을 모집한 것이 아니라, 소규모의 의병집단들이 모여 큰 규모로 발전해 가고 있다는 사실이다. 即, 몇 명의 家屬을 이끈 사람, 몇 십 명의 洞民을 이끈 사람, 나아가서는 몇 백 명의 義兵을 모아 이 소규모 집단의 지도자들이 각지의 德望있고 보다 더 큰 규모의 義兵團을 이끌고 있는 義兵將 幕下에 모여들어 대규모 義兵團으로 成長되었던 것이다. 그런 중에도 이들 義兵將들이 안고 있었던 問題點은 義兵의 募集이나 軍需物資의 調達 외에도 官軍과의 마찰이었다. 물론 거기에는 指揮權의 問題라든가 戰功의 問題 등이 이유로 제기될 수 있는데 여하튼 各道 觀察使나 守令 및 將帥들과의 마찰은 義兵將들의 活動을 저해하는 커다란 要素 중의 하

나로 지적될 수 있다

앞으로도 壬亂 初期의 義兵에 대한 研究가 지속되어 보다 더 正確하고 폭넓은 分析이 이루어져야 되리라고 믿으며 本稿가 이러한 作業에 다소라도 도움이 되었으면 하는 것이 바람이다.

趙憲의
改革論 研究

1. 序論

重峰 趙憲(1544~1592)은 朝鮮中期 明宗때 태어나 주로 宣祖代에 活動한 栗谷의 門人 중 두드러진 人物이었다. 一般人들은 그를 단지 倭亂中의 한 義兵將으로 기억하고 있으나 그는 실상 當時 社會의 모순을 改革해 보려고 努力한 代表的 改革論者 중의 한사람이었다. 물론 壬辰亂에 임박해서는 亂을 豫見하고 이에 對備하는 方案을 提示하기도 한 先見之明이 있는 經綸家이기도 했다. 結局 그의 豫見대로 倭亂이 일어나자 重峰은 분연히 일어나, 갖은 惡條件 속에서도 義兵을 募集하여 淸州城을 탈환한 후 壬辰年 八月十六日 錦山에서 七百義士와 함께 殉節하였으니 이로써 그는 倭亂 중 湖南防禦에 한 몫을 함과 아울러 節義를 몸으로 보여준 實踐家가 되기도 했다.

本稿에서는 그의 改革論을 考察해 보고자 하는데 우선 그의 改革論이 나올 수 있었던 背景을 살펴보고 本論에 들어가고자 한다. 그의 많은 改革論이 나올 수 있었던 것은 우선 그가 官職에 나가면서 栗谷・土亭・牛溪 등 當代의 名士들과 交遊하게 되었고 이들에게 師事하면서 討論하고 琢磨하는 과정에서 自身의 學問을 성숙시키고 經綸을 쌓았으며 特히 栗谷으로부터 많은 영향을 받았으니 重峰의 改革論은 部分的으로 栗谷보다 더 具體的으로 發展한 것도 있지만 대부분 유사한 점이 많다. 또 그가 土亭을 통해 소개받은 龜峰·孤靑과 師友로 사귀면서 進步的 思想을 많이 영향받은 것으로 보여진다.

또한 그의 官路을 보면 기의 牧民官이나 訓導·敎授와 같이 百姓들과 가까이서 生活할 수 있는 기회가 많았고 때문에 그들의 어려움을 피부로 느끼는 산 경험을 갖게 되었으며 이는 重峰이 당시의 社會的 모순을 직시하고 그 모순점에 대한 制度的 改革에 깊은 關心과 代案을 提示할 수 있었던 배경으로 파악된다.

그러나 역시 그의 改革論은 그가 1574년(선조 7)에 質正官으로 明에 다녀오면서 見聞을 넓힌 것에 決定的 경향이 있었다. 물론 16世紀 후반의 中國도 明이 쇠퇴해 가고 새로이 靑이 태동하는 時期였던 만큼 매우 不安定한 狀況이었을 것이나 그 中에서도 長點을 取해 배우자는 것이 重峰의 主張이었다. 그래서 歸國 後 八條疏를 지어 올렸으나 채택되지 않자 나중에 지은 十六條疏는 아예 올리지도 않았다. 이 두 疏는 重峰의 改革論의 核心인데 그의 生前에는 빛을 보지 못하고 死藏되어 있다가 死後 『東還封事』라는 이름으로 安邦俊에 의해 出刊되었다. 이 册은 우리로 하여금 重峰이 단순한 義兵將이 아니라 大改革論者였음을 인식케 해준다. 그의 改革論은 政治·經濟·社會·軍事 등 다방면으로 거론하였는데 이를 통하여 당시의 社會相이나 後期 實學思想과의 관련성에 대해 많은 參考가 되고 있으나 미흡한 것은 체계적이고 구체화되지 못해 추상적이고 觀念的으로 흘렀다는 점이다.

그러나 그의 思想은 全體的으로 보아 學問的 性格이 「踐履之學」[1]에 바탕을 두어 窮理修身하는 性理學을 現實속의 實踐的 學問으로 表出되고 있다.

그는 栗谷을 尊崇했으면서도 理氣·心性 등의 理論的 탐구에는 관심이 적었고, 오히려 栗谷의 『聖學輯要』를 經綸之志와 匡齊之規를 갖춘 책이라

●●●●●·····································

1) 『隱峯全書』卷38, 重峰先生遺事, 先生少力學自立 專以踐履爲主.
　　同上, 抗議新編, 趙參判一軍殉義碑(尹根壽 撰), 趙公 學期實踐 含忠履貞.

고 찬양하며 이를 두 권의 책으로 요약한 것을 보면2) 역시 經世學쪽에 치중했음을 알 수 있다. 그리고『論語』李氏篇의 君子有三畏를 풀이함에 있어서도3) 章句之言으로 해석하지 않고 政治現實에 있어서의 君主의 實踐 道理로 해석하고 있다. 이와 같은 그의 社會的 實踐을 重視하는 學問的 態度는 그의 現實 認識과 結合하여 當時의 피폐한 社會現實을 극복하려는 改革論으로 나타나는데 그 方向은 모두 '安民'으로 向하고 있다. 當時 士林들에게도 民의 인식은 統治의 대상에서 점차 國家 政治의 基本要素라는 方向으로 전환되는 경향을 보이고 있지만 特히 重峰에게 있어서 '安民政治'의 意味는 누구보다도 강하게 나타나고 있다. 그는 "百姓을 死地로 몰아넣으면 百姓이 敗亡함과 동시에 나라도 亡한다"라고 論時弊疏에서 전제하고 당시의 政治現實을,

文王之政 見枯骨輒埋 今之大臣 變生民爲枯骨者 不知其數 是可謂擴充仁術者乎4)

라고 비판하고 있으니 이 비판의식이 改革論으로 展開되는 것이다.

前述한 바와 같이 八條疏와 十六條疏에는 그가 품고 있던 改革思想이 잘 나타나 있는데5) 여기에서 그는 明의 制度와 運用法 중에서 長點만을 배워 朝鮮의 現實을 改革하도록 主張하고 있으나 그의 改革論이 朝鮮의 制度 전

●●●● ···

2)『重峰集』卷9, 書, 答朴汝翼書.
3) 上揭書 卷4, 十六條疏, 命令之嚴에서 三畏 즉 天命, 大人, 聖人之言을 두려워 한다함은 君主가 日用實事에서 百姓의 일을 도모하고, 임금의 잘못을 깨우쳐 줄 수 있는 자를 가까이 하고, 節用愛民하면서 민중의 생활을 보장하는 것이라고 해석하고 있다(『論語』, 第十六季氏, 八의 孔子曰 君子有三畏 畏天命 畏大人 畏聖人之言 小人不知天命而不畏也 狎大人侮聖人之言).
4) 上揭書 卷7, 論時弊疏. 당시의 정치현실을 "文王의 政治는 枯骨을 보면 곧 매장해주었으나, 今日의 大臣들은 산백성을 枯骨로 만드는 것이 그 수를 알 수 없으니 이를 어찌 仁術을 펴는 것이냐"고 꼬집고 있다.

반에 걸쳐 根本的으로 고치자고 하는 것으로 볼 수는 없다. 그는 中國과 우리나라의 制度가 거의 같으나 단지 그 施行에 있어서 中國은 詳하나 約하고, 우리는 略하나 煩하기 때문에 나라를 다스림에 있어 不法이 行해지고 運用上의 폐단이 많아 百姓들의 生活이 파탄에 이르고 國家가 위기에 처해진다고 생각하여[6] 制度의 改革보다 오히려 그 法의 運用을 문제삼고 있다. 그것은 곧 法의 運用者인 治者들의 修己與否에 따라 政治의 成敗가 달려있다고 보고 그 중에서도 특히 君主의 비중이 가장 큰 것으로 지적하고 있다.

따라서 本稿에서는 重峰의 改革論을 크게 政治·經濟·國防으로 나누어 보고 各 部分別로 代表的인 것을 골라 政治面은 君主修己와 官員人事를, 經濟面은 進上과 貢物 및 賦役에 관한 것을, 國防은 軍丁과 軍備에 대한 改革論을 살펴보도록 하겠다. 물론 이것은 그의 改革論中 一部分이긴 하나 이로써 대체적인 改革方向과 方法·思想 등을 엿볼 수 있을 것이라 사료되어 선별하여 살펴보고자 시도한 것이다.

2. 政治改革論

1) 君主修己論

專制君主制 아래서는 君主가 곧 政治權力의 구심점이자, 政治 構成 要素의 核心的 存在였다. 特히 철저한 中央集權化와 王權強化 過程을 거쳤던 朝鮮王朝에 있어서는 王 個人의 政治的·學問的 能力이 그 時代의 정치양상

---

5) 八條疏와 十六條疏의 內容은 다음과 같다.
「八條疏」聖廟配享之制 內外庶官之制 貴賤衣冠之制 食品宴飲之制 士夫揖讓之禮 師生相接之禮 鄕閭習俗之美 軍師紀律之嚴
「十六條疏」格天之誠 追本之孝 陵寢之所 祭祀之節 經筵之規 視朝之儀 聽言之道 取人之方 飲食之節 餼廩之稱 生息之繁 卒伍之選 操鍊之勤 城臺之固 黜陟之明 命令之嚴.
6)『重峰集』卷4, 十六條疏 中朝之事 而較之我國 文軌宜同 而見行規模 或有詳略之不同者 或有煩約之異宜者 詳而約者 文明富庶之所在 略而煩者 不惟因苟蹸訛之可恥 而財殫根傷 民散國危之憂正在於此.

을 바꿀 수 있는 중요한 要因이 되었다. 따라서 最高 給治者로서의 君主의 權力行使에 일정한 制約이 必要해저, 宰相權의 强化 내지는 三司를 통한 言論 批判活動이 활발해져 그 기능이 확대되기도 하였으며, 한편으로는 性理學的 公道論에 입각한 '修己治人'의 한 형태로서 '賢哲君主論' 모색되기도 하였다.

朝鮮時代의 性理學은 그 政治思想의 展開에 있어서 '修己治人'을 제일 강조 한 것으로, 이를 위해서는 公道에 입각한 治人의 전제조건으로 修己過程이 요구되었던 것이다.[7] 이러한 修己治人의 명제는 中期 性理學에 이르러서는 人性論의 發達과 더불어 '居敬窮理'·'格物致知' 등의 修養法이 개척되면서 완성된 체계로 향하게 된다.

高麗末期에 新進士人에 의해 性理學이 受容된 것도 이러한 長點이 인식되어서였지만 朝鮮 開倉 이후 執權的 관료체제의 限界와 모순이 드러났을 때 그 가치는 再認識되고 있었다. 그리하여 15世紀 末부터는 士林派의 등장과 함께 정통 性理學의 기반이 확립되고 中宗代엔 趙光祖 등에 의해 소위 '道學政治論'이 전개된 것이다. 이 '道學政治論'은 곧 性理學의 學問的 立場을 바로 政治에 一致시키는 것으로써 性理學의 修己에 기준을 두어 官吏를 선발하는 賢良科와 三代之治의 實現을 위해서는 君主도 賢人·哲人의 경지에 이르기 위한 修己의 努力이 있어야 한다는 '賢哲君主論'은 그것의 한 方法이었다.[8] 이는 본래 유교의 基本 理念에서 出發한 것이지만 現實的으로는 燕山君의 학정을 경험하면서 그것이 君主의 不德에 기인한 것이라고 판단한 士林派가 道學政治의 實現을 위해서는 무엇보다 君主의 修己가 전제되어야 한다고 생각한데서 비롯한 것이다. 그런데 乙卯士林의 이 같은 理想도 中宗의 태도 돌변에 의해 깨져 버리고 이어 仁宗·明宗代에는 왕의 외척들에 의해 政權이 농락되는 혼란까지 초래했으니 宣祖가 즉위하고 政治를 쇄신함에 있어서 賢哲君主論은 새로이 중요한 理念으로 要求되었다.

●●●● ....

7) 李泰鎭, 「士林과 書院」, 『한국사』 12, 국사편찬위원회, 118~119쪽.
8) 上揭書, 124쪽.

宣祖의 즉위는 士林派의 政治的 우세를 가져오는 계기가 되긴 했으나 그 것이 곧 勳舊派의 완전한 소멸을 意味하는 것은 아니어서 宣祖初만 하여도 前代에서 成長한 政治勢力이 여전히 權力의 上部를 차지하고 있었다. 물론 士林系 人士의 진출이 활발해지긴 했으나 대부분 少壯層이었고 그 活動에 도 아직은 많은 制約이 따랐다. 더구나 宣祖는 그의 즉위 자체가 추대에 의 했던 까닭에 자신을 옹립해 준 旣存體制에 대한 어떤 改革을 시도하려는 데 에는 소극적인 자세로 일관하였다. 따라서 당시 상당수의 士林들은 宣祖에 대해 큰 불만을 갖고 있었고, 심지어는 "人君으로서 조금도 자격이 없다"는 비판까지 나오게 되었다.9) 栗谷의 경우도 『東湖問答』, 『萬言封事』 등에서 改革論을 피력하였으나 아무런 實效도 거두지 못한 채 宣祖에게 失望하고 坡州로 歸鄕하였으며10) 重峰도 明에 質正官으로 다녀온 후 八條疏를 올렸 으나 그것이 채택되지 않음을 보고 十六條疏는 아예 올리지도 않았던 狀況 이었다.11)

이처럼 宣祖의 改革에 대한 소극적인 태도는 많은 士林들을 의기소침하 게 만들었으니 重峰은 이를 다음과 같이 비판하였다.

頃年以來 漸不如初 偏私歲長 而疑吝日積 諫涉於格非 則慮其有輕侮之心 論出 於革弊 則恐其有紛更之患 如前冬李珥之疏 誠切於時務 而略賜褒獎 實不盡用 幸 而從者 止於細事 而大臣不卽議覆 如此則國病何時可祛 而民瘼何時可蘇耶12)

즉 宣祖가 私情에 치우쳐 諫言과 革弊하자는 논의를 물리치는 國病을 제 거하고 民瘼을 소생시킬 길이 없다는 것이다. 이러한 인식위에서 重峰은 改 革을 추진하기 전에 먼저 宣祖의 修己가 先行되어야 함을 깨닫고 있었다. 따라서 君主修己論은 重峰의 政治思想에 있어서도 가장 核心的인 문제가

9) 『練藜室記述』 卷14 己丑薰籍 白惟讓條. 白惟讓의 宣祖에 대한 評.
10) 『栗谷全書』 卷33, 年譜.
11) 『重峰集』 卷2, 附錄 年譜.
12) 上揭書 卷4, 十六條疏, 聽言之道.

된 것이다. 그래서 그는 君主의 修省을 강조하면서,

臣伏願殿下先盡修省之道 以爲格天感人之本 而申飭內外庶官 其於約己勤民之
政 一務其實而不尙虛文 則庶乎民不凍餒而天不憯怒矣[13]

라고 君主의 修省이 格天感人을 根本으로 하여 오직 實際에 힘쓰고 虛文을
받들지 말아야 한다고 강조하였다. 君主의 修省은 重峰이 主張하는 三代之
治의 첫째 조건이다. 즉 군주의 賢否에 따라서 王道政治의 회복 여부가 달
려있는 것이니 王道政治란 곧 道學에 의한 정치로서 군주가 格致로서 眞理
를 밝히고 誠正으로 몸을 닦아 그것을 政事에 實現하는 政治이다. 따라서
이때의 道學은 곧 聖學이요 帝王學이며 이것이 政事의 主體인 君主에게 얼
마나 體得되어 있는가에 따라 統治의 成敗가 決定되는 것이다. 그러나 實際
의 政治現實에 있어서는 모든 君主가 聖賢의 자질을 타고날 수 없는 것이기
때문에 君主는 聖學으로 몸과 마음을 닦아 克己의 공을 이루어야 하는데,
그 制度的 장치로 마련된 것이 經筵이었다. 우리나라에서 經筵은 高麗때부
터 시작되었으나 그것이 制度的으로 完備되기 始作한 것은 朝鮮朝 世宗·
成宗代부터 였다. 그 후 中宗代에 己卯士林이 대거 中央政界에 進出하면서
經筵을 장악하여 여기서 中宗의 신임을 얻고 한편으로는 重要한 政策決定
의 장소로 삼기도 하였다. 그리하여 君主가 修身하는 장소라는 본래의 기능
과 더불어 君臣間의 政治的 會合場所로 바뀌어가면서 經筵은 政治的으로
중요한 의미를 갖게 된다. 重峰도 經筵이 갖는 중요성을 인식하여 여기서
國王이 닦는 學問의 진보에 따라 太平의 治世가 이루어진다고 보고, 당시의
經筵이 자주 정지되거나 혹시 시행되더라도 그 實效가 없다고 비판하였
다.[14] 그는 이러한 폐단은 貞熹王后의 수렴청정에서 시작된 俯伏之禮에서
비롯된 것이니 먼저 俯伏의 禮를 없애고 便坐之制를 실시하며 또 大事가 있

----

13) 同上, 格天之誠.
14) 同上, 經筵之規.

지 않으면 進講을 폐하지 말고 講書는 일일이 踐行하여 聖德을 닦을 것을 강조하였다. 또 그는 비록 經筵이라는 제도가 있어도 君臣間에 上下의 뜻이 통하지 않으면 백성의 원망과 국가의 병폐가 君主에게 進言될 리 없고 그리되면 다스림도 이루어지지 않는다고 생각하여 "君主가 그 세력을 방자하게 하고 밑에서 그 위세를 두려워해선 능히 治道를 이룰 수 없다"고 하면서[15] 아울러 君主는 홀로 萬民을 통치할 수 없기 때문에 臣下를 두는 것인데 君主가 虛心하게 그 啓沃을 바라야 비로소 신하와 뜻이 통하여 身修正擧하여 太平盛世를 이룰 수 있다고 하였다.[16] 이와 같은 주장은 專制君主制 속에서도 君主權에 일정한 제약을 가해야된다는 그의 政治思想의 일면이 반영된 것으로 보인다. 사실 어떤 의미에 있어서는 君主修己論 자체가 君主權의 무단적 행사를 군주 자신의 自制를 통하여 규제하려는 소극적 方法이라고 생각할 수 있는 것이다.

한편 重峰은 또 다른 君主의 德目으로서 聽言之道를 들고 있다. 즉, 군주는 聖賢이 아닌 다음에야 經筵을 통해 修己의 功을 닦음은 물론 스스로 退托하여 남이 諫하는 것을 물리치거나 스스로 聖賢인 척하여 남의 말을 비루하게 생각해서는 안된다는 것이다.[17] 이같이 重峰이 요구하는 君主의 納諫의 자세는 곧 言論을 통한 批判政治를 가능케 하려는 의도로 보인다. 그는 君主가 納諫을 하지 않을 때 일어나는 폐단을 다음과 같이 지적하고 있다.

> 蓋上則止於言之不聽 而嫉善之徒 喜得其機 啁啾讒訛 無所不至 不謂輕妄 則加以生事之罪 必使無所容其身 而後快於其心 有識之士 熟知斯世之不可有爲 在內者 思欲抽身而遠逝 幸而留者 亦皆無心致澤 爭務循默 或沈冒以諧俗 或滑稽以免謗 在外者 率皆延頸而還縮 幸而進者 相與觀望風色 呫舌駭嘆 但謀浮沈下位 竊祿便養之計而已[18]

●●●○···

15) 同上, 自古以來 未有上驕其勢 下怵其威 而能成治道者.
16) 同上.
17) 同上, 聽言之道, 毋自退托而却人之諫 毋自賢聖而卑人之說.
18) 同上.

重峰은 그의 官職이 中央에서 보다는 地方에서 더 많이 체재했기 때문에 宣祖와의 親見보다는 대개 上疏를 올려 그의 改革論을 피력하였는데, 이것도 대부분 외면당하였던 바, 君主에게 聽言之道가 있어야 改革이 이루어질 수 있다는 것을 누구보다도 절실히 느꼈을 것으로 보인다. 요컨대 重峰은 君主가 스스로 政治根本임을 깨달아 經筵에서 修省의 道를 닦고 한편으로는 諫言을 받아들여 과감히 改革할 것은 改革을 단행함으로서 百姓을 安定시켜야 하는데 그러기 위해서는 國王 스스로가 학덕과 實踐的자세를 갖도록 노력하는 자세가 절실히 요구된다고 하였다.

2) 官吏人事論

重峰은 당시 사회의 폐단이 생긴 것을 일차적으로 君主의 修己가 이루어지지 않았기 때문이라고 보았다. 앞에서는 君主의 修己에 局限해서 설명했지만 '修己治人'이란 모든 통치계층인들에게 적용될 문제인 것이다. 이는 곧 身分制 社會 속에서 治者 계층의 私利追求를 배제한 그는 "庶官 가운데 한사람이라도 人才가 아닌 자가 있으면 그 害가 生民에게 번져나가고 禍가 국가에까지 미친다"[19]고 전제하고 德聖을 갖춘 사람이 政治를 해야 教化가 밝아지고 百姓들이 편하게 된다고 주장했다.[20]

그러나 當代의 現實은 國王 측근에 있는 臣下들이 宣祖를 옳게 보필하지 못하고 있는 實情이라는 것이 重峰의 생각이었다.[21] 그는 金貴榮 · 鄭彦信 · 金應南 · 柳成龍 · 李山海 등 당시의 宰相과 大臣들이 私黨을 만들어 私利만 취한다고 하며 다음과 같이 批判하였다.

●●●● ⋯⋯⋯⋯⋯⋯⋯⋯⋯⋯

19) 『重峰集』卷3, 八條疏, 內外庶官之制, 庶官之中 一或非人以間之 則害流於生民 而禍及於 國家.
20) 上揭書 卷5, 辨師誣疏.
21) 上揭書 卷6, 請絶倭使疏.

山海爲相 不念國事之重 只懷汲引之私乃以妨賢 敗事之人先于憂國之老 軍國重
事一係兩銓 乃以蠹國之姦分處其地 以償公心之人 只如錢穀之守典以私人 館閣之
選常付憸佞 言責侍從之列 非其腹心鷹犬 則百計陰斥 使卓犖方正之士 一不近於
王所[22]

　　물론 이러한 비판이 객관적인 것만은 아니다. 당시의 爲政者들이 대개 東
人이었고 또 이들이 栗谷을 배척했기 때문에 重峰은 이들을 小人으로 규탄
하고 있는 것이다. 그러나 이를 감안한다 하더라도 당시 黨爭 속에서 官吏
의 人事가 문란해진 것은 사실이었다. 16세기에 들어와 士禍가 거듭되고 勳
戚政治가 계속되면서 王朝의 支配體制가 해이해지고 그 폐단의 일환으로
官紀의 문란이 나타난 것이다.

　　그 한 예로 重峰은 監司들이 守令들을 제대로 규찰하지 못해 그 人事에
있어 권력층과의 인척여부, 자신과의 관계 등을 따져 제대로 시행치 않으므
로 해서 百姓을 괴롭힌 자는 벌을 받지 않고 職에 忠實한 자는 파직당하는
상황이라고 十六條疏의 黜陟之明에서 지적하고 있다. 이같은 사실은 重峰
의 改革論中에서도 시급한 것으로 대두된다. 그는 國家의 위기와 民生의 艱
難이 오로지 官吏人事에 달려있다고 지적하고[23] 철저한 能力爲主에 입각한
人事制度의 確立과 公平한 褒貶과 黜陟이 이루어지는 紀綱을 세워야 한다
고 주장하였다.

　　그에 의하면 中國에서는 官吏를 注擬함에 있어서 愼重을 기하여 缺官이
있으면 六部都察院에서 擬望한 사람을 정하고 吏部에서 二人을 뽑고 그 중
한사람을 皇帝가 임명하는데 國王도 私意로 임명하지 않기 때문에 被選된
官員은 하니 九年에 三考하여 黜陟을 定한다는 것이다.[24] 따라서 이 제도를
重峰은 理想的인 것으로 보고 公正性과 久任制를 강조하고 있다. 그런데 朝

●●●●

22) 上揭書 卷7, 論時弊疏.
23) 上揭書 卷3, 八條疏, 內外庶官之制 國危民艱都在於任用之罪宜.
24) 同上, 內外庶官之制.

鮮에 있어서 官吏의 人事行政은 銓曹에서 3人의 후보를 선정하고 國王은 이 중 한사람을 뽑는 것이 上例인데[25] 이 과정에서 不正이 이루어져 無能한 者 가 官界에 進出하는 경우가 허다하였다. 重峰은 이러한 폐단을 다음과 같이 지적하고 있다.

政曹乃於注擬之際 論不豫定 坐于政廳 然後執筆 始議三望 全合者無幾矣 至於 闕敍員乏之際 則僅備一望 餘皆苟充 而上之所點乃出於人望之外 群情所以不厭 公論所以喧騰 而不免抽東補西 朝授夕換 京外官員 未諳所職之爲何事[26]

이 외에도 重峰은 官吏교체시에 百姓을 침탈하는 경우가 많아, 官員이 久 任할 수 있도록 해야 하며 또한 遠境에서 補任하기 때문에 그 폐단이 加重 해 진다는 것이다.

따라서 重峰은 "吏曹에서의 用人은 잠시의 불찰에 그치지만 四方의 小民 은 害를 입지 않음이 없으니 이것을 어찌 작은 일이라 하여 고치지 않겠는 가"[27]라고 비판하면서 다음과 같은 改革案을 제시한다.

첫째, 吏曹에서 먼저 論定하고 公議에 합치된 연후에 三望을 올리되 적합 한 人才가 없으면 三望을 채울 필요가 없다. 둘째, 三望 中에서 首選을 敍用 하되 반드시 久任시킬 것, 셋째, 訓導의 簿는 居鄕에 두고 闕員은 近境에서 補任시킬 것 等이다.

한편 그의 人才登用論 중에서 주목되는 것은 庶孽과 再嫁之子 및 賤族이 라도 이 뛰어난 者는 그들의 地位를 改善하여 登用하자는 주장이다. 그 중 에서도 庶孽의 등용에 깊은 관심을 보였는데, 이것은 朝鮮初期부터 庶孽禁 錮法, 庶孽限品敍用法 등에 의하여 社會的으로 많은 制約을 받고 있었던 서 얼계층에 대한 구조적 모순이 이때 이르러 심각하게 드러나고 있었기 때문

25) 李相佰, 1662, 『韓國史』 近世前期篇, 震檀學會, 293~295쪽.
26) 『重峰集』 卷3, 八條疏, 內外庶官之制.
27) 同上, 吏曹用人止於暫時之不察 而四方小民無不被害 其可謂細事 而不之改乎.

이다. 또한 그와 親交를 맺어온 徐起와 宋翼弼의 영향도 있었을 것으로 보인다. 그것은 저들이 學問의 수준은 뛰어나면서도 신분적으로 제약을 받아 사회 진출이 어려운 이들에 대해 안타깝게 생각하고 있었고 또 重峰 자신도 신분적으로는 兩班이었으나 경제적 기반은 自作農을 겨우 벗어난 정도여서[28] 그의 身分意識은 당시 社會의 통념적 身分觀에 쉽게 同化되기 어려웠을 것이며 더욱이 明의 人事制度를 목격하고 나서는 더욱이 朝鮮의 庶孽差待制度에 대해 강한 비판 의식을 갖게 된 것으로 보여진다. 그는 서얼의 差待制度가 고려 중엽 때 權臣들이 忠智之士의 출현을 두려워하고, 또 사사로이 관직을 독점하기 위해 만들어진 것이며 이로 인해 萬世에 人才를 잃어버리는 과오를 저질렀다고 지적하면서[29] 族系가 비록 한미하더라도 능히 小學과 四書로써 남을 가르칠 수 있는 자라면 賤人은 良民으로 삼고 庶孽이나 再嫁之子는 軍役에 보충하지 말고 모두 學長으로 삼아 敎育에 종사케 하여 급료를 줄 것을 주장하였다. 이러한 重峰의 庶孽登用 主張은 대개 敎師로서의 등용을 限界로 하고 있을 뿐 서얼의 身分的制約 自體를 根本的으로, 全面的으로 否定하는 것은 아니었다. 이것은 역시 그 자신이 어릴 적부터 儒敎的 교육을 받고 자랐으며 또 당시 사회의 身分制度를 완전히 否定하기에는 그의 認識범위가 限定되었기 때문인 것으로 해석된다. 단지 孤靑이나 龜峰과 같은 아까운 人才가 사장되는 것이 안타까웠을 뿐인 것이다. 그래도 그의 주장은 이들의 身分的 地位를 일정한 범위에서나마 확보하려는 새로운 모색이었다.

---

28) 『重峰集』의 年譜와 行狀을 보면 그가 어린 시절에 가난하여 스스로 농사를 지으며 공부하였다는 기록이 여러 군데 보이는데, 이로 미루어보아 重峰의 經濟的 기반은 겨우 생계를 유지할 수 있는 自作農정도의 수준이었던 것 같다.
29) 『重峰集』 卷4, 十六條疏, 取人之方.

3. 經濟改革論

1) 進上 · 貢物改革論

重峰의 改革思想에 있어 核心的 문제는 養民 · 安民의 문제라고 할 수 있다. 즉, '國本之所以安固者 專在於萬民之寧息'[30]이라는 前提아래 養民과 安民이라는 측면에서 모든 政治 · 經濟 · 社會 改革이 이루어져야 한다는 것이었다. 그는 社會敎化의 문제에 있어서도 '不先養民之政 而徒擧導民之術 則只益紛擾 而無益於治'[31]라고 하여 '先養民 · 後敎化'를 주장하였다. 이와 같은 주장은 栗谷과 一致하고 있으니 일찍이 栗谷도 經筵에서 先養民 後敎化를 주장하여 당시 鄕約을 全國的으로 施行하자는 논의를 물리친 바 있는데 이러한 栗谷의 思想이 重峰에게도 영향을 주어 養民論의 바탕이 된 것 같다.[32]

그러면 重峰이 養民 問題를 가장 시급한 改革으로 생각한 그의 현식 인식을 살펴보자.

百萬億倉生 方在漏般之 中流遇風 失其維楫 四顧茫然 渺無津涯者 云云[33]

하는대로, 당시 民生의 피폐함을 마치 망망대해에서 표류하는 부서진 배와 같다는 표현은 당대의 누구보다도 현실을 절박한 위기 상황으로 인식하고 있음을 보여주는 것이다. 그는 당시의 統治者들이 이러한 현실을 극복할만한 인식과 능력이 없음을 통탄하면서 이 위기가 곧 收取體制의 문란에 따른 民生의 파탄에서 비롯한다고 지적한다. 따라서 그의 養民論은 貢物 · 進上 · 賦役 · 租稅 등의 收取體制의 改革論으로 展開되고 있다. 그러면 먼저

●●●●●○ ·····················

30) 上揭書 卷4, 十六條疏, 生息之繁.
31) 上揭書 卷3, 八條疏, 鄕間習俗之美.
32) 『栗谷全書』卷5, 萬言封事 無變今之習 雖聖賢在上 施敎無地 廣擧鄕約 雖是美事 臣愚竊 恐以今之習 徑行鄕約 亦無成俗之効焉.
33) 『重峰集』卷7, 論時弊疏.

重峰의 貢物 및 進上改革論에 대하여 살펴보자. 그는 먼저 바람직한 貢納制
로서 中國의 銀納制度를 제시하고 있다.

> 皇朝御膳之用 皆出民賦 而收銀以藏尙膳監 太監逐日出銀 以貿物膳于市 而監
> 飪以進 (중략) 若致生物 則千萬里輪輓之勞 幾與漕運之費等 而折定銀兩 則六百
> 馬之所轉 可轉以一馬矣 此法一定 民無倍出之患 驛無重運之苦 而市廛之中 百物
> 皆具 隨價定銀 自不闕其御膳矣[34]

라 하여 銀納制度를 시행할 때 해소될 수 있는 폐단이 곧 당시 生物을 貢納
하는 조선왕조의 貢物進上制의 폐단인 것이다.

重峰은 당시 進上制의 폐단을 다음과 같이 지적하고 있다.

첫째, "蓋物膳之出 或有昔産而今絶者 不問有無一切責辦 僅保朝夕之民
贏粮倍價而遠求 於數日之程 一魚之直 在本土雖不過米升 而及乎遠人之渴求
則必用四五斗 然後乃能貿歸 傭力難支 則不得已顧田以支矣"[35]라고 하여 貢
物 및 進上物이 産出되지 않음으로 인하여 먼 곳에서 물품을 구해오기 때문
에 몇 배의 비용이 가중되는 폐단을 지적하고 있다. 重峰은 進上의 폐단 중
가장 큰 것이 不産貢物이라고 했다. 그 한 例로 北道에서는 처음에 土産이
貂鼠로 되어 進上했으나 지금은 貂鼠가 永絶하였는데도 그 貢物이 그대로
있어 倍價로 布를 거두어 京市에서 求하여 바치는 二重의 고통을 겪는다고
비판했다.[36]

둘째, "雖或土産之物 如慶州錢魚 則換以紬一疋 平壤凍秀魚 則換以正布
一疋 列邑進上物價如此者何限"[37]라고 하여 土産物일지라도 그 進上物價가
지나치게 高價인 폐단을 지적하고 있으며

셋째, "況其輪運之際 色吏之粮 京吏之賄 一出於民 而遠方之物 則照氷重

●●●● ●●●●●●●●●●●●●●●●●●●●●●●●●●●●●●●●●●●

34) 上揭書 卷4, 十六條疏, 飲食之節.
35) 同上.
36) 同上, 生息之繁.
37) 同上, 飲食之節.

載 馬無完背者 故驛馬難支 則刷及民牛 黃海, 江原, 忠淸兩南之驛則大小使行及倭野人往來 亦不能支 而十室九空"[38]라고 하여 現物을 직접 納貢함으로써 그것을 운송하는데 賦役과 비용이 추가되고 또한 중간에서 胥吏들의 작폐가 심하게 일어나는 폐단을 지적하고 있다. 이들은 당시 貢納制가 안고 있는 문제점의 정곡을 찌른 것이었다.

朝鮮王朝에 있어서 貢物이란 地方의 土産物을 바치는 봉건적인 稅制로서, 곡물을 납부하는 田稅와 노동력을 제공하는 요역과 더불어 가장 중요한 稅制의 하나였다. 貢物 上納의 目的은 王室과 中央官衙의 雜色用途 및 각 營色의 需用에 충당하기 위한 것이었으며 대체로 民戶를 대상으로 賦課하였다. 貢物은 원래 民戶의 부담에 관한 分定規制가 없고 地方官府를 단위로 하는 品目과 數量만이 규정되어 있을 뿐이었으나 地方官府는 다시 이것을 民戶에게 부담시켜 貢納의 책임을 다하였던 것이다.[39] 따라서 貢物이 점차 加定되면서 民戶의 부담도 그만큼 加重되었으며 특히 연산군때 增定된 貢案은 그 폐단이 극심하여 그 改定이 수차 논쟁의 대상이 되어 왔는데 重峰도 燕山君朝의 貢案을 賦稅가 고르지 못하여 그 조목 또한 세분되어 번잡하기가 소털같다고 하여 이로 인해 백성의 고통이 극심하니 속히 개정해야 된다고 지적하였다.

한편 貢物외에도 土産의 現物을 貢納하는 制度로서 進上이 있는데 이 進上은 本來의 納稅의 무라기보다는 國王에 대한 臣下의 禮獻이라는 의미로 國王의 御膳을 비롯하여 국가제사에 쓰이는 물건을 上納하는 것으로, 地方 觀察使나 節度使들의 奉上品이었다. 그러나 이 進上은 稅貢과 마찬가지로 의무적인 貢納이 되었으며 결과적으로 그 進上品도 일반 百姓의 부담이 되었으며[40] 오히려 進上은 稅貢보다도 더 무겁고 큰 것이었다. 또한 進上物의 收取를 통한 官吏들의 횡포와 誅求가 막심하고 進上의 行政體系도 복잡하

38) 同上.
39) 金鎭鳳, 1975,「朝鮮前期의 貢物防納에 대하여」,『史學硏究』26輯, 韓國史學會.
40) 同上.

여 中央에 上納되는 과정에서 中間謀利와 弄奸이 개재되어 결국 民戶에 수배의 부담이 가중되어 갔다. 그리고 土産이 아닌 進上物이 分定되었을 경우에는 현물을 구입해서 상납하여야 하기 때문에 여기에 介在한 商人, 吏隷들의 取利행위가 큰 民弊가 되고 있었다. 이 때문에 重峰도 貢物보다는 이 進上의 改革에 더 초점을 맞추고 있었던 것이다.

이상의 貢物·進上 改革案을 요약하면 대략 다음과 같다.

첫째, 御膳을 줄이고 遠道에서 生物을 올리는 것은 祭祀用으로만 局限함으로써 進上의 量을 줄일 것.

둘째, 燕山君朝에 加定한 貢案을 改定해 그 수를 줄이고 비록 國初에 정한 貢物이라도 지금 生産되지 아니하는 것은 모두 없애고 그 條目을 상세히 다시 정할 것.

셋째, 守令들을 申飭하여 常貢·賦稅를 元數만 거두고 감히 橫斂치 못하게 할 것, 等이다.

이외에도 重峰은 中國의 銀納制度를 理想的으로 높이 평가한 것으로 미루어보아 아마도 이와 유사한 銀納制 내지는 米納制를 생각하고 있었으나 당시의 경제, 사회구조상 부적당하다고 생각했는지 더 이상의 구체적인 언급이 없다.

2) 賦役改革論

朝鮮王朝에 있어서 國民이 국가에 져야할 義務로서의 役에는 身役으로서의 軍役과 戶役으로서의 徭役이 있었다. 徭役은 賦役·差役으로 불리기도 하며 戶가 保有하는 田土의 多寡에 따라서 人丁을 동원한다는 意味에서 엄밀하게 '所耕의 徭役'이라고 할 수 있다. 즉 원칙적으로는 '田八結當 一夫'씩 동원하는 것이 원칙이었던 것이다. 그러나 軍役과 徭役의 區別은 保法의 成立 이후에는 거의 무의미하게 되어 軍役의 一部가 徭役으로 轉化되어 施行되고 있었다.[41] 이와 같은 軍役의 徭役化가 軍役을 과중하게 하는 첫째 요인이었으며 이에 따라 避役과 流亡 또는 代立 등의 폐단이 發生하게 되었다.

重峰은 당시 賦役의 과중한 부담을,

今者 貧民多 無立錐之地 而通計一年 應役之日 幾過一月 些少出糶之穀 盡歸濫
費 而不克爲農糧 所以農桑不盛 而人多凍餒 (중략) 今者貧民 男子纔免襁褓 卽補
軍丁 一家之中應役者多 已不可支 而一族疊徵之患 罄賣田宅 猶不能支 所以流亡
日繁 而閭井蕭然[42]

라고 비판하면서 徭役이 田土의 保有정도에 따라 동원되지 못한 문제점을
지적하고 있으며 또 族徵·隣徵·洞徵 등에 따른 과중한 부담으로[43] 百姓
들이 流亡하는 현상을 날카롭게 파헤치고 있다.

한편, 16世紀에 접어들면서 부터는 軍役의 부담이 納布制로 바뀜에 따라
軍布의 징수과정에서 中間 수탈자의 誅求行爲가 극심하게 되어 百姓들의
軍役부담은 더욱 무거워져 갔다. 그리하여 重峰도 당시의 이러한 實情을 지
적하여,

常賦之外 橫斂多端 八結之布 歲輸三疋 奉足之價 歲給五疋 戶首或一年兩番
則出布幾至十疋 爲勸農里正 編戶大小統者 一月六點 一或有闕 則罰之以布 爲
官屬者 或每日一點 而有闕 則罰之以布 一族之役 不問遠近親疏 而人費三四人
之闕價[44]

라고 비판하였다. 즉, 中間 官吏·胥吏들이 軍布를 몇 배씩 징수하고 또한
族徵등의 갖은 名目으로 3~4人이 납부해야 될 軍布를 한사람에게 부담시키
기 때문에 民生이 도탄에 빠졌다는 것이다. 이처럼 軍役·徭役의 폐단이 극

41) 李泰鎭, 1986,「軍役의 變質과 納布制의 實施」,『韓國軍制史』(近世朝鮮前期篇), 陸軍本
  部, 234~239쪽.
42)『重峰集』卷5, 擬上疏.
43) 이것들 외에도 황구첨정, 백골징포, 강년채, 마감채 등 다양한 방법으로 백성들을 수탈하
  였다.
44) 上揭書 卷4, 十六條疏, 生息之繁.

심하므로 重峰도 이에 대한 改革案으로서, 鄭澈이 일부지역에서 실시하고 있던 均役之規를 全國的으로 擴大하여 施行할 것을 주장하였는데,[45] 그 實體는 正確히 파악되지 않고 있다.

이외에도 重峰은 北道의 徙民策의 폐단을 지적하며 그것이 養民의 次元은 고려하지 않고 무조건 北方으로 徙民시키기 때문에 百姓들이 모두 流亡하게 되었다고 비판하면서 三分徙一制의 實施를 主張하였다.

倘令 三分徙一 先其健兒之戶 而留其二分 俾各收貢 以扶先徙之戶 而侯彼有墾田 隨後漸徙 則居者遷者 庶幾兩全矣[46]

즉, 먼저 健壯한 者부터 보내고 二分은 남겨둠으로 거기에서 歲貢을 걷어 先徙戶를 扶養하고 先徙戶의 墾田 收入이 있게 됨에 따라 順次的으로 徙民한다면 居者나 遷者가 모두 安全할 수 있다고 하였다. 이와 같이 三分徙一制를 실시한다면 百姓들이 烟家와 還上과 山行의 세 곳에 이름이 올라 있음으로 해서 항상 한 곳의 點號에는 응할 수 있으나 두 곳은 응하지 못하고 대신 闕布로 바쳐야 하는 三籍徵闕에 따른 폐단도 제거될 뿐만 아니라 新舊民이 모두 農桑에 盡力하여 荒田도 개간되고 南民遷徙의 필요도 없게 된다는 것이다.[47]

결국 重峰의 經濟改革論은 養民과 安民을 目的으로 하여, 當時 社會에 대한 위기의식과 現實認識의 바탕위에서 이루어졌으며, 새로운 制度의 施行과 人口의 分散 및 開墾地의 確保에 의한 民生의 安定方法을 試圖했고 이의 실현을 위해서 行政的 實務者인 胥吏의 制度를 改革해야 된다고 보았다. 胥吏의 폐해에 대해서 重峰은 모든 국가의 典故規例가 저들 손에 의해 요리되고 심지어 柳成龍의 말을 引用해 胥吏는 官員의 乳母라고 하여[48] 그 중요성

●●●●··

45) 上揭書 卷5, 辨師誣疏 取鄭澈兩都均役之規 命行于他道.
46) 上揭書 卷7, 論時弊疏.
47) 同上.

을 강조했다. 또 曹植도 胥吏專國[49]을 강조했으니 當時에 胥吏가 社會的으로 매우 중요한 위치에 있었던 것은 사실이다. 그때 重峰은 解決方案으로 저들에게 봉급을 지불할 것과 또한 그 수효를 대폭 감소하여 정예적인 胥吏를 채용해야 될 것이라고 주장하면서 모든 官員人事와 결부해서 해결하고자 했다. 이런 등등의 주장들은 모두 百姓의 苦痛을 국가위기로 인식하였으며, 「銀納制」, 「均役法」과 같은 구상은 높이 평가할 만한 것이라 하겠다.

4. 國防强化論

1) 軍丁確保論

朝鮮前期에 있어서 軍制는 여러 가지 문제점을 안고 있었으니 그 중 몇 가지만을 살펴본다면 첫째로 保法의 成立 이후 생겨난 避役의 문제가 대두되었고, 둘째로는 代役納布현상에 따른 폐단이 나타는 것이며 세 번째로는 中央軍과 水軍의 制度的 變遷에 따른 鎭管體制의 취약성이 드러났고 넷째로는 東北·西北 지역의 방어에 허점이 생긴 것을 보완하기 위한 制度로서 마련한 留防制의 發生과 이에 따른 각종 문제점이 야기된 것 등이었다.[50]

이러한 要因들에 의해 軍役義務者들이 多數 避役하여 軍丁 確保에 상당한 問題點이 露呈되었다. 이에 重峰은 軍丁不足의 原因을 奴婢의 증가와 僧徒의 증가 현상에서 찾고 있다. 卽, 우리나라가 三國時代에 많은 外侵을 받아 戰亡한 士卒이 많았음에도 불구하고 再起할 수 있었던 것은 奴婢制度가 擴大되지 않아서 軍丁을 確保할 수 있었으나 高麗 이후로 점차 奴婢數와 僧徒數가 增加하여 軍丁이 줄었기 때문에 軍事力이 弱化되었다고 보았다. 특히 朝鮮朝에 들어와 軍役은 가장 고통스러운 것이 되어 아들은 賤婢에게 장가들고, 딸은 賤奴에게 출가함으로서 一邊一族이 破産되는 것을 면하려 한

●●●●·····························

48) 『宣祖實錄』 卷46, 26年 12月 癸丑條.
49) 『南冥集』 戊辰封事.
50) 李錫麟, 1985, 「重峰趙憲研究」, 『慶熙大大學院 博士學位論文』, 97~102쪽.

다고 하였다.[51] 더욱이 內需司奴의 경우에는 "國家特完其戶 窮民之殘破者 尤爭投屬"[52]이라고 하여 국가에서 특별히 그 戶를 保全하게 하므로 가난한 자 중 破産한 자들이 앞을 다투어 內需司의 奴婢가 되려 한다고 지적했다. 또한 開墾地가 늘고 戶가 증가하였으나 그 대부분이 兩班과 私奴 및 內奴의 田戶이며 良人의 것은 오히려 감축하고 있어 正軍數가 30萬名도 되지 못하고 더구나 實無千人之可用者라는 상황이었다. 아울러 軍丁確保의 根源이 되는 人口문제에 있어서는 再嫁禁止法을 위시한 身分制度에 대해 비판을 가하고 있으며 또 貢納이나 徭役이 과중하여 軍役外의 부담으로 避役하기 위해 逃亡하니 필연적으로 軍丁數가 줄어들 수밖에 없다고 보았다. 따라서 모든 폐단들이 결국은 國防을 허약하게 하는 要因이 되고 있다고 보고 그 對策을 몇 가지 提示하고 있다.

첫째, 私奴의 數를 制限하자는 이른바 限奴之制를 주장하면서 그 具體的 案으로써,

> 一品百口 二品九十口 三品八十口 堂下三品七十口 四品六十口 五品五十口 六品四十口 七品三十口 八品二十口 九品十口 生進及學生可爲人師者 忠義內禁八口 文武擧業者及庶人在官者 參上不過六口 參外及名爲兩班而不讀不射者 不過四口[53]

라고 제시했다. 또 內需司奴는 千名으로 限定하고 그 나머지 중 健壯한 자는 軍丁에 補充하고자 하였다. 또 限奴之制를 적용하고 남은 奴婢 중 膂力 있는 자는 뽑아 步兵으로 정하고, 田地가 있으나 몸이 弱한 者는 率丁으로

．．

51) 『重峰集』卷4, 十六條疏, 卒伍之選에 보면 蓋私奴則一年身貢 多不過二匹 而054_215d無一族之弊 軍保則一年身役 幾過五匹 而妻亦良人 則兩邊一族之苦 未幾而破家라고 하여 奴보다 良人軍保의 부담이 더 크고, 良妻인 경우에는 二重의 부담이 되어 破家한다고 하였다.
52) 同上.
53) 同上, 이와함께 중국의 제도를 소개했는데 明에서는 卿相이라도 私奴 數十人을 두지 못한다고 하였다. 또한 우리나라에서도 限奴의 논의가 있었으나 高官들이 私慾에 이끌려 시행치 않고 있다고 비판하였다.

하며, 田地가 없고 健壯한 자는 烟台의 城에 召集하여 그곳 空地를 개간해 世業을 삼게하고 田業이 성취될 때 까지는 官에서 衣粮을 주고 또 弓矢를 주어 十年間은 經濟力을 키우고 十年間 敎訓한다면 二十年後에는 能히 百萬精兵을 얻을 수 있을 것이라고 제안하였다.

둘째, 戶口의 증가를 위해서는 當時의 신분제도에 구애됨이 없이 女子의 再嫁를 허용해 가정을 이루도록 하고 홀아비들도 安居할 수 있도록 해 주자고 하였다.[54] 同時에 重峰은 中國에서는 女子의 再嫁를 허용해 폐단이 적은데 우리나라에서는 法으로 묶었기 때문에 오히려 음성적으로 不倫行爲가 더 많이 일어난다고 했다. 한걸음 더 나아가 그는 再嫁許容에 그치지 말고 女子가 出嫁하지 않는 것을 有罪로 하자고 까지 주장했다.

셋째, 이미 經濟改革에서도 言及한 바와 같이 貢案이 燕山君代에 加定된 것이 많고 이를 그대로 쓰고 있어서 百姓들의 부담이 커지고 그 때문에 軍役義務者들이 避役하고자 수단과 방법을 가리지 않으니 軍丁確保의 方法 중 하나로 貢案의 改定을 주장했다.

넷째, 官吏들이 討索질하기 때문에 軍丁이 감소된다고 하여 이의 是正을 건의하고 있는데 우리나라도 中國처럼 녹봉제도와 감독제도를 竝行하자고 하였다. 이미 누차 重峰은 官吏들의 녹봉제도를 실시하자고 주장해왔는데 그것은 관리가 녹봉을 받으면 百姓들을 討索하지 않을 것이고 그리되면 軍丁이 확보되어 國防이 튼튼해질 것이라는 견해에서였다.

끝으로, 王陵의 役事가 百姓의 苦痛을 가중시켜 百姓들을 流亡시키는 원이 되었으니 이 또한 軍丁을 확보할 수 없는 하나의 문제점으로 보고 있다. 즉,

●●●● ···

54) 여기에서 과부의 再嫁 許容 주장은 上揭書 卷6, 十六條疏 取人之方條에서 再嫁女의 所生을 官職에 등용시키자고 주장한 것과 연관시켜 볼 때 朱子學的 敎育을 받은 重峰으로서는 매우 진보적 身分觀을 갖고 있었던 것으로 보인다.

> 蓋以君聖之心 灼見地理說之爲虛妄 …… 東方之俗 酷信風水 公卿士民 曾多惑染[55]

이리 하여 王이나 士大夫들이 風水地理說을 酷信하여 陵을 정할 곳이 많은 데도 首都의 根本이라 할 京畿道의 高陽·陽州 일대에 다만 陵寢을 정하고자하여 이 지역의 고통이 극히 심하다고 다음과 같이 지적하고 있다.

> 楊高二邑 實是京師之柢 而纔出都門 莽若無人之境 庶民之無依者 豈無欲居之志 而一罹守護軍之役 則傳子至孫 而其苦不可當故也[56]

결국, 이러한 폐단이 是正되어야만 百姓이 安住할 수 있으며 따라서 이에 動員되는 莫大한 人員을 軍丁으로 確保할 수 있다고 하였다. 이는 물론 一部之城이기는 하지만 首都를 둘러싸고 있다는 의미도 있고 또 사소한 듯이 보이는 것 까지도 國防에 연결시켜 생각하는 重峰의 의지를 엿볼 수도 있다.

그러나 이러한 그의 改革의지는 전적으로 宣祖의 용단에 기대하는 것이었고 當時 社會構造上 政策으로 受用하기에 어려움을 갖고 있어 施行되지 못했다.

2) 軍備强化論

重峰은 軍丁確保를 前提로 하여 軍備의 補强과 軍事訓練에 대해 깊은 關心을 갖고 있었다.

먼저 軍備의 不充分한 狀況을 지적하여 "我朝士卒 止有一二保人 而或不能備給 馬裝器械 無不自具"[57]라고 하여 우선 軍裝備를 各自가 부담해야 되

●●●○ ....

55) 上揭書 卷4, 十六條疏, 陵寢之所.
56) 同上.
57) 同上, 操鍊之勤.

는 폐단을 거론하고, 中國에서는 "自內及外 俱有餘丁五人 官給馬價 …… 給口糧 冬則給布一四 甲冑弓矢槍劍 皆出於官"[58]이라 한 것 같이 모든 軍裝備를 일체 국가에서 부담한다고 했다. 그런데 우리나라의 軍丁들은 經濟的 부담에다 裝備도 自備해야 되고 더욱이 처음 充員된 軍卒들은 知味·鄕味라는 名目으로 先參者들에게 음식대접을 하느라 경비가 들고, 守將에게도 침학당하며, 軍卒이 속한 牌頭掌務가 侵費하는 것도 粮數에 倍가 되고 또한 담당 色吏에게도 人情布 數匹을 例給해야하는 어려움을 겪는다고 하였다.

다음으로는 箭竹에 대해 언급하고 있다. 본래 南道에서 생산되는 釜竹을 北道에 보내 하는데, 軍器寺의 矢를 약간 보충하고 나머지는 대부분 笠子를 만들어 없앤다는 것이다. 즉 笠子를 널리 使用하므로서 竹의 소비가 커져서 造箭에 쓸 대나무가 商人들에 의해 마구 베어지고 화살대는 약한 대나무로 만들게 되니 그 性能도 떨어지고 수효도 줄어들게 되었다는 지적이다. 때문에 中外軍卒 중에서 화살대 數十個를 가진 자가 드물며 더욱이 兩界에는 備置해 놓은 화살이 거의 없는 실정이라고 했다.[59]

다음 軍馬에 對해 論하고 있다. 즉 우리나라의 牧場에는 말들이 떼 지어 놀고 있어 전혀 새끼를 번식치 못하고 있는데도 監牧을 겸하고 있는 자들은 그 職이 떨어질까 두려워 馬數를 허위로 보고하고 혹 上部의 點檢이 있을 때는 다른 牧場에서 말을 빌려다 그 숫자만 채워 놓는다고 하였다. 때문에 장부에 숫자만 채우는 일일 뿐 無用之物이며 오히려 牧場은 이로 인해 百姓을 괴롭히는 함정이 되고 말았다고 비판하였다.[60]

다음 城台에 論旨가 미치고 있는데 당시 우리나라 城台의 實相을 다음과 같이 묘사하고 있다.

58) 同上.
59) 上揭書 卷3, 八條疏, 貴賤衣冠之制.
60) 上揭書 卷4, 十六條疏, 操鍊之勤 牧馬之地 乃所以爲害民之阱也.

両界之地 雖有長城 而馬可超升 雖有煙臺 而人不能居 臺下不惟無城 而臺上一
無草屋一間 風饗雪虐之際 則薄衣戍卒 多有凍死之虞 不待賊來而反走也必矣 孰
肯以死守之哉 且州鎭之城 甚多齟齬之處 如有胡寇 則無非一呼而可登者 城中人
物 到底蕭索 雖盡男女 或不能守城之一面矣[61]

라 하여 성의 모양, 守卒들의 모습 및 城의 전반적 상황을 거론하면서 邊方
도 허술하고 內地도 지킬만한 곳이 없으니 통탄할 일이라고 하였다. 동시에
南道 海邊에도 城臺를 쌓아야 한다고 주장하여 넓은 안목으로 국방을 보고
있었다.

다음은 訓練上의 문제점을 지적하면서 당시의 훈련 상황을 "而行伍不明
旗鼓不整 見者嘆其若兒戲之狀"[62]이라고 하여 마치 아이들 유희와 같다고
평하면서, 본래 上番 軍士가 習射하는 規式이 있으나 訓練官員들이 闕紙만
거두고 전혀 활 쏘는 法은 가르치지 않아 훈련이 안된 상태라고 했다. 이렇
게 된 원인 중 하나는 官員들의 착취가 있기 때문이며, 또한 別侍 入番者에
게 그 祿이 支給되기는 하나 入番 즉시 나오지 않고 數 個月씩 지체되어 外
方軍士는 出番한 후 지탱할 수 없어 四石을 받아야 할 것을 一石만 받아 팔
아가지고 돌아간다는 것이다. 이렇게 口粮이 부족한 상태에서 훈련이 될 리
없다고 보면서 모든 훈련부족의 원인은 그 제반 조건이 未備한데 있다고 지
적하고 있다.

이러한 條件들을 改善하는데 있어서 重峰은 몇 가지 案을 제시하고 있다.
첫째로, 地面·鄕味나 하는 例를 속히 폐지하여 거기에 드는 비용을 모두
裝備 구입에 쓴다면 官에서 장비를 주지 않아도 충분할 것이며,

둘째, 일체 笠子의 使用을 금지시킴으로써 竹의 낭비를 막아 이를 모두
造箭하는데 돌리면 결코 弓矢가 부족하지 않을 것이고,

셋째, 번식하지 못하는 말을 활소는 士卒에게 分給해주어 기르도록 하면

61) 同上, 城臺之固.
62) 同上, 操鍊之勤.

牧場에도 폐단이 사라지고 牧子들도 자기 말을 징발당하지 않아 被害를 입지 않을 것이며 아울러 말을 보유하고 있는 軍士는 항상 말타기를 익힐 수 있어 戰時에 對應할 수 있다고 했다.

넷째, 城臺를 설치함에 있어서 百姓들에게 賦役을 시키면 城臺가 完成되기도 前에 저들이 지탱치 못하고 피폐될 것이니[63] 반드시 국가에서 비용을 내야 될 것이며 그 方法으로서는, 兩界 兵營에 해마다 私米 千餘石이 留置되어 있어 私私로이 使用되고 있으니 이를 내어 놓게 할 것이며 또 兵曹에 해마다 들어오는 布가 쌓여 있는데 이를 使用하면 백성들에 勞動力의 代價를 지불할 수 있어 飢民을 구제하면서 年次的으로 여러 개의 城을 쌓을 수 있다고 했다. 이것으로도 부족하면 內需司의 奴婢貢布를 덜어 보충하면 충분히 해결할 수 있다고 제안하였다.

다섯째, 將師들이 兵書를 읽어야 됨은 물론 城의 축조 비용을 조달하기 위해 節用해야 할 것이며 禁酒·節酒의 法을 제정할 것 까지 주장하면서 아울러 邊方 將師들이 이동할 때마다 행하는 迎送之禮 때문에 야기되는 각종 不條理를 除去해야 된다고 하였다.[64]

결국 重峰은 각종 民弊를 저거하고 난 후에 軍裝備를 確保할 수 있고 軍備가 갖추어져야만이 軍士를 옳게 훈련시켜 國防을 强化할 수 있으리라했다. 물론 이에 부수되는 것으로 將師들의 資質이나 制度를 거론하고 있으나 그 저변에는 情神姿勢를 重視하고 있다.

이러한 重峰의 意見들은 壬亂後의 實學者들에게 연결되어 柳馨遠이나 朴齊家 等도 重峰과 類似한 主張을 하고 있는데 特히 城制같은 것은 고스란히 朴齊家의 城論[65]으로 계승됨을 엿볼 수 있으니 重峰의 改革論의 一部가 北學派의 思想에 큰 영향을 준 것으로 파악할 수 있다.

●●●●
(63) 同上, 城臺之固 而一用民力 則城臺未完 而民已不守矣.
(64) 上揭書 卷3, 八條疏, 食品宴飮之節.
(65) 朴齊家, 『北學議』內篇, 城 參照, 朴齊家도「學中國之制」를 주장하면서, 우리의 城이 "皆畵中之城耳 謂其外似之而內不似也"라고 하여 城의 허술함을 지적하였고, 이의 시정을 위해 벽돌과 회를 사용해 견고한 축성을 주장하고 있으니 重峰의「城臺之固」.

5. 結論

重峰 趙憲은 16世紀 朝鮮王朝의 性理學者요, 改革思想家이며 壬辰亂을 당해서는 義兵活動을 하다 殉節한 實踐家이기도 했다. 그가 生存했던 16世紀 社會는 15世紀에 確立되었던 朝鮮王朝의 統治體制가 일단 붕괴되기 시작한 때였으며 또 그것을 수습하려는 노력이 이루어졌으나 별다른 效果를 거두지 못하고 있던 狀況에서 壬辰亂이라는 大變亂을 당하게 되었던 것이다. 이러한 때에 등장한 重峰은 자신의 學問과 經綸을 바탕으로 한 思想的 體系위에서 당시 사회를 진단하고 그것을 치유할 수 있는 改革案을 提示했다. 특히 그의 官職生活이 주로 敎授職이나 牧民官으로 이어졌기 때문에 그로 하여금 百姓들의 苦痛을 직접 체험할 수 있게 했고, 거기다가 1574年 明에 質正官으로 다녀옴으로써 明制의 長點을 受容해야 되겠다는 생각이 더해져서 새로운 改革案을 提示할 수 있게 되었다. 이러한 그의 改革論은 八條疏에 集中的으로 表出되고 있는데[66] 이는 당시 통치자였던 宣祖에겐 무시되었으나 後日 安邦俊에 의해 『東還封事』라는 이름으로 出刊되어 그의 思想的 體系를 엿볼 수 있게 되었다. 또한 그의 주위에는 栗谷을 비롯해 成渾, 李之菡 그리고 徐起·宋翼弼 등의 人物들이 있어 重峰에게 많은 사상적 영향을 주었던 것으로 판단된다.

重峰이 提示한 政治改革論은 實踐을 위주로 하는 踐履之學이라는 性格의 바탕위에서 展開되고 있다. 즉, 性理學 自體가 곧 現實을 위한 學問이어야 된다는 그의 學問觀과 당시 政治紀綱이 무너지고 道學이 쇠퇴하여 民生이 도탄에 빠지게 되었다는 그의 現實認識이 結合되어 매우 現實的이고 具體的인 改革思想이 展開되었던 것이다. 그의 改革論은 당시의 儒林들이 共通的으로 가졌던 道學政治思想에, 現實的 問題認識과 이의 打開를 위한 實踐行爲가 더해지면서 그 出發을 國王의 修己治人으로 보았기 때문에 그는 먼

---

66) 그 외에도 그의 개혁사상을 엿볼 수 있는 것으로 擬上疏, 辨師誣疏, 論時弊疏 等 많은 疏文이 있다.

저 君主의 修己論을 내세웠다. 이는 己卯儒林의 賢哲君主論과 脈을 같이 하는 것으로서 最高의 統治者인 君主가 修省하는 것이 善政의 基本이 된다는 것이다. 때문에 君主는 政治에 臨해서 經筵之規와 聽言之道를 밝게 하여 이를 德目으로 삼아 모든 政治改革에 모범이 되어야 한다고 上疏하였다. 그러나 當時 宣祖는 어느 君主보다도 現實에 安住하여, 改革을 원치 않는 人物이었기 때문에 봉봉의 이러한 제안은 實現될 수 없었던 것이다. 이와 아울러 그는 修己가 君主에만 局限되는 것이 아니고 모든 支配계급에게 다 적용되는 것이라고 하면서 官吏들의 人事에 큰 관심을 보여 公平한 人事制度가 곧 국가의 흥망성쇠를 좌우하는 관건이라고 보고 嚴正한 人事行政의 구현을 주장했다. 특히 그는 당시 사회에선 보기 드물게 庶孽과 再嫁之子에게 管路를 열어주도록 주장하여 進步的 身分觀을 人事問題와 並行하여 보여주기도 했다.

다음, 그의 經濟改革論은 爲民을 바탕으로 하는 養民論에 귀결된다고 볼 수 있다. 즉, 民本의 大前提 위에서 당시 貢賦禮制의 不合理性을 비판하고 이를 改革해 보고자 했다. 그 중 進上과 貢物制度가 가장 큰 民弊로 보고 이의 是正은 君主 자신이 御膳을 줄여 進上을 가볍게 해 줌으로서 解決할 수 있다고 보았으며, 또 貢物제도가 不合理했던 것은 當時의 貢案이 燕山君代에 과도하게 加定된 것을 고치지 않고 그대로 사용한데 있으니 마땅히 이를 改革함으로써 非土産物의 징수나 과다한 공물 징수를 革罷해야 만이 민생을 安定시킬 수 있을 것이라고 하였다. 한편 賦役의 폐단을 지적하여 徭役이 以地出役이 되지 못하고 있음과 族徵·隣徵 등 軍布의 징수과정에서 생기는 각종 民弊를 除去해야 安民을 기대할 수 있을 것이라고 하면서 소위 銀納制나 均役制度와 類似한 것을 제안하고 있다.

아울러 國防强化策으로서는, 朝鮮前期에 軍役이 과중하여 생기는 각종 현상과 制度上의 모순점을 지적하고 당시의 狀況 속에서 우선 軍丁確保와 軍備문제를 중점적으로 擧論하고 있다. 먼저 軍丁確保에 있어선 奴婢의 數를 감축하고 僧侶의 數가 增加되는 것을 막아야 한다고 했으니, 奴婢身分者가 增加하면 相對的으로 軍役義務者가 줄어드는, 즉 軍丁이 줄어드는 結果

가 되니 이를 억제해야 하며, 僧侶의 증가 역시 같은 이유에서 억제해야 한다고 했다. 아울러 인구증가를 꽤하는 對策으로 女子들의 再嫁許容을 주장하기도 했으며, 民弊除去가 軍丁確保의 관건임을 인식하고 貢案改定과 官吏祿奉制度를 提案하고 있다. 또 지엽적인 것이긴 하나 風水地理說에 다른 王陵役事의 是正을 통해 軍丁이 될 수 있는 良民 보호대책을 제시했다. 이렇게 軍丁이 확보되면 이들을 통해 군사시설도 정비할 수 있고, 이제 軍備만 마련된다면 强軍이 될 것이라 했다. 軍備强化의 方法으로서는 弓矢의 재료인 竹을 笠子生產에 사용치 못하게 하며, 牧場改善을 통한 馬의 확보와 또한 城臺의 축조 등을 들고 있다. 그러나 이는 어디까지나 그 經費를 국가에서 부담하여 百姓을 괴롭히는 일이 없어야만 所期의 目的을 達成할 수 있다고 주장했다. 이렇듯 軍丁이 確保되고 軍備가 갖추어지고 나면 有能한 將師가 나와 軍士들을 잘 훈련시켜 强軍으로 만들 수 있다고 보았다.

以上에서 본 重峰의 改革論에는 當時의 時代的 狀況으로 보아 도저히 實現되기 어려운 것도 더러 있고 또 時急히 改革되어야 될 문제를 言及치 않고 있는 部分도 있으나, 大部分 當時의 問題點들을 正確히 진단하고 그에 대한 解決方案을 提示하고 있었다. 이러한 그의 주장들은 統治者인 宣祖나 中央의 核心的 官吏들이 관심을 갖고 是正하려고 했다면 充分히 효과를 거둘 수 있는 문제들이었다. 그러나 重峰은 宣祖로부터 달갑게 여겨지지 못했고 또 그가 지나치게 栗谷을 과대평가한 나머지 東西人 모두로부터 크게 환영받지 못한데다가 東人들의 배척으로 자신의 뜻을 펴볼 수 있는 기회가 없었다. 그러나 지금도 그의 卓見들은 결코 과소평가할 수 없는 것임엔 틀림없다.

重峯 趙憲의
備倭之策 研究

1. 序論

重峯 趙憲은 宣祖대의 人物로서 栗谷의 사상을 이어받은 改革思想家이며, 壬辰亂을 當해서는 郭再祐와 거의 同時에 義兵을 일으켜 활약한 亂 初義兵將 中 代表的 人物이고, 錦山에서 장렬하게 殉節하므로서 知行合一을 몸소 보여준 實踐家이기도 하였다.

重峯은 少年時節을 별로 幸福하게 보내지는 못했으나[1] 孝性이 지극했고, 學文을 게을리 하지 않아 科擧에 급제하여 官職에 나갈 수 있었다. 그의 官職生活은 內職에서 보다는 外職의 敎授나 縣監 등을 더 오래 지냈는데 이런 牧民官으로서의 生活이 그로 하여금 百姓들의 苦痛을 직접 보고 느끼게 하여 時務를 바로 인식할 수 있는 기회가 된 것이며 그것이 그의 改革思想을 形成한 동기가 된 것으로 보인다. 特히 1574年 그가 明에 質正官으로·다녀오게 됨으로써 見聞이 넓어지고 明의 制度를 接할 기회를 갖게되어 우리의

---

1) 『重峯集』의 年譜나 行狀 및 遺事 등을 보면 계모슬하에서, 넉넉지 못한 經濟的 환경에서 자란걸 알 수 있다.

것과 비교하여 그 是正策을 구상 할 수 있게 되었던 것이다.[2] 重峯의 改革方法은 국왕에 의한 위로부터의 改革을 기대했으나 용렬한 宣祖에 의해 좌절되었다. 그의 政治的 改革은 古代 中國의 三代之治를 理想型으로 생각하고 이의 實現을 꿈꾸었으며 經濟的으로는 安民을 기본으로 하는 民本思想 위에서 모든 혜택을 百姓에게 最優先的으로 주어야만한다고 강조했으며 그의 經濟思想은 後日 實學者들에게 지대한 영향을 주었다.[3] 特히 주목되는 것은 社會的 身分觀에서 庶孼의 등용을 主張하는 等 當時의 朱子學的 社會規範에 크게 어긋나는 身分觀을 가지고 있었다. 이는 아마도 그의 가까운 知人中 徐起나 宋翼弼같은 才能있는 人物들이 서얼이라는 身分上의 制約으로 因해 그 뜻을 펴지 못하고 있음을 안타까워 한데도 그 한 원인이 있었을 것으로 본다.

重峯의 주변 人物로는 그가 平生을 尊崇하였던 牛栗(牛溪 成渾과 栗谷)을 비롯하여 土亭 李之菡, 龜峰 宋翼弼, 孤青 徐起 및 李山甫, 鄭澈 等이 있었는데 이로 인해 重峯도 역시 西人黨의 人物이라는 지칭을 면할 수 없었다.[4]

重峯을 評價함에 있어서 크게 改革思想家的인 面과 義兵將으로 나누어 볼 수 있는데 그의 改革論은 當代에선 별로 호응을 얻지 못한채 後代에서 開花되었고 義兵將으로서는 最高의 評價를 받고 있으니, 그것은 그가 殉節한 錦山戰鬪가 壬亂中 「小早川隆景」의 倭軍으로부터 湖南을 保全하는데 큰 몫을 차지하는 戰術上의 要地요.[5] 또 하나는 이로부터 全國的으로 義兵이

●●●●

2) 重峯이 明에 다녀와서 쓴 八條疏와 十六條疏는 明과 우리나라의 制度를 비교하여 中國의 長點을 본받자는 內容으로 그의 死後 安邦俊이라는 人物에 의해 「東還封事」라는 冊으로 출간 되었는데 重峯의 思想을 엿볼 수 있는 代表的 著述이다.
3) 朴齊家의 「北學議」 序에서도 重峯의 思想을 계승한다했고 柳馨遠의 「磻溪隨錄」에서도 그 引用빈도에서 重峯이 두 번째로 많이 나온다. 中央大의 金龍德 교수는 「朝鮮後期思想史研究」에서 朝鮮實學의 出發을 栗谷과 重峯으로 보고 있다.
4) 重峯 自身은 黨에 치우침이 없었다고 하였으나 저 鄭汝立 事件의 主謀者인 龜峰과 松江이 모두 그의 知人이고 보니 東人들의 미움의 대상이 된 것은 당연하였다.

蜂起하는 始發이 되었기 때문이다.6) 그러나 아쉬운 것은 重峯이 義兵將으로 殉節한 事實만 높이 평가했지 亂前에 그가 提示한 놀랄만한 倭侵 對備의 主張에 대해서는 등한시하고 있는 点이다. 重峯은 倭侵을 予見하고 그에 대한 防備策을 多角的으로 제시하고 있는데 當時 爲政者들 보다 훨씬 정확하게 政勢를 파악하고 있으며 그 對備策 역시 매우 적절하게 제안하고 있는 훌륭한 것이었다. 따라서 本 論文에서는 먼저 重峯의 備倭策이 나오게 된 壬亂 前의 時代的 狀況을 槪觀해 보고, 對備策은 國內外로 나누어 國外 쪽에선 주로 琉球와 그 부근 諸島民 및 明과의 유대를 通한 聯合戰線形成의 主張을 中心으로 檢討해 보고, 國內쪽에선 重峯이 當時 朝鮮社會의 모순점을 어디에서 찾고 있나를 살피고 아울러 그에 대한 重峯의 解決案은 무엇이었나를 살피고저 한다. 끝으로는 그의 疏「備倭之策」을 면밀히 分析해 봄으로서 그 虛와 實을 진단해 보고자 한다.

勿論 이 論文만을 가지고는 全体的인 重峯의 備倭策을 理解하는데 미흡하며 重峯의 생애나 學文 及 改革案까지 살펴야 될 것으로 믿으나 이는 後日 보완토록 하고 本稿에서는 그의 備倭에 대한 생각을 考察하므로서 他 意見과의 비교 검토를 위한 기초적인 作業으로 目的을 삼고 그 限界를 定하고자 한다.

2. 本論

1) 壬亂 前의 狀況

朝鮮王朝는 16世紀에 접어들면서 自体內에서 서서히 制度的 붕괴의 조짐

----

5) 곡창지대인 湖南의 保全은 壬亂의 진행에 있어 매우 중요한 의미를 갖기 때문에, 그 入口라할, 錦山에서 高敬命, 僧 영규 등이 모두 목숨을 던진 것이나, 또한 全州史庫의 保全 또한 중요한 業績이다.
6) 初期 義兵으로 郭再祐, 趙憲, 高敬命, 金千鎰 등이 있는데 큰 차이는 없으나 이 中에서도 郭, 趙 兩人이 가장 빨랐다.

이 보이기 始作하였다. 政府는 朋黨의 過重에 깊이 빠져들고 있었으며 庶民들은 朝廷과 이완되어 있었고 特히 船民衆의 生活苦는 극히 어려운 狀態에 있었다. 卽, 朝鮮王朝 約 200年間에 걸친 太平盛勢로 인해 精神的으로도 上下가 모두 나태해져 있었으며 制度的으로도 必히 改革되어야 할 것들이 있었음에도 불구하고 是正되지 못한 狀況이었다. 이는 田稅制의 폐단, 末端行政의 부패, 軍政의 紊亂 等으로 이 모든 것이 民衆들의 生活을 어렵게 만들었다. 더욱이 계속된 凶年과 全國을 휩쓴 癘疫은 더욱 百姓들을 괴롭혔으니, 癘疫은 壬亂 10여 년 前부터 거의 每年 일어나고 있었고 이는 바로 廢農하는 原因이 되기도 하였으니 그 중에서도 宣祖 20年에 各道에 만연된 癘疫은 「近古所無」한 것이었다고 하였다.[7] 여기에 玉非의 亂과 鄭汝立의 亂은 社會的 不安을 더욱 조장하게 되었으니 玉非의 亂은 많은 士族에게 까지 그 禍가 미친바 되었으며[8] 鄭汝立의 亂은 지금에 와서 西人 宋翼弼・鄭澈 等의 조작극으로 거의 판명되었으나[9] 宣祖 22年 10月 黃海監司의 密啓에 의해 發端된 이 亂은 東西人의 黨爭과 결부되어 연좌의 禍는 크게 확장되어 그 여파는 壬亂이 일어날 때까지도 계속 되었으니 그 범위는 士類뿐만 아니라 一般庶民들에게 까지 미쳤다. 이때의 狀況을 金千鎰은,

… 而連座因盈溢於列邑地獄 捕護軍卒 充滿於遠近之路[10]

라고 지적하고 있으니 이는 氷山의 一角에 不過한 것으로 그 弊害가 매우 컸었음을 足히 짐작할 수 있다. 또한 宣祖 16年에 流布된 斫松者의 慶源入送이라는 소문이 全國에 퍼져 그 소요가 컸었던 事實이라든가, 宣祖 20年 2月 沙火同이 嚮導하여 倭寇가 興陽을 侵入했을때 朝野가 놀랐던 일이라든

●●●●○○○○○○○○○○○○○○○○○○○○○○○○○○○○○○○○

7) 崔永禧, 1975, 『壬辰倭亂中의 社會動態』, 서울; 韓國史研究, 10쪽.
8) 『宣祖修正實錄』卷17, 王16年 癸未.
9) 金龍德, 1981, 『朝鮮後期思想史研究』, 서울; 乙西文化社, 461~524쪽.
10) 『宣祖實錄』卷24, 王23年 3月.

지, 宣祖 23年 正月에 繕工畫員・銀匠 等이 宗廟의 守僕과 共謀하여 太廟의 寶器를 훔쳐내고 放火한 事件 等에서 當時 社會의 斷面을 엿볼 수 있으니,

時得平已久 士論方盛 而風俗薄惡[11]

이라는 表現은 매우 적절한 것이라 하겠다.

이렇게 庶民들의 狀態가 惡化되고 있을 때에 中央政府의 處事도 地方實情에 어두워 제대로 業務가 施行되지 못해 壬亂을 치르기에는 너무도 無力한 狀況이었다. 이러한 狀況을 柳成龍은,

近年 國家連年凶荒 邊境虛疎 (中略) 而今則一方有事 八道騷動 (中略) 況今年下 三道赤地千里乎[12]

라고 지적하고 있으며, 安邦俊은,

當道者 惟務逢迎偏黨 (中略) 以鹿屯屯田 海西荒田徒民 (中略) 王非子孫推刷 爲能事 八道人心大叛 怨極呼天 (中略) 西南沿海鮑人 爲守令所侵 挑人日本 如康律沙火同者 處處有之朝廷不以僞憂 (中略) 丁亥春三月 日本賊十六艘 自嶺南外洋直到興陽竹刀 …… 朝野震驚[13]

라고 저간의 事情을 多角的으로 說明하고 있다. 또한 軍政도 紊亂하였으니 宣祖 11年에 일어난 慶尙道 兵營의 軍士亂動事件[14]은 그 代表的 例라 하겠거니와 이에 對해 武將들은 「近來常事」라고 하고 있는데 比해 朝延에선 「此乃前古所未有之大變」이라고 큰 차이를 보이고 있으니 中央의 爲政者들

●●●●○··
11) 『宣祖修正實錄』 卷23, 王22年 正月.
12) 『宣祖實錄』 卷23, 王22年 10月 壬子條.
13) 『隱峰全書』 卷6, 記事〈壬辰記事〉.
14) 『宣祖實錄』 卷12, 王11年 4月 丙戌條.

이 地方實情에 얼마나 어두웠는가를 짐작할 수 있다. 또한 城邑修策만 하더라도,

以豁大容衆爲務 不據險阻 迂就平地 所築高者不過二三丈 壕塹僅存摸樣 徒勞民興怨 而識者知其決不能守禦矣[15]

하였다고 備邊司에서 議論되었으며 더욱이 築城 自体에 贊反 兩論이 對立하였다. 한편 亂後 柳成龍도 敗戰 原因을 징비록에서 「至於軍政之本 擇將之要 操鍊之方 百不一擧 以至於敗」라고 지적하고 있는데 朝野의 論議는 倭變에 對해 만반의 對備策이 되어있는 것으로 착각하고 있었으니,

從前雖有倭賊聲 綢繆陰雨之備 講盡於閑暇之日 深講高壘 대리機械强弓利兵充滿武庫 宿將猛卒 布列朝野 故常以爲 萬有不慮之變 足爲防禦矣[16]

라고하여 武器, 將帥, 軍卒 等 모든 것이 갖추어져 充分히 敵을 방어하고 있다고 한데서 그 實例를 찾아볼 수 있다.

結局, 支配層은 利己主義的 偏黨에 몰두하고 있고 百姓들은 賦役·刑罰·軍役 등에 시달려 氣力을 잃은 상태에다가 朝廷의 威信과 權威마저 떨어져 民心이 弛緩된 狀況속에서 壬辰亂을 맞게 되었던 것이다.

2) 流球 및 明과의 關係

重峯은 備倭를 생각함에 있어서 눈을 國外로 돌려, 먼저 豊臣秀吉에게 敗亡하여 저들을 원수같이 여기고 있는 源氏와 流球 및 南洋 諸國들과 聯合하여 日本의 軍事行政을 事前에 억제해 보자는 것과 또 明과 긴밀한 관계를 유지함으로서 日本을 견제하자는 구상이다. 즉, 우리의 獨自的 방어보다는

●●●● ·······························

15) 『宣祖修正實錄』 卷25, 王24年 7月.
16) 『征蠻錄』 坤.

共同방어를 꿈꾸고 있는데 물론 다소 疎略한 感은 있으나 이 遠大한 構想은
當時 狀況으로서는 다른 어느 누구도 착안치 못했던 것이다.

(1) 流球 및 南方諸島와의 關係

重峯의 南方과의 聯合 構想은 壬亂 前年인 1591年(辛卯)에,

　　　分致賊肢 于流球諸國 期使天下同怒 以備此賊[17]

라고하여 倭使를 斬하고 그 四肢를 流球諸國에 나누어 주어 온 天下가 함께
共怒하여 倭에 對抗하자고 그 바탕을 提示하고 있다. 그러나 그 具體的 案
은 日本內에서는 源氏舊臣들과 결탁하는 것이고, 그 外 流球를 비롯하여 日
本諸島와 對馬島의 뜻있는 有力者들을 說得하여 이들과 共同으로 合力하자
는 것이니 이는 重峯이 올린 疏 中,

　　　「擬 致書于流球國王」
　　　「擬 賜諭日本諸島豪傑遺民父老等書」
　　　「擬 賜諭對馬島豪傑遺民父老等書」

등에 잘 나타나 있다.

먼저 「擬 致書于流球國王」에서, 豊臣秀吉이 저희 國王을 시해하고 또
한 함부로 島主들을 죽이고 있다고 公開하면서[18] 秀吉의 罪는 도저히 용서
할 수 없다. 그러나 우리 獨自的으로 어쩔 수 없으니 流球에서는 忠義之士
를 거느리고 日本으로 진격하는 한편 南洋諸國에게 檄文을 보내 倭의 虛를
찔러 秀吉의 歸路 要處에 將帥를 보내도록 하여 天下同討하자고 제의하면
서 「同泰召陵之盟」을 갖자고 하였다. 이 글에서 重峯은 단순히 우리의 國力

17) 『重峯集』 卷8. 疏 〈請斬倭使疏, 辛卯 三月十五日〉.
18) 『重峯集』 卷8. 疏, 〈擬 致書于流球國王〉 「況使國人愼聞秀吉所爲之惡 則以衣喪包劒斬艾
　　其君」.

이 弱해 倭國을 방어하는데 도와달라는 것이 아니라 「不惟弊邦之朵禍 而於 南國赤肆侵陵」이라고 지적한 바와 같이 우리가 禍를 입는데 그치지 않고 流 球나 南洋諸國도 함께 禍를 입게 되는 것이니 함께 日本에 對備하자는, 어 찌보면 軍事同盟의 제안과 같은 性格을 띤 主張인 것이다. 그리고 이의 대 의명분은 역시 秀吉이 저희 國王을 殺害한 天道를 거역한 者이기 때문이라 는 朱子學的 名分論에 입각하고 있음을 알 수 있다.[19]

다음, 「擬 賜論日本諸島豪傑遺民父老等書」에서는 主로 豊臣秀吉에게 직 접 被害를 입어 日本 諸島에 흩어져 있는 源氏의 後孫들과 源氏 朝廷의 舊 臣들 및 그 추종자들을 대상으로 하고 있다. 여기서도 역시 秀吉의 흉패함 을 지적하고 만일 저들의 횡포를 막지 못하면 諸島가, 「諸殿攻奪之際 夷人 之族滅人之家 其數幾何 寡妻孤兒亦必無遺」와 같이 될 것이라고 그 참상을 予見하고 있다. 同時에 우리나라는 對馬島같은 경우 가까운 이웃으로 대하 여 보호하고 은혜를 베풀어 왔다고 회유하면서 그대들 중 俊傑이 있다면 舊 主와 親族의 원수를 갚는데 나서여 할 것이라고 권유하였으며[20] 그 報賞에 대해서는,

> 我國幷送首級 予將 一奏于天子 擇其最秀者 爲爾國相 其次分長于諸島 永世相
> 襲朝聘不絶 而大明天子亦許修聘通好

라고 구체적으로 제시해 주고 있다. 勿論 이러한 提案들은 다소 實現性이 적다 하더라도 充分히 諸島 遺民들의 호응을 얻는데 效果的이었을 것으로 보이며, 우리에게 미칠 禍가 그들에게도 미칠 것이라는 点이나 과거 우리가 베풀었던 은혜를 강조한 点, 또 직접적으로 自己 家族의 원수를 갚는다거나 舊主에 對한 節義를 지킨다는 것 등은 저들을 분발시키기에 足한 것이었으

●●●● ···

19) 以上은 上揭書〈擬 致書于流球國王〉參照.
20)『重峯集』卷八. 疏人擬〈賜論日本諸島豪傑遺民父老 等書〉, 兩諸島余民中 非無俊傑 暗懷 於抱 或思爲舊 主盡節或欲爲親族報怨 指天矢日而切齒腐心者矣.

며 具体的으로 보상책을 제시한 것은 더욱 協助를 얻는데 도움이 되었으리라 생각된다.[21)

다음으로 「儗 賜諭對馬島豪傑遺民父老等書」에서는, 戰爭이 일어날 경우 가장 큰 피해를 입을 곳이 對馬島요, 또 反對로 秀吉과 그 무리에게 타격을 줄 수 있는 가장 좋은 立地的 條件을 갖고 있으니 우리와 協力하면 큰 成果가 있을 것이라는 內容을 根幹으로 하고 있다.

對馬島民에 대해서도 역시 秀吉의 不道天下함을 천명하고, 戰爭이 일어나면 「爾島之人 死者必衆矣」라고 그 피해를 예견하면서 때문에 무기를 들고 분발할 것을 촉구하였으며, 우리나라에선 「擇其中 有謀有才者 定爲島主」하겠다고 제안하고 있다. 또 日本諸島義民中 暗傳此檄 則疾之如讐者 斬秀吉如反掌 이라하여 秀吉을 斬首하는 것은 어려운 일이 아니라고 격려하고 있다. 이미 豊臣秀吉의 손아귀에 들어간 對馬島를 우리쪽으로 회유시킨다는 것은 매우 어려운 일이며, 더구나 島主를 秀吉이가 제 심복으로 교체시킨 상태이기 때문에 거의 不可能한 상태였다. 그러나 反對로 생각해 볼 때 對馬島에 오랫동안 뿌리내리고 있던 舊臣들의 잔존세력을 逆利用하려고 했던 重峯의 代案은 施行만 되었다면 상당한 효과가 있었을 것으로 생각된다.[22)

이러한 重峯의 提案을 볼 때 우선 巨視的 眼目을 가진 탁견으로 表現할 수 있다. 封建社會 속에서 特히 農業國家라는 閉鎖的 社會 속에서 대개의 學者들이 國際情勢를 폭넓게 파악하지 못하고 또 그것을 우리 歷史속에 결부시키기 어려운 當時 時代狀況下에서 日本의 來侵을 確信하고 이의 對備策을 外國과의 結合에서 찾으려고 했다는 点은 매우 注目할 만한 것으로 지적할 수 있다.[23) 다만 그 提案들이 疎略하여 細部的인데까지 言及돼 있지않

●●●● ·····································

21) 上揭書 〈擬 賜諭日本諸島豪傑遺民父老等書〉 參照.
22) 上揭書 〈儗 賜諭對馬島豪傑遺民父老等 書〉 參照.
23) 16세기 후반에 있어서 倭國에 대한 對備를 제시한 것은 栗谷 等 數人이 있었으나 大部分 國內事情 감안하여 內的充實과 是正을 제시한데 그치고 있다.

고 當時 朝鮮의 外交上의 問題나 國家機能面, 그리고 國力 等의 諸般 條件
上 實現될 수 있었느냐하는 의문점을 남기고 있다. 그 中에서도 가장 큰 問
題는 統治者인 宣祖가 重峯을 不信한데 있었다. 이는 重峯 自身도 알고 있
었기에 "사람은 버리되 말은 버리지 말아달라"[24]고 아뢰었던 것이며, 또 하
나는 宣祖의 政治家로서의 資質 및 能力이 지적되지 않을 수 없다.[25] 이러한
제반 여건이 복합적으로 얽혀 重峯의 이 제안은 無視되어 사장되고 말았다.

(2) 明과의 關係

明에게는 당시의 朝鮮과 日本과의 關係가 友好的인 것이 아니라는 것을
速히 알려 明에게 必要없는 오해를 받지 않도록 하자는 点과 또 倭侵이 있
을 경우 明의 원조를 손쉽게 얻어낼 수 있도록 하자는데 重点을 두고 있다.
이는 丁亥年 請絶倭使疏에서,

今具故顯絶而上告天王 則皇上亦必悅 (中略) 秦天子誅其魁

라고 한 것이라든가, 辛卯 三月 十五日의 請斬倭使疏에서도,

「惟有亟斬虜使飛秦天朝」라고 한 것 等에서도 볼 수 있는데, 이렇게 明에
게 알리고자 함은 明을 尊崇하는 重峯의 思想的인 面에서도 연유하는 것이
나 그것보다는 朝鮮의 通信使가 日本에 다녀온 것을 明에서 오해할 可能性
이 많으며, 또 간사한 日人들은 朝明間을 이간시키기 위해 中國의 浙東과
浙西를 往來하는 者들을 통해 유언비어를 퍼뜨리면 明의 朝廷에 바로 소식
이 들어갈 것이라는 우려에서 나온 것으로 보아야 할 것이다. 그래서 重峯
은 明에 보낼 글 卽,「懿進秦變皇朝表」를 지어 올린 바, 여기에서 우리가 日

---

24) 『重峯集』卷8, 〈請斬倭使疏〉「勿以人廢言勿」.
25) 金龍德 敎授는 『韓國史隨錄』(1984, 서울; 乙西文化社), 272쪽에서 "우유부단한 宣祖에게
   는 改革을 단행할 만한 용기도 見識도 없다. 그는 오히려 臣下에게 權勢가 옮겨질까 봐
   이파저파를 교대로 權座에 앉혀 당쟁의 풍조만 조장시켰다 ……"라고 宣祖를 흑평하고
   있다.

本과 通好하고 있지 않음을 밝히면서,

> 日本使臣來到臣國 固要通好日 若一交使 則 一切禁賊勿行

이라했고, 特히 日本이 明을 侵入하겠다는 点을 强調하여,

> 謂將仮道臣境作冠于上國之界 (中略)
> 襲臣境則必犯上國南維矣 (中略)
> 玄蘇平調信等姦邪桀驚忍發不道之言固要仮道

라고 우려를 表明하면서, 明 皇帝에게 中國에서도 방어태세를 갖추어야 할 것이라고 秦言하면서,

> 惟望皇上思患 予防諸將대둔단 師嚴守陵城 愼勿交鋒以挫銳氣 廣布蒺藜 於下
> 艇之地 盛陳火炮於泊舟之處 使沿海諸鎭屹然有備[26]

라고 남쪽지방의 정박할 만할 곳을 잘 지켜야 할 것이라고 하였다.

이러한 것들은 倭侵을 予見하고 있던 重峯이 위급한 사태를 對備하여 明과의 유대관계를 공고히 해놓자는 의견으로 해석할 수 있으며 「仮道」를 强調함으로서 明에게 責任을 느끼도록 촉구한 것으로도 볼 수 있다. 卽, 朝鮮에서 戰爭이 일어나게 되면 그것은 우리의 戰爭이 아니라 明을 代身하는 代理戰爭임을 강조하므로서 明의 介入을 當然視하는 立場이라 볼 수 있다. 이렇게 본다면 崇明의 性向이 강했던 重峯은 오히려 倭亂이 끝난 후 一般人들이 明에 對한 慕華思想이 짙어간데 반해 明의 來侵은 當然한 結果라고 판단할 수 있는 理論的 根據를 가지고 있었다고 보아야 될 것이다.

---

26) 『重峯集』 卷8, 疏 〈擬 進秦變皇朝表〉.

3) 國內의 問題點과 그 對策

重峯은 日本의 侵略을 對備함에 있어서 비단 軍事的·外交的인 面만 본 것이 아니고 國內의 民生을 安定시키고 諸般 모순점을 是正하여 國本을 튼튼히하는 것도 그 要体의 하나로 보았다. 따라서 倭亂을 目前에 둔 狀況下에서의 그의 意見을 살펴보면, 아마 그가 報恩縣監으로 在職할 때인 1582年 8月에도 擬上疏를 올려 이른바 守領七事[27]를 中心으로 잘못된 것을 지적하고 있는데 實로 當時 社會의 모순을 일목요연하게 보여주고 있다. 重峯은 이의 要旨를,

> 人情之弊濫觴 而賦役不勝其繁重 代糧之患滋苦 而軍政日而廢隳 賦侵難支 而農桑之不股 軍卒流亡 而現戶之猶難保 敎官不擇 而學校素然 公道不明 而詞訟粉如 私辨不行而奸猾滋寇[28]

라고 綜合的으로 진단하고 있으니 卽, 人情이라는 弊習이 始作되자 賦役의 繁重함을 견디지 못하게 되었고 代糧의 禍根이 늘어남에 따라 軍政이 날로 무너지게 되었다. 賦役을 지탱하기 어려우므로 農桑을 보살필 겨를이 없고 軍卒들이 流望하므로 現在의 戶數도 保全하기 어렵게 되었다. 敎官을 揀擇하지 않음으로 인해 學校가 衰素하게 되었으며 公道가 不明함으로 詞訟이 紛紛하게 되었고 私辨이 行하여지지 않자 奸猾한 무리들이 날로 늘어나게 되었다는 것이다. 아울러 이의 根本 原因을 敎育에서 찾고 있으니 그것은 詞華만을 숭상하고 道學을 度外視한데서 연유한다고 하여 學者的 면모를 보여주기도 한다. 그러나 이는 倭亂 十年前의 주장이었기 때문에 좀더 倭亂에 가까운 時期에 作成된 「論時弊疏(1589.4)」를 通해 重峯의 主張을 살펴보고자 한다. 먼저 北方地域에 徙民을 實施하는데서 야기되는 諸問題點을 지

27) 守領七事란 地方에 牧民官으로 나가는 守領들이 힘써야 할 七個條의 事目으로 農桑盛, 戶口增, 學校興, 軍政修, 賦役均, 詞訟簡, 奸猾息을 일컫는다.
28) 『重峯集』卷5, 擬上疏(壬辰八月, 報恩縣監 在職時).

적하고 있다. 徙民하는 일을 漸次的으로 하지 않고 너무 急迫하게 함으로써 災禍를 일으키니 비단 徙民간 사람들만 어려움을 겪는 것이 아니라, 이를 보호하는 隣族들까지 꼬리를 물고 달아나니 수습하기 어렵게 되었다고 하였다. 그 原因은 邊方地域이기 때문에 中央의 統治가 제대로 미치지 못하여 그곳 武人들의 橫暴가 심하기 때문인데 例를들면,

衙日徵闕有三籍 烟家也 還上也 山行也一人之 名分載三籍 分授三軍官各處 點
名僅應一名則必有二闕 而貂皮細布必責[29]

에서 보는바와 같이 셋 중 둘은 어쩔 수 없이 闕로서 貂皮나 細布를 바쳐야 하는 괴로움이 따르고, 또

大小官僚 方丈之饌 又不如意 則輒有嚴刑重罪 以隨之士兵 客戶疱丁宰夫 初貨
官栗以辨焉 繼賣田盧以備之 終奪族牛 而猶不可支

하는 상태가 되어 끝내 四方으로 달아나게 되며 百姓들은 풀뿌리와 나무열 매로 구차히 연명하는 情狀이라고 弊害를 지적했다. 따라서 이의 解決策을,

令三分徙 一先其健兒之戶 而留其二分 碑各收貢 以扶先徙之戶 而俟彼有墾田
隨後漸徙 則居者遷者 庶幾兩全[30]

이라하여 한꺼번에 徙民을 시킬 것이 아니라 壯丁이 있는 戶口를 골라 ⅓을 먼저 보내고 나머지 ⅔는 貢賦를 내어 먼저간 戶口를 扶護하다가 그들이 밭을 開墾한 다음 점차적으로 옮기면 양쪽이 모두 온전할 것이라 했고 이러하면 모두 生活이 安定되어, 決코 胡地에 찌게미와 쌀겨를 빌어먹기 위해 몰

●●●● ·····································
29)『重峯集』卷7, 疏〈論時弊疏, 己丑 四月〉.
30) 上揭書〈論時弊疏〉.

래 갔다가 國家의 秘密을 누설하는 일이 없을 것이라고 하였다. 이렇게 해서 開墾地가 확대되면 그 면적에 따라 新戶를 徙民시키되 壯丁이 많은 戶口부터 옮기고 세 종목의 關 받는 幣瘼을 除去한 뒤 戰法을 敎鍊시키고 射御를 잘하는 者는 포상하면 自体防備가 可能할 것이니 구태여 남쪽에서 해마다 精兵을 뽑아 보낼 필요가 없을 것이라 했다. 결국 北方防備 때문에 倭侵의 염려가 있는 때에 南邊 兵士를 줄이는 것은 모순이며 北方防備는 徙民시킨 者들의 民生을 安定시켜 自体的으로 解決할 수 있도록 해야 한다고 주장하였다.

한편 南道가 空虛하여 지는 데에 더 큰 우려를 하고 있는 重峯은 그 弊瘼을 첫째, 力役의 頻繁 둘째, 貢賦의 苛酷 셋째, 刑獄의 煩冤 等을 지적하고 있다. 이 中 力役이 頻繁해진 것은 王宼의 役事 外에 卿相들의 私宅修理까지 百姓들이 담당하게 되었고 邊方의 役事도 前보다 甚해진데 原因이 있다고 보았으며, 貢賦가 苛酷해진 것은 根本的으로 貢案이 燕山君代에 識見도 없고 經綸도 없는 者들에 의해 만들어졌기 때문에 賦稅가 均等하지 않고 條目의 數도 많으며 將吏의 잦은 更迭로 그 迎送費用이 많이 소모되고, 地方官들이 바치는 賂物또한 百姓에게서 취하며, 宮室에서 使用하는 材木이나 城을 構築하는 僧軍들의 품삯까지 百姓이 부담하는데 그 위에 賦稅를 낼 때마다 쓰는 人情의 費用도 적지 않으며, 名節 때마다 物價가 폭등되어 二重三重으로 고통을 받아 그 굶주리고 헐벗음이 極에 달하고 있다고 지적했다. 다음 刑獄은 보통 法을 無視하고 賂物의 多少와 權勢의 有無에 의해 處決되어, 혹 良人을 賤人으로 바꾸어 놓기도 하고 무고히 奴婢로 만드는가 하면 남의 墳墓를 해치기도 하고 남의 家屋을 빈터로 만들기도 하는 等 權勢家들의 횡포가 극심한데 罪없는 百姓들은 호소할 곳이 없는 狀況이라고 개탄하면서, 심지어는 北方의 徙民 忌避者를 재워주었다 하여 온 家族이 北方으로 徙民되고, 骨肉의 情 때문에 잠시 쉬게 해준 것이 罪가되어 數十의 隣黨이 被害를 當하는 형편이므로, 徙民을 忌避한 자와 隣接해 있는 사람은 모두 체포될까 두려워서 逃亡하므로 마을마다 空虛하지 않은 곳이 없어 부서진 집들이 거의 十에 四는 되고 逃亡民數도 約 萬名에 이른다고 그 참상을 말하고 있다.

重峯은 이 모든 責任이 爲政者에게 있다고 보고 國王의 人材 登用이 國本을 强弱하게 하는 要体라 지적하며, 明宗·宣祖 年間의 執權者 中 나라를 그르친 人物들을 列擧하면서 인신공격을 不辭하고 誤國의 罪를 聲討하는 동시에 栗谷이나 松江같은 人物을 참다운 人材라고 評價하므로서 一面 偏黨的 性向을 노정시키고 있다.

여하튼 이러한 諸般 問題點들이 外鐵을 目前에 둔 當時 社會로서는 대단히 不安스러운 要素로 지적되고 있으며 실제 壬亂을 當해 百姓들이 國家에 協助하지 않고 民心이 크게 이완되어 심지어 宣祖가 出京할 때의 소요 사태는[31] 當時 社會狀況으로 미루어 보아 충분히 일어날 수 있었던 것이니 亂前에 이런 모순들을 제거했어야 될 일이었다.

4) 備倭之策 分析

重峯의 具体的이고도 核心的인 備倭論은 그가 쓴 請絶倭使疏, 請斬倭使疏와 備倭之策 等에 나타나 있는데 여기서는 主로 備倭之策을 中心으로 하여 이를 分析해 봄으로서 細部的이고 實際的인 重峯의 案을 살펴보고자 한다. 그의 提案은 대략 八個條로 分類할 수 있는데, 邊方 武將들의 配置問題, 지구전의 主張, 倭軍 侵入路에 對한 意見, 嚮導者 問題, 伏兵戰과 유격전의 主張, 文臣들의 參與主張, 對民姿勢 및 用兵問題, 有功者들에 대한 보상문제 等으로 이를 하나씩 分析해 보면 다음과 같다.[32]

(1) 邊方의 武將 配置 問題

朝廷에서 邊方에 이른바 名將을 파견하지 않고 助防將만을 四道에 보내

●●●●○‥‥‥‥‥‥‥‥‥‥‥‥‥‥‥‥‥‥‥‥‥‥‥‥‥‥‥‥‥‥‥‥‥

31) 『宣祖修正實錄』 卷26, 王25年 4月. "都城宮省火 車駕將出 都中有姦民 先入內帑庫 爭取寶物者 已而駕出 亂民大起 先焚掌隷院刑曹 以二局公私奴婢文籍所在也 遂大掠宮省倉庫 仍放火滅迹 景福·昌德·昌慶三宮一時俱燼 ‥‥‥ 留都大將斬數人以警衆, 亂民屯聚, 不能禁."
32) 『重峯集』 卷8, 疏〈備倭之策〉參照.

놓고 있으니 理解할수 없는 處事라 하고, 亂이 일어나기 前에 名將들을 要衝地에 미리 보내야만 된다고 主張하였다. 왜냐하면 倭賊이 侵攻할 때는 반드시 精銳한 兵士를 뽑아 先鋒을 삼을 것이므로 우리가 안일하게 豊臣秀吉의 先鋒部隊를 助防將으로 막을 수 있다고 생각한다면 이는 큰 誤算이며, 우리도 반드시 名將으로 對敵하게 하게 했다가 기회를 보아 그 先鋒을 꺾어야 한다고 하였다.[33] 그리고 名將을 外地에 내 보내면 서울이 염려된다는 反論에 對해,

> 明之厥今 逆黨已殄國 威猶振 若有賢臣在王之所 決壅蔽開言路集英材屈君策
> 則朝廷處分 不可謂不定矣 邊關一推 豈不是大憂乎

라고 반박하여 이제 조정은 별로 걱정할 것이 없는데 邊方의 關門이 큰 걱정이라 했다. 그러나 한편으로는,

> 惟 其藩垣屛翰多抱 債帥之私援以匪人 而廟堂肉良 猷暗於經國之 謀不所定[34]

이라하여 뛰어난 將帥와 重臣이 없음을 아쉬워 했고, 더욱이

> 猜賢嫉能有 或過之植黨 布私如恐不極 ……[35]

라고 하여 붕당을 만드는데 힘쓰는 朝廷 大臣들이 있어 걱정이라고 지적하였다. 結果論이긴 하나 "壬辰亂에서 우리측의 望風大潰, 敵의 乘勝長驅 等은 오직 初戰 二個月間의 일이며 前後 七年에 걸친 戰局의 趨移를 全体的으

●●●● ···································
33) 이렇게해서 邊方 事情에 밝은 人物로 뽑혀 파견된 것이 경상감사 金粹, 전라감사 李洸, 충청감사 尹先覺 등이었으나(懲毖錄 卷一), 실제 亂을 당해서는 한결같이 敗하고 逃走하거나 오히려 義兵을 妨害했으니 重峯이 염려한 바가 的中된 셈이었다.
34)『重峯集』卷7, 疏〈請絶倭使疏, 丁亥, 十一月〉.
35)『重峯集』卷7, 疏〈請絶倭使疏, 丁亥, 十一月〉.

로 通觀한다면 敵의 積極的 攻勢는 初戰 二個月과 그 후 丁酉再亂때의 한때 뿐이고 대개 敵은 守備能力에 있었다"[36]고 보았을 때, 重峯이 敵의 先鋒을 꺾자는 提案이 받아들여져 亂初에 강하게 저항했다면 倭亂의 양상이 크게 달라졌으리라 예측할 수 있고 우리의 피해도 훨씬 적었을 것이라는 結論에 쉽게 도달할 수 있다.

(2) 지구전과 淸野作戰

우리나라의 地勢는 層關으로 城을 만들고 바다로 못(池)을 삼아 能히 守備할 수 있다[37]고 하면서, 혹시 저들의 先鋒軍을 꺾지 못하게 되면 城壁을 굳게 닫고, 들에는 곡식이 없게 깨끗이 치우고 賊의 굶주림과 疲困을 기다려 버티면 효과가 있을것이라고 하면서, 己丑年의 請絶倭使三疏에서도,

> 嬰城十日 則京援無所不至 而過海之糧不能 自保一兩日 不利速戰 則其勢自衰矣待其飢乏 出奇邀之 則片舸不還

이라하여 10日間만 버티면 京軍이 와서 討伐할 수 있으니 絶對 速戰은 피하여야 한다고 하였다. 그러나 實際 壬亂을 當하여서는 이 淸野作戰이 오히려 우리 百姓들을 괴롭힌 결과가 되었으니 그것은 各地의 將帥들이 대개 敵과 싸우지도 않고 도주하여 城內의 곡식이 송두리째 敵의 軍糧米가 되기도 하고, 때로는 我軍이 後退할 때에 이 곡식을 敵에게 넘겨주지 않으려고 불태워 버려 百姓들의 식량난을 어렵게 하여 倭軍과 싸우는 것보다 더 큰 고통이 되었다.[38] 결국 이 案은 運營上의 妙를 살리지 못해 得보다 失이 컸다.

●●●● ∙∙∙∙∙∙∙∙∙∙∙∙∙∙∙∙∙∙∙∙∙∙∙∙∙∙∙∙∙∙∙∙∙∙∙

36) 許善道,「制勝方略研究(上)」,『辰檀學報』第36號, 46쪽.
37) 『重峯集』卷7, 疏請絶倭使疏,「我國家 層關作城 圖海爲池 能守能禦」라고 하였으나, 바다를 지키는 구체적 대안이 全体的으로 나타나 있지 않아 水戰에 다소 무관심한 듯 보이는데 崔永禧氏의 「壬辰倭亂의 社會動態」16쪽에서 지적한 것처럼 亂初에 局限해서 본다면 水戰의 저항없이 倭軍을 上陸시킨 것이 큰 敗因 中의 하나로 본다면 重峯의 備倭策에도 限界点이 있음을 보여준다.

(3) 倭軍의 侵入路 問題

倭賊의 侵入路에 對해 대부분의 사람들이 湖南海岸을 예견한데 비해 重峯은 嶺南으로 올 것이라고 正確히 예측하고 있었다. 卽, 倭軍은 湖南海岸이나 嶺南海岸으로 밖에는 올 수 없는데 아무래도 여러 차례 지내보지 않은 湖南海岸보다는 길에 익숙한 嶺南地方으로 侵略하여 이곳을 발판으로 北上의 길을 터놓은 후 軍士를 나누어 湖南地方으로 侵入할 것이라고 하였다. 때문에 朝廷에서 嶺南地方은 버려두고 湖海의 諸島를 侵攻地로 잡고있는 것은 큰 失策이라고 개탄하면서, 辛卯年 三月 十八日의 請斬倭使三疏에서도 名將을 東南海에 파견하여 이곳을 지켜야 한다고 主張하듯이 備倭之策에서도 前例를 들어[39] 嶺南防禦를 强調하며, 現在의 將力으로는 지키기 어려우니 名將을 選擇하여 各地의 元帥를 삼아야 한다고 하면서, 만약 倭軍이 部隊를 나누어 大擧 侵入한다면[40] 邊方 城으로는 지탱하지 못할 것이니 洛東江下流의 要塞地에서 막아야 될 것이며 그렇지 못하면 尙州 以南에 험준한 곳이 없기 때문에 대거 北上의 可能性이 있다고 진단하고 이 지역의 방어를 重視했다.[41] 이렇게 重峯이 嶺南 방어를 强力히 主張한 것은 倭國使臣 義知가 鳥嶺으로, 調信은 金山·黃澗·竹嶺·伊火의 고개로 軍隊를 引導할 것이라는 말을 들었고, 또 저들 使臣이 오가면서 地形을 정탐하고 있었으

●●●● ∙∙∙

38) 崔永禧, 前揭書, 16쪽.
　　實際 重峯이 義兵을 일으켜 淸州城을 탈환 했을때도, 義兵軍에게 곡식을 달라고 要請하자 監司 尹先覺과 상의했다고 하며 防禦使 李沃은 "倭軍에게 곡식이 넘어갈 우려가 있다"는 理由로 곡식들을 불태우고 주지 않은 事例도 있다.
39) 『重峯集』卷8, 疏 〈備倭之策〉中.
　　前朝 賊倭每朔黃山之江因 冠于星山大邱之間.
　　庚午之賊 亦發於能川 齊浦.
40) 當時 朝廷에서도 倭侵은 예상하고 있었으나, 그 지역은 湖海, 兵力은 소수일 것이라는 것이 지배적 의견이었고, 대규모 침입은 별로 예상치 못한 것 같으며 重峯도 대규모 침입에 대한 확신은 없었던 것 같다.
41) 실제로 倭亂이 일어난 후 釜山·東萊가 함락되고 나서 倭兵은 거의 저항없이 尙州까지 진격하여 利益의 部隊를 격파했으니 重峯의 予見이 正確했음을 알 수 있다.

며, 東平館에 半年씩 머물면서 地勢를 살핀 것 等이 이미 露出되었기 때문이라 보겠다. 이렇게 嶺南地方을 重視하면서도 만약을 對備하여 或 倭賊이 湖南地方에 集結한다면, 珍山·高山·錦山·茂豊 等은 쉽게 지킬만한 곳이고 連山·開泰는 몇 郡의 百姓을 합해야만 지킬 수 있는 곳으로 지키기가 좀 힘들며, 恩津·綵雲은 들이 넓어 끝이 없으니 神奇한 策略을 가진 將帥가 重兵으로 駐屯해야만 敗戰의 근심이 없어질 곳으로 매우 지키기 어려운 곳이라고 세밀히 지적하여 만약의 事態에까지 對備策을 강구하고 있다. 이렇게 본다면 朝廷에서 적어도 일부 提案만이라도 施行했다 하더라도 결코 士崩之禍는 當하지 않았을 것이요, 倭賊의 侵略을 東南의 慶尙道 地域에서 마무리 지을 수도 있었다고 생각해 볼 때 重峯의 嶺南防禦重視論은 높이 評價되어야 할 것이다.

(4) 嚮導者 問題

重峯의 侵入路와 결부시켜 저들의 길잡이 노릇을 하는 嚮導者가 생기지 않도록 해야 한다고 주장하였다. 卽, 高麗時代엔 倭寇들이 우리나라의 嶺南이나 湖南의 구석에 防備가 없었기 때문에 延安·白川·林川·閑山 등지의 西海岸까지 와서 약탈을 해 갔으나 朝鮮朝에 들어와 이곳에 重鎭을 設置한 이후로는 비록 賊船이 간혹 나타났으나 함부로 放恣한 行爲를 하지 못했는데 그것은 沿海 列鎭의 停泊할 만한 곳을 外國人은 알 수가 없었기 때문이다. 따라서 우리 南海岸에 오는 賊船들은 嚮導者를 얻어야만 온전하게 活動할 수 있었으며, 嚮導者를 얻지 못한 채 널리 停泊한 배들은 島嶼와 海邊에 걸려 부서지고 엎어진 것들이 매우 많았으니 倭賊들은 이를 크게 근심하고 있다고 지적하면서 嚮導者 發生을 억제해야 하며 그렇게 하기 위해서는 國家에서 生鰒魚의 進上을 禁해 이 鰒魚잡이 나갔다가 嚮導者가 되는 것을 막아야 한다고 했다. 卽,

床於黑山楸等島 攜得鮑作于 則以爲大寶 優給産業以誘之 如揖竹之敗 必用沙
火同以來者事之明鑑也 聖主苟懲於此 罷生鰒進上 實是近 而市中亦禁買賣

라고하여 黑山島·楸子島 일대에서 복어잡이 하는 우리 魚民들이 왜적들에게 잡혀 嚮導人이 되고 있으니 鰒魚는 進上도 禁하고 市中에서의 買賣조차 禁止시켜 다시는 沙火同같은 者가 생기지 않도록 하여야 할 것이라 했으며, 이를 더욱 철저히 하기 위해서는,

嚴敎兩南監司都事 一禁以此物釘盤 凡自邊將不禁海菜人 出于遠島者 論以違敎
重律 則狡響決不獲 嚮導之利矣

와 같이 嶺南과 湖南의 監司·都事들에게 嚴命을 내려 鰒魚로는 料理도 하지 못하게 하며, 海菜人들이 먼 섬으로 나가는 것을 禁止시키지 못한 邊方將帥들은 王命을 거역한 무거운 罪로 다스려 이를 막는다면 倭賊은 決코 嚮導의 이익을 얻지 못할 것이라고 하였다. 重峯이 當時에 强力히 嚮導者를 막아야 된다고 주장한 또 다른 理由는 日人들이 포로로 데려간 朝鮮人 嚮導者들은 이미 늙거나 쇠약해져서 배를 조종할 수 없기 때문에 새로운 嚮導者가 생기지 않는 限 倭賊이 절대로 湖南地方으로 侵入하지 못할 것이라는 계산에서이고 그렇게 되면 嶺南으로 밖에 오지 못할 것이며 따라서 우리는 守備하는 地域이 限定되어 容易하게 된다고 보고 이 嚮導者 問題를 重히 擧論한 것으로 본다.[42]

(5) 伏兵戰과 유격전의 方法

倭賊과 正面으로 맞아 싸우는 것은 아무래도 不利하다고 판단한 重峯은 가급적 伏兵을 두었다가 기습하는 게릴라식 유격전을 提案하고 있다. 그것은 저들의 武器가 우리보다 우수하고 조련이 잘 되어있는 것을 간파한데서 연유한 것 같으니,

●●●●
42) 實로 우리나라 南海岸은 섬이 많고 地形이 복잡하여 여러 번 다녀보지 않고는 뱃길을 찾기 힘들게 되어있다. 따라서 倭亂이 일어나기 前 소규모의 來侵이 있을 때도 賊들은 반드시 春賊이나 沙火同같은 嚮導者를 앞세웠던 것이니 事實上 이들 없이는 湖南海岸으로의 侵入은 不可能했던 것이다.

我不敎之衆較 彼長技於原野則 素非勝算也[43]

라고 한 것을 보면 짐작할 수 있다. 그래서 미리 各邑의 有望한 人物을 責任者로 選定하여 壯丁과 各寺의 僧侶들을 모아 便宜한 地形을 골라 或은 흙을 쌓아 堡壘도 만들고 或은 돌을 모아 木柵도 만들며 或은 좁은 道路에 伏兵을 埋伏시키고 或은 陷穽를 險難한 步道에 設置하여 事態에 對備하며 만약에 낭떠러지나 굽은 돌층계여서 사람이 並行할 수 없는 좁은 곳이라면 그 위에다가 별도로 돌과 재를 모아서 달아매 두었다가 그 밑으로 敵兵이 지나가게 되면 재를 뿌리고 돌을 굴려서 敵을 퇴치할 수 있을 것이라 했다.[44] 또한 竹嶺의 以南과 黃岳의 以北에 大路·中路·小路가 각각 다섯 군데 정도뿐이니 이곳을 그 地方 出身 武士를 골라 地方 百姓을 거느리고 지키게 하되 警報가 있는 곳에만 활 잘 쏘는 部隊로 구원하게 하며 軍糧은 그 이웃 고을에서 補給하게 하면 지탱할 힘이 될 것이라고 했다. 이는 各地에서 最小限의 自體 防禦를 하되 그 地方民이 地形의 有利한 点을 利用하자는 意見으로 볼 수 있겠다. 또 물이 깊고 얕음을 測量할 수 없는 곳은 별도로 다리어귀나 건널목에나 射士 7~8名을 埋伏시키면 能히 敵의 前驅를 쏘아 죽일 수 있어 빨리 건너오지 못하게 할 수 있다 했으며, 同時에 敵도 모두 날카로운 칼을 가졌다고는 보기 어려우니[45] 날쌘 兵卒로 遊擊隊를 編成해서 저들을 追擊

●●●●○○

43) 여기에서 비단 무기뿐만 아니라 倭人들은 오랜 동안에 걸친 戰國時代를 지냈기에 아무래도 그 軍士들의 武藝가 우리보다 우수하리라는 点을 염두에 두고 正面對決을 피하자는 主張을 한 것 같다.

44) 各 地方에서 埋伏兵을 두어 공격했다면 상당한 효과가 있었을 것으로 보이며, 陜路에서의 공격방법은 매우 원시적이긴 하나 일단 방어하여 시간을 지연시 킬수는 있었을 것으로 보인다. 그러나 근본적으로 적을 물리칠 계책이 되지 못하는 것이 아쉬우며 실제 亂을 당해서는 모두 산속으로 도망했기 때문에 이런 方法은 거의 소용되지 못했다. 重峯 자신도 義兵을 거느리고 싸울 때 이 方法은 별로 사용하지 않았다.

45) 이는 乙卯倭變 時 한 선비가 倭寇의 칼을 빼앗아 賊의 목을 찔러도 상처가 나지 않기에 살펴보니 木劍이었다는 말을 重峯이 들은 데서 연유한 것이나, 그때의 倭寇와 壬亂時의 倭軍과는 큰 차이가 있었음을 파악치 못한 것 같다. 그러나 유격전 주장은 시의적절했고 많은 소수 義兵들은 실제로 유격부대와 같은 것이었다고 보여진다.

한다면 許多한 焚湯은 최소한 막을 수 있을 것이라고 보았다. 이러한 意見들은 매우 소극적이고 방어위주적이라는 評價를 받을지는 모르나 壬亂을 맞아 이러한 戰鬪가 初期에 活潑히 展開되었더라면 적어도 國王이 서울을 버리고 몽진하여 괴로움을 겪고 百姓들의 怨聲을 사는 일은 일어나지 않았을 것이다.

(6) 文官들의 參戰 問題

國防을 武將에게만 맡기지 말고 識見있는 선비들과 合力하여 담당하도록 하자는 건의이다. 이는 다소 武人들을 輕視하는 인상을 주는 것으로,[46] 그 理由는,

> 前朝哈丹之人冠也 鉄嶺把截 只聞無識武士當之故 只聞和登二州 賊騎充斥 而望風奔潰 …… 至遺世子 請兵于金 然後乃罷驅遙

이라고 한바와 같이 無識한 武士만이 지키고 있었기 때문에 能히 지킬 수 있는 금령을 지키지 못하고 끝내 世子가 金에게 원조를 要請해 몰아낸 高麗 朝의 例를 들고 있다. 이에따라 重峯은 두 人物을 천거하고 있는데, 前 淸州 防禦 朴春茂와 前 公州參奉 鄭晋生으로서 이들은 생각이 깊고, 슬기롭고 민첩하며 강개하고 담략이 있어 能히 한 地域을 지킬만 하다고 하였다.[47]

(7) 將帥의 對民 姿勢

中央에서 파견되는 將帥들이 地方에 와서 軍律만 嚴하게 하고, 百姓들을

●●●●
46) 後日 壬亂을 맞아 義兵이 도처에서 일어났는데 그 中 重峯의 휘하에 가장 많은 武人出身이 있었던 것은 亂前 그의 主張과는 다소 어긋나는 것 같은 감을 주고 있다. 그러나 武人이 많았던 것은 自募에 의한 것이었고 실전에 있어서는 이 무인들이 重峯 義兵部隊의 주축을 이루었던 点을 看過할 수 없다.

47) 全國에 勇力있는 人物들이 많았을텐데 유독 疏文中에 이들을 천거한 것은 重峯의 主 活動地가 지금의 忠南北에 있었기 때문이고 여기서 重峯의 地域的 편협성의 限界를 엿볼 수 있다.

따뜻하게 보살필 줄 모른다고 이의 是正을 促求하고 있다. 卽,

見丁亥 南征之帥 驅迫於賊船已退之後 少無所補於禦 侮至如宿官乏馬 而遭膠
邊將 不戒而僕殺 三四帥迭巡之後 則小邑兵房之稱解操弓者 無不喪氣失生,

이라하여 賊船이 다 물러간 뒤에 軍隊가 도착하니 아무런 도움이 되지 못하
면서, 驛馬가 不足하다 하여 驛官이 죽음을 당하고, 警戒가 소홀하다 하여
邊方 將帥가 僕殺되었으니 서너사람의 將帥가 바뀌어 巡行한 뒷면 小邑의
兵房中에 조금이라도 활을 쏠 줄 아는 사람은 낙심하여 얼굴빛이 변하지 않
은 이가 없다고 하여 中央將帥의 파견에서 오는 득보다 실이 더 크다고 하
였다. 또한,

一饌不豊 鞭主吏殉死一事見忤杖 邑宰致殞[48]

하여 오직 號令이 嚴하기만 하고 포악한 刑罰로 威嚴만 부릴 줄 알지 百姓
들의 딱한 사정을 보살펴 仁義로써 감동시킬 줄은 모르니 南方百姓들이 이
같은 무거운 困境에 處하여 州縣이 온전한 곳이 드물다고 그 폐단을 지적하
고 있다. 따라서 將帥를 파견할 때에는 절대 地方 官吏와 百姓들을 함부로
잔인하게 죽이지 못하게 하며, 다만「三令五申 而不知行伍者」에 한해서만
軍律로 다스리게 하고, 百姓들로 하여금 윗사람을 섬기고 어른을 위해 죽을
줄 아는 義理를 깨닫게 하며 威嚴과 사랑을 兼全하게 하여 百姓과 軍士들을
대하게 하도록 한다면 저들 軍民들은 아무리 어려운 지경이 닥쳐와도 절대
배반하려하지 않을 것이라 하였다. 이는 곧 民心이 이완되는 것을 막아야
한다는 重峯의 意見인데, 當時 많은 爲政者들이 이를 모르는 바는 아니었으
나 末職에서 行해지지 않았는데 그것은 末端 衙前들의 綠峰이 없다는 制度

●●●◦ ⋯⋯⋯⋯⋯⋯⋯⋯⋯⋯⋯⋯⋯⋯⋯⋯

48) 이 內容을 그대로 받아들이기에는 다소 과장된 느낌이 드나 당시 將帥들의 횡포의 정도
를 측정하는 한 척도가 될 수는 있을 것이다.

上의 虛點도 있고[49] 官尊民卑의 習性에서도 연유한다고 보아야 할 것이다. 이러한 百姓 侵害가 壬亂을 當해 朝廷이 百姓들의 호응을 얻지 못하고 오히려 비난과 원성의 대상이 되었음을 想起할 때, 平素 君主의 德治와 牧民官들의 愛民精神이 國本을 튼튼히 하는 것이라고 主張한 重峯의 意見이 옳았음을 확인 할 수 있다.

(8) 有功者에 對한 보상문제

잦은 倭侵에 人的・物的 被害가 적지 않으니 이를 극력 방어하는 데는 百姓들의 적극적 자세가 필요하며 이를 뒷받침하기 위해서는 그에 상응하는 적절한 보상책이 있어야 한다고 하면서,

能止所驅者 以其半與民 …… 能斬賊首二十級以上者 贖賤爲良 通庶孽仕路 能 殪先鋒及 鼓下人者 雖不加功

과 같이 적에게 빼앗길 것을 막은 자는 그 절반을 賞으로 주고 적의 목을 20級 以上 벤자는 賤人이면 贖良해 주고 庶孽이면 官職에 나갈 수 있는 길을 열어주며, 적의 先鋒이나 鼓下人을 죽인 者는 비록 그 數가 적다하더라도 그 功을 더 많이 인정해 주도록 하자는 것이다.

이러한 포상제도는 비단 亂前에만 擧論된 것이 아니고 壬亂時에도 細分化되어 擧論되고 있다.[50] 끝으로 한가지 注目해 볼 만한 것은 備倭之策 中,

●●●●○○○○○○○○○○○○○○○○○○○○○○○○○○○○○○○○○

49) 朝鮮時代 地方에서 衙前들의 百姓 침탈은 祿奉이 없으므로 인해 야기된 制度上의 모순이란 것은 대부분 학자들의 공통된 의견이며 當代에서도 栗谷이나 重峯이 이 点을 절실히 改善해야 한다고 건의하고 있었다.
50) 壬辰 四月 二十五日 敎書 中 "…則府藏官 及 予無所愛 …"
〈瑣尾錄, 第二 壬辰南行日錄, 敎中外大小臣僚閑良者老軍民等〉
宣祖實錄 卷30, 王 25年 9月 戊寅條에도 "…有志者投袂奮義 蠡合義旅 自爲 一隊 揭名以義 爲諸道倡 故朝廷嘉之凡 所論賞 比他軍優特"와 같이 義兵에 대한 포상이 擧論되었으며, 崔永禧氏의 前揭書, 46쪽 註55)에 보면 〈瑣尾錄, 第二 壬辰南行日錄〉 壬辰 8月 13日附 記錄을 引用하여, 朝廷論賞節目이 說法되었다하고, 다만 義兵에 對한 具體的 記事는 보이지 않는다고 하면서 그 「朝廷論賞節目」을 紹介하고 있다.

不必責以難備之弓劍 以常令遂戶 造長鎌男女俱爲武容 同殺飢疲之賊 則人自爲
戰爭 献首級矣

라 하여 準備하기 어려운 활이나 칼만으로 裝備하라 하지말고 집집마다 '긴
낫'을 만들어 이것으로 男女가 모두 戰爭에 나가면 勝算이 있을 것이라 하
여 긴낫의 제조를 農器具 겸 武器로 使用할 수 있는 側面에서 建議하고 있
다. 이는 後日 實學者들 特히 北學派 系列의 學者들의 主張에서 많이 表現
되는바 後期 北學派 思想과 脈을 같이하고 있다.

3. 結論

以上에서 살펴 본바와 같이 16世紀 朝鮮社會는 政治·經濟·社會·軍事
등 전반에 걸쳐서 많은 變化의 조짐이 있었으며 日本은 約 100年間에 걸친
戰國時代가 豊臣秀吉에 의해 종식되고 그의 大陸侵略이라는 妄想은 급기야
韓半島에서 戰爭을 일으키게 되었던 것이다. 이 倭亂은 갑자기 일어난 것도
아니요, 우연히 일어난 것도 아니었다. 이미 저들의 침략의도가 노골적으로
朝鮮政府에 傳達되었음에도 이에 對한 時急하고 具體的 方案이 수립되지

●●●● ∙∙∙

區分	論賞	
斬賊將者	陞嘉善·封君	
斬一級者	士族	除職
	良人	除職
	鄕吏	免役
	私賤	從良
斬二級者	各論以重賞	

重峯이 提案한 것과 위 表를 비교하면 20：1 정도의 差異를 보이고 있는데, 이는 重峯은
亂前에 제안한 것이었고 위의 表는 亂後 朝廷이 급박한 狀況에서 나온 것 때문일 것이며,
崔永禧氏도 지적한대로 義兵에 응모하기만 하면 「給復其家 免其身役」의 特典을 받았는
지 의문시되며 上記表에서 除職이라 한것도 실제의 官職을 부여하는 거의 不可能한 상태
로 보인다.

못한 것은 當時 爲政者들의 國際 情勢 판단착오, 黨爭 對立으로 因한 意識의 不一致, 오랜 太平盛勢로 인한 國民들의 認識 不足 等이 原因으로 지적될 수 있겠으나 가장 큰 要因은 亦是 最高 統治者인 宣祖의 行政能力 不足으로 볼 수 있다. 그런 가운데도 몇몇 識者들은 備倭를 主張하였으나 重峯과 같이 具体的이고 遠大한 計劃을 提示한 이는 드물었다.

重峯은 備倭의 큰 原則을 國內 諸般모순의 是正과 海外의 反日的 立場에 서 있는 사람들과의 聯合戰線 形成으로 보고 있다. 明에게는 우리가 日本과 손잡고 있지 않음을 確認시키려 했고, 豊臣秀吉에게 敗한 日本內의 人士들 및 流寇와 南洋의 諸島民들과 協力 함으로서 日本軍이 함부로 發兵하지 못하게 견제하자는 대 경륜을 보이고 있다. 國內的으로는 各種 賦稅를 줄이고 軍役을 가볍게 하며 民生을 安定시키는 길이 變亂을 대비하는 각종 계획을 成功的으로 遂行할 수 있는 바탕이 되며, 亂을 當해서도 敵을 격퇴할 수 있는 길이라고 간파하였다. 特히 備倭之策에서는 좀더 具体的으로 적의 侵入 路라든가 防禦하기 쉬운 要塞地, 그리고 大敵할 戰術方法, 將帥들의 配置나 臨戰態勢 및 有功者들에 對한 보상문제에 이르기까지 提示하여 當時 爲政者들이 생각한 것 보다 훨씬 더 正確하게 倭侵狀況을 予見하고 있으니 이는 가히 當代 最高의 備倭論이라고 評할 수 있다.

이러한 重峯의 意見은 하나도 옳게 施行되지 못한 채 倭亂을 맞아 全國이 土崩의 禍를 當하게 되었고, 重峯은 분연히 義兵을 일으켜 淸州城을 탈환하고 1592年 8月 16日 錦山에서 殉節하였으니 現在의 우리로서 돌이켜 보면 그의 備倭之策이 단 몇 가지만이라도 받아들여졌다면 그토록 많은 被害를 입지 않았을 것이라는 아쉬움이 남으며, 다시 한 번 絶對君主制의 모순을 실감케 한다. 結局 重峯은 壬辰亂 初期에 戰死했으나 그의 改革論은 그 後 많은 實學者들에 의해 開花되었고 그의 忠節은 세월이 흐를수록 높이 評價되고 있으며, 急變하는 國際社會 속에서 살아가는 現今 우리에게는 國家를 保全하는데 어떠한 姿勢를 가져야 할 것인가를 보여주는 歷史的 敎訓을 남겨주고 있는 것이다.

壬辰倭亂期 淸州城戰鬪와
義兵活動

1. 머리말

임진왜란이 일어났던 16세기는 '經國大典體制'라고 지칭되는 조선전기의 문물제도가 새로운 사회 여건에 따라 변화·이행하는 시기였다. 이는 단순히 조선 전기의 문물제도가 붕괴되고 사화·붕당대립 등 지배층의 분쟁이 격심하였던 시기로만 이해되기 보다는, 연작 상경농법의 정착과 지방 장시의 발달 등 사회경제적 발전에 상응한 변화의 시기였다고 본다.[1]

정치적인 측면에서 선조의 즉위는 조선 전기의 정치사를 매듭짓고 공론을 전면에 내세운 사림파가 정치권력을 장악한 가운데 사림정치가 본격적으로 시작되는 것을 의미하는 것이다. 이 과정에서 사림 간에 훈척정치의 척결과 사림정치의 구현방법을 둘러싸고 동·서 붕당이 발생하였다. 이것은 식민사관에서 얘기되는 당쟁으로 규정하기보다는 사림에 의해 주도되었던 성리학적 붕당정치로 이해하는 것이 타당하다.

• • • • ···

1) 이태진, 1981, 「15·16세기 新儒學 정착의 사회적 배경」, 『규장각』 5, 서울대 ; 이경식, 1987, 「16세기 場市의 成立과 그 基盤」, 『한국사연구』 57.

붕당정치란 학연을 바탕으로 하는 지방의 중소지주 출신들이 농업생산력의 증대로 그 지위가 상승하여 사림파라는 정치세력으로 성장해 간 16세기 사회상을 반영한 결과였다.[2] 한편 경제적인 측면에서 보면 이 시기에 경제기반이라고 할 토지제도의 변화가 나타났다. 사실 조선 전기의 토지제도인 科田法은 직역에 대한 대가로 토지를 지급한 것이지만 15세기 말에 이르러 수조권에 입각한 국가의 토지·농민 지배는 현저히 약화되어 갔다. 따라서 과전법은 職田法·官收官給制·祿俸制로 전환되어 갔으나 그것도 유지되지 못하고 사적소유지의 집중현상이 발생하였다. 이러한 과전법체제의 붕괴는 수전은 물론 한전의 경우도 휴한농법을 극복하고 연작농법의 단계에 들어선 농업생산력의 증대를 반영한 결과이기도 하였다.[3] 이와 같은 토지의 사적소유화라는 경제변동 속에서 훈척 계열의 토지집적과 농장확대 현상이 나타났던 데 비하여 재지지주로서 훈척파의 특권적 비리를 비판하면서 성장한 것이 사림파였다.

특히 16세기의 사회적 변화 중에서 가장 두드러졌던 것은 공물·군역제도였다. 공물은 왕실과 관부의 수요를 충당하기 위해 각종 토산물을 징수하는 것으로 오히려 田租보다 그 부담이 무거웠으며 현물로 납부해야 되었기 때문에 防納 등 많은 폐단이 야기되었다.[4] 더구나 군역은 토지보다도 人丁을 대상으로 부과되는 것으로, 양민들은 정병이나 정병의 재정후원자인 奉足·保人으로 복무하였다. 이러한 군역은 빈천한 양민만이 부담하였으며 세조 때 保法으로 전환되어서는 그 제도적 결함 때문에 소농민의 파산을 촉진하여 16세기에는 군역 자체가 勞役化되면서 군역의 대립제가 크게 일어나고 군역가의 布納化가 보편화되었다.

이 같은 조선 전기 수취체제의 변화는 당시의 전반적인 사회상을 반영한

2) 이태진, 1979, 「16세기 士林의 歷史的 性格」, 『大東文化硏究』 13 ; 이태진, 1985, 『朝鮮時代 政治史의 再照明』, 범조사.
3) 김태영, 1983, 『朝鮮前期 土地制度史硏究』, 지식산업사.
4) 김진봉, 1975, 「朝鮮前期의 貢物防納에 대하여」, 『史學硏究』 26.

것이지만 농민 파산의 최대요인이 되었음은 물론이었다. 이러한 농촌 파탄의 현상에 대해 많은 뜻 있는 학자들이 養民論을 제시하고 시폐를 개혁하자는 의견을 제시하기도 하였으나 불행히도 그 시정작업이 이루어지기도 전에 임진왜란이라는 대전란을 맞게 되었다. 이것은 임란에서 조정이 초기에 백성들의 적극적인 지지를 받지 못한 원인이 되었고, 왜군이 큰 저항 없이 북상할 수 있었던 여러 요인 중 하나로 지적될 수 있다.[5] 이미 임진란 전에 민심이 흐트러지고 백성들의 형편이 어려웠던 점은 당시의 상황에 대해 대제학 유성룡이 지적하였고 후일 안방준이 지적한 글에서도 잘 나타나 있다.[6]

이렇게 민심이 조정에서 멀어졌음에도 불구하고 임진란 초기에 관군이 연전연패하고 왜군이 파죽지세로 북상하던 기세를 꺾은 것은 바로 삼남지방에서 일어난 향병 · 의병 · 승병 들의 활약이었다. 즉 경상도에서 곽재우가, 전라도에서 김천일과 고경명이 기병하여 왜군을 괴롭혔고 충청도에서는 조헌 · 박춘무 · 이광륜 · 영규대사 등이 일어나 왜군과 맞서 싸웠다. 충청도지역에서의 대표적 전투로는 금산성전투와 청주성전투를 들 수 있다. 금산성전투는 호남 진출을 시도하던 왜군이 이것이 여의치 않게 되자 제6번대의 고바야가와 군을 보내 마지막을 금산을 거점으로 삼아 호남 진출을 시도하면서 수차례에 걸쳐 조선의 관군과 의병들이 왜군과 싸웠던 전투이며, 청주성전투는 임진란 발발 후 왜군에게 빼앗긴 읍성을 조선의 의 · 승병이 합세하여 탈환한 최초의 전투로서, 많은 전국의 의병들이 분발하는 계기가 되기도 하였다.[7]

따라서 본 논문에서는 그간의 호서의병 연구 바탕 위[8]에 임진왜란이 일어난 시점을 전후한 호서지방의 동향과 이 지역에서 일어난 많은 향병들의

5) 최영희, 1975, 『壬辰倭亂中의 社會動態』, 韓國硏究院, 3~6쪽.
6) 『宣祖實錄』 卷23, 宣祖 22년 10월 ; 『隱峰全書』 卷6, 記事 壬辰記事.
7) 이석린, 1993, 『壬亂義兵將 趙憲硏究』, 新丘文化社, 144~161쪽.

창의 배경을 개괄해 보고 다음으로는 청주성전투의 상황과 이 전투에 참여했던 향병·의병들 중 조헌·이광륜·박춘무 그리고 승병장 영규대사에 대해 살피고자 한다. 물론 조헌·이광륜·영규는 합군하여 청주성전투에 참여했기 때문에 활동 상황은 동일한 것이어서 조헌의 활동에 포함시키기로 하고 이광륜은 창의 배경과 조헌의병단 내에서의 역할에 초점을 맞추었다. 영규는 승병이라는 특수성 때문에 다른 승병활동과 더불어 그 성격을 살펴보고자 했으며, 박춘무는 순수한 청주지역 향병이었기 때문에 창의 배경과 그 과정 및 청주성전투의 참여상황을 살펴보고자 한다.

필자는 이 글이 지금까지의 의병장 중심 연구에서 탈피하여 임진란 중 일어난 각지의 의병전투와 함께 지역향병 연구로 눈을 돌리는 계기를 마련하는 데 도움이 되었으면 하는 바람이 있다.

2. 壬亂期 湖西地方의 動向과 淸州城戰鬪

1) 湖西地方의 動向과 倡義背景

임진왜란은 1592년(선조 25) 4월 13일에 일어났다. 20여 만에 이르는 대규모 병력의 왜군은 신병기인 조총을 앞세우고 조선을 침략하였다. 조선은 그 전부터 이이·조헌 등 여러 사람들에 의해 왜의 이상한 움직임에 대비할 것이 주장되었으나 받아들여지지 않아 사전에 제대로 대비책도 세우지 못한 채 갑자기 침략을 당하고야 말았다. 이 때 동래부사 宋象賢과 군민은 동래성을 지키려고 노력하였으나, 활과 창만을 가진 조선은 왜군을 당해내지 못하고 무너짐으로써 임진왜란은 초기부터 조선에게 큰 타격을 주었다.

●●●●·······················

8) 각 지역 의병활동 중 호서의병에 대한 연구성과는 다음과 같다. 김진봉, 1970, 「壬亂 때의 湖西義兵에 대하여」, 『충남대논문집』 9 ; 김현길, 1981, 「임진왜란과 의병장 趙熊」, 『호서문화연구』 1, 충북대 호서문화연구소 ; 김진봉, 1982, 「임진왜란 중 湖西地方의 의병활동과 地方士民의 동태에 관한 연구」, 『사학연구』 34 ; 이석린, 1988, 「趙憲을 중심으로 한 임란초기의 의병분석」, 『우인 김용덕 박사 정년기념사학논총』 ; 이석린, 1993, 『壬亂義兵將 趙憲 研究』, 新丘文化社.

처음 왜군의 공격로는 부산 - 대구 - 조령 - 충주 - 용인 - 한양으로 이어지는 中路, 울산 - 경주 - 죽령 - 원주 - 여주 - 한성으로 이어지는 東路, 그리고 김해 - 성주 - 김천 - 추풍령 - 청주 - 한성으로 이어지는 西路의 3개로였다. 중로는 小西行長이 지휘하는 제1군이, 동로는 加藤淸正이 이끄는 제2군이, 그리고 서로는 黑田長政이 이끄는 제3군이 각각 담당하여 파죽지세로 계속 북상하였다.

이러한 급보를 접한 조종에서는 긴급회의를 열어 조령 · 죽령 · 추풍령의 3대 군사적 요충지에 대한 방어책을 마련하였다. 순변사 李鎰로 하여금 중로인 조령을, 우방어사 趙儆으로 하여금 서로인 추풍령을, 조방장 柳克良으로 하여금 동로인 죽령을 각각 방어하게 하였다. 그리고 金誠一을 경상우도 招諭使로 삼아 의병의 모집과 군량조달을 담당하게 하고, 柳成龍을 都體察使로 삼아 전방지역에 파견하여 난을 막도록 하였다. 또한 실전에 능한 무관인 申砬을 三道巡邊使로 임명하여 조령으로 내려보냈다.

그러나 이 때 이일은 왜장 加藤淸正의 부대에 의해 尙州에서 패배하여 忠州로 후퇴하였고, 왜군은 자연의 요새인 조령 · 죽령 등지에서 별다른 저항을 받지 않고 충주로 진군하였다. 신립은 하는 수 없이 작전을 변경하여 충주 彈琴臺에서 배수진을 치고 기마작전을 펼쳤으나 왜군을 막기에는 역부족이었다. 선조는 마지막으로 믿었던 신립마저 왜군의 우세한 화력 앞에 어이없이 패하자, 마침내 한양을 버리고 의주로 몽진 길에 접어들었고, 조정은 分朝하여 세자 光海君이 직접 난을 지휘하게 하였다.

이에 왜군은 4월 29일 충주에서 제1 · 2군이 합류하였다가 제1군은 여주 - 양평을 거쳐 한성으로 북상하였고, 제2군은 죽산 - 용인을 통해서, 그리고 3군은 추풍령을 넘어 청주 쪽으로 진출한 후 죽산을 거쳐 북상하여 한성으로 진군하였다.

이와 같은 왜군의 직접 공격로에 위치하고 있었던 호서지방의 청주 · 충주 · 영동 · 옥천 등 左道의 여러 읍은 왜군의 침략으로 큰 피해를 입게 되었다. 당시 호서지방의 피해 상황이 어떠하였는지 다음 사료를 통해 살펴보자

忠州의 士民 官屬은 아군이 내진해 올 것을 믿고 모두 난리를 피하지 않았다
가 모두 살해된 것이 他邑보다 심하였다.[9]

　　왜적이 全羅 · 忠淸의 여러 縣을 침범하였다. …… 왜군은 호남뿐만 아니라 충
청도의 여러 현을 침략하여 沃川과 永同 등 여러 현에 진입하고 淸州에 주둔하여
焚掠하였다.[10]

　　즉 충주의 경우 사민과 관속들은 정부군이 지원해 주려고 온다는 것만을
믿고 난리를 피하지 않았다가 모두 살해되었는데 그 피해가 다른 읍보다 심
하였다는 것이다. 이것은 신립이 삼도순변사로서 조령을 막는다는 소식을
듣고 충주민들이 피난하지 않았고, 조령을 지키던 이일이 加藤淸正에게 상
주에서 패배하여 충주로 후퇴하면서 빚어진 상황이었다. 결국 신립마저 탄
금대에서 배수진을 치고 기마작전을 펼쳤으나 小西行長에게 패배함으로써
충주는 왜군의 점령 하에 놓이게 되었으며, 이 때 여기에 대한 아무런 대비
도 하지 않았기 때문에 다른 읍보다 피해가 컸던 것이다.
　　두 번째 사료는 왜군이 호남뿐만 아니라 충청도의 여러 현을 침략하여 옥
천과 영동 등에 진입하고 청주에 주둔하여 분략한 사실을 보여주고 있다.
즉 왜의 제3군은 김해를 통해 상륙한 후 추풍령을 거쳐 옥천 · 영동 등 여러
현을 지나면서 큰 피해를 입혔고, 급기야 淸州城을 점령하여 그로 인한
피해가 더욱 컸던 것이다.
　　이처럼 왜군의 북상 진로 중심에 위치하였던 호서지방은 왜군의 침략으
로 큰 피해를 입었다. 그 중에서도 왜군의 진군 방향에 있던 청주 · 충주를
비롯한 호서 좌도가 피해가 심하였고, 상대적으로 홍주 · 공주 등 호서우도
는 아직 큰 피해를 입은 상태는 아니었다.
　　이렇게 관군이 힘을 제대로 써보지도 못하고 패배하자 전국 곳곳에서는

●●●●●● ·
9) 『宣祖修正實錄』 卷26, 宣祖 25년 4월.
10) 『宣祖修正實錄』 卷26, 宣祖 25년 6월.

사족들이 鄕兵 내지 義兵을 일으켰다. 특히 왜군의 직접적인 공격에서 벗어나 있었던 경상우도에서는 다른 지역에 비해 일찍부터 의병활동이 활발하여 鄭仁弘·郭再祐 등이 창의하였다. 또 왜군의 진격로에 위치하였던 호서 좌도에서도 일찍부터 趙憲 등이 報恩 등지에서 향병을 창의하였다. 그리고 충청우도의 경우 왜군의 직접적인 공격로가 아니었기 때문에 피해를 상대적으로 덜 입었으나, 다른 지역의 경우처럼 여러 사족들이 각각 향병을 창의하였다. 다음 사료는 이러한 사정을 잘 보여주고 있다.

> …… 諸道에서 義兵이 일어났다. 이 때 三道 師臣이 모두 衆心을 잃어 변란이 일어난 후에 병량을 독촉하였으나 사람들이 모두 싫어하였고 적을 만나면 모두 흩어짐에 이르러, 도내의 巨族 名人이 유생들과 더불어 朝命을 받들어 倡義하여 일어선 즉 듣는 자가 격동하여 원근에서 응모하니 비록 크게 인심을 수습하지 못했더라도 국가의 운명이 의지되어 유지되었다.[11]

이것은 그 동안 관군이 백성에게 인심을 잃었기 때문에 왜란이 일어나 관군을 모집하였으나 백성들이 응하지 않았고, 이 때 도내의 거족으로 명망이 높은 사족들이 유생들과 함께 창의하였음을 보여주고 있다. 즉 갑작스럽게 이 소식을 듣고 원근에서 모여든 사람들이 왜적을 방어하여 이 때문에 국가의 운명이 유지되었다는 것이다. 이 때 朝命을 받들어 창의한 인사들은 대체로 그 지방에서 명망이 있던 사족들이었을 것이다.

이처럼 임란이 일어나자 경상도의 곽재우·정인홍·김면, 전라도의 고경명·김천일, 함경도의 정문부 등이 의병을 일으켰다. 그리고 충청도에서는 5월 초 조헌이 그의 문인 金節·金篇·朴忠侃 등과 함께 향병을 일으킨 것을 비롯하여, 승병 靈圭·沈守慶·申愰·金弘敏·李山謙·朴春茂·趙熊, 그리고 趙綱[12] 등이 역시 향병을 모집하여 각 지역에서 창의하였다.[13]

---

11) 위와 같음.
12) 趙綱, 『慕溪集』.

이 중에서도 조응은 신립의 탄금대 전투 패배 이후 충주에서 5백여 명을 모집하여 台子山 아래에 주둔하면서 한양으로 북상하는 왜군의 후속부대를 물리쳐 白旗將軍이라고 불리기도 하였다.[14] 그리고 왜군의 직접적인 공격로에서 벗어나 있던 호서우도에서도 6월 이후에 李光輪·申蘭秀·張德盖·高擎宇 등이 홍주·공주 등지에서 각각 향병을 창의하였다.

또한 박춘무는 청주의 복대에서 동생 춘번, 아들 동명과 함께 향병을 일으켜 왜적과 싸우다 조헌 의병단이 8월 초 청주로 진군하자 합세하여 청주성을 탈환하는 데 큰 공을 세우고 이후 진천 방향으로 왜군을 뒤쫓아 의병 활동을 계속하기도 하였다.[15]

그러면 사족들이 당시 각 지역에서 이렇게 향병 내지 의병을 일으킬 수 있었던 사회적 배경은 무엇이었을까. 먼저 왜적으로부터 자신의 가족과 재산 및 향촌사회를 지키고, 나아가 국왕을 호위하고 나라를 수호하기 위한 마음이 있었기 때문이라고 하겠다. 또한 學脈을 통해 서로 연계될 수 있었던 사상적인 기반을 들 수 있겠다. 조선사회에서 학연은 혈연과 함께 어떤 인물의 사상이나 활동에 중요한 배경의 하나였다는 점은 당시 의병들이 대개 명망있는 사족과 그의 문인들을 중심으로 먼저 창의한 사실에서 잘 알 수가 있다.

조헌의 경우 그의 문인인 金節·金篇 등과 公州敎授 및 提督官에 재직하고 있을 때 그의 제자였던 朴士辰·趙敬南·尹汝翼 등 많은 문인들을 중심으로 창의하였고,[16] 청주의 趙綱과 朴春茂 역시 그의 族人과 문인을 중심으로 창의하였다. 경상우도에서는 南冥 曹植의 문인들이 정인홍·곽재우 등을 중심으로 각각 창의하였음은 잘 알려진 사실이다.[17] 여기서 임란 초기

13) 柳成龍, 『懲毖錄』; 『練藜室記述』 卷16, 宣祖朝 고사본말; 卷17, 선조조 고사본말 호서의 병; 申炅, 『再造蕃邦志』 卷2.
14) 김현길, 1981, 「임진왜란과 의병장 趙熊」, 『호서문화연구』 1, 충북대 호서문화연구소.
15) 朴春茂, 『花遷堂集』.
16) 이석린, 1988, 「趙憲을 중심으로 한 임란초기의 의병분석」, 『우인 김용덕 박사 정년기념 사학논총』.

먼저 창의한 이들 문인들의 사상은 대체로 다른 사족들보다 忠을 더 강조하는 충의정신이 강한 모습을 보여주고 있다.

다음으로 그들이 향촌에서 영향력을 행사할 수 있었던 사회경제적 기반을 들 수 있겠다. 이것은 각 향병과 의병의 창의 때 참가한 부대의 구성에서 잘 나타난다. 임란 초기의 향병 내지 의병의 구성은 대체로 의병장의 문인 외에 집안의 家僮·家奴와 村丁 등으로 이루어졌다. 창의의 주도층인 사족들은 먼저 그의 문인과 從遊人의 호응을 얻은 후 집안에서 거느리고 있던 가동과 노비들을 동원하였고, 또한 사족의 거주지 및 토지소유지에 살면서 사족의 토지를 경작하는 향민을 동원하는 형태로 募兵을 한 것으로 생각한다.

당시 각 향병과 의병들은 대부분 그 지역에서 상당한 경제력을 보유하고 있었던 사족들이었으며, 모병의 기초가 되는 가동·佃戶의 인솔은 또한 地主制의 성장과 관련된 것이기도 하였다. 즉 그들은 향촌지주로서 토지를 매개로 가동·전호에 대한 강한 지배성을 가지고 있었기 때문에 향병 창의시 이들을 동원하기에 용이했을 것이다.

이외에 임란 극복의 동력은 재지사족 세력에 의해 행해졌던 鄕約과 洞契의 실시, 書院의 건립을 통한 사족들의 활동 등과 같은 그들의 향촌통제력이었다고 하겠다.[18] 이처럼 사족들의 사회경제적 기반은 이들이 창의하는 데 주요한 배경으로 작용하여 부대를 구성하여 지속적으로 왜군과 전투를 수행하게 하였던 것이다.

2) 淸州城戰鬪와 그 意義

조헌·이광륜·영규·박춘무 등이 합세하여 이루어 낸 청주성 탈환전은 임진년 8월 초하루에 전개되었다.[19] 당시 청주성에는 왜군의 주력부대인

17) 이수건, 1992, 「남명학과 의병활동의 역사적 의의」, 『남명학연구』 2.
18) 이태진, 1983, 「임진왜란 극복의 사회적 동력 -士林의 의병활동의 基底를 중심으로-」, 『한국사학』 5.

흑전장정의 3번대가 이미 북상한 후에도 왜군이 잔류하고 있으면서 3개월 여 동안 인근 각처에서 온갖 약탈과 살육을 자행하고 있었다. 이들 왜군은 수차에 걸쳐 관·의병에게 공격을 받아 피해를 입긴 했으나 그 기세는 꺾이지 않고 있었다. 그것은 당시 충청감사 윤선각이 윤경기·이옥 등의 관군을 거느리고 공격했으나 그 수효나 백성들의 호응도로 보았다. 왜군이 세력이 크지 못하였고, 향병을 이끌고 있던 박춘무의 세력 또한 왜군의 기세를 꺾기에는 역부족이었다고 보여진다. 이어서 청주에 온 영규의 승병들도 수효는 8백에 이르렀다고 하나 왜적을 청주성에서 몰아내기엔 힘들었고 여러 날 동안 적과 대치하고 있는 형편이었다.[20]

이러한 상황에서 조헌과 이광륜이 호서우도로부터 약 1,600여 명에 이르는 의병단을 이끌고 옴으로써 본격적인 청주성 탈환전이 이루어지게 된 것이다. 본래 조헌이 5월 초에 기병하였으나 옥천·청주 지역에서의 모병이 여의치 않아 공주로 가서 그 곳의 재지사족들에게 도움을 받아 7월 4일에 이르러서야 출정을 시작하게 되지만 아직도 군량이나 무기 확보는 미약했던 것으로 보인다.[21]

이 때 조헌에게 큰 힘이 되었던 것이 홍주의 이광륜을 비롯한 인근 향병들이었고 이에 자신을 갖고 청주로 출정하며 청주성전투를 전개하기에 이른 것이다.[22] 본래 조헌은 전라도 의병장 고경명과 합군하여 금산을 먼저 공격하고자 하였으나 이미 고경명이 전사하였다는 소식을 듣고 회덕을 거쳐 청주로 방향을 돌려 7월 29일에 荊江에 다다르게 되었던 것이다. 이 때 청주성에 둔거하고 있던 왜군은 제5번대 蜂須賀家政의 7천 병력 중 일부였

●●●●
19) 인용하는 사료나 사료해석에 따라 청주성 탈환전의 주역에 대한 평가나 날짜에 다소 이견이 있으나 필자는 『宣祖修正實錄』卷26, 宣祖 25년 8월의 사료를 바탕으로 탈환 일자를 8월 1일로 보며, 주동적인 역할자에 대하여는 다소의 경중은 있을지 모르나 조헌·영규·박춘무의 공동작전으로 보고자 한다.
20) 『宣祖實錄』卷30, 宣祖 25년 9월.
21) 『重峰集』卷8, 起兵後疏.
22) 『重峰集』附錄 卷2, 行狀.

다. 이를 공략한 방어사 이옥과 조방장 윤경기의 관군이 승리하지 못했고 영규가 이끄는 승병과 박춘무가 이끄는 청주지역 향병이 지속적으로 대치하고 있는 상황에서 조헌 의병단이 도착한 것이다. 이에 관군 이옥이 연기현에서 진군하고 영규의 승병들은 安心寺에 집결하였다가 조헌 의병단과 합세해 청주 氷庫峴을 넘어 西門쪽으로 진군하고, 청주 향병 박춘무는 南門쪽으로 진군하였고 관군은 北門을 공격하게 되었다. 서문을 공격하던 조헌 의병단과 영규의 승병들이 기선을 잡고 성벽을 넘으려 할 때 갑자기 서쪽으로부터 소나기가 쏟아지기 시작해 북쪽으로 몰려오고 천지가 어두워져 더이상 공격하기가 어렵게 되어 일단 물러나고 남문의 박춘무만이 버티었으나 이날 밤 왜군은 성내에 불을 지르고 깃대를 세워 군사처럼 보이게 한 후 도망쳐 청주성을 탈환케 되었던 것이다.[23]

이 청주성전투는 나름대로의 역사적 의미를 지니고 있으니 첫째, 임진왜란사에 있어서 조선의 의병·승병·관군들이 이루어 낸 최초의 읍성탈환이라는 점이다. 둘째, 계속 조선군이 패퇴하고 있는 상황에서 청주성의 승전보는 많은 관군과 의병들에게 용기를 주기에 충분했으며 셋째, 숭유억불책을 국시로 했던 조선사회에서 천시받던 승려들이 구국의 선봉에 나섰다는 점이며 넷째, 왜군들이 마음놓고 북상할 수 없게 하고 조선의 관군들이 반격할 수 있는 시간을 얻게 했다는 전략적 의미가 있고 끝으로 박춘무가 이끈 청주향병들이 청주성전투 이전부터 지속적으로 왜군과 대치하였고 총공격 때도 청주성 정문인 남문을 공격함으로써 향토보전의식의 상징적 사례로 꼽을 수 있다는 점이다.[24]

위에서도 언급했지만 이 청주성전투는 조헌·이광륜·영규·박춘무 등의 의병들이 각기 나름대로의 역할에 충실했던 것이 조화를 이루어 나타난 결과였으니 이에 이 전투에 참여한 대표적 의병 중 조헌과 박춘무에 대해

● ● ● ● ●●●●●●●●●●●●●●●●●●●●●●●●●●●●●●●●●●●●●●

23) 『宣祖修正實錄』卷26, 宣祖 25년 8월.
24) 이석린, 1993, 『壬亂義兵將 趙憲研究』, 新丘文化社.

간략히 살펴보고자 한다.

3. 淸州城戰鬪에 參與한 義僧兵

1) 趙憲

조헌의 생애를 먼저 간략히 살펴보면 그는 白川 趙氏로 字는 汝式이며 號는 後栗·陶原·重峯이라 하였지만 보통 그의 만년의 호인 중봉으로 많이 불렸다. 조헌은 1544(중종 39)에 김포현에서 출생하여 22세 때 太學生이 되어 이듬해인 1567년(명종 22)에는 식년문과에 병과로 급제하였다. 이듬해(선조 1) 처음으로 관계에 진출하여 온성도호부 訓導가 되어 교육에 종사하였다.

1570~1571년(선조 3~4)에는 파주·홍주목의 교수직으로 자리를 옮겨 관직생활을 했는데 이 무렵에 土亭·牛溪·栗谷 등과 사제·교우관계를 맺어 학문적으로 성장의 계기를 마련하였다. 1572년에는 校書館 正字로서 慈壽宮 星宿廳에 館官이 封香하는 것을 반대했다가 삭직되어 지리산에서 土亭 李之菡·孤靑 徐起와 강학하는 데 힘썼다. 이듬해에 校書館 著作으로 다시 기용되어 당시 주자학도로서 供佛의 향을 手封할 수 없다는 「論香祝疏」를 올렸다. 이 때 선조가 용납지 않았으나 사헌부·사간원의 구원에 힘입어 疏가 조정에 반영되었을 뿐만 아니라 신진사림들에게 그 명성을 떨치는 계기가 되었다.

그는 1574년(선조 7)에 質正官으로 명나라에 다녀왔는데 그의 견문은 『朝天日記』3권에 상세히 기록되어 있다. 특히 명나라의 제도를 참작하여 개혁하자는 「八條疏」를 올렸지만 선조는 서로 풍속이 다른 것은 헤아리지 않고 명나라의 문물제도를 따르면 공연히 혼란만 빚는다는 이유를 내세워 반영하지 않았다.[25]

●●●● ·····························
25) 『重峰集』卷4, 東還封事 安邦後 跋.

따라서 그는 보다 근본적인 개혁책인「十六條疏」를 지었으나「八條疏」가 반영되지 않은 것을 보고 올리지 않았으며, 두 疏文은 안방준의「東還封事」를 통해서 소개될 수 있었다.[26]

그는 임란 직전인 1591년에「持斧上疏」를 올려 왜사를 참하여 명나라에 알릴 것과 琉球 및 일본의 義民에게 격문을 보내 豊臣秀吉을 토벌하기 위한 공동전선의 전개를 주장한「請斬倭使疏」를 올렸다. 그리고 왜구가 침입해 올 것임을 강조하고 그 방어책을 구체화시킨 嶺·湖備倭의 방책을 제시하였다.[27] 그러나 이 같은 방책은 제대로 반영되지 못했으며 조헌의 예측대로 조선은 1592년에 일본의 침입을 받았다. 그러나 그는 일찍이 왜군대비의 방책을 구체적으로 구상했기 때문에 곧바로 의병을 일으킬 수 있었다. 이로써 그는 僧將 靈圭와 함께 청주를 근거로 호우지방을 노리고 있던 왜군을 공격하여 청주성을 탈환하는 전과를 올렸다.

다음으로 조헌의 창의 배경을 살펴보자. 대체로 임진왜란 당시의 의병활동은 유교적 勤王精神과 향토보전의식, 민족적 저항의식에서 이루어졌다.[28] 조헌의 의병활동도 그러한 정신에서 구현되었을 뿐만 아니라 당시 집권층에 대한 비판적 자세에서 구체화된 것이다.

조헌은 이미「絶倭論」등을 통하여 강격한 대왜정책과 왜군대비책을 거론하면서 이를 담당한 동인정권에 대해 誤國의 책임이 있다고 비판하였다. 또한 그는 3도의 순찰사에 대해서도 비판하였으니

> 요즈음 우리의 군사를 지휘하는 사람은 그 대부분이 옳은 장수들이 아니다. 삼도의 임무를 가지고도 먼저 싸움에 나아간 자를 구원하지 않고 한 차례 싸움에서 패전한 뒤로는 다시 일어날 기세마저 잃었다.[29]

* * * * ·

26) 安邦俊은 조헌을 만난 적이 없으나 그를 추모하여「抗義新編」과「東還封事」를 저술했는데, 조헌의 사상이 후세에 전해진 것은 이 때문이라고 李恒福이 『隱峰集』연보에서 평하고 있다.
27)『重峰集』卷8, 請斬倭使疏.
28) 최영희, 1975,『壬辰倭亂中의 社會動態』, 한국사연구원, 32~37쪽.

라고 지적하고 있다.

따라서 그의 창의기병은 동인정권의 실정과 관군의 패산으로 촉발된 것이었으며 왜군에게 국토를 유린당할 선조가 피난하는 국가위기 속에서 유교적 근왕정신을 실천했던 것이고, 그가 왜군의 침략을 예견하고 있었던 만큼 호서지방에서 가장 먼저 의병을 일으키게 된 것이다.[30]

> 삼도의 힘을 합하여 이 나라의 위급을 극복하는 것은 오직 이 때가 적당한 시
> 기이다. 일생 동안 기른 재주를 다하고 이 고난을 이기는 것도 바로 오늘이다.

라고 하여 의병의 궐기를 촉구하였던 것이다. 이는 역시 그의 일관된 절의정신에서 찾아지는 것으로, 成軍과정의 여러 어려운 문제를 극복하고 본격적인 의병활동에 들어감으로써 그러한 정신을 구현했다고 하겠다.

다음으로는 조헌의 成軍과정을 살펴보도록 하겠다. 임진왜란 초기에 호서지방은 왜군의 북상로에서 벗어나 있었으나 한양으로 통하는 충주와 호남을 장악하려는 왜군의 진격로인 황간·영동·옥천지방은 그 피해가 극심하였다. 이미 왜군은 6월경에 옥천·영동 등 여러 군현에 진입하고 청주에 주둔하여 온갖 행패를 자행하였다.[31] 더구나 監司 尹先覺은 임진왜란이 일어나기 1년 전에 왜침에 대비하여 변방 사정에 밝은 인물로 뽑혔음에도 불구하고 전투를 꺼려 진격하지 못하는 형편에서 충청좌도는 대부분 왜군의 점령하에 놓이게 되었다.

이러한 관군의 패전과 전투 기피로 호서를 비롯한 하삼도의 사회동태는 더욱 흉흉하였는데, 이 같은 상황에서 인심을 안정시키고 토적의 새로운 전기를 마련한 것이 바로 倡義起兵이었다. 당시 의병이 일어나는 배경을 보면,

29) 『重峰集』卷13, 起義討倭賊檄.
30) 『重峰集』卷13, 起義時祭態津龍堂文, 勤王時指路文.
31) 『宣祖修正實錄』卷26, 宣祖 25년 6월.

諸道에서 의병이 일어났다. 때에 삼도 師臣이 모두 衆心을 잃어 변란이 일어 난 후에 병량을 독촉하나 사람들이 모두 싫어하였고 적을 만나면 모두 흩어짐에 이르러 도내의 巨族名人이 유생들과 더불어 朝命을 받들어 창의하여 일어선 즉 듣는 자가 격동하여 원근에서 응모하니 비록 크게 인심을 수습하지 못했더라도 국가의 운명이 의지되어 유지되었다.[32]

라고 하여 의병이 처음 일어날 때의 실정을 짐작케 한다.

조헌은 임란 초기에 호남의 고경명 · 김천일, 영남의 곽재우 · 정인홍 등 과 마찬가지로 호서지방에서 가장 먼저 창의 기병한 의병장이다. 그가 의병 을 일으킨 것은 「重峰年譜」에 의하면 위의 인용문에 보이는 조명이 내리기 전인 5월 3일로 되어 있다. 물론 의병을 召募하는 교서로는 조헌이 기병한 5 월 3일보다 빠른 4월 25일자의 『鎖尾錄』卷1 壬辰南行日錄의 '敎中外大小 臣僚 · 閑民 · 耆老 · 軍民等' 이 처음이다. 그러나 그 교서는 왜군과의 접전 지역인 영남에 하명된 것이고 召募義兵을 위한 관리가 각 도에 파견된 것은 5월의 일이었다.[33] 따라서 이들 召募使가 당도한 것은 빨라야 5월 초일 것 이므로 조헌의 기병은 교서가 하달되기 전에 이루어졌다고 할 수 있다.

이는 그가 임진왜란이 발발하기 전에 왜군의 침입을 예견하고 왜군을 대 비하는 방책을 반영시키려고 한 사실에서도 입증된다. 더구나 임진란 직전 에 평안도 관찰사 權徵과 연안부사 申恪에게 수비대책을 강구하도록 권고 하고 금산군수 金玄成을 통하여 전라감사 李洸에게 방어책을 제시하도록 하였다.[34] 이는 그가 문생들에게 다음과 같이 언급한 사실에서도 입증된다.

일찍이 김포로 선생을 찾아뵙고 이야기를 하였는데 이때 선생은 공(鄭民秀)을 매우 기특하게 생각하며 "나라에 장차 환란의 근심이 있는데 자네의 재능을 보니 반드시 요긴하게 선용할 때가 있으려니 더욱 충의에 면려하라"고 권유하였다.

●●●● ··

32) 위와 같음.
33) 『宣祖修正實錄』卷26, 宣祖 25년 5월.
34) 『重峰集』附錄 卷7, 幕佐門生同日殉節錄.

將仕郎 윤여익의 처음 이름은 사온이었다. …… 선생이 공주제독으로 제자들을 가르칠 때 선생을 섬기기를 옛 사제의 풍도가 있었다. 이때 선생이 이르기를 세상의 운이 비색하니 '너(汝)는 나를 도와(翼) 달라'는 뜻으로 이름을 여익으로 바꿨으며 금산에서 마침내 같이 순절하였다.[35]

이렇듯 조헌은 정민수에게 장차 국가에 환란의 우려가 있다고 말하면서 충의를 권면케 하였으며 尹思溫의 이름을 의병을 일으키면 도와달라는 의미를 가진 汝翼으로 개명하였다. 이와 같은 임란 이전의 행적을 살펴보았을 때 그가 왜란에 대비하여 의병의 규합을 구상했고 임란 후에는 즉시 의병을 일으켜 호서지방 최초의 의병이 되었다.

즉 중봉의 의병모집은 5월 3일부터 시작되었지만 실질적인 모병이 이루어진 것은 6월이며 토적을 위한 본격적인 의병활동은 7월이었다. 그는 전후 네 차례에 걸쳐 2개월 이상을 의병모집에 소모하고 나서야 의병활동을 시작했다. 제1차 청주에서의 기병은 다음 사료를 통해 짐작할 수 있다.

왜군이 바다를 건너와 이미 조령을 넘었다. 大駕가 서쪽으로 파천하니 청주로 가서 李瑀·李逢·金敬伯 등과 더불어 의병을 일으킬 것을 모의했다. 그러나 때에 태평성세가 오래 계속되어 사민이 전란을 알지 못하여 모두 허둥지둥 어찌할 바를 몰라 수습할 수 없었다.[36]

따라서 청주에서의 모병은 사민이 전란을 알지 못한 관계로 단지 모의에 그치는 데 머물렀다. 특히 그의 「起兵後疏」에서는 청주에서의 기병모의에 대한 언급은 찾아볼 수 없다. 다만 그는 모친을 4월 20일경에 청주 선유동에 피난시켰으나 청주가 함락되어 간신히 옥천으로 되돌아올 수밖에 없었다고 한다. 이는 그의 거주지인 옥천과 연결되는 지역인 인동과 선산을 왜군이 침입하고[37] 곧이어 黑田長政이 이끄는 제3번대가 추풍령을 거쳐 영동과 청

●●●● ···
35) 위와 같음.
36) 『重峰集』附錄 卷2, 行狀.

주를 함락시켰기 때문이다. 비록 제1차 모병은 성사되지는 않았으나 임란을 당하여 의병활동을 실천에 옮기려했던 최초의 시도였던 셈이다.

제2차 모병은 6월 초의 일로, 거주지인 옥천에서 동향인이자 문인이었던 김절·김약·박충검 등과 더불어 향병 수백 명을 모병한 성과를 올렸다. 또한 보은의 차령에서 접전 끝에 왜병을 격퇴시키는 전과를 올리기도 하였다. 아직 향토방위라는 지역적 한계를 벗어난 것은 아니지만 모병의 성과와 더불어 조헌의 첫 실전이자 전공이었다고 할 수 있다. 이에 힘입어 6월 12일경에는 호서와 영남에 의병의 봉기를 촉구하는 격문을 보냈으며[38] 그 결과 많은 장정이 응모하는 성과를 올렸다. 그러나 향병모집이 쉽지는 않았던 것으로 보인다. 즉,

> 왜적이 옥천지방을 넘보므로 이곳 방어가 급하여 병정을 모이려 했으나 여의치 않았고 또 순찰사가 관군의 용모를 허락치 않으므로 이미 모집한 군사도 도로 해산하고 말았습니다.[39]

라고 하여 2차 모병은 옥천이 이미 왜군의 세력권에 들어가 효과적인 모병활동을 전개하지 못했을 뿐만 아니라 응모대항에 대한 관군과의 마찰 때문에 성사되지 못 다고 할 수 있다. 제3차의 경우에도「重峯年譜」에 의하면, 그가 공주에 들러 순찰사 윤선각에게 군신대의를 주장하여 결국 그의 지원을 얻어 냄으로써 며칠 만에 천여 명에 이르는 의병을 모집하였으나 다시 관군과 마찰을 일으켜 실패로 돌아갔다고 한다. 제4차에서는 충청우도에서 문생들을 중심으로 관군의 지원을 받지 않고 1,600여 명에 달하는 의병을

---

37) 이 때의 왜군은 小西行長이 이끄는 제1번대로서 대구 - 안동 - 성산 - 상주 - 조령을 거쳐 북상할 계획으로 있었다.

38) 조원래 씨는『임란의병장 김천일 연구』(1983, 학문사, 47~48쪽)에서 6월 23일 김천일이 宋濟民을 보내 호서의병을 일으키는 것을 돕게 했다고 했으나 시기적으로 이 때는 조헌이 2차 모병을 한 다음이었다.

39)『重峰集』卷8, 起兵後疏.

모집하여 성군하게 되었다.

　이와 같이 조헌은 5월 초에 기병했음에도 불구하고 실질적으로 7월 4일 웅진에서 토적을 위한 제사를 시작으로 본격적인 의병활동을 전개할 수 있었다. 그러나 이때는 이미 왜군들이 천안·직산·목천 등지를 제외한 충청좌도의 대부분을 점령하고 있는 상황에 있었다. 이렇게 그의 의병활동이 늦게 시작되었던 것은 응모대상을 둘러싸고 관군과의 관계에 문제가 있었고 군자확보가 어려웠을 뿐만 아니라 왜군의 점령세력권 안에서 효과적인 응모가 사실상 어려운 데 그 요인이 있었으며 이러한 어려운 과정을 겪고 나서야 청주성으로 진군할 수 있었다.

2) 李光輪

　李光輪은 임진왜란이 일어나 왜군에 의해 한양이 함락되고 宣祖가 몽진 길에 오른 후 근왕군이 패배했다는 소식을 들은 다음 호서우도인 洪州에서 향병을 모집해 창의하였다. 조헌이 모병과 군수조달에 어려움을 겪을 때 적극 협력하여 조헌 의병단의 참모장으로서 조헌과 함께 청주성전투를 치르고 금산성전투에서 조헌·영규 등 칠백의사와 함께 순절한 忠義之士이다.

　이광륜의 본관은 驪州이고 자는 仲任이다. 1546년 12월 青陽에서 태어났는데 그의 가문은 고려조에서 명성을 떨치다가 조선 건국 이후 잠시 시련을 겪었으나 한때는 왕실과 혼인할 정도로 번창하였다.[40] 그러나 조부인 師瑗이 연산군의 폭정을 피해 홍주에 내려오면서부터 중앙정계와 거리를 두게 되었으며 때문에 이광륜 역시 관직에 별 뜻을 두지 않았던 것으로 생각된다. 그러나 그의 아들 大潘이 清陰 金尙憲의 姪婿가 되고, 大淑이 토정 이지함의 증손녀와 혼인한 것으로 보아 향반으로서의 지위는 탄탄했던 것으로 보인다.[41]

●●●● ● ····························

40) 이광륜의 高祖父인 孜는 知敦寧을 지냈는데 양녕대군의 딸과 혼인하였다.
41) 『驪州李氏年譜』, 『毅憲公府君家狀』.

이러한 가문에서 태어난 이광륜은 1579년 서울에서 生員試에 입격하기도 하였고[42] 또 어려서부터 효행이 지극하여 효행으로 文昭殿 參奉에 제수되기도 하였으나 이를 사양하였다.[43] 한편 그는 부친이 집 앞에 綠淨亭을 지어 오윤겸·서기·조헌과 교유하였고 또 조헌이 공주목 교수 겸 제독관으로 부임하였을 때 인근의 홍주에서 살던 이광륜과 그 부친이 자연스럽게 조헌을 만나 의기투합하였을 것이다. 이것이 임란이 일어나자 호서우도에서 모병과 군수조달에 어려움을 겪고 있던 조헌 의병단에 가담하게 된 배경이 되었다.[44]

그러면 당시 이광륜은 임진왜란이 일어나자 어떠한 과정으로 향병을 모아 창의하였는지 알아보자. 그는 왜군이 동래성을 함락시킨 후 파죽지세로 북상하여 선조가 몽진의 길을 떠나고 근왕병마저 패배하였다는 소식을 듣고 창의를 결심할 것으로 보인다. 이 때 그는 서울에 거주하다가 향리인 홍주로 내려와서 향병을 모아 창의하였다. 당시 조정에서는 한양이 함락되자 세자시강원 輔德 沈垈를 삼남에 보내어 勤王軍을 招募하여 북상시키게 하여, 5월 중순 심대는 충청도에 도착하여 충청감사 尹先覺, 전라감사 李洸에게 근왕할 것을 촉구하였다.[45] 이에 충청감사 윤선각은 도내 8천여 명의 군사를 모아 공주를 거쳐 온양에 집결하였고, 5월 24일 삼도 감사들이 온양에서 진위로 북상하여 6월 3일 수원에 도착하였다. 그러나 龍人 서북쪽 光敎山에서 왜군의 기습적인 공격을 받고 후퇴하고 말았다.[46]

●●●●○ ···

42) 『司馬榜目』宣祖 12년 式年 生員.
43) 壬亂時 鄕·義兵 중에는 효행으로 관직에 제수된 사람이 많았는데, 경상도 金沔의 경우도 다섯 차례나 효행으로 관직에 제수되었다(김강식, 1992, 「송암 김면의 의병활동과 역할」, 『남명학연구』 2).
44) 조헌 의병단의 핵심세력 중에는 조헌이 공주교수 겸 제독관으로 재직하였을 때의 제자들이 유난히 눈에 많이 띤다.
45) 당시 李洸은 5월 4일 공주에 도착하여 선조가 파천한 것과 한양이 함락된 것을 알고 공주에서 회군하였다(『亂中雜錄』 卷1, 壬辰上 5월 4일).
46) 『宣祖實錄』 卷27, 宣祖 25년 6월 丙辰 ; 『宣祖修正實錄』 卷26, 宣祖 25년 6월 ; 『練藜室記述』 卷15, 三道勤王兵龍人敗賊.

이광륜이 창의를 결심한 것은 이러한 근왕군의 패배 소식을 들은 6월 이후라고 하겠다. 이 때 그가 서울에서 창의하지 않고 홍주에 내려와서 창의한 것은 효를 강조하는 가풍으로 인한 부모의 봉양 문제 때문이기도 하였지만, 당시 향병 창의의 사회·경제적 기반이 대부분 향촌에 있었기 때문에 이를 기반으로 창의하려고 했기 때문이라 하겠다.

그러면 이광륜 향병의 구성은 어떠했는지 살펴보자. 이광륜은 姻親好義者와 家僮村丁 300명을 거느리고 가재를 팔아 무기를 마련하여 향병을 창의하였다고 한다.[47] 이 때 그가 동원한 인친은 그의 친인척들이었을 것이고, 호의자는 홍주 인근의 사족들로서 의로운 마음으로 향병에 참여한 사람들을 뜻한다. 또한 다른 향병 내지 의병의 구성에서 보듯이 이 때 향병에 참여한 인물들 중에 가동은 집안에서 거느리던 노비였을 것이며, 촌정은 향촌지주로서의 기반에 의해 동원된 전호들이었을 것이다. 이들은 당시 그의 집안이 향촌 홍주에서 가지고 있던 사회·경제적 기반에 따른 영향력에 의해 동원된 사람들이라고 하겠다. 당시 그의 집안 경제력이 구체적으로 어느 정도였는지는 잘 알 수 없지만, 향촌지주로서 비교적 여유가 있었을 것이고, 인친호의자와 가동촌정을 300명이나 모을 수 있을 만큼 경제력을 가지고 있었다고 생각된다.

다음으로는 이광륜의 조헌 의병단 합류와 모병에 대해 살펴보자. 다음 사료는 홍주에서 창의한 이광륜의 향병과 조헌 의병군에 가담한 사정을 잘 말해주고 있다.

> 선생(조헌)은 이미 主將의 뜻을 거슬러 어쩔 수 없게 되었음을 알고 드디어 호서우도로 떠나가니 전 참봉 이광륜과 선비 張德盖·申蘭秀·高擎宇·盧應暭 등이 모두 선생의 (忠)義를 흠모하여 서로 이끌고 따라와서 招募하니 관군에 籍이 소속되지 않은 자가 멀고 가까운 곳에서 모여든 것이 1,600여 명이나 되었다.[48]

●●●●

47) 「毅憲公府君家狀」, "府君大募姻親好義者 泊家僮村丁三百人 賣藏備具"；「諡狀」. 이광륜은 임란 이전에 조헌과 종유하면서 龍蛇之變이 일어날 것을 미리 예견하고 國事에 함께 죽기를 맹세했다고 한다.

이들은 아마 대부분 조헌의 공주교수 겸 제독관 재직 시 제자들로서 조헌이 호서우도로 왔다는 소식을 듣고 이 때 각각의 향병을 이끌고 합류한 것이라 하겠다.

조헌 의병군은 7월 4일에 熊津 龍堂에서 왜군 토벌을 위한 祭를 올렸다. 그리고 다음 날 깃발을 들고 북을 울리면서 부대를 나누어 定山·溫陽 등지를 순회하면서 본격적으로 의병을 모집하기 시작하였다.[49]

이미 홍주에서 인친호의자와 가동촌정을 이끌고 창의하고 있었던 이광륜의 향병 300명은 이 때 조헌의 의병군에 합류하고, 장덕개 등 서너 명의 士人도 향병을 이끌고 각각 합세하였다. 이들은 조헌과 함께 호서우도를 돌아다니면서 관군에 소속되지 않은 사람들을 모병하여 총 1,600여 명을 모집할 수 있었다.

당시 이광륜과 함께 합세한 장덕개·고경우·노응탁의 거주지는 공주였고, 신란수의 거주지는 홍주였다. 즉 이광륜 등은 홍주를 비롯한 자신의 거주지 일대에서의 사회경제적 기반을 바탕으로 적극적으로 모병활동을 전개하였던 것이다.

이렇게 이광륜 등과 합세한 조헌은 7월 5일부터 '義'字라고 쓴 부대의 旗를 앞세우고 각 부서를 나누어 정산·온양 등지를 순방하면서 위풍과 기세로써 단속하니, 임란으로 인해 흐트러졌던 호서우도 백성들의 인심이 크게 안정되었다고 한다.[50]

따라서 이미 홍주에서 인친호의자와 촌정가동 등 300명을 주축으로 창의하고 있던 이광륜의 향병은 우도로 이동한 조헌의 의병군에 이때부터 합류하였다. 이것은 조헌이 관군과의 마찰로 인해 호서우도로 이동한 4차 모병 때의 일이다. 그리고 사인 장덕개·신란수·고경우·노응탁 등도 이 때 조헌의 소식을 듣고 참가하여 湖右 列邑을 함께 돌아다니면서 모병하여 1,600

● ● ● ● ● ··

48)『重峰集』附錄 卷2, 行狀.
49)『練藜室記述』卷16, 선조조 고사본말.
50)『重峰集』附錄 卷2, 行狀.

여 명의 대규모 의병군을 모집할 수 있었다.

윤선각과의 마찰로 모병에 어려움을 겪고 있던 조헌의 의병군이 1,600여 명의 대규모 부대로 발전한 것은 이광륜 등의 향병이 합세하면서부터라는 사실은 다음 기사에서도 보인다.

> 처음 선생이 보은에서 왜적과 싸울 때 傷殘한 군사 수십 명에 불과하였지만 충의로 그들을 격려하였다. 그러나 이광륜 · 장덕개 · 신란수 · 고경우 · 노응탁 등이 선생의 幕下에 모여들었을 때는 의병이 1,600여 명이나 되었다.[51]

다음으로는 이광륜의 조헌 의병단 안에서의 군량과 무기조달에 대해 살펴보자. 조헌은 본래 가난하여 스스로 농사를 짓는 등 의병을 창의할 때 군기와 군량을 마련하는데 필요한 경제력이 넉넉하지 못했던 것 같다. 더구나 윤선각을 비롯한 관군은 의병군의 활동을 도와주기는커녕 의병이 그들의 통제를 받지 않고 독자적으로 활동하고 더구나 의병이 전공을 세워 관군이 문책을 받을까 염려하여, 오히려 의병의 활동을 방해까지 하는 형편이었다. 때문에 의병은 모병의 어려움은 말할 것도 없고 군량과 무기 마련에도 큰 어려움을 겪고 있었다. 가계가 넉넉한 향병들은 스스로 군량과 무기를 마련할 수 있었으나 그렇지 못한 이들은 어려움이 많았는데, 조헌의 경우도 예외는 아니었다.

이광륜은 이러한 조헌의 의병군에 합세하면서 병력뿐만 아니라 軍器와 軍糧의 마련에도 기여하였다. 즉 조헌이 윤선각과의 마찰로 호서우도로 이동하자 이 일대를 함께 순회하면서 모병활동을 전개하고, 곡식과 소, 그리고 무기 제작에 필요한 철을 수입하여 전투의 수행을 위한 군량과 군기의 마련에 많은 도움을 주었다. 따라서 이광륜이 처음 향병창의시 보유하였던 군량과 무기는 호서우도로 온 조헌의 의병단에 합세하면서 역시 의병군의 軍需로 흡수되었다고 하겠다. 이러한 사정은 다음의 기록에서 더욱 자세히

●●●● ··

51) 『重峰集』附錄 卷7, 幕佐門生同日殉節錄.

언급되고 있다.

> 7월 4일 기를 세우고 두루 海郡을 돌아다니면서 병정 천 명을 모집하여 북으로 행진하려 하였으나 맨주먹으로 일어났기 때문에 한 치 되는 병기를 가진 사람이 없었습니다. …… 한 달분의 군량만 얻으면 진군하려 하였는데 주현은 이미 양곡이 떨어졌습니다. 그러나 별읍 유생들의 도움으로 村閭에서 약간의 양곡을 얻게 되자 진군을 하였습니다.[52]

이처럼 이광륜 등 호서우도 향병은 조헌이 그 후 청주성과 금산전투를 수행할 수 있는 군량과 군기의 마련에 결정적인 도움을 주었던 것이다. 조헌의 의병군이 7월 말에 가서야 본격적으로 의병활동을 시작하고, 8월 초에 청주성을 탈환한 후 최후의 전투인 금산전투를 치를 수 있었던 것은 이같이 이광륜을 중심으로 한 이들의 합세와 지원이 있었기 때문에 가능했다고 하겠다. 결국 조헌 의병군의 군사모집과 군수마련은 대부분 홍주의 이광륜 등 호서우도의 지원에 의해 이루어졌다고 할 수 있겠다.[53]

3) 朴春茂

임진왜란 초기 관군의 일방적 패퇴에 따른 군사적 공백을 메우고 민심을 수습하는 데 결정적인 역할을 담당한 의병장 중에는 더러 전직 고관인 경우도 없지 않았지만, 대부분은 명망있는 사림 출신이었다. 박춘무의 경우도 이와 크게 다르지 않아서, 관직 경력이라고 해야 잠시 察訪을 지낸[54] 정도였다. 즉 그가 청주지역에서 700여 명에 해당하는 규모의 의병을 모집할 수 있었던 사회적 배경은 관직 활동에 따른 것이라기보다는 지역에서의 명망

●●●●

52)『重峰集』卷8, 起兵後疏.
53) 이석린, 1999,「임진왜란기 李光輪의 鄕兵倡義와 활동」,『인문학지』18.
54) 박춘무의 관직 경력과 관련해서 조헌의『重峰集』에는 '察訪'으로 되어 있는 반면 柳成龍의『懲毖錄』에서는 단지 '士人'이라고 되어 있어 다소 차이를 보인다. 여기서는 그의 문집인『花遷堂集』에 따라 '찰방'으로 기록한다.

에 힘입은 것이라고 여겨진다. 그런 측면에서 박춘무의 창의 기반 및 배경을 이해하기 위해서는, 먼저 이 가문이 청주지역에서 차지하는 위치에 대해 살펴보아야 할 것 같다. 入鄕 및 사회적 성장 과정은 물론 사림으로서의 위상 확보라는 측면이 함께 고려되어져야 할 것이다. 다음으로 의병이라는 군사적 활동의 직접적 기반이 되는 군량 확보 등의 문제와 관련해서 그 경제적 규모에 대해 고찰해 보고자 한다.

박춘무의 본관은 順天으로 선대에 대한 기록이 확실히 등장하는 것은 11代祖인 朴淑貞부터이다.[55] 박숙정 이후 그의 선대는 10대조인 朴元象이 典書를 지내고 9대조인 朴安生은 判書를 역임하였으며, 8대조인 朴仲林은 吏曹判書를 지내면서 명문가로 성장해 갔다.[56] 특히 8대조인 박중림은 修文官 및 禮文官 大提學·集賢殿提學을 지내는 등 학문적 명망도 뚜렷하여, 그가 이조판서로 있을 때 단종복위운동을 주도한 핵심인물인 朴彭年이 그의 맏아들이요, 成三問·河緯地가 그 문하에서 배출되었다.[57]

단종복위운동의 참화로 絶門의 위기에 놓였던 박춘무의 집안이 다시 재기하여 淸州에 자리를 잡은 것은 그의 曾祖父인 朴宜倫代부터였다. 박의륜이 청주에 입향하게 되는 과정은 분명하지 않으나, 가계의 기록에 따른다면 고조부인 朴仁龍代에 赦免되어 뭍으로 나올 수 있었고, 박의륜이 백부를 모시고 청주에 정착하였다고 한다.[58]

●●●●
55) 『花遷堂集』卷2, 行狀, "其後有集賢殿提學淑貞 是爲公十一代祖也". 한편 박춘무의 가계는 8대조인 朴仲林과 7대조인 朴彭年·朴引年 등 5형제 및 朴珍 등 모두 7명이 端宗復位事件을 주도하고 연류되어 참화를 입었는데, 絶孫을 모면하는 과정에서 '義僕의 도움'이라는 다소 설화적인 측면이 개제되어 있다.
56) 1939년 후손 朴魯重이 지은 「順天朴氏承仕郎公三代墓碣銘」에서는 박원상은 退官 후 懷德(현재 大田市)으로 낙향하였는데, 鍾鼎家의 명성을 얻었다고 기술하고 있다.
57) 『花遷堂集』卷2, 行狀, "吏曹判書仲林 在世祖朝丙子 與子醉琴軒彭年 景春軒引年 …… 文人梅竹軒 成三問 河緯地 俱被露梁之禍."
58) 「順天朴氏承仕郎公三代墓碣銘」(1939, 朴魯重). 박의륜이 청주에 정착하게 되는 배경은 정확하지 않으나, 이미 그의 선대인 朴元象이 회덕으로 낙향한 이후 대전 - 청주의 인근지역에 世居하게 된 것으로 여겨진다. 이와 관련해서는 郭鎬濟, 1999, 『壬辰倭亂期 湖西義兵硏究』, 충남대 박사학위논문, 78쪽 참조.

청주에 정착한 이후 박춘무의 선대는 당시 지역의 세력있던 가문과 통혼 관계를 맺으면서 성장하게 된다. 부친 朴箕精은 용인이씨 · 전의이씨 · 경주 김씨 등 3명의 부인을 맞이하였는데, 이들 가문은 모두 지역의 세도가였다.[59]

그런데 일찍이 사육신사건으로 절문의 위기까지 갔던 박춘무의 집안이 이렇듯 단시일에 지역의 세력가와 통혼하면서 사회적으로 성장할 수 있었던 배경은 무엇이었을까? 이 문제는 일반화하기 다소 어려움이 없지 않지만, 中宗反正에 따른 사림파의 재기와 관련이 있는 것으로 여겨진다. 燕山君代에 두 차례의 사화를 겪으면서 크게 위축되었던 사림파가 중종반정에 힘입어 다시 정계에 진출하면서 관료사회 내부에도 새로운 분위기가 싹트게 되는데,[60] 이러한 사정은 곧바로 양반사대부사회의 변화로 이어졌다. 특히 사림파는 향촌자치적인 정치이념을 가지고 지방에서의 활동에 많은 노력을 기울이고 있었다. 따라서 이러한 정치적 · 학문적 변화는 사화의 원류라고 할 수 있는 사육신사건에 대한 재인식과 더불어, 사육신의 후손가로서 박춘무의 집안의 성장에도 일정하게 상승작용을 하였을 것으로 여겨진다.

이미 부친 박기정대에 청주지역에서 일정한 사회적 위상을 확보한 박춘무의 집안은 스승으로 이지함을 모심에 따라 그 학문적 명망도 일정하게 확보하게 된 것으로 여겨진다. 당시 박춘무의 형제들은 이지함의 거처인 花川[61]으로 옮기면서까지[62] 이지함의 학문을 추종하였는데, 이지함과 교유한 조헌이 그 제자로서 이산보와 박춘무를 손꼽고 있던 사실[63]에서 그 학문

•••• ···

59) 『新增東國輿地勝覽』, 1530, 淸州牧 姓氏條에서는 本州의 성씨로 韓 · 李 · 金 · 郭 · 慶 · 鄭氏 등을 열거하고 있는데, '名臣 · 人物 · 孝子條'의 대부분이 韓 · 郭 · 李 · 鄭 · 慶氏 등이 차지하고 있는 것과 연계하여 볼 때, 이들 가문이 당시 청주지역의 세력가였음을 알 수 있다.

60) 이와 관련해서는 鄭求先, 1990, 「中宗代 薦擧制의 施行과 士林派의 成長」, 『東國史學』 24, 東國史學會가 참고된다.

61) 『朝鮮寰輿勝覽』(李秉延, 1930년경) 淸州牧 山川, "花川 在郡東西十里 則七里 灘下流."

62) 박춘무의 당호인 花遷은 여기에서 유래하였다고 한다.

63) 『宣祖修正實錄』 卷20, 宣祖 19년 10월 1일.

적 위치를 짐작해 볼 수 있다고 여겨진다.

이상에서 살펴본 바와 같이 박춘무가 청주지역의 의병장으로 활동할 수 있었던 배경은 그의 증조부대부터 닦아 온 지역적 배경과 이지함에게서 수학한 이후의 학문적 명망에 힘입은 것이었다고 할 수 있다. 특히 사육신사건 이후 절손의 위기에까지 놓였던 그의 집안이 비교적 짧은 기간에 지역적 위상을 확보하게 된 배경에는 중종반정 이후 사림의 정치적 재기에 따른 학문적 · 정치적 변화가 상승작용을 하였다고 여겨진다.

그렇지만 이러한 사회적 · 학문적 명성만으로 박춘무가 청주지역의 의병장으로 활동할 수 있게 되는 모든 조건이 갖추어졌다고 할 수는 없다. 무엇보다도 의병활동은 군사활동인 만큼 상당량의 경제적 요구를 수용할 수 있어야 하기 때문이다. 그런데 당시 박춘무 집안의 경제는 그렇게 넉넉한 형편은 아니었던 것으로 여겨진다. 후대의 기록이라고 하지만 박춘무가 부모의 봉양을 위해서 어쩔 수 없이 찰방직에 나아갔다고 하는 사실은, 그러한 경제형편을 짐작해 보게 하는 대목이다. 그러므로 박춘무가 단독으로 가재를 동원하여 창의할 수 있었던 것은 아니라고 여겨진다.[64]

그런데 박춘무의 이러한 성격이야말로 당시 그가 청주지역의 의병장으로 추대될 수 있는 배경이 되었다고 여겨진다. 일찍이 임란 초기 관군의 패퇴에 따른 민심의 離反에서 보이듯이, 기존의 훈구적 지배층은 중앙이든 지방이든 간에 민심을 획득 · 수습할 수 있는 세력이 아니었다. 그들은 일찍이 15세기 이후 성행한 대농장의 확대 과정에서 對民搾取勢力으로 존재하였으므로, 일반 백성들은 더 이상 그들의 거병에 호응할 수 있는 계층이 아니었다. 오히려 일반 백성들은 더 이상 그들의 거병에 호응할 수 있는 계층이 아니었다. 오히려 일반 백성들은 전쟁 초기에는 혼란의 와중에서 관공서는 물론 지주가를 습격하기조차 하였다.[65] 그러므로 전화의 장기화에 따른 일반

●●●●∙∙

64) 현재 생존하는 후손들의 증언에 따르면, 당시 군량은 사위인 驪興閔氏家에서 지원하였다고 한다.

백성의 민족적 각성을 수렴하고, 근왕의 대열로 나설 수 있도록 이끌 수 있는 지도자는 다름 아닌 새로운 사회·정치세력, 즉 사림계층의 몫으로 주어지고 있었던 것이다.

다음으로 박춘무의 창의 과정과 청주성전투의 참여에 대해 살펴보자. 임진왜란 초기 각 지역에서 의병활동이 이루어지는 동기로서는 흔히 향토방어라는 현실적 측면과 근왕이라고 하는 이념적 측면이 작용한 것으로 논의되는데, 박춘무의 경우도 크게 다르지 않다. 그런데 박춘무의 창의에서는 다소 독특한 측면이 보인다. 그 하나는 적어도 기록대로라면 그 창의 시기가 매우 빨랐다는 점이고, 다른 하나는 처음부터 근왕을 목적으로 창의가 이루어지고 있었다는 사실이다. 즉 박춘무의 의병진이 구성되고 창의격문이 처음 발송된 것은 이미 임진년 4월이었으며, 진천전투 이후 곧바로 義陣을 이끌고 行在所인 의주로 향했다는 사실이다.

박춘무의 창의 사실을 확인해 주고 있는 가장 일반적인 자료는 『懲毖錄』이라고 하겠는데,[66] 그의 문집에 의하면 처음 창의격문을 발송한 것은 이미 임진년 4월이었다.[67] 이 기록대로라면 박춘무는 이미 청주에 왜군이 입성하기 이전에 거병을 계획하고 있었으며, 그 시기는 임진왜란 최초의 의병장인 곽재우·조헌과 거의 같은 시점이라고 할 수 있다. 어쨌든 청주지역에서는 최초의 창의에 해당하게 된다.

그러면 어떻게 이렇듯 빠른 시기에 박춘무가 의병진을 구성할 수 있었던 것일까. 이와 관련해서는 당시 박춘무의 창의에 李時發이 從事官으로 참여하고 있던 사실을 주목해 볼 수 있을 것 같다.[68] 임진왜란 당시 이시발은 承

----

65) 선조의 몽진 직후 각 궁궐 및 刑曹·掌隸院이 일반 민중에 의해 불태워진 사건은 그 대표적인 사례에 속한다고 할 수 있다.

66) 『懲毖錄』卷1, "時各道 起義兵討賊者 甚衆 …… 起在忠淸道者 …… 士人 朴春茂."

67) 『花遷堂集』卷1, 檄文, "天地無情 喪亂至此 橫流萬毒深入 三韓之舊疆 未靖妖氛式 至四月 于今日."

68) 이시발에 대한 소개적 연구로는 權種川 外, 1985, 「碧梧 李時發 小考」, 『湖西文化研究』5, 충북대 호서문화연구소가 참고된다.

4장 · 壬辰倭亂期 淸州城戰鬪와 義兵活動 · 123

政院 假注書로 있었는데, 난이 발발하자 먼저 청주[69]로 내려와서 노모를 산곡으로 피난시키고 난 다음 24세의 나이로 박춘무의 의병진에 종사관으로 참여하였다. 당시 관직에 있던 이시발이 자유로이 활동할 수 있었던 것은 선조의 蒙塵과 관련하여 어수선한 분위기에서 이루어질 수 있었던 것으로 보이므로, 창의 시점은 5월 초를 전후한 시기라고 보는 것이 타당하리라고 여겨진다. 한편 창의 시점과 관련해서 후대의 기록인『壬辰日記』에서도 선조가 박춘무의 창의 사실을 傳聞한 것은 평양에서 였다고 하여 그 신빙성을 뒷받침해 주고 있다. 그렇다면 적어도 5월 초까지는 창의가 이루어지고 있었던 것이라고 할 수 있다.

그러나 4월의 창의격문 발송으로 곧바로 의병진을 구성할 수 있었는지는 의문이다. 이 때 청주는 아직 왜적의 입성이 이루어지지 않은 상태였으므로, 박춘무가 아무리 지역적으로 명망을 얻고 있었다고 하더라도 일반의 호응을 얻기는 어려웠을 것이다.[70] 박춘무의 의병진 구성을 보면, 종사관으로 이시발과 韓赫만을 기록하고 있고,[71] 실제 戰陣의 배치에 대해서는 기록이 없다는 점이나 또 실제 첫 출진이 7월 4일에 가서야 이루어진다는 점도 이러한 사정을 뒷받침하고 있다고 여겨진다. 즉 창의의 추진이야 성리학적 교육을 받은 신민으로서 당연한 처사이므로 언제든 제창될 수 있는 것이었지만, 그 실질적 구성에는 여러 가지 조건과 시간이 요구되었던 것이다.

임진왜란 초기 창의활동은 성리학적 측면에서 당위적 명분은 가지고 있었지만, 그것이 현실적으로는 금기사항의 하나인 군사적 활동이라는 점에서 섣불리 행동으로 옮길 수 있는 것만도 아니었다. 실제 의병활동이 활발하게 이루어진 것이 국왕 선조의 의병 소모령이 내려진 7월 이후였던 것은 이러한 사정도 작용하고 있었다. 그리고 7월이면 청주 일대가 왜적의 수중

●●●● ⋯⋯

69) 이시발의 거주지는 현재 충북 진천군 초평지역이나, 당시는 처주목에 속했다.
70) 이 때 이시발이 지은 것이라고 하는 창의격문은 상당 부분이 중국의 고사를 인용하여 창의의 당위성을 피력하는 추상적인 내용으로 일관하고 있다.
71)『花遷堂集』卷2, 行狀, "及至壬辰之亂 以忠翼公李時發 及韓赫爲從事."

에 들어간 지 2개월이 경과하고 있었고, 중간 주둔지로 설정됨에 따라 주변 지역에 대한 왜적의 대민약탈이 빈번해져 민족적 감정이 발로하기에도 충분한 시기였다고 할 수 있다. 따라서 이 시기에 들어서면 양반사대부 계층은 물론 일반 백성들 사이에서도 창의의 공감대가 충분히 성숙해 있었다. 실제로 청주지역에서 박춘무 외에 趙綱·朴佑賢 등이 창의하는 것도 이 시점이었다.

박춘무의 창의는 처음부터 근왕을 내세우고 있었는데, 실제 이러한 동기는 의병진의 구성에도 일정하게 반영되고 있던 것으로 여겨진다. 의병진의 구성에서 종사관으로 이시발과 韓赫만을 기록하였던 것[72]은 역시 창의가 상당히 급속히 이루어진 측면을 반영한 것으로 여겨지기 때문이다. 그리고 창의 초기의 활동도 다른 의병진영과의 연계를 도모하는 형식으로 이루어지지 못한 것으로 보인다. 즉 당시 왜군의 대민약탈이 10명 미만의 소집단으로 이루어지고 있었으므로, 초기의 대응 양상도 그에 따라 소규모적인 활동에 그쳤던 것으로 여겨진다.

그렇지만 청주성을 탈환하기 위한 공격에 나섰을 때는 청주지역의 의병도 일정한 연결을 도모했던 것으로 여겨진다. 7월 4일의 출진 당시에 박춘무 의병진의 규모는 700여 명이었다고 하는데, 이는 당시 청주지역 향병의 연합규모였을 것으로 여겨진다. 즉 당시 서문의 공격을 담당하였던 조헌과 영규의 연합의병과 더불어 청주지역의 군소의병도 일정한 연계를 도모하여 남문 공격을 담당했던 것으로 여겨진다.[73] 이렇게 청주성을 탈환한 후 그는 진천으로 왜군을 추격하여 승전을 거두게 되면서 임란 중 청주지역 의병활동의 한 획을 긋게 된 것이다.

●●●●●·····················

72) 그 선봉장을 동생인 朴春蕃, 아들은 朴東命이 맡았다고 한다.
73) 청주성 탈환 전투와 관련된 아군의 병력 배치와 관련해서는 조헌과 영규의 연합군이 서문을 공격하고 조방장 윤경기가 북문을 담당하도록 하였는데, 북문의 방비가 허술하여 왜적이 북문을 통해 달아났다고 한다. 당시 청주성의 정문은 남문이었다는 점에서 청주지역 의병은 남문 공격을 담당했음을 추정할 수 있고, 이는 『花遷堂集』 卷3, 追錄(追錄上 글草)와 일치한다.

4) 靈圭

본래 영규의 속성은 박씨이고 본관은 밀양이며 공주 板峙 사람으로 일찍이 계룡산에 입산하여 西山大師의 法統을 이어받았고 호를 騎虛堂이라고 하였다. 뒤에 瑞鳳寺·落迦山寺·岬寺·佳山寺 등의 주지를 지냈으나 본래는 갑사의 靑蓮庵에서 수도하였고, 종종 禪杖을 가지고 演武하기를 즐겨하였다고 한다.[74] 또한 같은 기록에 보면 영규는 일본이 침입하고 선조가 몽진하게 되자 3일 간 통곡하고 스스로 의승장이 되어 의승 수백 인을 모아 관군과 더불어 청주의 왜적을 공격했으나, 관군이 무너지자 의승만을 거느리고 혼자서 왜적과 맞서 싸웠다고 되어 있다. 이를 보면 영규는 왜란이 일어나기 전부터 왜란을 예견하고 무예를 닦았으며 왜란이 일어난 후에는 옥천의 가산사에서 의승 300인을 모아 승려로는 임란사상 처음으로 봉기하여 청주성 공격에 나선 것을 알 수 있다.[75] 영규가 언제 창의 기병했는지 정확히 알 수 없으나 申欽이 영규의 기의를 하삼도 의병장들과 동시로 취급한 기록이나[76] 임진년 5월의 備邊司回啓에 "來赴者寺僧軍五六百"[77]이라고 한 것을 보면 서로에 있는 사찰에서 이미 승병들이 기의하고 있음을 알 수 있다. 그러나 왜란 때 전국적으로 승군이 조직된 것은 7월 선조가 의주행재소에서 서산대사를 만나고 난 후 그에게 八道十六宗都摠攝職을 제수한 후이니,[78] 영규는 이미 5월에 기의한 임란 최초의 승장이었음을 다시 확인할 수 있다. 李章熙씨는 임란 초기의 대표적 승군 활동을 영규의 청주성 탈환전 참여와 서산대사·사명당의 평양 탈환전 참여, 그리고 虛榮의 행주대첩 참여로 지적적하면서 여기서도 영규를 임란발발 후 최초의 승병장이자 首功

●●●

74) 趙寅永撰,「騎虛堂靈圭大師殉義碑銘」; 李能和, 1918,『朝鮮佛教通史』卷上, 446쪽.
75) 이석린, 1993,『壬亂義兵將 趙憲研究』, 新丘文化社, 148쪽.
76)『象村集』卷56, 諸將士亂初陷敗志에 "경상도의 김면·곽재우, 전라도의 고경명·김천일, 충청도의 조헌·영규 ······"라고 되어 있다.
77)『宣祖修正實錄』卷26, 宣祖 25년 5월.
78)『月沙集』卷5, 西山淸虛堂休靜大師碑銘.

을 세운이라고 지적하고 있다.[79]

  이러한 여러 기록들을 종합해 볼 때 영규의 창의는 여러 면에서 높이 평가되고 있는데 그 배경은 어떤 것인가. 우선 먼저 지적해야 될 점은 우리나라 불교가 고대로부터 호국불교의 성격을 지녔다는 점이다. 그것은 신라의 삼국통일 과정에서나 고려시대의 수많은 외침 과정에서 불교가 항전의 핵심에 있었던 데서도 명확하다. 다만 조선시대에 와서 國策上 숭유배불사조가 팽배해 있었으나 그 저변에 깔려 있는 호국적인 성격은 그대로 이어지고 있었다.[80] 다음으로는 불교가 갖고 있는 신앙심과 함께 조직성을 들 수 있다. 엄격한 수도생활을 통해 승려들은 나름대로 사제 간을 통한 학맥과 수도도량을 중심으로 한 지연관계로 연결되어 있었고, 교종·선종의 종파적 계통의 확립이 엄격하였으며, 동시에 僧團 자체가 하나의 군사지휘체계처럼 조직화되어 있었다. 이것이 국난을 당할 때마다 승병들이 큰 몫을 담당하게 되는 한 요인이 되었다고 지적할 수 있다. 다른 측면에서 보면 조선사회에서 천대받고 있던 불교계와 승려가 국난을 당해 그 속에서 국가에 공훈을 세웠을 때 상대적으로 되돌아올 보상, 즉 반대급부를 염두에 두었을 수도 있다. 물론 이는 종교적 측면에서는 있을 수 없는 일이나 현실적·객관적으로 보았을 때는 충분한 가능성이 있다고 생각된다. 아울러 부연한다면 승려들은 출가한 몸이라 세속에 얽매일 인연이 없는 고로 전투에 임했을 때 명분만 주어지면 생사에 조금도 구애받지 않는 강력한 전투력을 발휘할 수 있었고, 더구나 전통적으로 사찰을 통해 전승되어 오는 많은 무예기술을 대부분의 승려들이 비록 호신술의 차원이긴 하나, 익히고 있었기 때문에 다른 어느 관군이나 의병들이보다 개인 전투능력은 탁월했던 것이 상승작용을 한 것으로 보인다. 이러한 점은 이미 고려시대에 여진족의 침입을 물리친 윤관이 편성한 별무반이 안에 승려들만으로 이루어진 항마군이 있었고, 이

79) 梁銀容·金德洙 編, 1992, 『壬辰倭亂과 佛敎 義僧軍』, 223쪽.
80) 위의 책, 239~290쪽 참조.

들이 신기군이나 신보군에 비해 뛰어난 전투력을 갖고 있었던 데에서도 입증된다.

그런데 청주성전투에서의 영규와 조헌이 차지하는 비중에 대해서는 기록마다 차이가 있어 이 점을 짚어 보고자 한다. 불교계나 불교사 쪽에서는 청주성 공격 때 영규가 선봉에 서서 성을 탈환하였다고 이야기 하고 있으며[81] 다른 한편에서는 조헌이 의병장으로서 주장이었다고 지적하고 있는데[82] 이 점은 논란의 여지가 없다고 본다. 당시 조선사회의 신분제로 보아 영규가 의병단 전체를 지휘할 수는 없었을 것이고, 따라서 조헌이 의병을 지휘한 것은 분명하고 대신 앞에서 지적했듯이 영규가 이끈 승병이 선봉에 서서 싸운 것도 사실일 것이다. 때문에 누가 주장이었느냐 하는 논의는 의미가 없다. 더욱이 영규와 조헌이 임란 이전부터 교분이 깊고 의기가 투합하였으며 왜란이 일어난 후에는 생사를 함께하기로 약속한 사이였다. 실제로 후일 금산에서 함께 순절한 것만 보아도 두 분을 놓고 시비를 파는 것은 도리가 아니며 의미도 없다고 본다.

왜란이 발발하고 관군이 연패하며 국운이 기울어가고 있을 때 삼남지역에서 봉기한 의병들에 의해 나라가 겨우 지탱될 수 있었던 시기[83]에 승려들이 일어나 큰 힘을 발휘하며 의병들과 함께 또는 관군과 함께 구국대열의 선봉에 선 점은 높이 평가되어야 할 것이다. 그 중에서도 가장 먼저 기병하여 청주성 탈환의 선봉에 섰던 영규대사의 정신과 업적은 임란사와 불교사에서 분명 한 획을 그었던 것이며, 조헌의 업적도 영규의 뒷받침과 협력이 있었기에 가능했다고 판단되어 두 분을 이광륜·박춘무와 더불어 청주성

●●●●
81) 『宣祖實錄』 卷30, 宣祖 25년 9월 ; 『宣祖修正實錄』 卷26, 宣祖 25년 8월. 윤선각은 『聞詔漫錄』에서 청주성 탈환이 자신이 주도하였다고 쓰고 있고, 한편 狀啓에는 영규가 주장이었다고 쓰고 있다.
82) 이석린, 1993, 『壬亂義兵將 趙憲硏究』, 新丘文化社 참조. 실록의 같은 사료를 갖고 해석의 차이에 따라 견해가 달라지기도 한다.
83) 牛溪 成渾도 호서·호남이 보존될 수 있었던 것은 의병들의 힘이었다고 지적하였다(『牛溪集』 卷3).

탈환의 주역으로 보고자 하는 것이다.

4. 맺음말

이상에서 살펴본 바와 같이 임진왜란이 일어나기 전인 16세기는 정치적·사회적·경제적 제 측면에서 많은 변화가 일어나는 시기였고 새로운 제도의 보완이 시급한 시기였다. 지배층에서도 이러한 상황을 인식하고 양민론에 입각한 제도의 개선이나 보완작업에 착수하던 때였다. 그러나 이러한 작업이 제대로 이루어지기 전에 임진왜란이 일어나 온 나라가 혼란에 빠지게 되었던 것이다. 따라서 각종 부역이나 조세 및 군역 등으로 시달리던 백성들의 마음이 조정에서 멀어진 상태에서 전란을 맞으니, 왜란 초기 백성들은 항전에 소극적이었고 이것은 왜군이 수월하게 북상한 하나의 요인이 되기도 하였다. 그럼에도 불구하고 왜군이 한양 이북으로 쉽게 전진하지 못한 것은 이순신의 제해권 장악과 더불어 삼남지방에서 일어난 의병·승병들의 활약 때문이었다. 임란 당시 민생이 도탄에 빠진 상황에서도 국난을 당하고 나서는 분연히 목숨을 걸고 의병활동에 나섰던 것이니, 이것이 바로 한민족 특유의 국난 극복정신의 표본이 된 것이다.

임란 초기 경상도에선 곽재우·정인홍 등이, 전라도에선 고경명·김천일 등이 중심이 되어 의병활동을 전개하였고 충청도에서는 조헌·박춘무·이광륜·영규 등의 의승장들이 나와 의병활동을 전개했다. 이렇게 충청도 즉 호서지방에서 크게 의병활동이 일어날 수 있었던 것은 근본적으로 향토보전의식이나 근왕정신이라는 보편적 이유 외에도 향촌사회에서 학덕을 갖춘 명망있는 인사들이 앞장서 창의했다는 것도 간과할 수 없는 이유이다. 조선전기 향촌사회에서 학연·혈연 및 대가족 제도 등은 지역을 하나로 결속시켜 주는 중요한 요인이었고 그 중심에 재지사족이 있었다. 이들이 바로 의병봉기의 구심체적 역할을 해 주었기 때문에 전술한 바와 같이 민심이 이반된 상황 속에서도 의병봉기가 가능하였다.

이렇게 모인 향병들이 다시 뭉쳐 대단위 의병단을 이루고 규모가 커진 충청도 의병들이 금산성전투와 청주성전투에서 큰 전과를 거두었으니, 금산성전투는 호남공략을 준비하던 왜군에서 타격을 주어 호남보전이라는 큰 성과를 거두었다. 청주성전투는 임진란 발발 후 조선 의병들이 왜군으로부터 최초로 읍성을 탈환했다는 의미와 더불어 향후 각지 의병들에게 용기를 주는 계기가 되었고, 이 승리가 승병과의 합군에 의해 이루어졌다는 점에서 국난극복정신의 표상이 되었다. 동시에 박춘무의 참전에서 보는 바와 같이 향병들의 활약이 각지의 향토보전에 기여한 업적이 매우 컸음을 보여주는 좋은 사례가 되고 있다.

한편 청주성전투에 참여한 의병단은 크게 둘로 나누어 볼 수 있는데, 하나는 조헌이 이끈 의병단으로서 여기에는 이광륜이 가세하면서 모병은 물론 군량과 군기 조달에 큰 힘이 되었고, 영규가 이끄는 승병이 가세하여 그 세력을 강화시켰다. 다른 하나는 청주의 토착세력이었던 박춘무가 이끈 지역향병단이었다. 물론 소극적이긴 했으나 관군도 동참하여 북문 공격을 담당했다. 전투에서 조헌 의병단은 서문을 공격하고, 당시 청주성의 정문 역할을 했던 남문은 박춘무의 지역향병들이 맡아 협공을 전개함으로써 청주성 탈환이라는 대전과를 올릴 수 있었다.

조헌은 본래 김포 감정리에서 태어났지만 관직생활을 한 후 임진란 전에 옥천에 낙향해서 살고 있다가 왜란이 일어나자 창의 기병하였다. 그러나 옥천·청주지역에서의 모병이 제대로 이루어지지 않자 공주지역으로 가서 그곳에서 비로소 성군에 성공하였다. 이는 조헌이 전에 공주제독관으로 근무한 적이 있어 이 곳 재지사족들과의 교유가 넓었고 또한 문도들이 많이 있어서 가능했던 것이며, 특히 이광륜에게 큰 도움을 받은 것이 주요 원인이었다. 성군한 조헌은 영규대사와도 연계하여 청주성 공격에 나섰다.

이광륜은 왜란 직후 홍주에서 향병을 모아 기병하였는데 조헌이 충청좌도에서 모병에 실패한 후 공주지역으로 와 충청우도 일대에서 모병활동을 할 때 자신의 향병뿐만 아니라 인근 지사들과 함께 조헌 의병단에 투합하였으니, 사실 조헌 의병단은 이들이 주축이라고 해도 과언이 아니다. 더구나 조헌이 경제적으로 취약했기 때문에 이광륜은 군량미와 무기 확보에 주력하여 조헌 의병단이 본격적으로 활동할 수 있는 전기를 마련해 주었다. 이후 이광륜은 청주성전투는 물론 금산성전투에서 조헌·영규 등과 함께 순절할 때까지 생사를 함께하였다.

영규대사는 서산대사의 제자로 공주 갑사의 청련암에서 수행했고 한 때 옥천 가산사에도 머문 적이 있었는데, 조헌이 공주제독관을 역임한 바 있고 또 그의 낙향지가 가산사와 지척지간이라 이미 왜란이 일어나기 전부터 두 사람은 의기투합하였고 그것이 국난을 당해 동고동사 할 수 있었던 바탕이 되었다. 물론 왜란중의 승장으로는 서산대사와 사명당 등이 명성을 떨쳤지만 영규는 가장 먼저 승병을 규합해 조헌·박춘무 등과 더불어 청주성 탈환에서 선봉 역할을 마다하지 않았던 임란 중 최고의 승병장 가운데 한 분으로 평가해도 손색이 없을 것이다.

끝으로 화천당 박춘무는 청주지역의 향반으로 학식과 덕망을 갖추고 있어서 왜란 이전부터 지역민들에게 존경을 받는 인물이었다. 본래 세조 때의 사육신 중 한 분인 박팽년의 가계에서 태어나 관직에 나가는 것을 가훈으로 엄격히 제약했기 때문에 큰 관직을 지내지는 않았지만 토정 이지함이나 조헌과 학연을 맺고 있어 사족으로서 명망이 있었음을 알 수 있고 비록 자신의 능력으로는 어려웠으나 간접적으로 경제적 뒷받침을 받을 수 있었기 때문에 향병을 모아 기병할 수 있었던 것으로 보인다. 따라서 이러한 배경이 조헌 의병단과 합세하면서도 독자적으로 청주성의 정문인 남문을 공격하여 청주성 탈환에 결정적 역할을 수행했던 것이다.

이렇듯 청주성전투에는 호우지방에서 일어난 이광륜 등의 향병과 영규대사가 이끈 승병이 합세한 조헌 의병단이 참여했고, 또한 청주지역의 향병들을 박춘무가 이끌고 기병한 후 참여하여 큰 전과를 올려 임진 전란사의 중요한 한 장을 장식하였다. 앞으로 임진란 중의 의병연구가 각 지역의 향병 연구에서 출발하여 규모가 큰 의병단을 결집되는 과정들이 연구되고 그 위에서 의병전투가 연구되는 방향으로 전환되는데 일조하였으면 한다.

花遷堂 朴春茂의
壬辰倭亂義兵活動*

1. 머리말

朝鮮王朝 최대의 대외적 시련이었던 壬辰倭亂을 극복할 수 있었던 결정적인 동인의 하나는 전국적인 義兵活動에 힘입은 것이었음은 잘 아는 바와 같다. 당시 전국적인 의병의 봉기야말로 제대로 교전 한 번 벌이지 못하고 전쟁이 발발한 지, 채 한 달도 못되어 首都까지 내주고 말았던 官軍의 일방적 패배를 반전시켜 승리의 토대를 닦는 데 결정적으로 기여하였다. 특히 일찍부터 경상도 의병이 활약하여 湖南地方을 보전함으로써 병참조달 및 수군활동의 背後基地를 제공하였다. 따라서 지금까지 임진왜란 연구에서 의병에 대한 관심이 활발히 전개된 것도 결코 우연이 아니라고 할 수 있다.

그런데 지금까지 임진왜란 의병활동에 대한 연구는 몇몇 주요 義兵將에 대해서만 관심이 집중된 측면이 없지 않다. 또 그 軍事的 役割과 成果보다는 國難克服의 精神史的 意味를 강조하는 경향으로 흐른 측면도 적지 않다.

* 李錫麟 · 全浩秀 공동 집필. 이 글은 1999년도 충북대학교 중원문화연구소 연구지원비로 연구되었음.

이러한 연구성과는 국가 또는 사회적 위기에 직면하여 個人의 安危를 돌보지 않고 목숨을 희생하는 滅私奉公의 英雄意識을 추출하는 데는 성공적이었다고 할 수 있지만, 壬辰戰亂의 전반적 측면에서 군사적 의미파악이라던가 義兵陣營자체의 작전·운영문제 등에 대한 이해는 상대적으로 소홀히 취급하는 결과를 낳은 것도 사실이다. 그런 측면에서 오히려 後者에 대한 관심이 고조될 때 임진왜란을 끝내는 승리한 전쟁으로 이해하는 시각이 일반적으로 확산될 수 있을 것이라는 지적[1]은 적절하다고 하겠다.

각지에서 활동한 의병장들의 위치와 의미를 壬辰戰亂 전반의 추이와 관련하여 이해하기 위해서는 크게 두 가지 측면이 고려될 수 있을 것이다. 하나는 임진전란의 전반적 과정에 대한 총괄적인 파악이 군사적 측면에서 계기적이고도 세분된 논의가 이루어져야 할 것이다. 다른 하나는 각각의 義兵陣이 倡義起兵하여 戰鬪를 수행하기까지 전반적 과정에 대한 상세한 해명이 이루어져야 할 것이다. 대규모 의병진의 경우 그 휘하의 群小義兵將들에 대한 개별적인 고찰이 이루어져야 할 것이며, 특히 독자적 활동을 보였던 의병장들에 대한 연구가 축적될 필요가 있다.[2]

본고는 後者의 측면에서 임진왜란 당시 忠淸道 淸州地域에서 起兵하였던[3] 의병장의 한 사람인 花遷堂 朴春茂의 활동에 대해 살펴보고자 한다. 박

●●●● ∙∙∙

1) 임진왜란에 대한 이러한 이해와 관련해서는 다음의 논문이 주목된다.
　許善道, 1984,「壬辰倭亂論」,『第14回 東洋學學術會議講演鈔』, 檀國大 東洋學硏究所 ; 許善道, 1985,「壬辰倭亂論」,『千寬宇先生還曆紀念韓國史論叢』, 正音文化社 ; 許善道, 1987,「壬亂劈頭東萊(釜山)에서의 여러 殉節과 그 崇揚事業에 대하여(上)」,『韓國學論叢』, 國民大韓國學硏究所 ; 崔永禧, 1991,「壬辰倭亂의 再照明」,『國史館論叢』30, 國史編纂委員會 ; 許善道, 1992,「壬辰倭亂史論」,『韓國史論』22, 國史編纂委員會.
2) 崔永禧, 1992,「壬辰倭亂에 대한 理解의 問題點」,『韓國史論』22, 國史編纂委員會, 26쪽에서도 앞으로의 연구과제와 관련하여 基礎作業에 집중할 필요성을 제기하고 있다.
3) 임진왜란 때 청주지역을 중심으로 전개된 의병활동에 대한 연구로는 다음의 논저가 참고된다.
　崔槿默, 1970,「壬亂때의 湖西義兵에 대하여」,『論文集』9, 충남대학교 ; 金鎭鳳, 1982,「壬辰亂中湖西地方의 義兵活動과 地方士民의 動態에 관한 硏究」,『史學硏究』34, 韓國史學會 ; 李錫麟, 1993,『壬亂義兵將趙憲硏究』, 新丘文化社.

춘무의 창의기병에 대해서는 임진왜란에 대한 대표적 기록물인『懲毖錄』·
『瑣尾錄』·『亂中雜錄』등에 그 사실이 소개되었다.[4] 특히,『瑣尾錄』및『亂
中雜錄』의 全羅道 義兵從事官 宋齊民(1549~1602)[5] 檄文[6]에서는 그가 錦山
戰鬪의 殉節名賢인 重峰 趙憲(1544~1592)과 더불어 각각 忠淸義兵의 左·
右大將으로 추대되었다고 하는 주목할 만한 사실[7]을 기록해 놓았다. 그러
나 이러한 기록들이 斷片的인 紹介에 그친 것이어서, 지금까지 본격적인 고
찰은 이루어지지 못하였다.

●●●●⋯⋯⋯⋯⋯⋯⋯⋯⋯⋯⋯⋯⋯⋯⋯⋯

4)『懲毖錄』권1, "時各道起義兵討賊者甚衆 … 其在忠淸道者 僧人靈圭 … 士人朴春茂….";
  『亂中雜錄』第1(『大東野乘』권26), 壬辰年 7月, "忠淸道 前察訪朴春茂 擧義兵討賊."
  한편, 박춘무는 宣武勳과 관련해서는 原從2等功臣에 책록되었다. 그런데 宣武原從功臣錄
  券(서울대 奎章閣도서번호 : 古4251-13)에서 朴春茂라는 이름의 녹훈자는 僉知職과 部將
  職을 가진 2명이 등재되어 있다. 이 중에서 화천당 박춘무는 僉知中樞府事兼五衛將(주)
  11, 참조)을 지냈다고 하므로, 첨지직의 녹훈자로 판단된다.
5) 호는 海狂, 자는 以仁 또는 士役, 본관은 洪州이며, 初名은 濟民이다. 全羅道 潭陽에서 태어
  났으며, 光州·務安 등을 중심으로 활동하였다. 임진왜란 때에는 羅州에서 창의하여 金千
  鎰의 휘하에서 종사관으로 활약하였다. 土亭 李之涵의 문하에서 수학하였으며, 30세이던
  1578년 스승을 쫓아 湖西로 가서 조헌·박춘무와 교제하면서 歲寒契를 조직하기도 하였
  다. 문집으로『海狂集』(奎章閣도서번호 : 奎6668 ; 2권1책, 1783년, 5대손 宋益中이 편집·
  간행)이 전해온다. 문집의 서문은 金鍾秀가 썼다. 주요 기재내용을 살펴보면, 上卷에서는
  「召募湖南義兵文」등 1차자료를 싣고 있으며, 下卷에서는 遺事·墓地銘을 비롯하여 尤庵
  宋時烈이 쓴 墓表, 南溪 朴世采가 쓴 傳記등 후대에 서술된 관련자료를 실었다. 그는 임진
  왜란 때 首倡하였던 조헌·김천일·高敬命등 兩湖地域의 주요 의병장들과 관련하여 중요
  한 역할을 수행하였을 것으로 추정되면서도, 충분히 조명받지 못한 인물 중의 하나이다.
6)『瑣尾錄』및『亂中雜錄』에 실려 있는 송제민의 격문은『瑣尾錄』의 것이 보다 온전한데, 이
  것도 그 全文이 완전히 실려 있지는 못하다. 그런데 필자는 본고의 작성과정에서 송제민의
  문집인『해광집』을 직접 열람함으로써, 그 전문은 물론 명칭이「召募湖南義兵文」임도 알
  게 되었다. 따라서 본고에서 後述하는 과정에서는 이「召募湖南義兵文」으로 인용하고자
  한다. 그런데 이 자료는 '趙湲來, 1983,『壬亂義兵將 金千鎰研究』, 學文社, 48쪽'에서 이미
  활용된 바 있다. 그러나 이 논저에서는『瑣尾錄』등과 연관관계에 대한 언급이라든가 자료
  에 대한 해제 없이 단순히 한 차례 인용하고 있을 뿐이다. 즉『해광집』의 자료적 가치에 충
  분히 주목하지 못했던 듯하다.
7)『瑣尾錄』제1,「壬辰南行日錄」, '義兵從事官宋齊民通文';『亂中雜錄』제1, 임진년 7월 '宋
  齊民檄文', "故來與忠淸士友 號召義徒 … 從衆望共推 前都事趙憲爲左義大將 以禦黃永以
  下之賊 前察訪朴春茂爲右義大將 以防錦江以上之賊."

그런데 대부분의 의병장에 대한 개별사례연구가 그러하듯이 일차적으로 자료의 부족이라는 문제가 하나의 고민거리이다. 박춘무의 경우도 예외는 아니어서 문집으로 『花遷堂集』[8]이 편찬되기는 하였지만, 300여 년이나 지난 후대에 관련자료를 수집한 것이어서 기본적인 生沒年代조차 밝히지 못하였다.[9] 따라서 그 문집을 자료로 활용하는 과정에서는 불가피하게 우선,

●●●●●···

8) 3권 1책의 목활자본으로 1895년 11대손 朴文圭가 편집·간행하였다. 300여 년이나 지난 이후에 편찬하였기 때문에, 박춘무의 遺稿라고 할만한 1차자료는 매우 빈약한 실정이다. 序文은 淵齋 宋秉璿(1836~1905)이 썼으며, 권말에 旁9代孫 朴夏東의 跋文이 있다. 참고로 目錄를 나열하면 다음과 같다.
   권1 – 檄文, 再檄文, 遺子孫文(擧義時遺子孫文), 書 贈李御史
   권2 – 行狀, 墓表, 墓表追記(花遷堂朴公墓表追記), 諡狀, 禮曹啓目, 延諡節目, 三代倡義錄序
   권3(雜著) – 東史文獻錄(東史文獻錄土亭李先生門人), 壬辰日記, 擧義時事, 壬辰錄, 春坡堂錄(春坡堂錄卷之八), 懲毖錄(西崖懲毖錄), 抗義編(重峰抗義編), 祠宇(祠宇懷仁後栗祀), 追錄 疏本(追錄上言草)

9) 이에 따라 그 의병활동 사실에 대한 古邑志類 및 現行市 郡誌 등에서의 기록도 비교적 최근에 들어서야 이루어졌음을 알 수 있다. 즉 1989년 3월 26일 淸州市 中央公園에서 개최된 그 戰蹟碑 제막식 당시에 배포된 자료인 「愍襄公花遷堂朴先生戰場紀蹟碑建豎錄」에 따르면, 그의 의병활동 사적이 지역사회에 일반적으로 알려지기 시작한 것은 1961년 趙健相이 편찬한 『淸州誌』의 간행 이후라고 소개하고 있다(이 자료의 11, 26, 40 참조). 물론 古邑志類에 박춘무에 대한 기록이 전혀 없는 것은 아니다. 그러나 그 시기는 매우 늦어서 1933년 李秉延이 편찬한 『朝鮮寰輿勝覽』에 처음으로 소개되었다. 여기에서는 '忠淸北道 淸州郡 原從勳條'에서 "朴春茂 字至元 號花遷堂順天人 文愍公仲林后 土亭門人 官富平府使 壬辰 與趙重峯倡義 以李時發韓赫爲從事官 累立戰功 扈駕龍灣 綠宣武勳 贈左參贊 諡愍襄 屛溪 尹鳳九撰墓表 吏判南秉哲撰諡狀 享後栗祠 有遺集"이라고 하여, 그 문집을 열람하였던 듯 비교적 자세히 소개하고 있다. 그러나 『조선환여승람』이 일제식민치하의 암울한 시기에 이루어진 개인적 저작이었던 관계로 일반에게 영향은 크지 못하였던 듯하다. 한편 『花遷堂集』 권2에는 1764년(英祖 40) 凝川 朴聖源이 쓴 「三代倡義錄序」가 실려 있는데, 이것으로 볼 때 박춘무를 비롯하여 그 次男 朴東命 및 손자 朴弘遠 3대의 창의사실에 대해 별도의 책자가 편찬되었음을 알 수 있다. 그러나 적어도 문집 편찬 이전에 逸失된 듯하다. 이와 관련하여 박춘무 후손들의 사적에 대해서는 임진왜란 때 함께 從軍하였던 박동명, 李适의 亂 및 丙子胡亂때에도 창의한 부친 박동명을 쫓아 군사를 지휘한 박홍원, 玄孫(5대손)으로 李麟佐의 亂때 창의했던 朴之壄의 활동을 기록한 문집으로 『梅隱堂實記』가 전해오고 있다는 사실도 언급할 필요가 있을 것 같다. 이 역시 『花遷堂集』을 간행할 때 함께 판각하였는데, 3代의 사적임을 표시하기 위해 독특한 체제를 갖추고 있다. 즉 『梅隱堂實記』에 「持平公實錄」을 幷附하는 형식을 취해 하나의 목록으로 처리하고 있으나, 실제로는 각각 분리하여 2

후대의 傳承過程에서 事實의 潤色·介入與否에 대해 면밀한 자료비판이 앞서야 할 것 같다.[10) 실제로 그 문집의 기록대로라면, 지금까지의 일반적 이해와 관련하여 몇 가지 상충되는 문제제기를 할 수 있는 것이 사실이다.

그러므로 본고에서는 먼저 『花遷堂集』을 중심으로 당시 官撰·私撰의 관련문헌과 비교·검토하여 事實關係를 비판·재구성해 보고자 한다. 다음으로 그의 家系 및 修學過程 등에 대한 고찰을 통해 의병활동의 실질적 기반이 될 수 있었던 사회경제적 배경에 대해 설명해보고자 한다. 그리고 마지막으로 淸州城 收復過程에서의 역할 및 鎭川 戰鬪의 勝捷過程과 이후의 行蹟에 대해 나름대로 복원을 시도해보고자 한다. 특히, 청주성 수복과정에서의 역할에 대해서는 『花遷堂集』의 기록이 단순히 소개하는 정도에 그치고 있어서, 여러 가지 情況根據를 통해 그 事實性을 推論해 보게 될 것이다.

●●●●

권1책의 체제를 갖추었다. 또한 박홍원의 사적은 『매은당실기』의 끝부분에 첨부하는 형식(附下)을 통해 별도의 사적임을 드러내기 위한 배려를 하였다. 한편 이 자료는 『順天朴氏慭襄公派譜』乾(1991, 順天朴氏慭襄公派譜編纂委員會)을 통해 비로소 공개된 듯한데, 참고로 그 목록을 나열하면 다음과 같다.

梅隱堂實記(附錄, 권1) 1) 行狀, 旌閭重修銘, 諡狀, 丙子錄, 遺書(遺子孫文), 事實
　　　　　　　　　　　2) 宣務郎行狀(附下) — 行狀, 墓表, 遺事
持平公實錄(并附, 권1) — 行狀, 墓表, 橄若文後序(奉讀花遷先祖橄若文後序), 頒教文, 揚武原從錄券(揚武原從功臣錄券), 追鈴上言草

10) 『花遷堂集』의 序文을 쓴 송병선은 이러한 문제점과 관련하여 이미 다음과 같이 언급하였다. "公之遺文 羅於鬱攸 存者無哉 雲仍僅得橄文及公私文蹟 編爲一冊 將謀入梓以壽之 嗚呼 現今 詖淫之辭 塞路滔天 人不復知有義理 則斯不足爲公之重 而宜爲世道之所重也" 즉 본래는 박춘무의 遺文이 많았으나, 문집을 간행할 당시에는 대부분 逸失되어 후손들이 겨우 橄文정도를 얻어서 책을 만들 수 있었다. 이 때문에 그 사실여부를 의문시하여 논란도 없지 않았음을 밝히고 있다. 그런데 이와 관련하여 한 가지 흥미있는 사실은 박춘무의 起義事實을 처음 世間에 드러낸 인물도 다름아닌 송병선의 선조인 尤庵 宋時烈(1607~1689)이었다는 점이다. 즉 '『宋子大全』권164,「刑曹判書李公神道碑銘」'에서 송시열은 碧梧 李時發이 박춘무의 휘하에서 從事官으로 활약하였음을 밝히는 형식으로 박춘무의 擧義事實을 소개하였다. 그러므로 송병선으로서는 박춘무의 倡義事實 자체를 의심할 필요는 전혀 없었다고 하겠다. 한편, 이 서문은 『淵齋先生文集』권33,「花川堂朴公春茂遺事序」와는 字句가 조금 다른데, 본래 草案本을 후손들의 요청에 따라 다소 상세하게 수정한 것으로 『花遷堂集』에 실은 듯하다.

2. 關聯資料의 檢討및 事實의 再構成

朴春茂의 의병활동은 앞서 언급한 바와 같이, 당대의 대표적인 문헌에서 趙憲과 더불어 湖西右義大將으로 추대되었음을 기록하고 있던 사실에서, 그 義兵陣의 규모라든가 인물로서 지역적·학문적 명망도 상당한 수준이었을 것으로 짐작된다. 그러나 이러한 측면에도 불구하고 그 倡義擧兵에 대한 文獻的綜合整理는 비교적 최근에야 이루어짐으로써, 오히려 사실여부를 놓고 논란조차 없지 않았던 듯하다. 따라서 그 의병활동을 조명하기 위해서는 우선 문집의 주요 기록에 대해 관련자료와 충분히 비교·검토를 선행하여야 할 필요성이 제기된다.

박춘무의 『花遷堂集』에서 임진왜란 의병활동에 대한 전반적인 정리로는 권3의 『擧義時事』를 들 수 있다. 크게 네 부분으로 구분하여 서술하고 있는데, 자료소개의 측면을 포함하여 그 全文을 번역하여 옮겨보면 다음과 같다.

임진왜란 때 淸州지역에서 제일 먼저 의병을 일으켰다. 종사관 李時發·韓赫 등과 더불어 죽음을 맹세하고 적을 무찔러서 淸州를 평정하였다. 군사를 鎭川으로 옮겨.열흘동안이나 적을 포위하고 있었으나, 지원병은 오지 않고 의병도 힘이 고갈되었다. 당시 관찰사 尹先覺은 나라를 저버리고 임금은 잊은 채 공만 탐하고 패배를 두려워하여, 비밀리에 關을 내려 지원병(보내는 것)을 막았다. 또 의병을 亂兵으로 취급하여 그 家率들을 체포·구금하였기 때문에 마음대로 적을 토벌할 수도 없었다. 즉, 여러 번 주변 郡縣에 전령을 보내 지원병을 요청하였으나, 주변 군현에서는 끝내 도와주지 않았다. 그러면서 말하기를, '돕지 말라는 것' 이 순찰사의 명령이므로 한 사람도 지원함이 없을 것이라고 하였다.

壬辰年 4월에 격문을 돌렸으며, 7월 4일에 군사를 일으켰다. 수천 명의 의병을 모아서 淸州로 直向하였다. 이때 조헌도 沃川지역에서 起兵하여 청주로 진군하여 더불어서 힘을 합쳤다. 公(*박춘무)은 청주성의 南門을 공격하고, 조헌은 西門을 공격하여 청주를 수복하였다. 군사를 나누어 진군하기를 조헌은 錦山으로 나아갔으며, 공은 鎭川으로 향했다. 왜적을 포위하고 열흘이 지나도 지원병이 오지 않았다. 할 수 없이 포위를 풀려고 하였는데, 한 무리의 남녀들이 다투어 술과 음식을 가지고 바삐 달려와 위로하며 말하기를, "불쌍한 우리 城民들이 지금까지

도륙당할 위기를 넘긴 것은 모두 장군의 덕택이었습니다. 그런데 지금 만약 포위를 푼다면 왜적들은 틀림없이 제멋대로 살육을 일삼을 것인데, 어찌 차마 우리를 버리실 수 있겠습니까." 이에 公 또한 울면서 그들을 달랬다. 그리고 그날 밤으로 포위망의 남쪽을 풀도록 하여, 왜적이 물러나 달아날 수 있도록 하였다. 그런 다음 公은 수천의 장사들로 하여금 말을 달려 추격하여 그 後陣을 공략하였다. 그리하여 大捷을 거두니 진천 일대가 이로써 안정될 수 있었다. 드디어 全軍이 龍灣으로 勤王하니, 임금께서 장하게 여기시며 곧바로 倡義使로 제수하였다.

丁酉年 4월 林川郡守로 나아갔으나 講學에 전념할 수 없자 사직하고 돌아왔다. 戊戌年 4월 折衝將軍僉知中樞府事 兼 五衛將에 임명되었다. 己亥年에 다시 富平都護府使에 임명되었으나 부임하지 않았다.

丁未年에 嘉善大夫刑曹判書 兼 同知義禁府事에 추증되었다. 대저 宣武原從功臣 2등에 錄勳됨에 따라 贈職된 것이다. 錄券을 보라. 資憲大夫 議政府右參贊 兼 知義禁府事 五衛都摠府都摠管에 特贈되었다.[11]

위 기록의 내용을 개괄해보면, 첫 번째는 鎭川戰鬪 이전의 의병활동에 대한 개요라고 할 수 있으며, 두 번째 부분에서는 倡義過程부터 淸州城收復·鎭川勝捷을 거쳐 行在所로 勤王하기까지 의병활동 전반에 대해 소개하고 있다. 세 번째는 丁酉再亂 이후 軍功的 官職進出및 官軍指揮官으로서의 활동에 대한 소개이며, 네 번째 부분은 死後의 賞勳·追贈에 대한 기록이다.

●●●●·····················

11) 『花遷堂集』 권3 雜著, 擧義時事, "壬辰之亂 首倡義兵於淸州地 與從事官李時發韓赫等 誓死討賊蕩平淸州 移軍鎭川 圍賊旬日 援兵不至 義軍力竭 當時觀察使尹先覺 負國忘君 貪功?敗 以秘關沮援兵 而義兵指以爲亂兵 拘囚義兵妻孥 故不得任意討賊 累度傳令於列邑 而請援兵 列邑循環不救 日不救巡察之令也 無一人來救者 壬辰四月傳檄 七月初四日起旅 得數千義士 直向淸州 時趙憲亦起義兵於沃川地 共趨淸州 與之合力 公攻其南門 趙公攻其西門 克復淸州 遂分師 趙公則向錦山 公向鎭川 圍賊旬日 援兵不至 不得已欲解圍 一方士女 爭指酒食 奔走來慰日 哀我一城生靈 至今免屠戮之患者 皆將軍之力也 今若解圍 則敵必任意殺戮 何忍棄之 公泣而諭之 乃野虛其南 賊屛迹逃走 公以累千壯士 躍馬躡後 斬其後陣 遂獲大捷 鎭川一境 賴以安堵 遂全師 勤上龍灣 上壯之 卽拜倡義使 丁酉四月 出宰林川 以講學不專 棄歸 戊戌四月 爲折衝將軍僉知中樞府事兼五衛將 己亥又除富平都護府使 不赴 丁未贈嘉善大夫刑曹參判兼同知義禁府事 蓋宣武原從功臣二等 衣承也 見錄券特贈資憲大夫議政府右參贊兼知義禁府事五衛都摠府都摠管."

전체적으로 볼 때는, 청주성전투보다 單獨의 戰勝이었던 진천전투에 비중을 두어 관련 사적을 기록한 특징을 보여주고 있다.

위 내용을 다시 순차적으로 나열해보면, ① 1592년(壬辰) 4월 청주지역에서 처음으로 倡義, ② 7월 4일에 첫 出陣, ③ 趙憲과 더불어 각각 청주성의 南·西門을 공략하여 청주성을 수복, ④ 단독으로 진천 전투에서 勝利, ⑤ 義州龍灣의 行在所로 勤王하여 倡義使에 제수, ⑥ 1597년(丁酉) 4월 林川郡守로 나갔으나 講學을 위해 사직, ⑦ 1598년(戊戌) 4월 僉知中樞府事兼五衛將에 임명되어 활동, ⑧ 1598년(己亥) 富平都護府使에 제수되었으나 부임하지 않음 등이다. 특히, 이 가운데 ①과 ③ 그리고 ⑤의 내용[12]은 지금까지 연구성과와 관련하여 각각 하나의 論難을 제공할만한 기록이다.

지금까지 일반적으로 임진왜란 초기 倡義起兵와 관련해서는 전국적으로는 忘憂堂 郭再祐(1552~1617)의 4월 22일 창의,[13] 湖西地域의 경우는 조헌의 5월 3일 淸州謀議[14]가 처음인 것[15]으로 알려져 있다. 그런데 위 기록대로라면, 박춘무는 적어도 조헌보다는 앞서서 청주를 비롯한 충청도지역에서 가장 먼저 창의한 인물이 된다.

또한 1592년 8월 1일 淸州城 收復戰과 관련해서도 일반적으로 조헌과 僧將 靈圭(?~1592)의 사실만이 알려져 있다. 그러므로 박춘무의 南門攻略論을 사실로서 받아들이고자 한다면, 그만큼 실증적 뒷받침이 수반되어야 할 필요가 있다. 한편 임진왜란 초기의 龍灣勤王論은 당시 왜군의 주요 병력이 서울 이북에 주둔하고 있던 戰況[16]을 고려할 때, 기록대로라면 하나의 획기적인 사실이 될 것이다.

●●●●
....

12) 본고에서는 이에 대해 각각 4月倡義論, 南門攻略論, 龍灣勤王論으로 표기하고자 한다.

13) 李章熙, 1983, 『郭再祐研究』, 養英閣, 65~69쪽.

14) 『重峰集』附錄 권2, 行狀(『宋子大全』권207, 重峰趙先生行狀), "大駕 西行先生聞變痛哭卽往淸州與李瑀李逢金敬伯等謀 起義兵."

15) 이석린, 앞의 책, 115~117쪽.

16) 임진왜란 초기의 戰況에 대해서는 宋正炫, 1995, 「왜란의 발발」, 『한국사』29, 국사편찬위원회, 27~37쪽 참조.

그러면 이제 위의 세 가지 문제, 즉 4月倡義論·南門攻略論·龍灣勤王論에 대한 사실 여부의 비판을 중심으로 박춘무의 의병활동에 대한 구체적인 해명을 시도해보고자 한다. 다만, 남문공략론 및 용만근왕론에 대해서는 우선 한 두 가지 논거를 통해 사실여부의 기본적인 비판에 그치고, 본격적인 논의는 해당 본론에서 전개하기로 하겠다.

먼저 4월창의론과 관련하여 살펴보면, 사실 창의시기의 先後糾明이 의병활동의 이해에 있어서 본질적인 요소는 아니라고 하더라도, 지금까지 주요 관심사의 하나로 다루어져 왔으므로 주목해보지 않을 수는 없는 사항이다.

우선 결론부터 말하자면, 박춘무의 4월창의론은 사실과는 다른 듯하다. 창의시점과 관련하여 『花遷堂集』에서 주목해 볼 수 있는 또 다른 자료로는 창의 당시에 작성된 것으로 보이는 檄文[17] 1건이 있다. 그런데 이 격문의 내용을 살펴보면, "至於鑾輿播越豈 忍言哉"라든가, "天兵渡遼 尙勤萬里之來救"라고 하여, 이미 4월 30일 宣祖의 避難이라든가, 明軍의 出兵사실 등을 언급하고 있음을 볼 수 있다. 그러므로 그 창의시기는 아무리 빨라도 明軍의 參戰이 처음으로 이루어진 6월 중순[18] 이후로 보아야 할 것이다.

박춘무의 창의기병 시점은 7월 4일쯤으로 보는 것이 무리가 없을 것 같다. 이를 뒷받침하는 구체적인 자료로는 그 휘하에서 從事官으로 활약한 碧梧 李時發(1569~1626)의 문집 『碧梧遺稿』[19]를 들 수 있다. 『碧梧遺稿』에서 박춘무의 의병활동과 관련된 기록은 두 가지이다. 하나는 『花遷堂集』에 수록된 「격문」은 본래 이시발이 「仁義陣檄」[20]이라는 제목을 붙여 草案한[21]

●●●● ·····································

17) 『花遷堂集』권1, 「檄文」.
18) 明나라 군대가 처음 압록강을 渡河한 것은 6월 19일경이었다. 이에 대해서는 趙湲來, 1992, 「明軍의 出兵과 壬亂戰局의 推移」, 『韓國史論』 22, 국사편찬위원회, 108~114쪽 참조.
19) 본고에서는 『韓國文集叢刊』 74(1991, 民族文化推進會)에 수록된 影印本은 인용하였다. 그 凡例에 따르면 후손 李春熙의 家藏本을 영인한 것인데 편집 및 간행경위는 未詳이라고 한다.
20) 『碧梧遺稿』권6, 「仁義陣檄」.
21) 『碧梧遺稿』권8, 「諡狀」(藥泉南九萬撰), "遂從義兵將朴春茂 草檄募兵千餘人."

것이라는 사실[22]이다. 이는 이시발이 박춘무의 휘하에서 종사관으로 檄文作成및 籌畫業務를 주관[23]했다는 점에서 충분히 예상할 수 있던 사실이기도 하다. 특히 그 註記에 "壬辰義兵將 朴春茂起兵時"라고 덧붙여서, 박춘무 의병진의 倡義擧兵 당시에 작성한 격문임을 분명히 밝혀놓고 있다.

다른 하나는 이시발이 그 자서전적 저술인 「自敍」에서 "壬辰亂初下向 秋從事於義兵陣將則朴富平春茂也"[24]라고 하여, 자신이 박춘무의 의병진에 종사관으로 가담한 시기를 '가을(秋)'이라고 기록해놓고 있는 점이다. 그렇다면 위 두 가지 사실 즉 창의격문을 이시발이 초안하였고, 그가 박춘무의 휘하에 종사관으로 참여한 시점이 7월이라면, 그 창의시기는 7월 4일경[25]으로 보는 것이 확실하다고 하겠다.[26]

그런데 박춘무 의병진의 擧兵이 7월 초에 이루어졌다면, 그 창의 계기 및 과정과 관련해서는 앞서 언급한 宋齊民의 檄文을 주목해보아야 할 것 같다. 다름 아니라 송제민이 金千鎰[27] 義兵陣의 구상에 따라 호서지방으로 내려

●●●● ···

22) 『花遷堂集』 권1, 「격문」을 『碧梧遺稿』의 인의진격과 비교해보면, 그 차이는 語義를 강조하기 위하여 몇 글자를 첨가하거나 일부 字句를 도치한 데 불과함을 알 수 있다. 이로써 倡義檄文은 이시발이 초안한 것을 박춘무가 최종 수정한 것으로 보면 별반 무리가 없을 것 같다.

23) 『碧梧遺稿』 권8, 「神道碑銘」(『송자대전』 권164, 刑曹判書李公神道碑銘), "遂從義兵將朴春茂 檄文籌畫 多出公手"및 『花遷堂集』 권1, 「행장」, "老先生製忠翼碑文曰 遂從義將朴春茂 檄文籌策 多出公手" 한편 주) 21의 「시장」에서는 격문의 草案者로 분명히 지칭하여 기록하였다.

24) 『碧梧遺稿』 권7, 「自敍」. 한편, 傳統曆法에서 가을은 7~9월에 해당한다.

25) 이 날은 박춘무와 더불어 호서좌의대장으로 추대된 조헌이 의병진의 본격적인 출정식을 公州龍堂에서 행한 날이기도 하다는 점에서 매우 시사적이다. 『重峰集』 권13, 「起義時祭熊津龍堂文(壬辰七月初四日)」 참조.

26) 『花遷堂集』의 관련자료 중에서도 작성시기가 앞서는 「행장」이라든가, 「삼대창의록서」 등에서는 7월 4일의 擧兵事實만을 기록하고 있음을 주목해 볼 필요가 있다. 한편, 4월창의론은 『花遷堂集』 권1, 격문 의 다음과 같은 기사, 즉 "天地無情喪亂至此橫流萬毒深入三韓之舊疆未靖妖氛式至四月于今日"을 후대의 전승과정에서 성급하게 4월에 격문을 돌린 것으로 오해한 데서 비롯된 것이 아닌가 여겨지기도 한다.

27) 健齋 金千鎰(1537~1593)의 생애 및 의병활동에 대해서는 趙湲來, 1983, 『壬亂義兵將 金千鎰研究』, 學文社 참조.

와 소모활동을 벌이는 것도 이 시점이며, 더욱이 두 사람은 同門受學한 '歲寒의 故友'[28]였다는 사실이다. 즉 송제민이 충청지역으로 하향하여 의병을 모병하고자 하였을 때, 그가 우선적으로 기댈 수 있는 지역인사란 다름 아닌 土亭 李之涵(1517~1578)의 門下인 박춘무와 조헌[29]이었을 것임은 당연히 예상되는 수순이라고 하겠다. 이야말로 송제민이 발의·주선한 호서의병의 成軍過程에서 박춘무와 조헌이 각각 右·左義大將으로 추대되었던 까닭이라고 하겠다. 구체적인 논의를 위해 먼저, 『海狂集』 「召募湖南義兵文」의 해당기사를 제시해보면, 다음과 같다.

삼가 엎드리옵건대, 齊民은 지난달 23일에 金千鎰 의병장을 쫓아서 水原府에 도착하였습니다. 山城에 주둔하면서 5일간을 머물렀는데, 京城의 賊勢가 강성할 뿐만 아니라, 淸州와 鎭川에 주둔한 적들은 연이어 있었습니다. (반면에 우리는) 외로운 군사로 깊이 들어와 있었으므로, 軍糧輪送路가 막힐 것이 염려되었습니다. 이에 우리 義陣에서는 모두가 本人을 추천하여 忠淸道 의병을 모집하도록 보냈습니다. 道路를 막고 있는 적을 소탕하여 救援兵이 통할 수 있도록 하기 위함이었습니다. 그래서 내려와서 충청도의 士友들과 더불어 의병에 종군할 것을 호소하였는데, 20일 동안에 2천여 명이 모였습니다. 이에 衆望을 쫓아서 함께 推進하기를, 前都事 趙憲을 左義大將으로 推戴하여 黃澗·永同 以南의 왜적을 막도록 하고, 前察訪 朴春茂를 右義大將으로 추대하여 錦江 以北의 적을 방어하도록 하였습니다.[30]

우선, 박춘무와 조헌을 두 수반으로 하는 湖西義兵이 구성되는 계기는 일찍이 전라도 羅州에서 창의하여 6월 중순에는 경기도 水原까지 北上하여 활

●●●●● ⋯⋯⋯⋯⋯⋯⋯⋯⋯⋯⋯⋯⋯⋯⋯⋯⋯⋯

28) 주) 5 참조.
29) 『海狂集』 卷下, 「傳」(南溪朴世采述), "二公亦皆土亭門人也."
30) 『海狂集』 券上, 「召募湖南義兵文」, "伏以齊民 去月二十三日 從金義將 到水原府 留屯山城 留五日 以京城之賊尙熾 以淸州鎭川留賊亦肆 孤軍深入 粮道可慮 故一軍共推鄙生 送募忠淸義兵 以淸梗路之賊 以通來援之兵 故來與忠淸士友 號召義徒 兩旬之間 得二千餘兵 從衆望共推 前都事趙憲爲左義大將 以禦黃永以下之賊 前察訪朴春茂爲右義大將 以防錦江以上之寇."

동하고 있던 김천일 의병진의 發意로 마련되었음을 알 수 있다. 즉 북상을 단행했을 때의 예상과는 달리 漢城을 비롯하여 鎭川·淸州 등지에 왜군이 대규모로 주둔하고 있었기 때문에,[31] 오히려 자칫 孤軍이 될지도 모를 위험성을 타개하기 위한 방안으로 호서의병의 倡義擧兵과 討賊活動을 촉구하여 相互連帶의 通路를 마련하자는 구상[32]이 제시되었던 것이다.[33] 이에 따라 그 휘하의 종사관 송제민이 파견되어 소모활동을 전개한 것이 호서의병이 본격적으로 추진되는 계기가 되었다는 사실이다.[34] 이때 송제민이 그 적임자로 선발되었던 것도 앞서 언급하였듯이, 아마도 그가 일찍이 이지함의 문하에서 활동하여 호서지방의 주요 인사들과 폭넓은 교유관계를 형성하고 있었기 때문이었을 것이다.

그런데 이 謀議過程에서 송제민을 비롯한 박춘무·조헌 등 호서의병의 지도세력은 보다 원대한 作戰構想을 진행시키고 있었다. 다름 아니라 호남 의병장 霽峰高敬命(1533~1592)까지 연계하는, 이를테면 兩湖義兵의 相互連帶와 共同作戰이 구상되고 있었다. 『해광집』에서는 이러한 사실을 다음

●●●●

31) 이러한 戰勢變化는 7월 17일 明將 祖承訓이 지휘한 제1차 평양성전투 이후, 왜군이 明軍의 參戰에 따른 충격으로 長期籠城戰으로 전략수정을 계획하고 있던 사정이 반영된 결과였다. 이에 대해서는 趙湲來, 1995, 「명군의 참전과 전세의 변화」, 『한국사』 29, 75~79쪽 참조.

32) 주) 30, 『海狂集』 券上, 「召募湖南義兵文」 기사 중의, "以淸梗路之賊 以通來援之兵."

33) 이와 관련하여 조원래, 앞의 책, 59~61쪽에서 김천일의 주요 관심사의 하나가 下三道와 行宮의 교통로 확보에 있었다고 하는 설명을 주목해 볼 만하다. 즉, 김천일은 掎角策 또는 掎角之勢라는 작전구상을 상당히 폭넓게 활용하고 있었던 듯하다. 이와 관련해서는 『宣祖實錄』 권33, 25년 12월 辛丑(15일)條에서, "備邊司啓曰, 伏見金千鎰書狀 及時渡江 與南兵合勢掎角策之上術也"라고 하고 있는 기사가 참조된다.

34) 물론, 趙憲의 경우 이미 5월 초에 창의하였으므로 논리상의 모순을 지적할 수 있겠는데, 여기서는 호서의병이 청주성전투·금산전투 등 본격적인 의병활동을 전개한 것과 관련된 계기성을 설명해보고자 하는 것이다. 이와 관련해서는 김천일 의병진이 北上過程에서 公州에 이르렀을 때 조헌이 찾아와 起義問題를 상의했다는 점(『健齋集』 권2, 「年譜」, 萬曆 20년(宣祖 25) 6월, "至公州重峯趙公憲 亦欲起義 來見先生 商議而去")과 그가 이미 이전에 의병활동을 전개하였음에도 불구하고, 다시 7월 4일에 公州 龍堂에서 「起義時祭熊津龍堂文」이라는 이름으로 출정식을 거행한 사실이 주목된다.

과 같이 기술해놓고 있다.

> 이에 군사를 이끌고 북상하여 水原府에 이르러 주둔하였다. 이때 都城의 賊勢
> 는 강성하였으며, 또한 淸州와 鎭川으로 나누어 주둔하고 있었다. 대부분의 의견
> 이 我軍은 상당히 고립된 반면, 적세는 매우 치성하다는 것이었다. 그러므로 다
> 시 湖西에서 의병을 일으켜서 '掎角之勢'를 이루는 것보다 좋은 방도는 없다고
> 들 하였다. 그러면서 이 일은 宋某(*宋齊民)가 아니면, 맡을 만한 사람이 없다고
> 하였다. 그리하여 선생(*宋齊民)은 湖西로 가서 사대부들과 연결하여 의병에 종
> 군할 것을 호소하였는데, 20일동안에 응모한 군중이 2천여 명에 이르렀다. 한편
> 이때 霽峯 高敬命도 호남에서 起義하여 錦山에 주둔하고 있었다. 선생은 이에 衆
> 論을 모아서 前都事 趙憲을 左義大將으로 推戴하여 黃澗·永同 以南의 모든 왜
> 적을 막아서 錦山과 통하도록 하고, 前察訪 朴春茂를 右義大將으로 추대하여 錦
> 江 以北의 모든 倭寇를 방어하여 水原과 통할 수 있도록 할 것을 추진하였다. 이
> 를테면, 소식(통신)과 세력을 서로 의지하여 방어체계를 갖추고자 하였던 것이
> 다. 선생은 이것이야말로 長江과 淮水에서 막는 형세로서 장차 다시 일어설 수
> 있는 계책은 이것밖에는 없다고 생각하였다. 그리하여 이리저리로 두루 돌아다
> 니면서, 구역을 나눠 계책을 낸 것이 많았다.35)

이렇듯 단지 호서의병과 김천일 의병진이 상호연계를 도모하는 데에 그
치는 것이 아니라, 박춘무·조헌·김천일·고경명의 의병진이 상호연대하
여 호서·호남·경기 일대에서 합동작전을 통해 왜군과 대적하고자 하는
하나의 相互連帶的 防禦體制,36) 이른바 掎角之勢37)를 구축하고자 하는 원
대한 작전구상이 수립되고 있었다. 그야말로 활동범위에 있어서나 조직구

●●●●●●···

35) 『海狂集』券下, 「遺事」, "乃率師北上 至水原府留屯 時都城賊勢尙熾 而又分據淸鎭界 衆議
   我軍甚孤 賊勢甚盛 不如更募湖西士馬 以爲掎角之勢 此非宋某 莫能任者 先生遂往湖西 連
   結士大夫 號召義徒 二旬間 衆至二千餘人 時高霽峯敬命 亦起義湖南 留屯錦山 先生乃與衆
   相議 推前都事趙憲 爲左義大將 俾禦黃永以下諸賊 通於錦山 前察訪朴春茂 爲右義大將 使
   防錦江以上諸寇 通於水原 聲勢相依 守制有備 先生以爲此實江淮沮遏之勢 而將來興復之
   策 不外是矣 周旋彼此 多有區畫."
36) 주) 35, 『海狂集』券下, 「유사」 중의, "聲勢相依 守制有備."

성의 측면에서나 명실상부한 兩湖義兵의 共同作戰이 구상되었던 것이다.

구체적인 작전행동과 관련하여 살펴보면 조헌이 黃澗·永同 이남의 적을 방어하도록 한다는 구상은 실질적으로는 錦山收復을 목표로 고경명과 會陣할 것을, 박춘무로 하여금 錦江 이북의 왜군을 구축하도록 한다는 계획은 사실상은 淸州 및 鎭川을 收復한 뒤 북상하여 水原에서 김천일 의병진과 합동하려는 구상이었다고 할 수 있다. 즉, 주로 호서의병의 역할에 기대하여 각각 금산과 수원으로 통하는 교통로를 개척·유지하여 '기각지세'로 표현되는 상호연대적 합동방어체제를 구축하고자 한 방안이었다. 물론 그 최종 목표는 상호연합군을 구성하고 북상하여 漢陽을 奪還함으로써 國王의 還都 基盤을 마련하고자하는 것[38]이었다고 생각된다.

한편, 이와같이 임진왜란 초기 호서·호남지역에서 활동한 주요 의병장들을 중심으로 하나의 상호연합작전이 추진되었다는 사실은 그 자체로서나 연구사적 측면과도 관련하여, 자못 劃期的이고도 示唆的이라 할 수 있다. 즉, 이 사실만으로도 지금까지 그 동기를 충분히 밝히지 못했던 조헌·고경명 의병진의 행로에 대한 기본적인 해명이 될 수 있으며, 또 박춘무 의병진의 행로와 관련해서는 그 자체로서 기초적인 사실성을 부여할 수 있기 때문이다. 다시 말해 조헌과 고경명이 錦山戰鬪를 기약하여 진군했던 이유라든

●●●●○ ···

37) '掎角之勢' 또는 '掎角策'이란 '사슴을 잡을 때 뒷발을 잡고 뿔을 잡는다'라는 표현에서 파생된 兩面挾攻作戰을 의미하는 고전용어이다. 실제 전투와 관련해서는, 後方에서의 牽制와 應援을 통해서 兩面挾攻의 효과를 도모한 작전개념으로 사용된 듯하다. 『海狂集』의 「격문」과 「유사」에서는 그 의미를 각각 "以淸梗路之賊 以通來援之兵" 및 "聲勢相依 守制有備"라고 표현하고 있는데, 다소 의미상의 차이는 있지 않나 생각된다. 즉, 전자가 상대방에게 討賊과 應援(支援·救援)을 요청하는 소극적 개념이라고 한다면, 후자는 상호 연대를 통한 적극적인 합동작전의 수행이라는 의미를 보다 앞세운 것으로 여겨진다. 한편, 이 작전개념은 平壤收復이후부터는 官軍에서도 사용된 듯하다. 즉, 『宣祖實錄』권35, 26년 2월 己酉(12일)條에, "初平壤旣復 諸將多聚京城 天兵進住開城府 我國諸將 以次進陣 共爲掎角之歲"라고 하는 기록이 있어 참조된다.

38) 필자의 생각으로는, 당시 兩湖地域 義兵陣이 내세우고 있던 北上勤王의 실질적인 의미는 여러 자료를 통해서 볼 때, 行在所로의 勤王을 가리키는 것이라기 보다는 京城 收復을 통한 宣祖의 還都 根據를 마련하고자 한 것이었다고 판단된다.

지, 청주성 수복 이후 조헌은 금산으로, 박춘무는 진천으로 각각 행군한 까닭 등에 대한 명쾌한 기초적 해명이 될 수 있다는 점이다. 무엇보다도 당시 의병진이 遊擊戰的 討賊을 위주로 다소 무계획적 활동을 전개하는 수준에만 그친 것이 아니라 하나의 원대한 작전구상을 바탕으로 활동하고 있었다는 의미부여도 가능해진다는 점이다.

다음으로 검토해 볼 사항은 박춘무의 의병진이 청주성 수복전투에서 남문공격을 담당하였는가의 문제와 과연 의주의 행재소까지 근왕할 수 있었겠는가 하는 의문, 즉 南門攻略論과 龍灣勤王論의 사실여부이다. 그런데 앞서 이 두 문제에 대한 구체적인 논의는 해당 본론에서 진행하기로 한 바 있다. 따라서 먼저 사실비판과 관련된 주요 論點을 제시해보고, 그 중에서 한두 문제에 대한 論據를 통해 후술의 토대로 삼아보고자 한다.

박춘무 의병진의 남문공략론과 관련해서는 주·객관적 측면을 모두 고려하면, 크게 네가지 논의를 통해 그 사실성을 추론해 볼 수 있을 것 같다. 먼저 앞서 논의한 바 兩湖義兵의 연합구상 및 작전방략이 하나의 논거가 될 수 있음은 이미 제시하였다. 실제로도 박춘무 의병진은 청주성전투를 거쳐 진천전투에서도 연이어 勝戰하고 있었다는 사실에서 본래의 작전구상을 충실히 이행해가고 있었다. 이를테면, 작전구상이라는 주체적 의지와 행동의 측면에서 남문공략론은 충분히 근거를 갖춘 셈이다.

그렇다면 문제는 이러한 사실이 구체적인 모습으로 전투과정을 통해서도 드러날 수 있어야 하겠는데, 이에 대한 『花遷堂集』의 기록은 실상 短篇的이며 孤立的인 서술에 그치고 있다. 따라서 이 문제에 대해서는 당시 청주성의 시설구조에 비춘 彼我間의 攻擊·防禦構想의 일반적 가능성이라든가, 왜군에 의해 占據당한 이후부터 다시 奪還할 때까지 戰鬪狀況전반에 대한 면밀한 재구성을 통해 그 사실성을 추론해 볼 수밖에 없을 것 같다. 결론부터 말하면, 당시 청주성의 시설배치에 토대하여 피아간의 작전·전략 등의 측면을 추론해 볼 때에도 그 사실성은 충분히 논거될 수 있음을 알 수 있었다.

古邑志나 古地圖에 나타난 淸州의 古邑城, 즉 淸州牧邑城의 시설배치를 보면, 남문을 정문으로 하여 기본 간선로는 남문과 북문으로 연결되고 있었다.[39] 또 湖右地域에서 읍성으로 통하는 大路도 당시 氷庫峴(또는 華淸嶺, 배고개(梨峴), 현재는 慕忠고개)을 넘어서 정문인 남문으로 연결되고 있었다.[40] 그렇다면 당시 청주성을 占據하고 있던 왜군의 측면에서나, 다시 奪還하려는 조선군의 입장에서나 남문은 주요 작전지역이 되지 않을 수 없었을 것이다. 더욱이 후술하는 바와 같이, 당시 왜군의 占據이후 한 달이 넘도록 전투가 지속되고[41] 있던 상황에서 彼我間의 攻防이 西門에서만 이루어졌다고 보는 것은 사실상 무리이다.

청주성 점거 이후 벌어진 피아간의 공방전에서 北門의 전투사실에 대해서는 忠義衛 李興宗의 활약에 대한 다음의 기사를 통해 그 일단을 엿볼 수 있다.

忠義衛 李興宗이 鄕兵을 모아 적을 죽인 것이 매우 많았다. 北門에 이르러 敗散하였는데, 그만은 능히 홀로 몸을 돌려서 적을 사살하여 그 兇鋒을 꺾었다.[42]

즉 청주성전투는 서문만이 아니라 북문 등에서도 작전이 전개되고 있었다. 그러므로 남문에서도 동일한 현상이 진행되었을 것임도 충분히 예상해

●●●● ···

39)『輿地圖書』「忠淸道」편에 부록된 '忠淸兵營圖'를 보면, 이러한 사실이 바로 확인된다. 이에 따르면 邑城을 이용한 淸州兵營城은 남문과 북문에만 甕城을 시설하고, 서문과 동문에는 단지 누각만을 갖추고 있다. 특히, 兵營은 邑內의 서남부에 邑衙는 서북부에 자리잡고 있고, 남문 밖에 鎭營과 將校廳을 배치하고 있어 남문이 정문임을 알 수 있다. 즉, 병영 및 관련시설은 남문을 중심으로 위치하고 있음을 알 수 있다. 또한 동문은 곧바로 鎭山인 堂山·牛岩山 등과 연결되므로, 군사적인 작전을 펴기에는 적합하지 않음도 알 수 있다. 이에 대해서는[도면 1] 淸州邑施設現況圖 참조. 한편 청주읍성의 시설배치 및 공간구조에 대한 문화정치지리적 연구로는 任德淳, 1998,「古淸州의 空間的配置와 象徵性」,『大韓地理學會誌』33-4, 대한지리학회가 참조된다

40) [도면 2] 淸州城周邊現況圖(『淸州市都市計劃變遷史圖集』, 1994, 淸州市) 참조.

41) 본 고, 35 참조.

42)『宣祖實錄』권30, 25년 9월 戊辰, "忠義衛 李興宗 聚兵鄕谷 殺賊甚多 至於北門之潰 獨能回身射賊挫其兇鋒."

볼 수 있다. 한편 이러한 일련의 전투과정에는 다양한 鄕兵勢力도 참여하고 있었다. 그 대표적인 사례의 하나로 義兵將 朴友賢의 활동에 대한 다음의 기록이 주목된다.

朴友賢, 字는 希聖이고 本貫은 密陽이다. 임진왜란 때 重峯 趙憲의 휘하로 종군하였다가 청주에서 전사하였다. 그 4일 후에 조헌이 (청주에서) 勝捷를 거두었다. 그 戰勝紀念碑文에서 말하기를, 義士 박우현이 전사하니, 선생(*조헌)이 급히 나아가 싸웠다고 하였다. 忠誠스런 奴婢로 水鐵이 있어서, 말가죽과 맨 몸의 屍身을 거두어 江西面 靑龍菴에 返葬하였다. 持平에 추증되었다.[43]

즉 조헌과 승장 영규가 주도한 8월 1일의 청주성 수복전투가 있기 나흘 전에 또다른 향토의병장인 朴友賢이 참전하였다가 전사하고 말았던 것이다. 더욱이 조헌의 청주 진군은 박우현의 전사에 자극받고 있었다. 이렇듯 왜군의 점령 이후 한 달이 넘게 지속된 청주성전투에는 義·官軍을 망라하여 다양한 병력이 참여하고 있었으며, 작전지역도 서문·북문 등을 포함하여 여러 방면에서 전개되고 있었다. 그렇다면 지금까지 알려진 바대로, 청주성 수복이 이러한 다양한 사실은 論外로 한 채 조헌과 영규의 의·승연합군에 의한 서문공격만으로 이루어진 것으로 보았던 설명은 그 일면만의 기록이었다고 하여야 할 것이다.

이런 측면에서 보면, 오히려 박춘무의 의병진은 앞서 살펴보았듯이 창의 당시부터 청주성 수복을 목표로, 다름 아닌 청주지역에서 거병한 향토의병이었다. 따라서 그의 의병진은 어느 병력보다도 앞장서서 청주성전투에 참

● ● ● ● ·································

43) 『朝鮮寰輿勝覽』「淸州郡」(李秉延 撰, 1933), 忠臣條, "朴友賢 字希聖 密陽人壬辰赴趙重峯幕 殉節淸州 後四日重峰得捷 其戰捷碑文曰 義士朴友賢戰死 先生及趨戰云云 忠奴水鐵 馬革裸尸 返葬于江西面靑龍菴 贈持平." 한편 필자는 1998년 충북대학교 박물관이 주관한 청주시 문화유적 조사과정에서 박우현의 묘표와 함께 그 묘소 바로 앞에 있는 忠奴水鐵의 碑石도 발굴하여 보고한 바 있다. 이에 대해서는 『文化遺蹟分布地圖 -淸州市-』(1998, 충북대학교박물관), 160쪽 및 267쪽 참조.

여하여 주도적인 공략을 담당하였을 것이다. 그러므로 "與重峰趙先生蕩平淸州"[44]라든가, "朴春茂攻南門 趙憲功西門 勦滅賊徒"[45]라든가, "會重峰于淸州 逆倭合戰"[46]이라든가, "能奮義討賊 不顧其身 誠與趙憲一般"[47]이라고 한 기록은 후대의 윤색과 개입이 없지 않았겠지만, 충분히 사실에 바탕한 것이라고 할 수 있다.[48]

마지막으로 검토해 볼 사항은 박춘무의 의병진이 과연 의주의 행재소까지 근왕할 수 있었겠는가 하는 의문, 즉 용만근왕론의 사실여부이다. 우선 결론부터 말하자면, 이 기록은 사실상 긍정할 수 없다고 판단된다. 무엇보다도 박춘무의 의병진이 청주성 수복에 이어 진천승첩을 거두었다고 추측되는 8월 말[49]까지 我軍의 이렇다 할만한 승전사실 하나 없던 漢陽 이북의 敵陣을 뚫고, 그것도 아무런 저항도 받지 않고 의주까지 도착할 수 있었다는 것은 사실상 하나의 허구에 불과하다고 볼 수 있기 때문이다.

여러 가지 정황을 고려해 볼 때, 이 기록은 아마도 그 휘하에서 종사관으로 활약한 이시발이 이듬해 4월 江西의 行在所[50]에 도착하여 곧바로 還都를 요청하는 상소, 즉 '聽還都疏'를 올렸던 사실[51]이 후대의 전승과정에서

●●●● ···

44) 『花遷堂集』 권2, 「行狀」.
45) 『花遷堂集』 권3, 「追錄 上言草」.
46) 『花遷堂集』 권2, 「시장」.
47) 『花遷堂集』 권2, 「행장」.
48) 그렇더라도 문제는 여전히 남아있다고 할 수 있다. 즉, 『重峰集』에 박춘무에 대한 기록이 결코 없지 않으면서, 어째서 청주성전투와 관련해서는 아무런 기록도 없는가 하는 점이다. 그런데 이와 관련해서는 다음과 같은 하나의 추론이 가능하다고 생각된다. 오히려 역설적으로, 박춘무는 조헌과 같은 계기로 창의하여 별도의 대등한 위치에 있었기 때문에, 굳이 조헌의 의병진에서 그 사적을 기록할 필요는 없었던 것으로 볼 수 있다는 점이다. 즉, 박춘무의 의병진이 그들 나름의 행적을 기록하고, 또 중앙정부에 보고하는 일은 온전히 그들의 몫이었다. 반면에, 조헌이 그 사적을 기록하고 있는 영규라든가, 防禦使 李沃 등은 관군 지휘관이거나 창의과정이 달랐다. 특히, 영규는 조헌과는 별개로 기병하였음에도 불구하고, 청주성수복전에서 의기투합하여 그의 절제에 따랐으므로 그 사실이 특기되었던 것이 아닌가 생각된다.
49) 본고, 40 참조
50) 이때 宣祖의 御駕는 3월 하순 平壤의 大同館을 거쳐 江西까지 移陣해 있었다.

와전되어 정착된 것이 아닐까 여겨진다. 그 단적인 근거의 하나로서 당시의 상황을 가계기록에서는 "扈從龍彎 上嘉之 配倡義使 爲龍驤衛折衝将軍 防禦西犯之賊"[52])이라고 하고 있는데, 이 기록이 실상은 勤王 당시의 사실과 丁酉再亂 이후의 행적이 하나로 통합되어 정착한 모습을 보여주고 있다는 점이다.

이상으로 본고에서는 박춘무의 의병활동에 대한 기록 중에서 논란이 될 만한 사항, 즉 4월창의론, 청주성 남문공략론, 용만근왕론의 세 문제를 중심으로 지금까지 연구성과 및 관련자료와 비교·검토하여 사실여부를 재구성해보았다. 결론적으로는 청주성 남문공략론을 제외하고 4월창의론, 용만근왕론은 사실과는 다른 것으로 이해하였다. 그런데 이 과정에서 박춘무의 의병활동이 호남의병 종사관 송제민의 교섭에 따라 조헌·김천일·고경명을 연결하는 兩湖義兵이 이른바 기각지세로 표현되는 하나의 상호연대적 공동작전을 수행하고자 하였음을 밝혀 낸 것은 뜻밖의 새로운 성과였다. 이제 이러한 기본적인 사실비판을 바탕으로 박춘무의 의병활동에 대한 구체적인 고찰을 시도해보고자 한다.

3. 義兵活動의 社會經濟的基盤 및 作戰構想

義兵이란 전쟁이나 반란 등의 위기상황이 초래됐을 때 朝廷의 徵發을 기다리지 않고 자발적으로 일어나 국가 또는 국왕을 위해 싸우는 民軍, 즉 民兵隊이다. 그런데 王朝國家에서는 倡義起兵이라 할지라도 기본적으로 民間의 恣意的軍事活動인 만큼 국법으로 금지한 私兵의 運用이라는 점에서 자칫 逆謀行爲로 취급될 수도 있는 행동이었다.[53] 즉, 국가적 위기를 맞이하

●●●● ·····································

51) 『碧梧遺稿』 권3 疏箚, 「請還都疏」, "萬曆癸巳夏 宣祖大王 自西路移駐江西 四月 以槐院正字 赴行在 上章請速還都收拾人心.";『碧梧遺稿』 권7, 「자서」, "癸巳夏 赴行在所 時大駕駐江西 抗疏請回 鑾漢都 兩司回以論請 遂回鑾于京城."
52) 『順天朴氏愍襄公派譜』 坤, 「重刊順天朴氏世譜」 原編 2, 23.

여 起義의 추진이란 性理學的 敎育을 받은 臣民으로서는 당위적 명분을 갖는 것이었지만, 그것이 현실적으로는 禁忌事項의 하나인 私的인 軍事活動이라는 점에서 섣불리 행동으로 옮길 수 있는 문제만도 아니었다.

게다가 의병활동은 그것이 기본적으로 사적인 군사활동인 만큼 兵器 및 軍糧 등을 스스로 갖추어야만 하기 때문에, 일차적으로 私財를 동원하기 마련이라는 점에서 자칫 家系의 경제기반을 상실할 수도 있는 위험부담을 감수해야 하는 행위였다. 이렇듯 의병활동은 아무리 외적침입의 격퇴·반란의 진압이라는 당위적 명분성을 갖는다 하더라도, 국가적으로나 개인적 측면에서나 쉽사리 허용·가담할 수 있는 것만은 아니었다. 따라서 창의기병을 실행한다는 것은 그만큼 정치사회적 여건,[54] 의병장의 명망은 물론 그에 수반한 사회경제적 기반이 갖추어졌을 때 비로소 실행에 옮길 수 있었다.

그러므로 임진왜란 초기에 창의한 의병장들이 대개 高官은 아니더라도, 官職經歷이 있던 地域名望家들이었다는 사실은 결코 우연이 아니었다. 朴春茂의 경우도 예외는 아니어서 일찍이 前職察訪[55]을 거쳤으며, 그것은 이미 지역의 重望받는 士林의 한 사람으로 성장하고 있던 데에 따른 推薦의 결과였다.

그러므로 박춘무의 의병활동에 대해 해명하기 위해서는 먼저 倡義의 基盤이 될 수 있었던 그의 지역사회에서의 위상이라든가 경제적 수준 등에 대해 살펴보아야 할 것이다. 구체적으로는 그의 家門이 언제 청주지역에 入鄕하고, 또 지역세력으로 성장하게 되는 과정은 어떠하였는가 등의 문제를 먼

●●●●●●

53) 임진왜란 당시 최초의 倡義將이었던 郭再祐가 국왕의 召募敎書가 작성(4월 25일)되기도 전인 4월 22일에 擧兵하였다가 逆謀로 몰려, 자칫 처형당할 위기에 놓였던 것을 鶴峯 金誠一(1538~1593)의 중재로 가까스로 해결하였음은 잘 알려진 사실 중의 하나이다.

54) 특히 김천일·고경명 등 전라의병의 首倡者들은 기대하여 지원을 아끼지 않았던 전라관찰사 李洸의 北上勤王軍이 5월 초 公州 부근에서 자진 해산하여 기대를 저버린 데 분개하여 起義를 계획하기 시작했다.

55) 『花遷堂集』권2, 행장 , "以學薦聞 除南掌令 不赴 除郵官暫就 果爲親而仕也." 한편, 대부분의 기록에서는 '찰방' 으로 기록하고 있는 것과는 달리, 柳成龍의 『懲毖錄』에서는 단지 '士人' 이라고만 기록하고 있다.

저 살펴볼 필요가 있다. 또한 하나의 유력가문으로 성장하는 과정에는 학문적 배경도 크게 작용하기 마련이라는 점에서 이 방면에 대해서도 주목해보아야 할 것이다.

花遷堂 朴春茂는 字는 至元, 본관은 順天이며, 花遷堂은 그의 堂號이다.[56] 그의 집안이 淸州地域에 자리잡기 시작한 것은 증조부인 朴宜倫 때부터였다.[57] 순천박씨의 始祖는 高麗 개국공신 朴英規이며, 흔히 平陽朴氏라고도 하는데 이것은 中興祖인 朴蘭鳳의 君號를 순천의 故地名인 平陽에서 취했기 때문이다.[58] 이렇듯 순천박씨 가문은 고려 초부터 연원하였으나 대부분의 가문이 그러하듯이 이후의 가계는 불분명하여, 실제로는 端宗復位運動을 주도했던 死六臣의 한 사람인 朴彭年의 고조부로 보문각 대제학을 지낸 中始祖 朴淑貞으로부터 계통을 세우고 있다.[59]

朴淑貞은 益齋 李齊賢(1287~1367) 및 謹齋 安軸(1287~1348) 등 당대 대성리학자의 知遇를 받을 만큼 학문이 뛰어난 인물이었다. 忠肅王 13년(1326)에는 國子祭主를 지냈고, 關東存撫使로 나갔을 때에는 高城三日湖에 四仙亭, 강릉 경포대에 鏡湖亭, 울진에 翠雲樓를 세워고 이제현과 안축 등으로 하여금 창건기를 짓게 하면서 풍류를 자랑하였다.[60] 이후 박춘무의 先代는 朴元象→朴安生→朴仲林으로 이어진다. 朴元象은 박숙정의 다섯 자제 중 막내로 工曹參判(?典書)를 지냈고, 退官 후 당시 公州 부근의 儒城縣으로 낙향하여[61] 청주 부근에서 순천박씨의 기반을 닦게 된다.

●●●● ·······································

56) 『花遷堂集』 권2, 행장.

57) 「順天朴氏承仕郎公三代墓碣銘」(朴魯重 撰, 1939) 『順天朴氏實錄』 1(1994, 東泉學術文化財團), 785~793쪽.

58) 『順天朴氏實錄』 1, 11~13쪽.

59) 『順天朴氏實錄』 1, 13쪽의 '上系' 부분 참조. 한편 『花遷堂集』 권2, 행장에서도, "其後有集賢殿提提學淑貞 是爲公十一代祖也"라고 하여, 先代에 대한 계통을 분명히 명시하고 있는 것은 역시 11代祖인 朴淑貞부터이다.

60) 최완수, 1998, 「취금헌 박팽년」, 『조선왕조 충의열전』, 돌베개, 179쪽.

61) 「순천박씨승사랑공삼대묘갈명」에서는 박원상이 退官 후 懷德(현재 大田市)으로 낙향하였는데, 鍾鼎家의 명성을 얻었다고 기술하고 있다. 한편 이와 관련해서는 『宋子大全』 권193, 「高麗典書朴公墓表」도 참조된다.

박춘무의 가문은 박안생의 뒤를 이은 8代祖 朴仲林에 이르러 다시 한 번 文章家로서의 명성을 드높인다. 朴仲林(1400~1456)은 당호가 闓碩堂으로 세종 5년(1423) 식년시에서 乙科 3인 중 2등으로 급제하여, 당일에 6品職인 仁壽府丞에 발령받는 영광을 누리며 벼슬길에 나아갔다. 集賢殿修撰으로 있으면서 왕세자(文宗)의 師傅로 활약하였고, 修文殿 및 禮文館大提學·集賢殿提學을 거쳐 이조판서에 올랐다.[62)]

그리고 박중림이 이조판서로 있을 때 바로 그의 맏아들인 朴彭年을 비롯하여, 그 門下에서 배출된[63)] 成三問·河緯地 등이 端宗復位運動을 주도하였다. 즉, 단종복위운동은 당시 박중림의 문하에서 하나의 학맥을 통해 이루어졌던 것으로 짐작된다. 우선 박중림이 文宗의 스승이었고,[64)] 박팽년 또한 집현전 학사들의 수장으로[65)] 또 端宗의 스승으로[66)] 金宗瑞(1383~1453) 등 三議政과 더불어 문종을 誥命을 받고 있었다는 사실에서 그 가능성은 충분하다고 여겨진다.[67)] 死六臣事件 당시 世祖가 謀議의 배후를 추궁하였을 때, 박팽년이 "家庭의 교훈일 뿐이다"[68)]라고 하였다는 사실이 그 단적인 반영이 아니었던가 생각된다.

단종복위운동 때에는 박팽년뿐만 아니라, 그 동생인 引年·耆年·大年·永年등이 모두 참가하거나 연루되어 참화를 입었다. 이들 형제 중에서 박춘무의 선대는 朴引年으로 7代祖이자 派祖이다. 朴引年은 호가 景春軒으로

<hr />

62) 최완수, 앞의 책, 180~184쪽 참조.
63) 『花遷堂集』권2, 「행장」, "吏曹判書仲林 在世祖朝丙子 與子醉琴軒彭年 景春軒引年 … 門人梅竹軒成三問 河緯地 俱被露梁之禍."
64) 최완수, 앞의 책, 192~195쪽.
65) 최완수, 앞의 책, 190쪽.
66) 최완수, 앞의 책, 220쪽.
67) 최완수, 앞의 책에서는 박중림과 김종서가 박중림의 장인인 金益生을 매개로 외척관계를 이루었으며, 김종서는 박중림을 대사헌으로 추천하면서 '族人'이라고 호칭하였음을 서술하고 있다. 즉, 사육신사건의 배경으로 당시 박중림·박팽년을 매개로 한 하나의 학맥과 다시 김종서 등을 중심으로 한 保王勢力으로서 하나의 인맥이 고려될 만하다.
68) 『花遷堂集』권2, 「행장」, "當時 世祖考訊曰 誰教此謀 醉琴軒對曰 家庭之訓也."

역시 집현전 학사로 있으면서 단종복위운동에 참여하여 참화를 당했으며,[69] 그 아들 朴璉도 연좌되었다. 그리고 설화적인 측면이 개재되어 있기는 하지만, 다행이 손자인 朴原卿을 '義僕'이 몰래 업고 珍島로 숨음으로써 가계를 보전할 수 있었다고 한다.[70]

이렇듯 사육신사건으로 絶門의 위기에 놓였던 박춘무의 집안이 다시 재기하고 清州에 자리를 잡은 것은 그의 曾祖父인 朴宜倫때부터였다. 박의륜이 청주에 입향하는 과정도 다소 모호한데, 어쨌든 家系의 기록에 따른다면 사육신사건의 참화를 입어 珍島로 숨어들었던 그의 집안이 고조부인 朴仁龍代에 赦免(夢宥)되고 官職까지 제수받음에 따라 뭍으로 나올 수 있었고, 이어 박의륜이 伯父를 모시고 청주에 정착하였다고 한다.[71]

청주에 정착한 이후 박춘무의 선대는 당시 지역의 세력 있는 가문과 통혼 관계를 맺으면서 빠른 성장을 이루었던 것으로 보인다. 즉 증조부 박의륜은 南陽洪氏를 부인으로 맞이하였고, 조부 朴坤孫은 清州韓氏, 부친 朴箕精(1480~1507)은 龍仁李氏·全義李氏·慶州金氏 등 3명의 부인을 맞이하였는데, 이들 가문은 모두 지역의 勢力家였던 것으로 여겨진다. 즉, 박곤손의 부인 청주한씨는 韓孟誠의 딸로 예조판서를 지낸 韓立의 손녀였으며, 박기정의 첫째 부인 용인이씨는 李克儉의 딸로 전라도관찰사를 지낸 李伯指(?~1419)의 증손녀였다.[72] 특히, 부친 박기정은 字는 殷卿으로 일찍이 학문

●●●●● ┄┄┄┄┄┄┄┄┄┄┄┄┄┄┄┄┄┄┄┄┄┄┄┄┄┄┄┄┄┄

69) 『花遷堂集』 권2, 「행장」.
70) 주) 58과 같음.
71) 「순천박씨승사랑공삼대묘갈명」, "諱仁龍 始夢宥 除典農侍副正 於承仕郎公考也 承仕郎公 與伯氏光州牧使諱宜形 自湖南移奠玆土 谷名曰松倉." 이때 박의륜이 청주에 정착하게 되는 배경은 정확하지는 않으나, 이미 그의 선대인 朴元象이 懷德으로 낙향한 이후 박중림·박팽년대를 거치면서 '懷德~清州' 일대에 세거한 배경이 작용하지 않았나 여겨진다. 이와 관련해서는 清州로의 입향조인 朴宜倫의 3男 朴艮孫의 경우 忠南燕岐로 이사하였다는 기록(위의 墓碣銘 "艮孫主簿後移燕岐")이 있어 주목된다. 그리고 朴箕精이 활약하였던 중종·명종년간에 이르면, '懷德~清州' 일대에 세거하였던 순천박씨의 기반이 재건되고 있었던 것이 아닌가 여겨진다. 그리고 그 중심지는 박중림이 활동하던 시기의 全義·全東 일대였을 것으로 추정된다.

적 자질을 갖춰 司馬試에 합격하였으나, 관직 진출을 포기하고 지역에서 儒學訓導·敎授로 활동하면서 상당한 학문적·사회적 명성을 쌓았음은 물론 주변의 세력가문과 연이어 통혼하면서 가문이 번성하는 기반을 닦아 갔다.[73]

이렇듯 부친 박기정대에 사회적·학문적 기반을 갖추게 됨에 따라 박춘무의 집안은 사육신사건 이후 비로소 再起의 기회를 맞이하였던 것으로 보인다. 박기정은 경주김씨와의 사이에서 5남 3녀를 두었는데,[74] 맏아들인 朴春英은 1548년(명종 3) 별시문과로 급제하여 사헌부장령·회인현감·대구목사 등을 지냈고, 東洲 成濟元(1506~1559) 등과 교유하면서 학문적 명성을 자랑하였다.[75] 둘째형 朴春華도 사마시에 합격하였고, 셋째형 朴春荔은 壽職으로 同樞를 지냈다.[76] 그리고 동생 朴春蕃은 자는 慶元으로 임진왜란 때 함께 종군하였으며, 戶曹判書에 증직되었다.[77]

한편 박춘무 자손대의 주요 관계진출에 대해 살펴보면, 우선 박춘옹의 장남 朴錫命은 임진왜란 때는 조방장으로 활약하였고 벼슬은 安州牧使에 이르렀다. 박춘번의 장남 朴順命은 副司果, 그 3남 朴三命은 蔭仕로 監察에 나아갔다고 한다. 박춘무의 경우에도 장남 朴新命은 宣傳官을 지냈고, 부친을 따라 종군한 차남 梅隱堂 朴東命(1575~1636)은 관직이 泰安郡守에 이르렀다.[78]

●●●●●·····························

72) 주) 58과 같음.
73) 박기정의 墓地銘은 明宗代 최고 遺逸의 한 사람으로 인정받았던 東洲 成悌元(『明宗實錄』 권33, 21년 7월 戊申條 참조)이 지었는데, 성제원은 박기정의 맏아들로 懷仁縣監을 지낸 朴春榮과 교우관계에 있어 그 부친의 묘지명을 지었음을 밝히고 있다. 이에 대해서는, 「通訓大夫敎授朴公諱箕精墓地銘」, 『順天朴氏實錄』 1, 1030~1031쪽 및 『朝鮮寰輿承覽』 「淸州郡」, 人物篇 學行條 참조.
74) 박기정의 묘지명에서는 그 가족관계를 경주김씨와 관련해서만 기록하고 있는데, 아마도 용인이씨와 전의이씨 사이에서는 소생이 없었던 듯 하다.
75) 「通訓大夫敎授朴公諱箕精墓地銘」, 『順天朴氏實錄』 1, 1030~1031쪽.
76) 주) 58과 같음.
77) 『花遷堂集』 권2, 「행장」 및 朝鮮寰輿承覽 淸州郡, 人物篇原從勳條 참조.

이렇듯 박춘무의 집안은 그 부친 박기정대 이후에는 청주 부근에서 하나의 뚜렷한 가문으로 성장하고 있었다. 그리고 이에 따라 그에 상응한 경제적 규모도 갖추어 갔을 것이다. 그리고 이러한 가계적 배경은 박춘무의 창의기병에 직접적인 기반으로 작용하였을 것이다. 즉, 박춘무의 의병진은 李時發과 韓赫이 종사관으로 참여하는[79] 외에는 군사지휘를 그 동생 박춘번과 둘째 아들 박동명이 맡는[80] 등 주로 家系的 基盤 위에서 단기간에 成軍되고 있는 듯한 인상을 주고 있다.[81] 다시말하면, 이것은 창의기병을 단시일에 실행에 옮길 수 있을 만큼 사회경제적 조건도 나름대로 갖추었던 것으로도 볼 수 있다는 사실이다.

물론, 의병활동에 필요한 병기 및 군량조달과 관련해서는 종사관이었던 이시발과 한혁의 역할도 주목해 볼만하다. 종사관의 임무에서 주요 비중의 하나가 병기 및 군량조달 등의 후방지원 업무라는 점에서 그 가능성은 충분하다고 하겠다. 우선 이시발[82]은 그 가문이 고려 말 名儒 益齋 李齊賢의 후

●●●● ⋯⋯⋯⋯⋯⋯⋯⋯⋯⋯⋯⋯⋯⋯⋯⋯⋯⋯⋯⋯

78) 『順天朴氏實錄』 1, 13~35쪽의 '상계' 부분 참조.
79) 『花遷堂集』 권2, 「행장」, "及至壬辰之亂 以忠翼公李時發 及韓赫爲從事."
80) 『花遷堂集』 권2, 「시장」, "以子東命 及弟春蕃 爲前鋒."
81) 이와 관련하여, 『花遷堂集』 권1, 격문에서, "主欲方深 尙晩爲臣一死 玆與一二同志 糾合數千義士"라고 기술하고 있음이 주목된다. 즉 박춘무의 의병진은 처음부터 몇몇의 외부 인사만이 참여하는 형태로 謀議가 진행되었음을 추측케 하는 대목이다.
82) 이시발이 박춘무의 의병진에 종사관으로 참여하는 과정은 다음과 같다. 이시발은 임진왜란 당시 承文院의 假注書로 있었는데, 서울마저 위협받고 도성 안의 민심이 흉흉해지자, 우선 老母를 山谷으로 피난시키고자 고향인 淸州 草坪으로 내려왔다. 귀향 후 노모와 가족을 從堂叔이자 스승이었던 李得胤에게 의탁하여 靑川부근 後潁里로 피난시킨 다음 곧바로 상경하려 하였다 그러나 이미 선조는 西遷하였고 서울로 가는 도로도 왜군의 수중에 점령되었다는 소식을 듣게 되자, 그대로 피난처에 머무를 수밖에 없었다. 그런데 인척 관계에 있었던 박춘무를 중심으로 청주부근에서 소모활동이 이루어지자, 여기에 적극적으로 가담하였던 것 같다. 그리고 당시 그는 촉망받는 文才로 떠오르고 있었으므로, 24세의 젊은 나이에도 불구하고 종사관으로 활약하면서 주획업무를 주관하였던 것으로 판단된다. 이와 관련된 사실은 『碧梧遺稿』 권7, 「자서」 등이 참고된다. 그러나 이시발은 1593년 4월부터는 承文院 正字로 다시 관직에 복귀함으로써, 박춘무 의병진에 대한 충분한 기록을 남기지는 못했던 것으로 생각된다.

손으로 일찍이 청주 북부의 梧根驛에서부터 草坪에 이르는 사이에 세거하였으므로 나름대로의 사회경제적 기반을 가지고 있었다고 생각된다. 특히, 그의 집안은 박팽년대에는 순천박씨와 통혼관계를 맺은 적도 있었으므로,[83] 이때까지도 일정한 교류가 있었을 것으로 여겨진다. 다만 『花遷堂集』 등의 기록에서는 그가 격문작성 및 주획업무를 주관한 것으로만 기록하고 있다.

다음으로 韓赫에 대해 살펴보면, 그는 前職 參奉을 지냈다는 것[84] 외에는 알려진 사실이 없다. 그런데 만일 그가 淸州韓氏라면 일정하게 군수조달에 기여했을 것으로 예상해볼 만하다. 淸州韓氏라면 일찍이 고려 초부터 청주지역에서 유력호족의 하나로 자리잡고 있었고, 특히 조선 초에 번성하였다.[85] 따라서 그만큼 왜군의 약탈에 대한 위기의식도 상대적으로 강했을 것이므로, 自保的 側面에서도 의병활동에 적극적이었을 가능성은 충분히 예견된다. 특히 그 세거지는 청주의 남서부에 걸쳐 있었는데, 주변의 八峯山[86]에 인근한 서부지역은 왜군의 노략질이 충분히 미치지 못했을 것으로 판단된다. 그러므로 앞서 살펴보았듯이, 이미 부친 박기정대부터 통혼관계에 있던 청주한씨 가문에서 군량을 제공했을 가능성은 충분하다고 할 수 있다.[87]

---

83) 『碧梧遺稿』 권8, 「신도비명」, "國朝有尹仁 實爲平安道觀察使 是生昌平縣令公麟 娶朴醉琴彭年女世傳有陰功 生八男."

84) 『花遷堂集』 권2, 「시장」, "參奉韓赫 爲從事官."

85) 1530년에 간행된 『新增東國輿地勝覽』의 '淸州牧 人物條 本朝篇'의 대부분이 청주한씨로 기술되어 있다.

86) 청주의 남서부에 위치한 名山의 하나로, 조선 후기 읍지에서부터 기록이 등장한다. 『輿地圖書』 淸州牧 山川條에서는, "八峯山 在州南十五里 文義多子山 來爲安心寺主脈"이라고 기록하고 있다.

87) 필자로서는 이시발은 주획업무를, 한혁은 군량조달을 주로 담당한 것이 아닌가 하는 추정도하고 있다. 한편, 家傳上으로는 박기정의 셋째 사위인 鄭舜年과 박춘무의 첫째 사위인 閔汝涵이 군량을 제공했다고 전해오기도 한다. 정순년은 본관이 東萊이고 兵判 而漢의 현손으로 主簿를 지냈다고 하며, 민여함은 본관이 驪興이고 부친은 思寧으로 軍資監正을 지냈다고 한다. 그러나 이 또한 가계의 전승일 뿐이어서, 역시 하나의 추정에 그칠 뿐이다.

그런데 박춘무가 이렇듯 창의기병하고 호서의병의 우의대장으로 추대되기까지에는 이러한 사회경제적 기반보다는 학문·학연적 배경이 보다 직접적으로 작용한 것으로 판단된다. 그 起義의 계기를 마련한 송제민이나, 함께 좌의대장으로 추대된 조헌이나 모두 이지함의 문하에서 동문수학한 사이였으며, 이들은 이미 청년시절에 함께 '歲寒契'를 조직[88]하기도 하였다. 즉, 당시 保寧地域을 중심으로 활동하였던 이지함은 호서지역은 물론 호남에 이르기까지 광범위한 지역에서 하나의 뚜렷한 학풍을 형성하였던 것으로 생각된다. 그리고 이러한 學緣的 紐帶를 바탕으로 송제민이 소모활동을 벌이게 되자 박춘무·조헌 등이 의기투합하여 단기간에 '기각지세'로 표현된 연합작전까지 구상하게 되었던 것이라고 할 수 있다.

박춘무가 언제부터 이지함의 문하에서 수학했는지는 알려져 있지 않지만, 당시 그는 동생 박춘번과 함께 居處를 이지함이 있던 淸州山東의 花川[89]으로 옮기고 이를 기념하여 堂號를 花遷堂이라고 붙이면서까지[90] 그 학문을 추종하였다고 한다. 그런데 박춘무의 인물과 학문적 자질을 높이 평가한 사람도 다름아닌 조헌이었다. 우선, 조헌은 당시 朋黨과 學政의 폐단을 논한 상소문에서 이지함을 '東方의 伯夷'에 비유하여 贈職과 致祭를 요청하면서, 그 수제자로 조카였던 明谷 李山甫와 더불어 박춘무를 꼽으면서 그 학문을 '恬靜自守'[91]라고 평가하였다.

●●●●

88) 『海狂集』 券下, 「유사」, "戊寅 先生年三十 從土亭 於湖西 始與趙重峯朴春茂相見 尼言結交 託爲歲寒契." 한편, 이때 '歲寒'이라는 契名을 택한 것에 대해, "蓋先生 深之二公之忠義 期以世亂共濟艱危 此其所以以歲寒 名契之義也歟"라고 하고 있던 것에서, 송제민의 소모활동에 박춘무와 조헌이 두 수반으로 추대되는 까닭을 짐작하고도 남음이 있다고 하겠다.

89) 『朝鮮寰輿承覽』, 청주군 산천조, "花川 在郡東四十里 則七里灘下流."

90) 『花遷堂集』 권2, 「행장」, "及長 受業於土亭李先生門下 … 而久留門下 則以離親爲憂 與先生舍于 淸州山東花川 因號花遷堂 陪親從師 誠以養志."

91) 『宣祖修正實錄』 권20, 19년 10월 및 『重峰集』 권5, 「辨師誣兼論學政疏」, "獨於李之涵 高世之行 未有所及 … 尤好獎誨後生 李山甫之孝友忠信 朴春茂之恬靜自守 具有所自." 한편 그 語義는 '마음이 평정하고 고요하며 스스로 말이나 행동을 조심하여 지킨다'라는 뜻이다. 즉 주) 95 인용문의 '深沈有智慮'와 상통하는 평가라고 할 수 있다.

또한 조헌은 임진왜란을 예견하고 그 일 년 전에 군사적 방어책으로 올린 備倭之策에서는 호서지방의 要害處를 지킬만한 자질을 갖춘 民間의 指揮官으로 그를 公州의 鄭晉生과 더불어 추천하면서는, 다음과 같이 소개하였다.

　　淸州의 前察訪朴春茂는 매우 침착하고 智謀를 갖추었습니다. 公州의 前參奉 鄭晉生은 氣魄이 있어 義奮과 策略을 갖추고 있습니다. (두 사람이) 함께 백성들을 이끌고 한 지역에 머물러 지키도록 한다면, 土卒들을 교화하여 서로 힘을 합해 요해처를 지켜내도록 할만한 策謀가 있을 뿐만 아니라, 혹시 있을지도 모를 盜賊들의 叛亂도 저절로 소멸시켜 감히 일으키지 못하도록 하기에 충분합니다.[92]

즉 당시 박춘무의 인물됨은 매우 사려깊고 智謀를 갖추어 한 지역의 백성들을 교화할 만한 덕망과 학식을 갖춘 인물로 인식되고 있었다. 특히, 외침을 틈탄 백성들의 왕조정부에 대한 불만과 저항도 충분히 자제시킬 수 있을 만한 인품과 자질을 갖춘 것으로 평가하고 있는 대목에서는 조헌의 박춘무에 대한 信望이 어느 정도였던가를 짐작하게 한다.

이렇듯 박춘무는 당시 호서지역에서 이산보와 더불어 이지함의 학문을 계승할 대표적인 학자[93]로 인식되었을 뿐만 아니라, 지역사회에서도 상당한 인품과 덕망을 자랑하고 있었다. 그리고 그의 이러한 학식과 덕망을 일찍이 발견한 사람도 다름아닌 조헌이었다. 그러므로 송제민의 교섭으로 이지함의 문하를 중심으로 호서의병이 추진될 때 박춘무는 조헌과 대등한 위치에서 우의대장으로 추대되었던 것이다.

●●●● ∙∙

92) 『重峰集』 권8, 「請斬倭使疏 附 備倭之策」, "淸州 前察訪朴春茂 深沈有智慮 公州 前參奉 鄭晉生 慷慨有膽略 並令率民 居守一方 則不惟可教士卒以戮力鎭守之策 而亦足潛消他盜 俾不敢竊發矣."

93) 『花遷堂集』 권3, 「東史文獻錄 土亭李先生門人」에서는 이지함의 문인을 이산보, 박춘무, 송제민, 徐致武, 金應天의 순서로, 『東國文獻』(奎章閣도서번호 : 奎4138) 「門生篇」에서는 이산보, 송제민, 서치무, 박춘무, 김응천의 순서로 기술하고 있다.

한편 이때에 成軍된 박춘무 의병진의 규모는 대략 천여 명 정도였던 것으로 추정된다. 의병진의 규모와 관련하여 『花遷堂集』에서는 700여 명,[94] 數千名[95]이라는 두 가지 기록이 있는데, 여러 자료를 통해서 볼 때 대략 1000여 명 정도로 보는 것이 보다 타당할 것 같다. 우선 주목되는 자료는 그 휘하에서 종사관으로 활약한 이시발의 『碧梧遺稿』인데, 여기서는 그 규모를 천여 명으로 기록하였다.[96] 다음으로는 송제민의 격문을 들 수 있겠는데, 여기서는 20일 동안에 이천여 명이 모였다[97]고 기록하고 있다. 그런데 7월 4일 출정식 당시 조헌이 모병한 의병진의 규모는 數百으로 천명이 되지 못했다.[98] 그러므로 박춘무 의병진의 거병 당시의 규모는 천여 명으로 볼 수 있을 것이다.

그러면 이렇듯 박춘무가 비교적 단기간에 천여 명에 달하는 의병진을 구성할 수 있었던 배경은 무엇이었을까. 그가 아무리 학문적 · 사회경제적 덕망과 기반을 갖추고 있었다고 하더라고, 이것은 주목할만한 성과라고 할 수 있을 것이다. 여기에는 그만한 사회적 분위기가 작용하고 있던 것으로 판단된다. 다름 아니라 이즈음이면 왜군에 의한 무차별적 파괴와 야만적인 약탈을 겪게 되면서 일반 백성의 민족적 저항의식도 그만큼 고양되어 가고 있었기 때문이었다.

임진왜란 당시 왜군에 의한 인적 · 물적 약탈의 참화는 잘 알려진 사실이다.[99] 왜군은 일단 주둔 거점을 마련하면 적게는 5~6명, 많게는 20~30명씩

●●●●●●..

94) 『花遷堂集』 권3, 「행장」, "亦起義旅 得衆七百."
95) 『花遷堂集』 권3 잡저, 「거의시사」, "七月初四日起旅 得數千義士."
96) 『碧梧遺稿』 권8, 「신도비명」, "募得千餘人."
97) 주) 30 참조.
98) 『重峰集』 권8, 「起兵後疏」, "乃與數三同志 間募閑役人數百 以七月四日 建旗招衆 篇走海郡 得募千人." 즉 청주성전투에 참가한 조헌군의 병력은 1600여 명이었다. 그러나 이 병력은 일단 公州에서 成軍한 이후, 다시 洪州 등 湖右地域을 돌면서 추가 모병을 거친 이후의 규모였다.
99) 왜군의 주요 활동무대였던 경상도 지역의 피해상황에 대해서는 李樹健, 1990, 「朝鮮前期 慶北地域의 義擧와 義兵」, 『慶北義兵史』, 274~275쪽 참조.

떼를 지어 주변지역에 대한 약탈을 자행하였다. 이러한 상황에서 지역민의 대응은 일차적으로 피난하여 가족의 안전을 도모하는 것이었다. 그러나 이내 지역민들은 피난처에만 머무를 수 없다는 것을 알게 되었다. 내부적으로는 피난의 지속에 따른 식량수급 등의 문제도 없지 않았겠지만, 무엇보다도 침략자 왜군에 의한 무차별적 파괴와 야만적인 약탈을 겪게 되었기 때문이다. 청주지역에서 이러한 사정은 의병장의 한 사람으로 활약했던 朴春蘭과 관련된 일화가 그 단면을 엿보게 한다.

> 형 春萱, 동생 春蓮과 더불어 孝道하고 友愛가 깊었다. 임진왜란을 맞아 모두 東林山 북쪽 光大洞으로 피난하였다. 왜적이 갑작스레 쳐들어왔던 까닭에 형 춘훤과 부인만이 父母를 지키다가 한꺼번에 살해당했다. 춘란과 춘연은 부모와 형, 부인의 시신을 거두어 묻고는, 온통 원수를 갚을 생각뿐이었다. 그때 왜적은 청주에 대규모로 주둔하고 있었는데, 춘란의 형제는 陣中으로 돌격해 들어갔다. 춘란이 왜적 2명을 사살하고는 그 목을 베어 꼬챙이에 찔러 兵使에게 바쳤다. 병사가 (이 사실을) 보고하니, 곧바로 部將에 제수하였다.[100]

즉 부모와 가족이 왜군에 의해 무차별적으로 살해당하는 사태를 겪게 되면서, 자발적 발로로서 일반 백성의 저항정신이 싹터가고 있었다. 그리고 이러한 경험이 축적되면서 戰亂이전 지배층의 가렴주구에 대한 저항의식으로 이반되었던 민심도 점차 同族的 公同運命體意識으로 전환되고 있었다.

다시 말해, 위의 일화는 임진왜란 당시 의병이 어떻게 구성될 수 있었던 것인가에 대해 잘 설명해준다고 하겠다. 일찍이 國王의 召募敎書에도 뜻있는 志士들의 號召에도 별반 반응이 없던,[101] 오히려 한때는 침략군인 왜적

----

100) 『輿地圖書』「淸州牧」, 人物條, "朴春蘭 與兄春萱弟春蓮孝友 俱至壬辰倭亂 避亂 于東林山北光大洞 倭賊猝入 春萱與妻抱父母 一時被戮 春蘭春蓮 收瘞父母及兄妻屍 切欲報讎 其時倭賊大陣于本州 春蘭兄弟 突入陣中 春蘭射殺倭賊二人 春箴斬其首 獻于兵使 兵使上達 春蘭卽除部將."
101) 『宣祖實錄』권27, 25년 6월 丙辰, 慶尙道 招諭使 金誠一의 狀啓, "本道陷敗之餘 四散崩壞者 非但逃軍敗卒爲然 大小人民 擧入山林 鳥樓獸伏 雖反覆復開諭 而無人應募."

의 嚮導가 되기까지 했던 일반 백성들이 적극적으로 救國대열로 나서는 데에는 이렇듯 왜군에 의한 참화를 겪게 되면서부터이다. 이제 그들은 自衛自保의 측면에서도 의병활동에 본격적으로 가담하기 시작하였으며, 점차 민족적 저항의식도 고양되어 갔다.[102] 즉 임진왜란이 발발하고도 3개월이 지난 7월에 들어서야 의병활동이 본격적으로 전개되었던 까닭이다.

박춘무의 의병진도 대체로 이러한 분위기가 있었기에 단기간에 대규모의 군중을 모을 수 있었을 것이다. 당시 박춘무의 거주지였던 淸州 福臺里[103]를 비롯한 淸州 西部의 父母山~八峰山일대는 아직 왜군의 직접적인 피해를 겪지 않았던 것으로 판단된다.[104] 그런데 이제는 왜군이 公州를 비롯한 호우지역으로 진출을 꾀하고 있었으므로 그만큼 위기의식도 고조되고 있었을 것이다. 이즈음에 燕岐地域에서 鄭萬億이라는 俗名를 가진 僧兵將이 활동하고 있었다는 기록[105]은 이러한 사정의 반영이었다고 여겨진다.

이에 따라 청주 서부지역에서도 당시 호서일대에서 인품과 학문을 자랑

●●●●○ ⋯⋯⋯⋯⋯⋯⋯⋯⋯⋯⋯⋯⋯⋯⋯⋯⋯⋯⋯

102) 임진왜란 당시 의병활동의 사상적 배경으로는 흔히 儒敎的 勤王精神·鄕土保全意識·民族的 抵抗意識이 논의되는데, 勤王·自保를 넘어 討賊의 대열로 나섰던 일반 민중의 민족적 저항의식이란 바로 이러한 과정을 거쳐 축적되었던 것이다. 그리고 일반 백성의 이러한 民族的 覺醒이야말로 身分的 對決意識을 넘어 救國의 隊列에 동참하는 바탕을 이루었다고 하겠다.

103) 『愍襄公花遷堂朴先生戰場紀蹟碑建竪錄』「愍襄公花遷堂朴先生戰場紀蹟碑銘」(金敬洙 撰, 1988, 29쪽), "自淸州福臺 操鍊於爺孃山." 한편, 成均館長 金敬洙가 지은 이 碑文은 문헌자료적 기록뿐만이 아니라, 당시까지 전해내려오던 家系의 逸話까지 포괄하는 형태로 작성된 것으로 판단된다.

104) 임진왜란 당시 청주지역에서 창의한 박춘무, 朴友賢(守義洞), 趙綱(蓮亭洞) 등이 모두 청주 서부의 부모산~팔봉산 일대에 세거하고 있던 가문이었다는 점에서, 이러한 추정이 가능하다.

105) 『聞韶漫錄』(尹國馨 著, 1991, 『大東稗林(精嘉堂本)』 19, 國學資料院影印本, 509쪽), "亂初余在公州 儒生申蘭秀張德蓋等 來見言曰 燕岐有僧 俗名鄭萬億者 能討賊 人呼僧將軍名聲藉甚." 그런데 이 정만억을 청주성전투에서 활약한 義僧將 靈圭로 기록한 문헌도 있는데(『藥坡漫錄』(李希齡 著)), 이 기사의 다음에 "牧使許頊亦言 本州僧靈圭自募曰 萬億甚劣 亦得將軍之命 我亦從軍"이라고 하고 있어, 이희령이 혼동한 것임을 알 수 있다. 한편, 「선무원종공신녹권」에는 '靈圭'라는 이름의 승병장이 1등훈과 2등훈에 각각 나타나고 있다는 점에서 同名異人의 승병장이 있었음도 참고로 밝혀둔다.

하던 박춘무를 중심으로 한 창의기병의 움직임도 본격화되었다. 이러한 사정은 박춘무가 「擧義時遺子孫文」에서 "大駕西奔 生靈魚肉 忠義之士 思欲 奮臂勤滅 咸願鄙夫出與謀議 故不謀於妻子"[106]라고 하여, 倡義당시 자손들에게 일단의 所懷를 밝힌 부분에서 그대로 드러나고 있다. 즉 박춘무의 창의기병은 일반 민중이 왜군에 의해 魚肉처럼 살육당하고 있던 사태에 대항한 민족적 감정이 일반적으로 발로하고 있던 시기에, 마침 송제민과도 접촉이 이루어짐에 따라 共論의 推戴를 수렴하는 형식으로 이루어졌던 것이다.

그런데 당시 단기간에 의병진을 구성하였던 탓인지는 모르겠으나, 앞서 살펴 본 바와 같이 휘하의 주요 편제는 주로 家屬을 동원하여 구성했던 듯하다. 家系 이외의 인사로는 종사관으로 이시발과 한혁이 참가하였을 뿐, 군사의 지휘는 그 동생인 박춘번과 둘째 아들 박동명이 선봉을 담당하였다. 그렇지만 박춘무의 의병진은 앞서 살펴보았듯이 단순히 鄕里自保라든가 復讐討賊만을 위해서 일어선 것이 아니었다. 송제민의 교섭을 통해 조헌·김천일·고경명과 이른바 '기각지세'로 표현된 상호연대적 공동작전의 구상이 추진되었으므로, 군사의 운용도 이에 따라 이루어졌을 것이다. 실제로도 일단 청주성 수복전에 참가하고, 이어 진천으로 진군하는 까닭이었다.

일단 조직을 갖춘 박춘무의 의병진은 7월 4일에 향리인 복대리에서 출정식을 한 다음, 부근의 爺孃山에서 군사훈련을 하며[107] 청주성 전투에 대비하였다. 그리고 정확한 시기는 알 수 없으나, 적어도 앞서 살펴 본 朴友賢 義兵陣이 활약하기 이전에는 청주성으로 진군하였을 것이다. 그리고 기록은 없지만 일련의 정황을 고려해 볼 때, 정문인 남문밖에 주둔하여 일단의 전투를 수행했을 것임도 추정해 볼 수 있다.

이상으로 살펴 본 박춘무 의병진의 학문적·사회경제적 기반에 대해 정리하면 다음과 같다. 박춘무가 청주지역에서 의병장으로 활동할 수 있었던

●●●●···

106) 『花遷堂集』 권1, 「擧義時遺子孫文」.
107) 주) 104 참조.

배경은 우선 그 증조부 이후 닦아온 지역적 기반에 힘입은 것이었다. 특히 그 부친 朴箕精은 학문적 명망에 있어서나 사회경제적 측면에서도 사육신 사건 이후 節門의 위기까지 몰렸던 그의 집안을 비교적 짧은 기간에 청주부 근에서 하나의 유력세력으로 성장시키는 데 결정적인 기반을 닦고 있었다. 그리고 이 과정에는 이미 조선 초부터 '청주~회덕' 일대에 세거하였던 그 선대의 배경이 작용하였던 것으로 보인다. 즉, 그의 가문이 淸州를 비롯한 燕岐 · 懷德地域을 중심으로 세거하였으므로, 주로 洪州 · 公州 · 沃川 등지 와 인연을 맺고 있던 조헌과 더불어 자연스럽게 좌 · 우지역, 또는 상 · 하로 역할분담이 이루어졌던 것으로 판단된다.

박춘무의 창의기병에 있어서 보다 직접적인 기반을 제공한 것은 학연, 즉 학문적 명망이었다. 일찍이 그는 이지함의 문하에서 수학을 위해 거처를 옮 길 정도의 열정으로 그 학문을 추종하였고, 그 결과 호서 및 호남지역에서 이산보와 더불어 그 문하를 대표할 만한 학자로 성장하였다. 한편 김천일 의병진의 구상에 따라 호서지역으로 내려와 소모활동을 전개한 송제민도 다름 아닌 이지함의 문하였으며, 함께 좌의대장으로 추대된 조헌 또한 이들 과 동문수학한 사이였다. 무엇보다도 이들은 이미 청년시절부터 艱難을 함 께 共濟하기로 한 '歲寒의 故友'였다. 따라서 송제민이 호서지역에서 소모 활동을 전개하고자 하였을 때, 그가 의지할 수 있었던 지역의 명망가도 다 름 아닌 박춘무와 조헌이었다. 즉 박춘무와 조헌 두 사람을 수반으로 호서 지역의 의병진이 편성되는 까닭이었다.

그렇지만 박춘무의 의병진이 단기간에 대규모의 의병진을 편성할 수 있 었던 사회적 배경은 무엇보다도 당시 일반 백성의 민족적 각성에 바탕한 것 이었다. 왜군의 점거가 장기화되면서 그만큼 피점령지역 주민들의 피해와 고통도 일반적인 현상이 되고 있었다. 이에 따라 일반 민중들은 支配階層의 收奪에 따른 反感과 身分的 對決意識을 뛰어넘어 民族的 抵抗의 隊列에 적 극적으로 나서기 시작하였다. 이야말로 7월 이후에는 의병진의 봉기가 일 반화될 수 있었던 기본적인 원동력이었다. 그리고 이러한 기반 위에서 일단 의 진용을 갖춘 박춘무의 의병진은 이른바 '기각지세' 적 연합작전의 첫 공략대상인 청주성을 향해 진군하여 갔다.

4. 義兵活動의 展開

1) 壬亂 初期 淸州地域의 戰況과 淸州城收復戰에서의 役割

1592년 8월 2일의 淸州城 收復은 임란 초기 의병이 거둔 주요 전과의 하나였다.[108] 이 전투의 승리로 조선군은 湖西地方으로 우회하여 錦山을 통해 湖南으로 진출하려던 왜군의 예봉을 꺾을 수 있었다.[109] 당시 왜군은 7월 17일 明將 祖承訓이 이끈 제1차 평양성전투 이후 비록 전투에서는 승리했으나, 明軍의 참전에 따른 충격으로 이른바 '京城軍議'를 통해 長期籠城戰으로 전환하고 군량을 조달을 위해 호남으로의 진출을 도모하고 있었다. 이에따라 왜군은 대규모로 서울을 비롯하여 鎭川·淸州 등지로 하향하여 주둔하기 시작하였으며, 한편으로는 호남 입성의 교두보인 錦山의 공략에 골몰하고 있었다.[110] 그러므로 이러한 시기에 의병진이 거둔 청주성 수복은 임란 초기 왜군이 주둔 거점의 하나로 설정했던 최초의 邑城奪還이었다는 점에서 전략적 측면에서 뿐만 아니라, 아군의 士氣를 회복하는 데에도 적지 않은 심리적 효과를 가져왔을 것이다.

그런데 앞서 살펴 본 바와 같이, 청주성 수복과 관련된 의병활동으로는 일반적으로 重峯 趙憲과 僧將 靈圭의 활약만이 알려져 있다. 즉 청주성전투 당시 정문인 南門의 공략을 담당한 또 다른 의병장 朴春茂의 활약에 대해서는 지역사회에서조차 최근에야 비로소 그 사실이 인식되기 시작했다.[111] 그런데 앞서 사실의 재구성 과정에서 언급한 바와 같이, 청주성 수복 당시 남문공략에 대한 『花遷堂集』의 기록도 단순히 소개하는 정도에 그치고 있

108) 최영희, 1992, 앞의 논문, 15쪽.
109) 이석린, 앞의 책, 148~149쪽.
110) 주) 31 참조.
111) 주) 9 참조.

어서, 여러 가지 情況根據를 통해 그 事實性을 推論해볼 수밖에 없음을 이미 밝힌 바 있다. 그리고 그 논점으로는 크게 네 가지, 즉 兩湖義兵의 연합작전구상 및 그 이행사실의 주체적 측면, 당시 청주성의 시설구조에 비춘 피아간의 攻防構想의 일반적 가능성이라든가, 점령 이후의 전반적 전투상황 등 객관적 측면의 재구성을 통해 그 사실성을 추론해보고자 하였다.

이러한 제 논점 중에서 당시 양호의병의 작전구상이나 행군방략이라든가, 청주성의 시설배치에 토대한 피아간의 작전·전략구상의 측면 등에 대해서는 앞서 나름대로 그 論據를 밝혀보았다. 그러므로 이제는 가능한 한 관련자료를 최대로 활용하여 청주성 수복 전후의 상황을 밀도있게 밝히는 작업에 주안점을 두어 그 사실성을 추론해보고자 한다. 우선 결론부터 말하면, 당시 청주성 수복은 그 전략적 위치상 湖西地域義·官軍의 귀추가 주목된 하나의 總動員的 戰勢를 형성하고 있었다는 점이다. 다시말해, 1592년 8월 2일의 청주성 수복은 결코 一朝一夕에 조헌과 영규로 구성된 義·僧聯合軍의 활약만으로 이루어질 수 있던 것은 아니었다는 사실이다.

1592년 8월 초 청주성 수복의 과정을 이해하기 위해서는 우선 언제 청주성이 왜군의 수중으로 넘어갔는가 하는 문제를 살펴보아야 할 것이다. 이와 관련해서는 당시 청주지역이 왜군의 북상로의 하나인 右路에 직접 위치한 주요 도시의 하나임은 물론 湖右地域으로 진출하는 거점으로 활용되었다는 점에서, 일찍이 5월 초 張智賢 義兵陣의 黃澗·永同戰鬪가 있은 직후 報恩의 함락과 더불어 왜군에게 점령된 것으로 이해된 것 같다.[112]

그러나 이러한 이해는 사실과 다른 측면이 있는 듯하다. 왜냐하면 당시 왜군의 보은점령으로 한 달만에야 沃川으로 돌아올 수 있었던 조헌은 곧바로 鄕兵 수백 명을 이끌고 報恩과 懷仁의 경계를 이루는 車嶺(車衣峴, 일명 수리치재)[113]으로 진군하여, 이곳에서 왜군과 접전하여 첫 勝戰을 올리고 있

●●●● ·································

112) 『重峰集』권8, 起兵後疏, "不意兇賊 又入報恩 以陷淸州."
113) 『大東地志』「報恩」, 山川條, "車衣峴 … 西十五里 懷仁大路."

었기 때문이다. 당시의 상황을 『重峰集』에서는 다음과 같이 기록하고 있다.

　　門下諸生과 더불어 鄕兵을 모집하여 報恩의 車嶺에서 적을 막아 차단하여 물
　리쳤다. … 선생이 청주로부터(옥천으로) 돌아왔다. 門人 金節·金篇·朴忠儉
　등과 鄕兵 수백 명을 모집하였다. 적이 바야흐로 報恩에서 車嶺을 넘으려 한다는
　소식을 듣고는, 군사를 이끌고 가서 여러 차례 막아냈다. (한 번은) 갑작스럽게
　賊兵과 부딪혀 거의 한 무리로 엉킬 뻔하였다. 선생이 크게 소리지르며 맹렬한
　기세로 돌진하자, 門徒와 軍人들이 힘을 다하여 싸워서 물리쳤다. 이때부터 왜적
　은 감히 이 길을 통해서는 서쪽으로 나아가지 못했다.114)

　　즉 車嶺이라는 요해처를 이용한 조헌의 저항에 부딪힌 왜군 제3번대 黑
田長政의 병력은 일단 북상이 저지되었던 듯하다. 그리고 이 때문에 왜군은
보은에서 청주로의 直幹路인 회인의 皮盤嶺115)을 넘지 못하고 文義로 돌아
서 청주를 점령한 것으로 판단된다.116)
　　왜군이 청주성을 점령한 것은 아마도 錦山이 점령된 시기와 거의 같은 6
월 하순으로 추정된다. 이와 관련해서는 『宣祖實錄』에서 금산이 점령당한
날과 같은 기사에 왜군의 청주 진입를 기록하고 있음이 주목된다.

　　왜적이 전라도·충청도의 郡縣에 침범하였다. … 茂朱·龍潭에 침입하고 錦
　山에 주둔하였다. 충청도의 沃川·永同 등을 침범하고, 淸州에 주둔한 뒤 사방으
　로 나누어 불태우고 약탈하였다.117)

●●●● ●●●●●●●●●●●●●●●●●●●●●●●●●●●●●●●●●●●

114) 『重峰集』附錄 권1, 「年譜」, 萬曆 20년 壬辰 5월, "與門下諸生 募得鄕兵 遮截報恩之車嶺
　　以却賊 … 先生自淸州還 與門人金節金篇朴忠儉等 募得鄕兵數百人 聞賊方自報恩踰車嶺
　　遂率兵數遮截猝遇賊兵 幾爲所乘 先生大呼殺入 門生及軍人等 力戰却之 由是 賊不敢由
　　是路而西."
115) 『大東地志』「懷仁」, 山水條, "皮盤嶺 西北二十 直淸州大路 高險逶曲."
116) 金正浩가 1865년에 편찬한 것으로 추정되는 『大東地志』의 '典故條'에서는 역대 倭의
　　침입과 관련된 사실을 비교적 상세하게 소개하고 있는데, 충청도의 경우 임진왜란 때
　　왜군에 의해 점령된 지역은 永同, 沃川, 報恩, 文義, 淸州, 木川으로 기록하고 있다. 다소
　　문제는 없지 않지만, 대체적으로 사실성을 갖춘 것으로 판단된다.

그런데 『瑣尾錄』의 기록에 따르면 금산이 점령당한 날짜는 6월 23일[118]이므로, 청주도 이즈음을 전후하여 왜군의 수중에 들어갔을 것으로 여겨진다.

그러면 왜군의 청주 진격에 따른 조선군의 대응은 어떠했을까. 당시 청주를 비롯한 충청도지역의 방어를 책임진 관군 지휘관은 忠淸道觀察使 尹國馨(初名은 尹先覺)과 兵使 李沃이었다. 그러나 이들은 왜적의 침입에 적극적으로 대응하기보다는 오히려 전투를 기피하여, 錦江부근에 주둔하고 있었을 따름이었다. 이에 조헌은 6월 28일[119] 윤국형에게 서신을 보내 전투를 기피하여 왜적이 縱橫할 수 있도록 내버려두는 것을 꾸짖었으나, 그는 받아들이지 않았다.[120]

한편, 청주성을 점거한 왜군은 앞서 언급하였듯이 사방으로 나누어 분탕질과 약탈을 자행하였다. 당시 청주성에 주둔한 왜군의 규모가 어느 정도였는지를 고찰할만한 자료는 아직 없는데, 청주가 右路上의 주요 도시였을 뿐만 아니라 湖右地域으로 진출하기 위한 거점이었으므로 상당한 병력이 머무르고 있었을 것으로 판단된다.

임진왜란 당시 왜군의 기본적인 전략은 주요 간선로를 점령하여 급히 북상하면서 일정 거리마다 거점지역을 설정하여 후방 부대를 주둔시켜 보급로를 유지하고, 한편으로 주변지역에 대한 약탈을 통해 군수조달을 지원하도록 하는 형태였다. 그 주둔군의 규모는 대략 100~1000명으로 일정하지 않았는데, 청주지역은 그 전략적 위치상 최대한의 병력이 배치되었을 것으로

●●●●○○○○○○○○○○○○○○○○○○○○○○○○○○○○○○○○

117) 『宣祖修正實錄』 권26, 25년 6월조, "倭賊 犯全羅忠淸郡縣 … 入茂朱龍潭縣 屯遽錦山 入忠淸道沃川永同諸縣 屯遽淸州 四出焚掠."
118) 『瑣尾錄』 제1, 임진남행일록 6월의 기사, "卄二日 茂朱栗峴 賊五六潛踪 探見虛失 而翌日自沃川地赴錦山 與錦山守相戰 衆寡不敵 錦山太守 三戰三敗 至於落馬 未知生死 而賊已入郡 分掠四境云."
119) 『重峰集』 권9, 「與湖西巡察使尹先覺(後改名國馨)」 참조. 그 말미에 작성일자를 6월 28일로 기술해놓고 있다.
120) 『宣祖修正實錄』 권26, 25년 6월조, "忠淸監司尹國馨 兵使李沃 聚兵錦江爲防衛 不敢進擊 趙憲移書國馨 責其逗撓縱賊 不聽."

생각된다. 그리고 일단 주둔 거점을 마련한 왜적은 적게는 5~6명, 많게는 20~30명씩 떼를 지어 주변지역에 대한 약탈을 자행하였다.[121]

왜군의 무차별적 약탈에 따른 지역민의 피해상황 및 그에 따른 대응양상은 앞서 청주지역에서 활동한 또다른 의병장이었던 朴春蘭과 朴友賢의 사례를 통해서 살펴볼 수 있었다. 요컨대, 부모와 가족 그리고 이웃이 왜군에 의해 마치 魚肉처럼 살육당하는 참상을 직접 목도함에 따라 이제 일반 백성들은 支配階層의 收奪에 따른 反感이나 身分의 對決意識을 뛰어넘어 民族的 抵抗의 隊列에 적극적으로 나섰고, 이에 따라 다양한 향토의병이 활약하고 있었다.

한편, 당시 청주성은 7월 중순 제1차 평양성전투 이후 왜군이 長期籠城戰으로 전략을 수정하면서 군량확보를 위한 호남 진출의 중간거점으로 설정하였기 때문에, 주요 작전지역의 하나로 대두하여 피아간에 귀추가 주목되고 있었다. 이에 따라 당시 충청도 방위책임자인 巡察使 윤국형은 방어사 이옥과 助防將 尹慶祺로 하여금 청주성을 공략하도록 하였다. 그러나 이옥이 지휘하는 관군은 연전연패하여 鳥致院 부근으로 퇴각한 이후 戰意를 상실하여 전투를 忌避하고 있었다. 따라서 관군으로서는 새로운 대안을 모색할 수밖에 없었는데, 이때 주목된 인물이 다름아닌 僧將 靈奎였다. 즉 승장 영규가 방어사 이옥을 대신하여 새로이 징발된 승병은 물론 관군에 대한 총지휘권을 위임받아 청주성으로 재차 진군하였던 것이다. 이러한 전후의 사정에 대해 윤국형은 다음과 같이 기술하였다.

> 牧使(*公州牧使) 許頊도 말하기를, 우리 公州의 승려인 靈圭가 스스로 應募하여 말하기를 '萬億(*鄭萬億)은 보잘 것 없는 인물인데도, 장군의 명성을 얻고 있습니다. 나도 出陣하여 동지 승려 아홉명을 이끌고 賊勢를 살펴보고 적의 소탕을 돕고자 합니다' 하니, 그 말을 취할만하다고 하였다. … 이에 內浦地域의 僧軍 수

●●●●
121) 李樹健, 1990, 「朝鮮前期慶北地域의 義擧와 義兵」, 『慶北義兵史』, 191~204쪽 및 274~276쪽의 내용을 필자 나름대로 재정리한 것이다.

천 명을 징발하여 그에게 지휘하도록 하고, 이름하기를 僧兵牌頭라고 하였다. 열흘동안 부대를 정비하였다. … 방어사 이옥과 더불어 서로 응원하도록 하였다. 이옥은 이때 燕岐縣 東津에 주둔하여 있었다. 얼마 있다가 靈圭는 西門 밖 氷庫峴으로 나아가 陣을 쳤는데, 모두 세 陣이었다. 정예병을 출진시켜 사면에서 왜군을 기다렸다가 邀擊하니, 적이 감히 함부로 행동하지 못했다. 이때가 임진년 7월 15일에서 20일 사이였다. 29일에 방어사 및 인근의 官將·守令들로 하여금 영규와 더불어 (성을) 공략하여 적을 소탕하도록 하였다. 모든 절제는 나(*尹國馨)에게 받도록 하였다. 하루종일 싸웠으나, 勝敗를 가르지는 못했다. 이에 李沃과 영규가 陣을 퇴각시켰다. 내가 공주목사로 하여금 급히 말을 달려 이옥의 陣으로 가서 가볍게 퇴각함을 질책하고, 다시 전투를 재촉하였다.[122]

<hr />

[122] 『문소만록』, "牧使許頊亦言 本州僧靈圭自募曰 萬億甚劣 亦得將軍之名 我亦從軍 率同志僧九人探審賊勢 以助討賊 其言可取也 … 乃抄內浦僧軍數千 使領之 稱爲僧兵牌頭 旬日之間 整其部伍 … 與防禦使李沃 相爲聲援 沃時在燕岐東津結陣矣 未幾 圭進陣于西門外氷庫峴 凡三陣也 時出精銳邀掠四面 賊不敢恣行 時壬辰七月望念間也 念九防禦使及隣近官守令 與圭將功淸賊 凡節制皆聽於我 終日接戰 勝敗未決 沃與圭罷陣 余使公牧馳往沃陣 責其輕罷 更卽督戰." 한편, 이 자료에 대해서는 8월 1일 청주성수복전을 윤국형 자신이 주도한 것처럼 기록하고 있다고 보고, 자료의 신빙성을 의문시하는 논리가 없지 않은데, 이는 다소 성급한 판단이었던 것 같다. 위 기록에 곧바로 이어지는 기사를 살펴보면, "乃於八月初一大戰 雖無斬級之功 而賊徒多中矢丸 其勢孤立 翌曉賊悉衆而逃遁 此後賊更不來犯 淸境獲安 民得收穫 圭以此聲聞中外"라고 하고 있는 것에서 알 수 있듯이, 8월 1일에 大戰이 펼쳐졌음에도 불구하고 영규 등 관군이 얻은 성과는 "비록 적의 목을 베는 공은 없었으나, 적의 무리를 화살과 탄환으로 쏘아 맞힌 것은 많았다"라고 표현되는 미미한 것이었다. 즉, 이 내용은 순찰사 윤국형이 자신의 주관아래 청주성에서 승첩을 거두기 위해 상당한 관심을 기울였음에도 불구하고, 실제로는 승장 영규가 조헌에게 총지휘권을 넘기고 그 휘하에서 지원적인 역할을 담당하였기 때문에 결과적으로 관군의 역할이 미미할 수밖에 없었음을 스스로 고백하고 있는 내용이다. 그리고 그 주선과정에서는 당시 급파되었던 공주목사 허욱의 조정이 있었음을 다음 기사를 통해 알 수 있다. 『國朝寶鑑』 권31, 宣祖朝 8月 壬辰, "公州牧使許頊 得義僧靈圭 使率僧軍助憲 憲合軍直薄淸州西門." 그런데 어쨌든 영규는 청주성수복전 이후 일대 명성을 얻게 되는데, 실질적으로는 그가 조헌이 지휘한 청주성 탈환의 기반을 닦았다고 볼 수 있다는 점에서 당연한 결과라고 해야 할 것이다. 더욱이 그는 義僧兵이면서도 관군의 지원을 받고 있었으므로, 그 사적이 일반에게 알려지기에 보다 유리한 조건을 갖고 있었다고 여겨진다.

즉, 충청도순찰사 윤국형은 방어사 이옥이 이끄는 관군이 서너 차례 전투에서 연이어 패배하자 公州牧使 許頊의 추천을 받아 靈圭를 '僧兵牌頭'라는 이름으로 사실상 이옥을 대신하여 승병을 지휘하여 관군과 더불어 청주성을 수복하도록 하였다. 이에 따라 승장 영규가 지휘하는 僧·官軍은 7월 15일부터 20일 사이에 몇 차례의 소규모 전투를 벌였고, 다시 대열을 정비하여 29일에는 일대접전을 전개했다. 그러나 이러한 일련의 전투에서도 승패가 나지 않자, 영규도 전투의욕을 상실하여 군사를 철수시키려 하였다. 이에 당황한 윤국형은 허욱을 급파하여 전투를 재촉하였으나, 이미 영규는 戰意를 상실한 뒤였다.

한편 8월 2일 청주성이 수복되기까지 승·관군이 지휘관을 바꿔가면서 왜군과 대치하고 있던 기간 중에는 앞서 박춘란과 박우현의 경우에서 보았듯이, 다양한 향토의병도 활약하였다. 특히 조헌의 휘하로 종군하였던 박우현은 조헌이 진군하기 나흘전인 7월 26일경에 독자적으로 청주성을 공략하다가 전사하고 말았다. 그리고 조헌은 다름 아닌 박우현의 전사에 자극받아 청주로 진군하고 있었다. 이를테면, 박우현이 지휘한 전투는 조헌의 청주진군에 앞서 鄕土義兵으로서 前哨戰的 戰鬪를 수행한 결과를 낳았던 것이다.

그런데 위와 같이 청주성 점령 이후 전개된 일련의 전투과정을 되돌아보면, 크게 두 가지 사실이 추론될 수 있음을 알 수 있다. 하나는 앞서 언급한 바와 같이, 조헌이 지휘한 8월 2일의 청주성 수복은 결코 一朝一夕에 義·僧聯合軍의 활약만으로 이루어진 것이 아니라는 점이다. 그 과정에는 僧·官軍을 비롯하여 鄕土義兵에 의한 전투가 때로는 대규모로 지속되고 있었다는 사실이다. 다른 하나는 당시 그만큼 청주성의 전략적 위치가 부각되고 있었다는 점이다. 즉 임진왜란 초기 청주성전투는 단순히 점거당한 하나의 邑城을 회복한다는 차원이 아니라, 당시 戰鬪狀況과 밀접하게 연결되어 이후의 戰勢를 가늠할만한 전투로서 위상이 부여되고 있었던 것으로 생각된다.[123] 이를테면 당시 청주성 수복과 관련하여 아직 미점령지역이었던 淸

州 以西를포함한 湖右地域의 義·僧·官軍을 포함한 충청도의 관·민병이 총동원되는 듯한 형세를 보였던 까닭이라고 하겠다.

당시 왜군도 청주성이 갖는 이러한 전략적 위치를 충분히 인식하여 성밖으로 나와서 공격하는 등 적극적인 공세를 펼쳤던 것으로 판단된다. 승장 영규도 氷庫峴에 주둔하여 7월 중순에 처음 펼친 전투에서는 왜군의 이러한 공세 때문에 埋伏과 邀擊의 방법을 동원하여 적과 대치하였다.[124] 8월 1일 조헌이 지휘한 왜군과의 첫 접전도 서문 밖에서 이루어졌다. 이렇듯 당시 왜군은 최소한 2천여 명이 넘는[125] 의·승연합군에 대응해서도 적극적인 공세를 펼치고 있었다. 당시 청주성이 갖고 있던 전략적 위치를 다시 한 번 짐작해 볼만한 사실이라고 하겠다. 그런데 이 모든 전투상황에 대한 기록은 모두 西門과 관련된 기록일 뿐이라는 사실이다.

위와 같이 당시 청주성을 둘러싸고 義·僧·官軍에 의해 전개된 일련의 전투를 고려할 때 8월 1일 조헌이 주도한 청주성 수복전은 이러한 일련의 전투를 마침내 승리로 마무리한 의미를 갖는 전투였다고 할 수 있다. 즉 청주성의 점거 이후 民·官兵을 총동원하여 탈환전을 전개하였던 일련의 지휘관들은 한 달이 넘게 지속된 전투에서도 승전보를 올리지 못하고 전사하거나 전의를 상실한 상태였다. 이를테면, 다시 전투를 속개하기 위해서는 또 다른 새로운 지휘관이 요구되는 상황이었다. 조헌은 바로 이러한 시기에

●●●◦ ·······················

123) 1592년 8월 당시 왜군이 호남으로 진출을 꾀하고 있던 상황에서 호서지역은 피아간에 '咽喉之地', 즉 뱃속으로 들어가기 위해서는 반드시 거쳐야 할 關門·要害處로 인식되고 있었다. 그런데 왜군이 그 관문을 공략하기 위해 설정한 진출거점이 다름아닌 청주와 진천이었다는 사실에서 그 전략적 위상을 짐작할 만하다고 하겠다. 이와 관련된 기록은 다음과 같다. 『宣祖實錄』권30, 25년 9월 戊辰條, "忠淸一道 爲賊咽喉." 한편, 이와 관련하여 宋時烈이 지은 조헌의 「행장」에서는 금산전투의 의의를 兩湖의 保全 및 倭軍撤收의 본격적 계기로 이해한 대목이 주목된다. 즉, 조헌이 금산전투에 앞서 청주로 진군한 이유, 절대적 병력의 열세에도 불구하고 금산공격을 감행한 까닭이었지 않나 추론해 볼 만하다. 청주성전투는 금산전투의 전초전에 해당하는 전략적 의미를 갖는다고 할 수 있을 것이다.

124) 주) 116 중의, "時出精銳 邀掠四面 賊不敢恣行."

125) 조헌의 1600여 명, 영규의 300여 명만을 예정했을 때의 규모이다.

1600여 명에 달하는 대규모의 병력을 이끌고 청주성으로 진군하였던 것이다. 이러한 상황에 대해 이미 1710년(숙종 36) 형조참판 金鎭圭가 글을 지어서 문 밖에 세웠던 「文烈公重峰趙先生紀蹟碑文」에서는, 다음과 같이 기록하였다.

> 왜군이 청주를 점거하고 있었는데 세력이 강성했다. 방어사와 조방장의 군사는 모두 패하여 달아났다. 義士 朴友賢이 전사하니, 선생(*조헌)이 이에 급히 (청주로) 나아갔다. 승장 영규의 군대와 연합하여 壬辰年 8월 1일에 邑城 서쪽에서 적과 대치하여, 친히 쏟아지는 화살과 돌을 무릅쓰고 전투를 독려하였다.[126]

즉 방어사의 관군도 향토의병진도 영규의 의승병도 모두 패전하여 전의를 상실하고 있었다. 그러므로 전체적인 사기도 저하되어 있었던 듯, 조헌은 직접 앞장서서 전투를 독려하지 않을 수 없었다. 그리하여 하루종일 전투를 치렀으나 뜻밖의 소나기로 일단 후퇴하지 않을 수 없었다. 그런데 이튿날 새벽 한 여인이 성밖으로 나와 왜군의 탈출을 전달해줌에 따라 의·승연합군은 무혈입성의 방식으로 청주성을 수복하였다. 여러 차례 계속된 전투에서 대부분의 정예병력을 잃고 의·승연합군의 士氣에 눌린 왜군은 새벽녘에 어둠을 틈타 스스로 철수하였던[127] 것이다.

그러면 이렇듯 6월 하순 왜군의 점령 이후 8월 2일 다시 수복하기까지 한 달이 넘게 지속된 일련의 청주성전투에서 박춘무 의병진은 어떠한 역할을 수행하였던 것일까. 앞서 언급하였듯이, 이에 대한 『花遷堂集』의 기록은 단순히 소개하는 정도에 그치고 있다. 논의의 편의를 위해서 해당 기사를 제시하면 다음과 같다.

●●●●

126) 『重峰集』 부록 권4, 「淸州戰場碑銘」, "賊據淸州者盛 防禦助防諸軍皆潰 義士朴友賢戰死 先生乃趣之 合僧靈圭軍 以壬辰八月朔日 與賊於州城西 親冒矢石督戰." 한편, 『重峰集』 부록 권2, 「행장」에서는 당시의 상황을 다음과 같이 기술하였다. "是時倭奴方據淸州 防禦使李沃及尹慶祺軍 相繼奔潰 僧將靈圭 獨與賊相持累日 先生聞之 急向淸州."
127) 『重峰集』 권8, 「起兵後疏」, "而想其精銳銷盡於是戰 故夜焚其屍 而拔餘黨宵遁."

수 천 명의 의병을 모아서 淸州로 直向하였다. … 公(*박춘무)은 청주성의 南門을 공격하고, 조헌은 서문을 공격하여 청주를 수복하였다.[128]

이렇듯 매우 단편적인 기록이기는 하지만, 그 사실성이 충분히 추론될 수 있음은 앞서 여러 논거를 들어 설명한 바와 같다. 즉 창의 당시 양호의병의 공동작전구상 및 이행사실이라든가, 청주성의 시설구조에 따른 攻防構想의 일반성, 점거 이후 전반적 전투과정 등에 대한 고찰을 통해 그 사실성을 논거할 수 있었다.

그런데 어쨌든 여러 정황을 고려해 볼 때, 당시 청주성의 주요 전투지역은 서문 밖이었고, 8월 1일 수복전은 조헌이 주도하고 있었다. 그렇다면 당시 청주성의 공략에 임하는 조헌의 작전구상은 어떠한 것이었을까. 이제 이 문제에 착안해보면, 청주성전투에서 박춘무 의병진이 수행한 역할도 보다 뚜렷하게 드러날 수 있지 않을까 생각된다.

8월 1일 청주성 수복전 당시 조헌의 작전지역은 승장 영규가 일련의 전투를 벌였던 서문 밖이었다. 당시 호우지역에서 청주로 진군할 때 그대로는 빙고현을 넘어 청주성의 남서부와 직면하게 되므로,[129] 서문 또는 남문 밖이 주요 전투지역이 되는 것은 자연스러운 형세였을 것이다. 특히 氷庫峴에서 社稷壇으로 이어지는 서문의 對峰, 즉 社稷山([도면 2]의 梨洞~沙丁洞 지역)은 청주성안의 적세를 관망하기에 유리한 高地이므로 일찍부터 방어사 이옥을 비롯하여 승장 영규도 이곳을 중심으로 주둔[130]하였을 것이다. 그리고 뒤이어 진군한 조헌의 의병진도 영규의 승병진과 합세하고 있었으므로[131] 역시 이곳에 주둔[132] 하였을 것이다.[133]

●●●●●·······································

128) 주) 11 참조.
129) 주) 40의 [도면 2] 참조. 『重峰集』권8, 「기병후소」, "以今八月一日 進軍淸州西南隅."
130) 당시 영규와 조헌은 모두 빙고현(또는 화청령)에 주둔하였다. 이에 대해서는 주) 122 및 주) 132 참조.
131) 참고로, 조헌은 당시 충청도순찰사 윤선각 및 방어사 이옥과도 일찍부터 친분관계를 갖고 있었다. 『重峰集』권8, 「淸州破賊後狀啓別紙」, "臣於忠淸巡察防禦 皆有素交."

한편, 이러한 일련의 과정에서 박춘무의 의병진은 적어도 향토의병장의 한 사람이었던 박우현이 7월 26일경 전몰하기 이전에는 청주성으로 진군하였을 것으로 추정된다. 그런데 이미 빙고현의 우측 사직산은 僧·官兵이 주둔하고 있었으므로, 아마도 남문 밖의 남들지역에 진을 치고 남문의 공략을 구상하게 되었을 것이다. 즉 영규의 승·관병은 서문을, 박춘무의 의병진은 남문을 공략대상으로 설정한 가운데 여러 차례 접전이 있었을 것임을 추정해 볼 만하다. 그리고 이러한 역할분담은 조헌이 진군한 이후에도 이미 두 사람이 각각 호서의병의 좌·우대장으로 추대되었으므로, 청주성전투 과정에서도 자연스럽게 받아들여질 수 있었을 것이다.

당시 청주성을 둘러싼 아군의 작전지역이 이미 이렇듯 역할분담이 이루어졌으므로, 8월 1일 조헌이 청주성 수복전을 지휘할 때에는 사실상 北門에 대한 역할부여만 구상하면 되었다. 실제로 조헌은 북문지역의 작전은 방어사 이옥이 담당하도록 구상하고 있었다. 이러한 사정은 다음의 기사를 통해

●●●●○○○○○○

132) 청주성전투 당시 박춘무의 의병진은 조헌의 진군에 앞서 청주성 남문 밖의 '남들(현재 청주시 慕忠洞·秀谷洞 일대)'에 주둔한 것으로 전해온다. 그런데 조헌이 서문의 對峰, 즉 社稷山에 陣을 설치하였던 사실에 비추어 볼 때, 필자의 생각으로는 박춘무의 의병진도 역시 남문의 대봉, 즉 현재 西原大學校([도면 2]의 '梨洞~古堂' 지역) 자리에 設陣하였을 것으로 판단된다. 그래야만 高地에서 적의 동태를 관망하며 전투를 수행할 수 있었을 것이기 때문이다. 이러한 사실은 다음의 두 자료를 통해 추론해 볼 수 있다. 우선 『輿地圖書』淸州牧 山川條 華淸嶺에서는, "華淸嶺 在州南四里 國士峯來爲邑基右輔 萬曆壬辰 重峯趙憲 陣于此 擊倭大捷"라고 하여, 조헌이 邑城의 右輔인 화청령, 즉 빙고현에 주둔하였다고 기록하고 있다. 그런데 『重峯集』 부록 권4, 「遺事」에서는, "遂退陣於對峰 以臨城中"이라고 하여 조헌이 청주성전투 당시 서문의 對峰으로 일단 철수했던 것으로 기록하고 있다. 즉 본래 陣을 쳤던 서문의 대봉, 즉 사직산으로 돌아가서 高地에서 성안의 동태를 관망했던 것이다. 한편 이러한 사정은 『淸州誌』(趙健相 編, 1961), 제1편 舊淸州誌 제6장 山川篇에서 '華淸嶺'에 대해, "西쪽으로 四里, 宣祖 壬辰 8月에 趙重峰이 이 山에 陣을 치고 倭兵을 擊退하여 크게 이긴 자리이며, 往日에는 社稷壇이 있었고 오늘은 忠魂塔이 서있다"라고 설명하고 있는 데서도 추론이 가능하다.

133) 임진왜란 초기에 활약한 의병과 관군의 실질적 혼재성 및 엄격한 구분의 애매성에 대해서는, 趙湲來, 1989, 「壬亂期湖南義兵과 義兵指導者의 性格」, 『北岳史論』 창간호, 國民大國史學科 참조.

확인해 볼 수 있다.

> 전투가 한창 무르익을 무렵 선생(*조헌)은 방어사 이옥에게 북문 밖에 병력을
> 매복시킬 것을 요청하였다. 그러나 이옥이 받아들이지 않았기 때문에, 나머지 적
> 들이 달아날 수 있었다. 이에 軍中에서 이옥을 원망하지 않는 사람이 없었다.[134]

즉 조헌은 8월 1일 왜군과의 접전에서 일단의 勝氣를 잡게되자,[135] 아직
전투지역에 들어있지 않았던 북문 밖에 방어사 이옥으로 하여금 관군을 매
복하여 왜군의 퇴각에 대비하도록 요청하였던 것이다. 그런데 사실 조헌은
이미 청주로 출발할 당시에 방어사 이옥에게도 여러 차례 진군을 종용하고
있었다는 점[136]에서, 북문에 대한 이러한 조치는 하나의 궁여지책이 아니었
나 생각된다. 다시말해 본래는 西門을 비롯하여 南門·北門에서 民·官兵
이 일제히 공격을 단행하여 청주성을 수복할 작전구상을 세웠으나 방어사
이옥이 요청을 거절함에 따라, 북문에 대해서는 전투의 승기를 잡게되자 그
차선책으로 왜군의 탈출에 대비하여 매복이라도 실시할 것을 요청하였던
것이 아닌가 생각해 볼만하다. 그러나 방어사 이옥은 이것마저도 거절함으
로써 왜군의 잔여세력은 북문을 통해 진천방면으로 퇴각할 수 있었다.

이상으로 살펴본 바와 같이, 지금까지 조헌과 영규의 활약으로만 알려졌
던 1592년 8월 2일 청주성 수복은 사실상 6월 하순 왜군의 점령 이후 지속적
으로 전개된 義·僧·官軍의 활동이 하나로 축적된 결과로 볼 수 있었다.
이 과정에는 영규가 지휘하는 승병은 물론 박우현·박춘란 등 여러 갈래의
향토의병진이 활약하였고, 방어사 이옥과 조방장 윤경기가 지휘하는 관군

●●●●●○ ⋯⋯⋯⋯⋯⋯⋯⋯⋯⋯⋯⋯⋯⋯⋯⋯⋯⋯⋯

134) 『重峰集』 부록 권2, 「행장」, "方戰時 先生令李沃 設伏於北門外 沃不從 故使餘賊得脫 軍
中莫不恨沃."
135) 『重峰集』 부록 권2, 「행장」, "士皆致死 賊大衄退走入保 我軍將登城."
136) 『重峰集』 부록 권2, 「행장」, "急向淸州 一面促李沃進軍." 및 『重峰集』 권8, 청주파적후
장계별지, "故其擊淸賊之日簡書相戒不一而足."

도 그 초기의 전투를 이끌었다. 즉 당시 청주성수복과 관련해서는 淸州 以西부터 湖右地域의 義·僧·官軍을 포함한 충청도의 관·민병이 총동원되는 듯한 형세를 이루고 있었다. 다만, 이 과정에는 충청도 방어의 최고책임자인 순찰사 윤선각도 귀추를 주목하고 있었으나, 끝내 관군 주도라는 입장을 버리지 못함으로써 오히려 의병 활동을 방해하는 결과를 낳고 말았다.

이러한 일련의 청주성 전투과정에서 일찍이 동문수학한 歲寒의 故友로서 함께 호서의병의 우·좌의대장으로 추대되었던 박춘무와 조헌은 각각 청주성의 남문과 서문을 공략을 지휘하였다. 다만, 박춘무는 6월 하순 이후 지속된 일련의 전투과정에서 주요 작전지역이었던 서문공략의 지휘권이 방어사 이옥으로부터 승장 영규로, 그리고 다시 호서좌의대장 조헌으로 넘어감에 따라 남문의 공략을 담당하여 주로 牽制 및 應援(支援)의 역할을 담당하였을 것으로 생각된다. 즉 이렇듯 박춘무는 청주성 수복이 있기까지 조헌과 거의 대등한 위치와 역할을 분담하여 승리를 이끌어낸 또 한 명의 주요한 의병장이었다. 이러한 일련의 과정에 있었기에 조헌이 지휘한 의·승병이 8월 1일 전투를 수행한 지 하룻만에 청주성을 수복할 수 있었던 것이다.

2) 鎭川勝捷 및 이후의 行蹟

앞서 살펴 본 淸州城 收復戰鬪와 마찬가지로 박춘무의 鎭川勝捷에 대해서도 그 사실은 거의 알려져 있지 않다. 특히 진천으로 진군한 이후 박춘무의 의병진은 본격적으로 독자적인 활동을 전개하였으므로, 그 문집『花遷堂集』이외에는 관련사실을 기술해놓은 자료도 현재로서는 찾아보기 어려운 실정이다. 실제로도 진천지역에서 발행된 古邑志 및 현행 市郡誌 등을 조사해보면, 임진왜란 당시 활동한 의병장으로는 金孝騫, 李時發, 林秀荃·林秀蕡·林賢 兄弟父子 등이 소개되고 있을 뿐이다.[137]

●●●●
137)『朝鮮寰輿勝覽』(李秉延 著, 1937), 「鎭川郡」, 功臣條·忠臣條 및 『鎭川郡誌』(1994, 진천군), 107~108쪽 참조.

그런데 이러한 의병장들의 활동에 대한 내용을 자세히 살펴보면, 임진왜란 초기 진천지역에서 활약한 중심인물은 오히려 박춘무로 보아야 할 것임을 알 수 있다. 우선 이시발은 박춘무 휘하에서 종사관으로 참가하였으므로, 그의 의병활동이란 사실상 박춘무 의병진의 활약을 가리키는 것이 된다. 그리고 임수전·임현·임수명 부자형제는 박춘무의 의병진이 진천전투에서 왜군을 격퇴하고 수원방면으로 북상한 뒤, 의병진을 구성하고 북상하여 竹山鳳城戰鬪에서 전사하였다고 한다. 그렇다면 박춘무의 의병진이야말로 임진왜란 초기 진천지역에서 가장 비중있게 활동한 의병부대였다고 할 수 있다.

그러나 박춘무 의병진의 진천승첩은 위에서 언급하였듯이, 단독으로 거둔 성과였기 때문에 사실관계를 비교·검토할만한 자료는 아직까지는 없는 듯하다. 따라서 진천승첩에 대한 해명은 사실상 거의 전적으로 그 문집『花遷堂集』에 의존하여 자료소개의 정도에 그쳐야 할 형편이다. 다만, 이 과정에서 작성된 것으로 보이는 일차자료로서 격문 1건[138]이 있어서 나름대로의 사실성이 확보된다고 하겠다. 그러므로 박춘무의 진천승첩에 대해서는 논란이 될만한 한 두 가지 사항을 제외하고는『花遷堂集』의 해당 기록을 다시 한번 열람하는 것으로서 그 대체적인 논의를 대신하고자 한다. 우선 앞서 인용한「거의시사」에서 해당부분의 기사를 다시 한 번 제시하면 다음과 같다.

군사를 나누어 진군하기를 조헌은 錦山으로 나아갔으며, 공(*박춘무)은 鎭川으로 향했다. 왜적을 포위하고 열흘이 지나도 지원병이 오지 않았다. 할 수 없이 포위를 풀려고 하였는데, 한 무리의 남녀들이 다투어 술과 음식을 가지고 바삐 달려와 위로하며 말하기를, 불쌍한 우리 城民들이 지금까지 도륙당할 위기를 넘긴 것은 모두 장군의 덕택이었습니다. 그런데 지금 만약 포위를 푼다면 왜적들은 틀림없이 제멋대로 살육을 일삼을 것인데, 어찌 차마 우리를 버리실 수 있겠습니

●●●○
138)『花遷堂集』권1,「再檄文」.

까. 이에 公 또한 울면서 그들을 달랬다. 그리고 그날 밤으로 포위망의 남쪽을 풀
도록 하여, 왜적이 물러나 달아날 수 있도록 하였다. 그런 다음 公은 수천의 장사
들로 하여금 말을 달려 추격하여 그 後陣을 공략하였다. 그리하여 대첩을 거두니
진천일대가 이로써 안정될 수 있었다.[139]

즉 호서 우·좌의병진의 1차 공략대상이었던 청주성 수복의 기쁨을 만끽
하였을 박춘무 등 의·승연합군은 다시금 본래의 작전구상대로 각기 군사
를 진천과 금산방면으로 진군시켰다. 즉 박춘무의 의병진은 청주성 수복 직
후 조헌 의병진에 앞서 진천지역으로 진군하여,[140] 왜군과 열흘정도 대치하
다가 한쪽의 포위를 풀어 적의 퇴로를 열어준 다음 이를 통해 퇴각하는 적
의 후미를 공격하여 패퇴시키는 방식, 즉 退路誘導 및 後方攻擊의 退路誘導
및 後方攻擊의 作戰[141]으로 다시금 또 한 번의 승리를 거두어냈다. 이때 全
面的 攻略의 방법을 택하지 못하고 퇴로유도의 작전을 구사한 까닭은 절대
적인 數的 열세에 놓여 있던 상황에서 지원병을 요청하는 격문을 주변 군현
에 발송하였으나, 순찰사 윤선각의 방해책동으로 전혀 지원을 받지 못한 채
전투를 치러야 했기 때문이었다. 어쨌든 『花遷堂集』의 기록대로라면, 박춘
무의 의병진은 청주성 수복에 이어 또 다시 진천승첩을 거두는 맹활약을 벌
이고 있던 셈이다.
    그런데 진천승첩과 관련된 이러한 기록도 부분적으로는 수정을 거칠 필
요가 있는 것 같다. 우선 검토해 볼 사항은 비록 당시에 청주성전투의 패배
로 왜군의 사기가 저하되어 있었다고 하더라도, 열흘 정도의 단기간에 박춘

●●●●‥‥‥‥‥‥‥‥‥‥‥‥‥‥‥‥‥‥‥‥‥‥‥‥‥‥‥

139) 주) 11 참조.
140) 『花遷堂集』 권2, 「행장」, "逆賊於淸州 與趙重峯先生 合戰敗之 又踽之於鎭川.";『花遷堂
    集』 권3, 「추록 상언초」, "春茂先向鎭川.";『花遷堂集』 권2, 「시장」, "遂分師敵愾 趙公則
    立殲于錦山 朴公則獻捷于鎭川."
141) 『花遷堂集』 권3 잡저, 거의시사, "乃野虛其南 賊屛迹逃走 公以累千壯士 躍馬躕後 斬其
    後陣 遂獲大捷."

무의 의병진이 전열을 재정비하고 진천전투에서 연이어 勝戰할 수 있었겠
는가 하는 의문이다. 왜냐하면 당시 청주성전투의 지휘자였던 조헌은 수복
이후 전열 재정비의 과정에서도 의병진은 여전히 순찰사 윤선각의 방해 책
동에 시달려 이렇다 할만한 재충전의 여건을 제공받지 못했던 것으로 기록
하고 있기 때문이다.

즉, 8월 2일의·승연합군이 청주성에 입성하였을 때, 왜군은 급히 퇴각하
는 바람에 성내의 창고에는 軍器와 糧穀을 그대로 남겨둔 채였다. 이에 따
라 의병진은 군량을 보충하고 병력을 재충원할 수 있는 절호의 기회를 맞이
하였다. 그러므로 조헌이 병기와 양식을 의병 및 민간에 분배하여 재충전의
기회로 삼을 것을 방어사 이옥에게 요청하였다. 그런데 이옥은 왜군이 재침
하여 사용할지도 모르므로 소각하라고 했다는 순찰사의 명령을 핑계로 모
두 불태우고 말았다. 따라서 의병진은 민간에 흩어져 각자 취식하고 병기를
마련할 수밖에 없었다.[142] 그렇다면 이와같은 사정은 박춘무의 의병진에게
도 마찬가지였을 것이다. 즉, 의병진은 청주성전투를 승리로 장식하였음에
도 불구하고, 현실적 군사책임자인 순찰사의 방해책동으로 병기나 군량 등
을 재충전할 기회를 잃어버림에 따라 승리의 기쁨으로 사기충만하기보다는
당장의 취식을 걱정해야 할 형편이었다. 그러므로 박춘무 의병진이 병기와
군량을 재충전하여 진천전투를 수행하기까지에는 다소간의 시일을 기다려
야 했을 것이다.

실제로도 진천승첩의 시기는 「거의시사」 등에서 서술하고 있는 것처럼
그렇게 빠른 것은 아니었다. 그 문집에서 진천전투의 시점과 관련하여 주목
할 만한 또 다른 자료로는, 이때 작성된 것으로 보이는 격문[143] 1건이 있다.
그런데 이 「재격문」에서는 "趙憲 輕發而內死"라고 하여 이미 8월 18일 趙憲
의 戰死[144]를 언급하고 있다던가, "奚賴天兵之來救 世無傳檄之敬業"이라

---

142) 『重峰集』 부록 권4, 「유사」, "憲入城 倉穀如故 防禦使李沃 來見曰 不可留此 爲賊再據也
悉燒之憲軍無所資 內令諸軍 各散就食 具衣裝."
143) 『花遷堂集』 권1, 「再檄文」.

고 하여 8월 중순에 있었던 明軍(*李如松軍)의 派兵通報[145] 등을 언급하고 있다. 그렇다면 그 시기는 아무리 빨라도 8월 말에야 이루어진 것으로 볼 수 있다. 즉 조헌의 의병진과 마찬가지로 박춘무의 의병진도 청주성전투의 과정에서 소모된 병력이라든가 군수품등을 재정비하기 위해서는 나름대로 일정한 기간이 요구되었던 것이다.

또 하나 검토해 볼 만한 사항은 당시 진천에 주둔해 있던 왜군의 규모를 "鎭川賊 倍於淸州"[146]라고 하여, 청주성전투 때의 규모를 훨씬 능가했던 것으로 기술하고 있는 점이다. 그런데 이 기록은 나름대로 사실을 반영한 것으로 생각된다. 당시 진천은 이미 청주와 더불어 왜군이 설정한 중간거점의 하나였고, 청주성전투 이후 守勢에 놓인 왜군이 일차적으로 집결하여 전력을 재정비할 수 있는 전략적 요충지였다. 즉 청주성전투 이후 주변의 왜군이 남·북으로 분리되어 각각 진천과 옥천으로 집결하였을 것으로 추정해 본다면, 당시 진천에 주둔한 왜군의 규모는 청주의 2배에 달하기에 충분하였을 것이다. 위의 기록은 바로 이러한 사정을 반영한 것으로 생각된다.

박춘무 의병진의 진천승첩은 여러 가지 측면에서 남다른 의미를 갖는 것으로 볼 수 있다. 우선 이 전투는 의병진이 절대적인 數的 열세에도 불구하고 거두어낸 승리, 특히 흔치 않은 連戰連勝이었다는 점에 의미를 부여할 수 있을 것이다. 앞서 살펴보았듯이, 박춘무의 의병진이 진천으로 진군하였을 때 왜군의 규모는 청주성전투 때의 2배에 달하였다. 반면에 의병진은 청주성전투를 치르는 동안 상당한 병력 손실이 있었을 것이므로, 사기가 크게 위축되어 진군하기를 주저하였다.[147] 이에 따라 박춘무는 평소의 인품[148]

●●●● ·······················

144)『重峰集』부록 권1,「年譜」, "十八日效節於錦山." 한편,『練藜室記述』권16, 壬辰義兵條
　　에서는 조헌의 전사일자를 8월 27일로 기록하고 있는데,『瑣尾錄』·『亂中雜錄』의 기사
　　를 인용하지 않더라도 祭祀와 관련된 일인 이상, 年譜의 기록이 우선되어야 할 것 같다.
145) 조원래, 1992, 앞의 논문, 108~114쪽 참조.
146)『花遷堂集』권3,「추록 상언초」.
147)『花遷堂集』권3,「추록 상언초」, "鎭川賊 倍於淸州 義士孤弱畏怯逡巡."
148) 주) 92 참조.

과 敵愾心으로 의병을 독려하는[149] 한편, 주변의 군현에 격문을 띄워 지원병을 요청하였으나 순찰사의 방해책동으로 지원병을 보내는 군현이 하나도 없었다. 이렇듯 의병진은 왜군에 대해 절대적인 수적 열세에 있었기 때문에, 할 수 없이 포위를 풀고 철수하려고 하였다. 특히 당시 지원병이 오지 않는 까닭이 순찰사의 지원금지명령 때문이었다는 점에서, 의병진의 전투의욕도 상당히 저하되어 있었을 것으로 판단된다.

그런데 이때 의병진으로 하여금 전투의욕을 불러일으킨 것은 지역주민들의 애원과 격려 때문이었다. 규모상의 절대적 열세 때문에 공격할 엄두는 내지 못하고 대치하고만 있던 의병진은 성의 포위를 풀려고 하였다. 그러자 이때 어디선가 일단의 남녀들이 달려와 의병마저 철수하면 지역민은 곧 모두 왜적에게 도륙당할 것이라고 애원하면서, 술과 음식을 장만해가지고 와서 의병진을 격려하였다. 이에 의병진은 다시 사기를 되찾아 그날 밤에 공격을 감행했다. 다만 이때 의병진이 절대적인 수적 열세에 있었으므로 退路誘導 및 後方攻擊의 作戰을 통해 다시 한 번 전승을 거두었다.

한편 당시 의병진이 연이어 승첩할 수 있었던 데는 왜군의 사정도 일정하게 영향을 미쳤을 것으로 여겨진다. 당시 왜군은 수적으로는 우세하였지만, 명군의 개입에 따른 불안과 청주성전투의 패배에 따른 사기위축으로 전의를 상실한 상태[150]였을 것으로 짐작된다. 실제로 왜군은 성안에서 농성할 뿐,[151] 공격할 엄두는 내지 못하고 있었다.

●●●●

149) 『花遷堂集』 권3, 「추록 상언초」, "春茂奮然日 京城失守 鑾興播越 爲臣民者 但效死討賊 豈萌圖生之念乎."
150) 『花遷堂集』 권3, 「추록 상언초」, "望之知爲淸州義兵 皆畏縮相戒勿犯"의 기사에서, 청주성전투의 패배에 따른 왜군의 충격을 상징적으로 엿볼 수 있다.
151) 고읍지 및 고지도 등에 진천현은 읍성을 갖추지 못했던 것으로 나타나 있다. 따라서 이때 왜군이 주둔한 성이 어디를 가리키는 것인지는 불분명하다. 다만 진천은 고대로부터 삼국의 각축장이었던 관계로 都堂山城을 비롯하여 大母山城·櫟尾山城 등이 산재하고 있는데, 이 가운데 하나가 왜군의 주둔지로 이용되었을 가능성은 충분하다고 하겠다. 한편 당시에 진천에서 피난지로 설정된 지역과 관련해서는 養千山城에 대한 일화가 전해오고 있다.

이렇듯 박춘무 의병진의 진천승첩 또한 여러 가지 요인이 복합적으로 작용하여 이루어진 결과였다. 특히 이와 관련된 일화는 그 자체로서보다는 왜군의 약탈과 살육에 대한 민족적 저항의식의 일반적 고양과 의병진에 대한 지역주민의 전폭적 지원을 상징적으로 반영한 내용이라고 생각된다. 즉 당시 진천지역 주민의 이러한 지원이 있었기 때문에 박춘무 의병진이 절대적 열세에도 불구하고 또 하나의 승리를 이끌어 낼 수 있었을 것이다.

그런데 청주성전투에 연이은 진천승첩의 의미로서 무엇보다도 특기할만한 사실은 이로써 박춘무는 호서우의대장으로 추대될 당시에 구상된 일련의 작전계획을 충실히 이행해간 유일한 의병장으로 남아 있었다는 점이다. 다시말해, 본래의 작전구상에서 연합의병의 지도자로 설정되었던 박춘무·조헌·고경명·김천일 중에서 고경명과 조헌은 이미 전사하였고, 김천일은 7월 말이면 강화도로 옮겨감으로써[152] 사실상 본래의 계획을 충실하게 수행하고 있던 사람은 박춘무뿐이었다. 그렇다면 박춘무의 의병진이 절대적인 열세에도 불구하고 진천전투에서도 승리하고 있던 배경으로서 그 개인적 역량의 탁월성도 고려해보지 않을 수 없는 대목이다. 실제로도 후술하는 바와 같이 이후 박춘무가 '用兵에 뛰어나 敗戰한 적이 없는 義兵將'[153]으로 명성을 얻게되는 까닭이었다고 여겨진다.

진천승첩 이후 박춘무의 의병진은 다시 본래의 작전구상대로 계속 북상하여 수원방면으로 진군한 것으로 판단된다. 水原은 다름 아니라 湖西左·右義陣을 구성하는 과정에서 박춘무의 의병진이 김천일의 의병진과 합동·공조하도록 설정된 지역이었다. 그런데 당시 박춘무의 의병진은 연전연승하고 있었고, 진천지역에서는 지역민의 전폭적인 지원도 있었다고 여겨지므로 본래의 작전구상대로 진군하는 데에는 별반 異論이 없었을 것으로 생각된다. 그러나 수원으로 진출한 박춘무의 의병진이 김천일의 의병진과 합류하지는 못한 것으로 판단된다. 양호지역을 연계한 연합의병의 구상을 처

---

152) 조원래, 앞의 책, 49쪽.
153) 주) 163 참조.

음 제시했던 김천일이 7월 말에 들어서는 강화도로 移陣하였기 때문이다.

한편 『花遷堂集』에서는 진천전투 이후 박춘무의 의병진이 모두 의주 용만의 행재소로 근왕한 것으로 기록하고 있음은 앞서 살펴본 바와 같다. 즉 진천전투 이후 왜군이 서울~의주의 간선도로인 西路를 가득 메우고 점차 행재소를 압박하고 있다는 소식을 들은 박춘무의 의병진은 노심초사하여 밤낮으로 진군하여 행재소에 도착하였다고 한다. 물론 北上하는 길목마다 왜군이 가득가득 주둔하고 있었지만, 다름 아닌 청주성 수복을 거둔 의병진임을 알고는 오히려 두려움에 대적하지 말 것을 서로 경계할 뿐이었다고 한다. 그리하여 박춘무의 의병진은 전원이 무사히 행재소에 도착하였다고 한다.[154]

그러나 위 기록은 우선 내용부터 허구적인 측면을 보여주고 있는데, 실제로도 그 배경구성이라고 할만한 戰況에 대한 설명이 박춘무의 의병진이 북상과정에 있었을 8월 말 이후와는 전혀 다른 전쟁 발발 초기 2개월간의 상황에 근거하고 있음을 알 수 있다. 즉, 앞서 여러 차례 언급하였지만, 청주성 수복을 전후한 시기에 조선군과 왜군의 사정은 역전되기 시작하여 왜군은 오히려 漢城 以南으로 下向駐屯하고 있었다. 설령 용만근왕론이 사실이라고 보고자 하더라도, '賊兵充滿西路'하고 '所經諸處賊屯彌萬'한 상황에서 아직 漢陽 이북에서 이렇다 할만한 승전하나 없던 敵陣을 뚫고, 아무런 저항도 받지 않고 그것도 일개 의병진이 의주까지 도착할 수 있었다는 것은 사실상 상정하기 어려운 논리이다. 그러므로 이 기록은 앞서 살펴보았듯이, 그 휘하의 종사관 이시발이 이듬해 4월 江西의 行在所에 도착하여 곧바로 還都를 요청하는 상소를 올렸던 사실이 후대의 전승과정에서 와전되어 정착된 것으로 보아야 할 것이다.

그렇다고 위 기록이 전혀 사실성이 없다고 할 수만은 없겠다. 우선 청주성 수복 및 진천승첩을 통해 알려진 박춘무의 명성이 어느 정도였던가를 짐

●●●●

154) 『花遷堂集』권3, 「추록 상언초」, "聞賊兵充滿西路 漸迫行在 不勝憂慮 日夜馳赴 而所經諸處 賊屯彌萬 望之知爲淸州義兵 皆畏縮相戒勿犯 故全師得達於行在所."

작해 볼 만하다. 특히, 이러한 기록이 정착될 수 있었던 어떤 근거와 관련하여, 아마도 진천승첩 이후 박춘무의 의병진이 淸州로 귀환을 택하지 않고 水原을 거쳐 漢城 부근에서 활동하였던 사실의 반영이 아닐까 추정해 볼 만하다고 하겠다.

이와 관련하여 1592년 9월 이후의 전황을 살펴보면, 명군의 개입 이후 강화회담이 본격화되는 한편, 왜군이 장기농성전에 대비하여 주요 병력을 한성부근으로 집결시키거나 호남공략에 치중하고 있었다. 따라서 한성 부근과 호남 진출의 교두보인 금산이 주요 작전지역으로 대두하였다. 이러한 시기에 전세 역전의 결정적인 계기를 마련한 것이 다름아닌 이듬해 2월 12일 全羅道巡察使 權慄이 지휘한 官・義聯合軍의 幸州大捷이었다. 그리고 이때 권율이 행주대첩을 거두기까지에는 관군은 물론 다양한 의병세력이 직접 참가하거나 후방에서 견제역할을 수행하고 있었다.[155]

이렇듯 진천승첩 이후 다시 본래의 구상대로 수원을 목표로 북상하고 있던 시기에 서울 부근이 하나의 주요 작전지역으로 부상함에 박춘무의 의병진도 이 지역을 중심으로 계속 활동하였을 것으로 판단된다. 더욱이 이러한 戰況은 이미 송제민의 교섭으로 양호의병의 연합작전이 구상될 때부터 예상되었던 것이라고 할 수 있으므로, 박춘무의 北上勤王的 活動도 이미 예정된 수순에 따른 것이라고 해야 할 것이다. 이러한 전후사정과 관련해서는, 다음의 기사가 주목된다.

> 임금께서 말씀하시기를, 다만 軍粮이 떨어지면, 틀림없이 兩湖로 내려갈 것이다. … 임금께서 말씀하시기를, 要害處를 막고 있는 장수가 있는가. 尹斗壽가 대답하기를, 宣居怡・許頊・朴春茂가 막고 있습니다.[156]

●●●●∶∶∶

155) 행주대첩에는 다양한 의병진이 참여하거나 원조하였는데, 이때 박춘무의 의병진도 참여했는지의 여부는 새로운 자료의 발굴을 기대해 볼 수밖에 없을 것 같다.
156) 『宣祖實錄』 권36, 26년 3월 庚申(5일), "上曰 … 但粮盡則 必下兩湖 以此爲慮 … 上曰 有 把截要害者乎 斗壽曰 宣居怡 許頊 朴春茂 方爲把截."

위 기록은 임진왜란 이듬해 3월 5일에 장차 軍粮의 조달을 위해 호서·호남지방으로 下向할 것으로 예상되는 왜군의 진격에 대비할 만한 장수가 있는가를 묻는 宣祖의 질문에 좌의정 尹斗壽가 요해처에서 宣居怡·許頊 등 당시 관군지휘관들과 더불어 朴春茂가 대비하고 있음을 보고하고 있는 내용이다. 즉 당시 박춘무는 충청도관찰사 許頊, 전라병사 宣居怡와 함께 장차 軍粮調達을 위해 호서·호남으로 下向할 것으로 예상되는 왜군의 진격에 대처하고 있는 주요 장수의 한 사람으로 파악되고 있었다.

그런데 이때 선거이와 허욱은 이에 바로 앞서 2월 12일 전라관찰사 權慄이 지휘하는 三道官·義兵의 행주대첩에 참가하기 위해 각각 露梁과 陽川에 주둔하고 있었는데,[157] 2월 말이 되면 각각 水原으로 물러나거나 本道로 귀환하였다.[158] 이때 왜군도 후퇴하면서 다시 산발적으로 兩湖지방을 점령하기도 하였는데,[159] 박춘무는 아마도 계속하여 서울 또는 수원부근에 주둔하며 활동했던 것 같다.[160] 이와 관련하여 『花遷堂集』에서 "亂已 公大歸鄕廬"[161]라든가, "收復兩京 則洗戈還鄕"[162]라고 하여 그가 귀향한 시기를 한양이 수복되고 선조가 환도하는 10월 이후로 기록해놓고 있는 사실은 이러한 사정의 반영이라고 생각된다. 특히 그가 선거이·허욱 등 당시 관군지휘관들과 더불어 활동이 파악되고 있었다는 점에서 주로 관군과 일정한 연계를 유지하면서 활동하였을 것이 아닌가 여겨진다.

●●●●·····

157) 『宣祖實錄』 권35, 26년 2월 壬寅條, "忠淸監司許頊 … 皆在陽川等地 全羅兵使宣居怡 在露梁."
158) 『宣祖實錄』 권35, 26년 2월 癸丑(28일), "幸州勝捷之後 … 全羅兵使 宣居怡退屯水原 忠淸巡察使許頊 … 引兵還歸."
159) 『宣祖實錄』 권35, 26년 2월 辛亥(26일), "備邊司啓曰, 歸賊入兩湖以爲就粮之計則國家又失兩湖."
160) 이와 관련하여, 『韓國故事大典』(金舜東, 1965, 回想社)의 「宣祖壬辰殉義人士」(657~662)에서는 임진왜란 당시 殉節한 인물 외에 '起義僧將'·'義妓'·'義兵將' 등을 당시의 職責이나 殉國地 등을 중심으로 한 구절씩 설명을 붙여 놓았는데, 박춘무에 대해서는 '居京'(662)이라고 기술해 놓고 있어 시사하는 바가 흥미롭다.
161) 『花遷堂集』 권2, 「묘표」.
162) 『花遷堂集』 권3, 「추록 상언초」.

박춘무는 宣祖의 還都가 이루어짐에 따라 의병진을 해산하고 귀향하였는데,[163] 丁酉再亂이 발발함에 따라 다시금 軍功을 떨치게 된다. 즉 정유재란이 발발하자 都體察使였던 金應南은 그 대비책으로 이전에 활동하였던 의병장들을 기용할 것을 주장하였다. 그런데 이 가운데 박춘무는 李逢·辛景行 등과 함께 "亦長於用兵 不曾敗衄",[164] 즉, 用兵이 뛰어나 敗한 적이 없는 義兵將의 한 사람으로 추천되고 있었다. 임진왜란 당시 박춘무 의병진의 명성이 어떤 하였던 것인가를 짐작하게 할만한 대목이다. 이에 따라 박춘무는 折衝將軍兼僉知中樞府事에 서용되어 중앙군인 五衛의 하나인 龍驤衛의 최고책임자로 활동했던 것으로 판단된다.[165] 이때는 이미 관군이 재정비 된 이후이므로 당연히 정규군직을 띠고 활동하였던 것이다.

이렇듯 박춘무는 임진왜란 및 정유재란을 통하여 뚜렷한 軍功과 주목할 만한 인물로 부각됨에 따라 그에 상응한 상훈적인 관직 등용도 여러 차례 이루어지고 있었다. 특히, 그는 학문적 명망뿐만 아니라 일찍이 醫術, 특히 鍼術이 상당한 경지에 있음이[166] 알려짐에 따라 선조 및 왕세자를 직접 치료하며[167] 內醫職도 겸하여 수행하였다. 이에 따라 관료로서 현달의 가능

●●●●··

163) 이것은 당시 의병진의 일반적 현상이었다고 보여지는데, 國王의 還都가 이루어짐에 따라 北上勤王의 목표가 이미 달성된 셈이고, 또 국가질서의 회복에 따라 이제 의병도 마땅히 관군으로 해체·재정비될 이유가 분명해졌기 때문이다.

164) 『宣祖實錄』권70, 28년 12월 丙寅(28일), "應南曰 … 朴春茂 亦長於用兵 不曾敗衄."

165) 주) 11 참조.

166) 토정 이지함 자신을 비롯하여 그 문인들은 대체적으로 의술에 대한 관심과 조예가 깊었던 듯하다. 해광 송제민의 경우에도 일찍이 1583년(선조 16) 35세의 나이로 향리에서 동지들과 醫局을 설치하고 약재 구입에 따른 비용 마련을 위해 魚鹽사업을 하기도 했다고 한다. 첨언하자면, 그는 이때부터 후방지원적 역할에서 능력을 발휘했던 것이 아닌가 추론된다.

167) 『宣祖實錄』권87, 30년 4월 辛巳(21일), "內醫院啓曰 林川郡守朴春茂 鍼術精詳 自前大殿東宮受鍼時 雖在外方 例爲招來 本郡則 距京遙遠 東宮亦行鍼灸 春茂勢難速還本郡 請命換授畿甸閑僻之邑 以除往來之弊 何如 傳曰 依啓陞授." 즉 박춘무는 침술에 뛰어나 왕과 왕세자의 치료를 직접 담당하면서, 선조의 총애도 받을 수 있었던 것으로 판단된다. 한편 선조 28년 이후 『宣祖實錄』에서 박춘무의 의관으로서의 활동과 관계된 기사는 모두 5차례 기록되고 있다.

성도 열리기 시작했을 것이다. 즉 林川郡守를 시작으로 잇달아 仁川·富平
등 서울 부근의 府使職에 제수되었던 것이다.

그러나 관료로서 그의 앞길은 결코 순조로울 수만은 없었던 듯하다. 오히
려 험난을 예고하고 있었다. 정유재란 이후 그의 잇따른 승진적인 지방관
임용을 놓고 東人 및 北人 정국하에서 놓고 黨色的 牽制[168)가 작용했던 것
으로 판단되기 때문이다. 즉 그의 잇따른 지방관으로 중용을 놓고 史官들이
단지 의술에 힘입은 왕의 총애로만 기록하는 형식을 빌어서, 그의 軍功과
관료로서의 능력을 폄하하고자한 것으로 추측된다. 이러한 사실은 다음의
기사를 통해 단적으로 드러나는 것으로 볼 수 있다.

> 史臣은 論한다. 朴春茂는 일개 鍼術로서 등용되었다. 전에 수령에 임용하였을
> 때도 이미 걸맞지 않는다는 비난이 있었는데, 지금 林川(*仁川)의 大邑을 제수받
> 았으니 더욱 그러하다.[169)

이렇듯 관료로서도 현달이 열리는 문턱에서 史官의 비판을 이용한 당색
적 견제가 시작됨에 따라, 본래부터 관직에 별반 관심이 없었던[170) 그로써
는 커다란 미련없이 귀향하여 남은 여생을 講學과 敎育에 종사하였던 것으
로 판단된다. 따라서 그는 의병활동 이후 처음으로 제수된 林川郡守 외에는
일체의 관직에 나아가지 않았던 듯하다. 그가 선조의 환도 이후 향리로 돌
아와 두문불출하고 강학과 후진양성에만 힘쏟았다는 후대의 기록은 이러한
사정이 다소 윤색되어 전승된 결과라고 여겨진다.

●●●● ··

168) 박춘무가 교유한 주요 인사들은 대부분 西人指向的 黨色의 면모를 보여주고 있다.
169) 『宣祖實錄』 권87, 30년 4월 辛巳(21일), "史臣曰 朴春茂 以一鍼術見用 前爲守令 已有不
　　稱之議 今授林川大邑 尤不近似矣." 한편, 여기에서 林川은 仁川의 誤記로 판단된다. 이
　　와 관련해서는 『宣祖實錄』 권87, 30년 4월 癸未(23일)에서 仁川府使로 제수되었던 사실
　　이 확인된다.
170) 주) 55 참조.

5. 맺음말

이상의 고찰 내용을 그 의병활동의 특징과 연관하여 정리하면 다음의 네 가지로 설명될 수 있을 것 같다.

첫째, 박춘무의 의병진은 창의기병 당시부터 하나의 원대한 작전구상 위에서 모병되고 활동하였다. 즉 임진왜란 초기 호서·호남의병의 首倡者인 조헌·김천일·고경명 등과 연계하여 이른바 掎角之勢로 표현된 하나의 상호연대적 공동작전을 수행할 것을 계획하였다. 특히 박춘무와 조헌은 각각 호서의병의 우·좌대장으로 추대되어 공동작전과정에서 실질적인 활동의 대부분을 담당하고 있었다. 구체적으로는 조헌은 고경명이 연계하여 錦山을 통해 호남으로 진출하려는 왜군을 방어하고, 박춘무는 한성과 금산의 중간거점으로 활용되고 있던 淸州와 鎭川地域의 왜군을 격퇴하고 水原에서 김천일과 합류하여 한성수복전에 대비한다는 방안이었다.

兩湖義兵陣이 이러한 작전구상에 따라 일단의 부대 편성을 이룬 것은 1592년 7월 4일경이었다. 박춘무는 조헌은 같은 날 출정식을 치르고 추가모병 및 부대훈련을 실시한 다음, 첫 번째 공략대상인 청주성으로 진군하였다. 그리하여 1592년 8월 1일 조헌과 영규는 청주성의 서문을 맡고, 박춘무는 정문인 남문을 공략하여 이튿날 청주성을 수복하는 전과를 올렸다. 다만, 박춘무의 남문 공략은 6월 하순 이후 지속된 일련의 전투과정에서 주요 작전지역이었던 서문공략의 지휘권이 방어사 이옥으로부터 승장 영규로, 그리고 다시 호서좌의대장 조헌으로 넘어감에 따라 주로 牽制 및 應援의 역할을 담당했던 것으로 판단된다. 그리고 이어서 본래의 구상대로 조헌은 금산으로 진출하였다가 8월 18일 전사하였으나, 박춘무는 8월 말에 다시 진천전투에서도 승전보를 울렸다. 이렇듯 박춘무는 호서의 작전지역에서 일단의 임무를 완수함으로써 계속 북상하여 수원을 거쳐 한성부근에서 활동을 지속하였다.

둘째, 박춘무의 의병진은 당시 대부분의 의병진과는 달리 일찍이 鄕邑을 떠나 충청·경기지역에서 北上勤王的 討賊活動을 수행하였다. 그것은 박춘무의 의병진이 기본적으로는 세거지였던 청주 서부지역에서 家率을 중심으로 거병하였지만, 양호의병의 공동작전 구상에 따라 활동하였기 때문이었다. 즉, 그의 의병진은 청주성 수복 이후 진천·수원 등을 거쳐 한성을 중심으로 활동하고 있었다는 점에서 단순히 鄕里自保나 復讐討賊에 그쳤던 鄕邑中心의 群小의병장과는 성격을 달리하였다.

특히 그의 의병활동에서 특기할만한 사실은 단기간에 구성되고 外地에서 활동하였음에도 불구하고 連戰連勝하여 패배를 모르는 의병장이었다는 사실이다. 청주성수복에 이어 진천전투에서도 절대적인 수적 열세를 극복하고 연이어 승첩을 거두었으며, 이후의 전투에서도 勝戰을 지속하였던 듯 '용병에 뛰어나 패한 적인 없는 의병장'으로 인식되고 있었다. 일찍이 조헌이 그 인물됨을 '恬靜自守'라든가 '深沈有智慮'라고 표현한 반면에, 박춘무는 고경명과 조헌의 전사에 '輕發而乃死'라고 애석해하고 있었던 것에 비추어 볼 때, 전투에 앞서 對敵情報라든가 地形地物의 숙지 등 충분한 사전 정보에 바탕하여 작전계획을 세웠던 것으로 여겨진다. 즉 일찍이 성리학 외에도 天文·易學 등의 분야에 관심을 기울였던 이지함의 학풍이 일정하게 작용했던 것으로 생각해 볼 만하다.

셋째, 박춘무의 의병진이 창의기병할 수 있었던 사회경제적 기반과 관련해서는 일찍이 조선초부터 '淸州~懷德' 일대에 세거하였던 선대의 배경, 특히 부친 朴箕精의 학문적·지역적 명망이 작용하였지만, 무엇보다도 토정 이지함의 문하라는 하나의 학연적 유대가 핵심적인 매개고리를 제공하였다. 즉 박춘무는 수학을 위해 거처를 옮기고 그 사실을 기념하여 自號할 정도로 이지함의 학문을 추종하여 그 문하의 대표적 학자로 성장하였다. 그리고 다름아니라 호서지역으로 내려와 소모활동을 전개한 송제민이나 함께 좌의대장으로 추대된 조헌이 모두 동문수학한 사이였다. 특히 이들은 이미 청년시절부터 艱難을 함께 共濟하기로 한 '歲寒의 故友'였다. 송제민의 교섭과 주선으로 호서의병이 구성될 때, 박춘무와 조헌이 두 수반으로 추대되는 까닭이었다. 그런데 박춘무의 의병진이 단기간에 대규모의 병력을 갖추고 향읍을 떠나 주로 外地에서 활동하였음에도 불구하고, 연전연승의 軍功

을 세울 수 있던 것은 무엇보다도 당시 일반 백성의 민족적 각성에 바탕하였기 때문이었다. 즉, 왜군의 점거가 장기화되면서 그만큼 피점령지역 주민들의 인적·물적 피해와 고통도 심화되면서, 일반 민중들은 支配階層의 收奪에 따른 反感과 身分의 對決意識을 뛰어넘어 同胞的連帶意識을 발휘하여 民族的 抵抗의 隊列에 적극적으로 나서기 시작하였다. 실제로 임진왜란 발발 이후 3개월이 지난 7월에 들어서야 의병활동이 본격적으로 추진되었던 까닭이었다. 여기에 박춘무의 의병진은 동생 박춘번, 아들 박동명 등 주로 家屬에 의해 지휘됨으로써 휘하의 군사들에게 지도자적 모범에 바탕한 강한 순응적 결속력을 이끌어 낼 수 있었을 것이다. 이야말로 향리를 떠나 외지에선 전개된 군사활동에도 불구하고 연전연승의 성과를 거두어낸 두 견인차였다고 할 수 있을 것이다.

끝으로 이렇듯 주목할만한 위상과 뚜렷한 전공에도 불구하고 박춘무의 의병활동 사실은 충분히 기록되거나, 특히 지역사회에서 거의 알려지지 못했던 까닭에 대해 언급해보지 않을 수 없다. 즉 비록 단편적인 기록들이기는 하지만, 조헌과 더불어 호서의병의 수반으로 추대되었다는 사실에서부터 정유재란을 맞아서는 '용병에 뛰어나 패한 적이 없는 의병장'으로 인식되어 중앙군의 실질적 최고책임자의 한 사람으로 활약하고 있었음에도 불구하고, 왜 그의 사적은 후대에 충분히 전승되지 못하고 주변의 인물들에 의해 복원될 수밖에 없게 된 것일까.

이와 관련해서는 우선 그의 의병활동은 대부분의 의병진과는 달리, 처음부터 하나의원대한 작전구상아래 鄕邑을 떠나 전개되었던 사실을 주목해 볼 수 있을 것 같다. 즉 그는 北上勤王的討賊活動을 구상하고 外地로 전전함에 따라 소규모의 향토의병장보다도 지역사회에서 기억될만한 여지를 남기지 못한 것으로 추론해 볼 만하다. 다음으로는 그 휘하에서 종사관으로 활약한 이시발이 일찍이 이듬해 4월이면 다시 조정에 복구하여 활동하였던 것도 그 사적을 보존하는 데는 불리한 여건으로 작용하였을 것으로 생각된다. 여기에 그의 자손, 즉둘째아들 朴東命, 손자 朴弘遠에 이르기까지 3代에 걸쳐 임진왜란에서부터 이괄의난, 병자호란에 이르기까지 연이어 창의기병함으로써 '三世倡義之家' 의 명성을 얻었지만, 가계에는 상당한 부담으로 작용하였을 것으로 여겨진다. 이에 따라 박춘무의 의병활동 사적은 중앙 또는 전국적으로 활동한 인물들의 저술을 통해서는 기억되었던 반면, 지역사회에서는 '잃어버린 이방인' 으로 남았던 것이라고 볼 수 있겠다.

壬亂期 順天朴氏 三代 倡義 研究

1. 머리말

朝鮮王朝 최대의 대외적 시련이었던 壬辰倭亂을 극복할 수 있었던 결정적인 동인의 하나는 전국적인 義兵活動에 힘입은 것이었음은 잘 아는 바와 같다. 당시 전국적인 의병의 봉기야말로 제대로 교전 한 번 벌이지 못하고 전쟁이 발발한 지, 채 한 달도 못되어 首都까지 내주고 말았던 官軍의 일방적 패배를 반전시켜 승리의 토대를 닦는 데 결정적으로 기여하였다. 특히 일찍부터 경상도 의병이 활약하여 湖南地方이 보전됨으로써 병참조달 및 수군활동의 背後基地를 제공할 수 있었다. 그러므로 지금까지 임진왜란 연구에서 의병에 대한 관심이 활발히 전개된 것도 결코 우연이 아니라고 할 수 있다.

그런데 지금까지 임진왜란 의병활동에 대한 연구는 몇몇 주요 義兵將에 대해서만 관심이 집중된 측면이 없지 않다. 또 그 軍事的 役割과 成果보다는 國難克服의 精神史的 意味를 강조하는 경향으로 흐른 측면도 적지 않다. 이러한 연구성과는 국가 또는 사회적 위기에 직면하여 個人의 安危를 돌보지 않고 목숨을 희생하는 滅私奉公의 英雄意識을 추출하는 데는 성공적이었다고 할 수 있지만, 壬辰戰亂의 전반적 측면에서 군사적 의미파악이라든 가 義兵陣營 자체의 작전·운영문제 등에 대한 이해는 상대적으로 소홀히 취급하는 결과를 낳은 것도 사실이다. 그런 측면에서 오히려 後者에 대한 관심이 고조될 때 임진왜란을 끝내는 朝鮮軍의 승리로 이해하는 시각이 일 반적으로 확산될 수 있을 것이라는 지적[1]은 적절하다고 하겠다.

각지에서 활동한 의병장들의 위치와 의미를 壬辰戰亂 전반의 추이와 관 련하여 이해하기 위해서는 크게 두 가지 측면이 고려될 수 있을 것이다. 하 나는 임진전란의 전반적 과정에 대한 파악이 군사적 측면에서 계기적이고 세분된 논의가 이루어져야 할 것이다. 다른 하나는 각각의 義兵陣이 倡義起 兵하여 戰鬪를 수행하기까지 전반적 과정에 대한 상세한 규명이 이루어져 야 할 것이다. 대규모 의병진의 경우 그 휘하의 群小義兵將들에 대한 개별 적인 고찰이 이루어져야 할 것이며, 특히 독자적인 활동을 보였던 의병장들 에 대한 연구가 축적될 필요가 있다.[2]

본고는 後者의 측면에서 임진왜란 당시 忠淸道 淸州地域에서 起兵하였 던[3] 의병장의 한 사람인 花遷堂 朴春茂와 그의 아들 梅隱堂 朴東命 그리고 朴東命의 아들 宣務郎 朴弘遠 등 3代에 걸친 倡義 활동에 대해 살펴보고자 한다. 朴春茂의 창의기병에 대해서는 임진왜란에 대한 대표적 기록물인

●●●●
1) 임진왜란에 대한 이러한 이해와 관련해서는 다음의 논문이 주목된다.
   許善道, 1984, 「壬辰倭亂論」, 『第14回 東洋學學術會議講演鈔』, 檀國大 東洋學研究所 ; 許 善道, 1985, 「壬辰倭亂論」, 『千寬宇先生還曆紀念韓國史學叢』, 正音文化社 ; 許善道, 1987, 「壬亂劈頭 東萊(釜山)에서의 여러 殉節과 그 崇揚事業에 대하여(上)」, 『韓國學論叢』, 國民 大 韓國學研究所 ; 崔永禧, 1991, 「壬辰倭亂의 再照明」, 『國史館論叢』30, 國史編纂委員會 ; 許善道, 1992, 「壬辰倭亂史論」, 『韓國史論』22, 國史編纂委員會.
2) 崔永禧, 1992, 「壬辰倭亂에 대한 理解의 問題點」, 『韓國史論』22, 國史編纂委員會에서도 앞으로의 연구과제와 관련하여 基礎作業에 집중할 필요성을 제기하고 있다.
3) 임진왜란 때 청주지역을 중심으로 전개된 의병활동에 대한 연구로는 다음의 논저가 참고 된다.
   崔槿默, 1970, 「壬亂 때의 湖西義兵에 대하여」, 『論文集』9, 충남대학교 ; 金鑛鳳, 1982, 「壬 辰亂中 湖西地方의 義兵活動과 地方士民의 動態에 관한 研究」, 『史學研究』34, 韓國史學 會 ; 李錫麟, 1993, 『壬亂義兵將 趙憲研究』, 新丘文化社.

『懲毖錄』·『瑣尾錄』·『亂中雜錄』등에 그 사실이 소개되었다.[4] 특히,『瑣尾錄』및『亂中雜錄』의 全羅道 義兵從事官 宋齊民(1549~1602)[5] 檄文[6]에서는 그가 錦山戰鬪의 殉節名賢인 重峰 趙憲(1544~1592)과 더불어 각각 忠淸義兵의 左·右大將으로 추대되었다고 하는 주목할 만한 사실[7]을 기록해 놓았다. 그러나 이러한 기록들이 斷片的인 紹介에 그친 것이어서, 지금까지 그에 대한 본격적인 고찰은 이루어지지 못하였다.

그런데 대부분의 의병장에 대한 개별사례연구가 그러하듯이 일차적으로

●●●●○○ ....

4) 『懲毖錄』권1, "時各道起義兵討賊者甚衆 … 其在忠淸道者 僧人靈圭 … 士人朴春茂 …." ; 『亂中雜錄』第1(『大東野乘』권26), 壬辰年 7月, "忠淸道 前察訪朴春茂 擧義兵討賊."
   한편, 박춘무는 宣武勳과 관련해서는 原從2等功臣에 책록되었다. 그런데「宣武原從功臣錄券」(서울대 奎章閣 도서번호 : 古4251-13)에서 朴春茂라는 이름의 녹훈자는 僉知職과 部將職을 가진 2명이 등재되어 있다. 이 중에서 화천당 박춘무는 僉知中樞府事兼五衛將(주) 11, 참조)을 지냈다고 하므로, 첨지직의 녹훈자로 판단된다.

5) 호는 海狂, 자는 以仁 또는 士役, 본관은 洪州이며, 初名은 濟民이다. 全羅道 潭陽에서 태어났으며, 光州·務安 등을 중심으로 활동하였다. 임진왜란 때에는 羅州에서 창의하여 金千鎰의 휘하에서 종사관으로 활약하였다. 土亭 李之涵의 문하에서 수학하였으며, 30세이던 1578년 스승을 좇아 湖西로 가서 조헌·박춘무와 교제하면서 歲寒契를 조직하기도 하였다. 문집으로『海狂集』(奎章閣 도서번호 : 奎6668 ; 2권1책, 1783년, 5대손 宋益中이 편집·간행)이 전해온다. 문집의 서문은 金鍾秀가 썼다. 주요 기재내용을 살펴보면, 上卷에서는「召募湖南義兵文」등 1차자료를 싣고 있으며, 下卷에서는 遺事·墓地銘을 비롯하여 尤庵 宋時烈이 쓴 墓表, 南溪 朴世采가 쓴 傳記 등 후대에 서술된 관련자료를 실었다. 그는 임진왜란 때 首倡하였던 조헌·김천일·高敬命 등 兩湖地域의 주요 의병장들과 관련하여 중요한 역할을 수행하였을 것으로 추정되면서도, 충분히 조명받지 못한 인물 중의 하나이다.

6) 『瑣尾錄』및『亂中雜錄』에 실려 있는 송제민의 격문은『瑣尾錄』의 것이 보다 온전한데, 이것도 그 全文이 완전히 실려 있지는 못하다. 그런데 필자는 본고의 작성과정에서 송제민의 문집인『海狂集』을 직접 열람함으로써, 그 전문은 물론 명칭이「召募湖南義兵文」임도 알게 되었다. 따라서 본고에서 後述하는 과정에서는 이「召募湖南義兵文」으로 인용하고자 한다. 그런데 이 자료는 '趙湲來, 1983,『壬亂義兵將 金千鎰研究』, 學文社, 48쪽'에서 이미 활용된 바 있다. 그러나 이 논저에서는『瑣尾錄』등과 연관관계에 대한 언급이라든가 자료에 대한 해제없이 단순히 한 차례 인용하고 있을 뿐이다. 즉『海狂集』의 자료적 가치에 충분히 주목하지 못했던 듯하다.

7) 『瑣尾錄』제1,「壬辰南行日錄」, '義兵從事官宋齊民通文' ;『亂中雜錄』제1, 임진년 7월 '宋齊民檄文', "故來與忠淸士友 號召義徒 … 從衆望共推 前都事趙憲 爲左義大將 以禦黃永以下之賊 前察訪朴春茂 爲右義大將 以防錦江以上之賊."

자료의 부족이라는 문제가 하나의 고민거리이다. 박춘무의 경우도 예외는 아니어서 문집으로『花遷堂集』8)이 편찬되기는 하였지만, 300여 년이나 지난 후대에 관련자료를 수집한 것이어서 기본적인 生沒年代조차 밝히지 못하였다.9) 또한 朴東命과 朴弘遠에 관한 자료 역시 빈약할 수밖에 없었다.10)

●●●●　··

8) 3권 1책의 목활자본으로 1895년 11대손 朴文圭가 편집·간행하였다. 300여 년이나 지난 이후에 편찬하였기 때문에, 박춘무의 遺稿라고 할만한 1차자료는 매우 빈약한 실정이다. 序文은 淵齋 宋秉璿(1836~1905)이 썼으며, 권말에 旁9代孫 朴夏東의 跋文이 있다. 참고로 目錄를 나열하면 다음과 같다.
　권1 – 檄文, 再檄文, 遺子孫文(舉義時遺子孫文), 書 贈李御史
　권2 – 行狀, 墓表, 墓表追記(花遷堂朴公墓表追記), 謚狀, 禮曹啓目, 延謚節目, 三代倡義錄序
　권3(雜著) – 東史文獻錄(東史文獻錄 土亭李先生門人), 壬辰日記, 舉義時事, 壬辰錄, 春坡堂集(春坡堂錄卷之八), 懲毖錄(西崖懲毖錄), 抗義編(重峰抗義編), 祠宇(祠宇 懷仁後栗祀), 追錄 疏本(追錄 上言草)
9) 이에 따라 그 의병활동 사실에 대한 古邑志類 및 現行 市郡誌 등에서의 기록도 비교적 최근에 들어서야 이루어졌음을 알 수 있다. 즉 1989년 3월 26일 淸州市 中央公園에서 개최된 그 戰蹟碑 제막식 당시에 배포된 자료인「愍襄公花遷堂朴先生戰場紀蹟碑建豎錄」에 따르면, 그의 의병활동 사적이 지역사회에 일반적으로 알려지기 시작한 것은 1961년 趙健相이 편찬한『淸州誌』의 간행 이후라고 소개하고 있다. 물론 古邑志類에 박춘무에 대한 기록이 전혀 없는 것은 아니다. 그러나 그 시기는 매우 늦어서 1933년 李秉延이 편찬한『朝鮮寰輿勝覽』에 처음으로 소개되었다. 여기에서는 '忠淸北道 淸州郡 原從勳條'에서「朴春茂 字 至元 號花遷堂 順天人 文愍公仲林后 土亭門人 官富平府使 壬辰與趙重峯倡義 以李時發韓赫 爲從事官 累立戰功 扈駕龍灣 錄宣武勳 贈左參贊 謚愍襄 屛溪尹鳳九撰墓表 吏判南秉哲 撰謚狀 享後栗祠 有遺集」이라고 하여, 그 문집을 열람하였던 듯 비교적 자세히 소개하고 있다. 그러나『朝鮮寰輿勝覽』이 일제식민치하의 암울한 시기에 이루어진 개인적 저작이었던 관계로 일반에게 영향은 크지 못하였던 듯하다.
10)『花遷堂集』권2에는 1764년(英祖 40) 凝川 朴聖源이 쓴「三代倡義錄序」가 실려 있는데, 이것으로 볼 때 박춘무를 비롯하여 그 次男 朴東命 및 손자 朴弘遠 3대의 창의사실에 대해 별도의 책자가 편찬되었음을 알 수 있다. 그러나 적어도 문집 편찬 이전에 逸失된 듯하다. 이와 관련하여 박춘무 후손들의 사적에 대해서는 임진왜란 때 함께 從軍하였던 박동명, 李适의 亂 및 丙子胡亂 때에도 창의한 부친 박동명을 쫓아 군사를 지휘한 박홍원, 玄孫(5대손)으로 李麟佐의 亂 때 창의했던 朴之屋의 활동을 기록한 문집으로『梅隱堂實記』가 전해오고 있다는 사실도 언급할 필요가 있을 것 같다. 이 역시『花遷堂集』을 간행할 때 함께 관각하였는데, 3代의 사적임을 표시하기 위해 독특한 체제를 갖추고 있다. 즉「梅隱堂實記」에「持平公實錄」을 幷附하는 형식을 취해 하나의 목록으로 처리하고 있으나, 실제로는 각각 분리하여 2권1책의 체제를 갖추었다. 또한 박홍원의 사적은「梅隱堂實記」의 끝부분에 첨부하는 형식(附下)을 통해 별도의 사적임을 드러내기 위한 배려를 하

따라서 그 문집을 자료로 활용하는 과정에서는 불가피하게 우선, 후대의 傳承過程에서 事實의 潤色·介入與否에 대해 면밀한 자료비판이 앞서야 할 것 같다.[11] 실제로 그 문집의 기록대로라면, 지금까지의 일반적 이해와 관련하여 몇 가지 상충되는 문제제기를 할 수 있는 것이 사실이다.

그러므로 본고에서는 먼저 『花遷堂集』을 중심으로 그의 家系 및 修學過程 등에 대한 고찰을 통해 의병활동의 실질적 기반이 될 수 있었던 사회경제적 배경에 대해 밝혀보고자 한다. 그리고 淸州城 收復過程에서의 역할 및 鎭川戰鬪의 勝捷過程과 이후의 行蹟에 대해 나름대로 복원을 시도해보고자 한다. 특히, 청주성 수복과정에서의 역할에 대해서는 『花遷堂集』의 기록이 단순히 소개하는 정도에 그치고 있어서, 여러 가지 情況根據를 통해 그 事實性을 推論해 보게 될 것이다. 그리고 次男 朴東命과 孫子 朴弘遠의 活動을 묶어「史上 類例가 흔치 않은 3代에 걸친 倡義活動」을 소개하고자 한다.

였다. 한편 이 자료는 『順天朴氏愍襄公派譜』 乾(1991, 順天朴氏愍襄公派譜編纂委員會)을 통해 비로소 공개된 듯한데, 참고로 그 목록을 나열하면 다음과 같다.
梅隱堂實記(附錄, 권1) 1) 行狀, 旌閭重修銘, 諡狀, 丙子錄, 遺書(遺子孫文), 事實
梅隱堂實記(附錄, 권1) 2) 宣務郞行狀(附下) – 行狀, 墓表, 遺事
持平公實錄(幷附, 권1) – 行狀, 墓表, 檄若文後序(奉讀 花遷先祖檄若文後序), 頌敎文, 揚武原從錄券(揚武原從功臣錄券), 追錄 上言草

11) 『花遷堂集』의 序文을 쓴 송병선은 이러한 문제점과 관련하여 이미 다음과 같이 언급하였다. "公之遺文 羅於鬱攸 存者無哉 雲仍僅得檄文及公私文蹟 編爲一册 將謀入梓以壽之 嗚呼 現今 詖淫之辭 塞路滔天 人不復知有義理 則斯不足爲公之重 而宜爲世道之所重也" 즉 본래는 박춘무의 遺文이 많았으나, 문집을 간행할 당시에는 대부분 逸失되어 후손들이 겨우 檄文 정도를 얻어서 책을 만들 수 있었다. 이 때문에 그 사실여부를 의문시하여 논란도 없지 않았음을 밝히고 있다. 그런데 이와 관련하여 한 가지 흥미있는 사실은 박춘무의 起義事實을 처음 世間에 드러낸 인물도 다름아닌 송병선의 선조인 尤庵 宋時烈(1607~1689)이었다는 점이다. 즉 『宋子大全』 권164, 「刑曹判書李公神道碑銘」에서 송시열은 碧梧 李時發이 박춘무의 휘하에서 從事官으로 활약하였음을 밝히는 형식으로 박춘무의 擧義事實을 소개하였다. 그러므로 송병선으로서는 박춘무의 倡義事實 자체를 의심할 필요는 전혀 없었다고 하겠다. 한편, 이 서문은 『淵齋先生文集』 권33, 「花川堂朴公春茂遺集序」와는 字句가 조금 다른데, 본래 草案本을 후손들의 요청에 따라 다소 상세하게 수정한 것으로 『花遷堂集』에 실은 듯하다.

2. 朴春茂의 倡義背景

花遷堂 朴春茂는 字는 至元, 본관은 順天이며, 花遷堂은 그의 堂號이다. 그의 집안이 淸州地域에 자리잡기 시작한 것은 증조부인 朴宜倫 때부터였다.[12] 순천박씨의 始祖는 高麗 개국공신 朴英規이며, 흔히 平陽朴氏라고도 하는데 이것은 中興祖인 朴蘭鳳의 君號를 순천의 故地名인 平陽에서 취했기 때문이다. 이렇듯 순천박씨 가문은 고려 초부터 연원하였으나 대부분의 가문이 그러하듯이 이후의 가계는 불분명하여, 실제로는 端宗復位運動을 주도했던 死六臣의 한 사람인 朴彭年의 고조부로 보문각 대제학을 지낸 中始祖 朴淑貞으로부터 계통을 세우고 있다.[13]

朴淑貞은 益齋 李齊賢(1287~1367) 및 謹齋 安軸(1287~1348) 등 당대 대성리학자의 知遇를 받을 만큼 학문이 뛰어난 인물이었다. 忠肅王 13년(1326)에는 國子祭主를 지냈고, 關東存撫使로 나갔을 때에는 高城 三日湖에 四仙亭, 강릉 경포대에 鏡湖亭, 울진에 翠雲樓를 세우고 이제현과 안축 등으로 하여금 창건기를 짓게 하면서 풍류를 자랑하였다.[14] 이후 박춘무의 先代는 朴元象→朴安生→朴仲林으로 이어진다. 朴元象은 박숙정의 다섯 자제 중 막내로 工曹參判(혹은 典書)을 지냈고, 退官 후 당시 公州 부근의 儒城縣으로 낙향하여[15] 청주 부근에서 순천박씨의 기반을 닦게 된다.

박춘무의 가문은 박안생의 뒤를 이은 8代祖 朴仲林에 이르러 다시 한번 文章家로서의 명성을 드높인다. 朴仲林(1400~1456)은 당호가 開碩堂으로

●●●●●○ ⋯⋯⋯⋯⋯⋯⋯⋯⋯⋯⋯⋯⋯⋯

12) 「順天朴氏承仕郎公三代墓碣銘」(朴魯重 撰, 1939) 『順天朴氏實錄』 1(1994, 東泉學術文化財團), 785~793쪽 참조.
13) 『順天朴氏實錄』 1, 13쪽의 '上系' 부분 참조. 한편 『花遷堂集』 권2, 「행장」에서도, "其後有集賢殿提學淑貞 是爲公十一代祖也"라고 하여, 先代에 대한 계통을 분명히 명시하고 있는 것은 역시 11代祖인 朴淑貞부터이다.
14) 최완수, 1998, 「취금헌 박팽년」, 『조선왕조 충의열전』, 돌베개, 179쪽 참조.
15) 「順天朴氏承仕郎公三代墓碣銘」에서는 박원상이 退官 후 懷德(현재 大田市)으로 낙향하였는데, 鍾鼎家의 명성을 얻었다고 기술하고 있다. 한편 이와 관련해서는 『宋子大全』 권193, 「高麗典書朴公墓表」도 참조된다.

세종 5년(1423) 식년시에서 乙科 3인 중 2등으로 급제하여, 당일에 6品職인 仁壽府丞에 발령받는 영광을 누리며 벼슬길에 나아갔다. 集賢殿修撰으로 있으면서 왕세자(文宗)의 師傅로 활약하였고, 修文殿 및 禮文館大提學·集賢殿提學을 거쳐 이조판서에 올랐다.[16]

그리고 박중림이 이조판서로 있을 때 바로 그의 맏아들인 朴彭年을 비롯하여, 그 門下에서 배출된[17] 成三問·河緯地 등이 端宗復位運動을 주도하였다. 즉, 단종복위운동은 당시 박중림의 문하에서 하나의 학맥을 통해 이루어졌던 것으로 짐작된다. 우선 박중림이 文宗의 스승이었고, 박팽년 또한 집현전 학사들의 수장으로 또 端宗의 스승으로[18] 金宗瑞(1383~1453) 등 三議政과 더불어 문종의 誥命을 받고 있었다는 사실에서 그 가능성은 충분하다고 여겨진다.[19] 死六臣事件 당시 世祖가 謀議의 배후를 추궁하였을 때, 박팽년이 "家庭의 교훈일 뿐이다"[20]라고 하였다는 사실이 그 단적인 반영이 아니었던가 생각된다.

단종복위운동 때에는 박팽년뿐만 아니라, 그 동생인 引年·耆年·大年·永年 등이 모두 참가하거나 연루되어 참화를 입었다. 이들 형제 중에서 박춘무의 선대는 朴引年으로 7代祖이자 派祖이다. 朴引年은 호가 景春軒으로 역시 집현전 학사로 있으면서 단종복위운동에 참여하여 참화를 당했으며, 그 아들 朴璍도 연좌되었다. 그리고 설화적인 측면이 개재되어 있기는 하지만, 다행이 손자인 朴原卿을 '義僕'이 몰래 업고 珍島로 숨음으로써 가계를 보전할 수 있었다고 한다.

●●●●

16) 최완수, 앞의 책, 180~184쪽 참조.
17) 『花遷堂集』권2,「行狀」, "吏曹判書仲林 在世祖朝丙子 與子醉琴軒彭年 景春軒引年 … 門人梅竹軒 成三問 河緯地 俱被露梁之禍."
18) 최완수, 앞의 책, 192~195쪽 참조.
19) 최완수, 앞의 책에서는 박중림과 김종서가 박중림의 장인인 金益生을 매개로 외척관계를 이루었으며, 김종서는 박중림을 대사헌으로 추천하면서 '族人'이라고 호칭하였음을 서술하고 있다. 즉, 사육신사건의 배경으로 당시 박중림·박팽년을 매개로 한 하나의 학맥과 다시 김종서 등을 중심으로 한 保王勢力으로서 하나의 인맥이 고려될 만하다.
20) 『花遷堂集』권2,「行狀」, "當時 世祖考訊曰 誰教此謀 醉琴軒對曰 家庭之訓也."

이렇듯 사육신사건으로 絕門의 위기에 놓였던 박춘무의 집안이 다시 재기하고 淸州에 자리를 잡은 것은 그의 曾祖父인 朴宜倫 때부터였다. 박의륜이 청주에 입향하는 과정도 다소 모호한데, 어쨌든 家系의 기록에 따른다면 사육신사건의 참화를 입어 珍島로 숨어들었던 그의 집안이 고조부인 朴仁龍 代에 赦免(夢宥)되고 官職까지 제수받음에 따라 뭍으로 나올 수 있었고, 이어 박의륜이 伯父를 모시고 청주에 정착하였다고 한다.[21]

청주에 정착한 이후 박춘무의 선대는 당시 지역의 세력 있는 가문과 통혼관계를 맺으면서 빠른 성장을 이루었던 것으로 보인다. 중조부 박의륜은 南陽洪氏를 부인으로 맞이하였고, 조부 朴坤孫은 淸州韓氏, 부친 朴箕精(1480~1507)은 龍仁李氏 · 全義李氏 · 慶州金氏 등 3명의 부인을 맞이하였는데, 이들 가문은 모두 지역의 勢力家였던 것으로 여겨진다. 즉, 박곤손의 부인 청주한씨는 韓孟誠의 딸로 예조판서를 지낸 韓立의 손녀였으며, 박기정의 첫째 부인 용인이씨는 李克儉의 딸로 전라도관찰사를 지낸 李伯指(?~1419)의 증손녀였다.[22] 특히, 부친 박기정은 字는 殷卿으로 일찍이 학문적 자질을 갖춰 司馬試에 합격하였으나, 관직 진출을 포기하고 지역에서 儒學 訓導 · 敎授로 활동하면서 상당한 학문적 · 사회적 명성을 쌓았음은 물론 주변의 세력가문과 연이어 통혼하면서 가문이 번성하는 기반을 닦아 갔다.[23]

이렇듯 부친 박기정대에 사회적 · 학문적 기반을 갖추게 됨에 따라 박춘

●●●●　····················

21) 「順天朴氏承仕郎公三代墓碣銘」, "諱仁龍 始夢宥 除典農侍副正 於承仕郎公考也 承仕郎公 與伯氏光州牧使諱宜形 自湖南移奠玆土 谷名曰松倉." 이때 박의륜이 청주에 정착하게 되는 배경은 정확하지는 않으나, 이미 그의 선대인 朴元象이 懷德으로 낙향한 이후 박중림 · 박팽년대를 거치면서 '懷德~淸州' 일대에 세거한 배경이 작용하지 않았나 여겨진다. 이와 관련해서는 淸州로의 입향조인 朴宜倫의 3男 朴艮孫의 경우 忠南 燕岐로 이사하였다는 기록(위의 墓碣銘 ; "艮孫主簿 後移燕岐")이 있어 주목된다. 그리고 朴箕精이 활약하였던 중종 · 명종년간에 이르면, '懷德~淸州' 일대에 세거하였던 순천박씨의 기반이 재건되고 있었던 것이 아닌가 여겨진다. 그리고 그 중심지는 박중림이 활동하던 시기의 全義 · 全東 일대였을 것으로 추정된다.
22) 주) 12와 같음.

무의 집안은 사육신사건 이후 비로소 再起의 기회를 맞이하였던 것으로 보인다. 박기정은 경주김씨와의 사이에서 5남3녀를 두었는데,[24] 맏아들인 朴春英은 1548년(명종 3) 별시문과로 급제하여 사헌부장령·회인현감·대구목사 등을 지냈고, 東洲 成濟元(1506~1559) 등과 교유하면서 학문적 명성을 자랑하였다.[25] 둘째형 朴春華도 사마시에 합격하였고, 셋째형 朴春蕃은 壽職으로 同樞를 지냈다. 그리고 동생 朴春蕃은 자는 慶元으로 임진왜란 때 함께 종군하였으며, 戶曹判書에 증직되었다.[26]

한편 박춘무 자손대의 주요 관계진출에 대해 살펴보면, 우선 박춘옹의 장남 朴錫命은 임진왜란 때는 조방장으로 활약하였고 벼슬은 安州牧使에 이르렀다. 박춘번의 장남 朴順命은 副司果, 그 3남 朴三命은 蔭仕로 監察에 나아갔다고 한다. 박춘무의 경우에도 장남 朴新命은 宣傳官을 지냈고, 부친을 따라 종군한 차남 梅隱堂 朴東命(1575~1636)은 관직이 泰安郡守에 이르렀다.

이렇듯 박춘무의 집안은 그 부친 박기정대 이후에는 청주 부근에서 하나의 뚜렷한 가문으로 성장하고 있었다. 그리고 이에 따라 그에 상응한 경제적 규모도 갖추어 갔을 것이다. 그리고 이러한 가계적 배경은 박춘무의 창의기병에 직접적인 기반으로 작용하였을 것이다. 즉, 박춘무의 의병진은 李時發과 韓赫이 종사관으로 참여하는 것[27] 외에는 군사지휘를 그 동생 박춘번과 둘째 아들 박동명이 맡는[28] 등 주로 家系的 基盤 위에서 단기간에 成

---

23) 박기정의 墓地銘은 明宗代 최고 遺逸의 한 사람으로 인정받았던 東洲 成悌元(『明宗實錄』 권33, 21년 7월 戊申條 참조)이 지었는데, 성제원은 박기정의 맏아들로 懷仁縣監을 지낸 朴春榮과 교우관계에 있어 그 부친의 묘지명을 지었음을 밝히고 있다. 이에 대해서는, 「通訓大夫敎授朴公諱箕精墓地銘」, 『順天朴氏實錄』 1, 1030~1031쪽 및 『朝鮮寰輿承覽』 「淸州郡」, 人物篇 學行條 참조.

24) 박기정의 묘지명에서는 그 가족관계를 경주김씨와 관련해서만 기록하고 있는데, 아마도 용인 이씨와 전의이씨 사이에서는 소생이 없었던 듯 하다.

25) 「通訓大夫敎授朴公諱箕精墓地銘」, 『順天朴氏實錄』 1, 1030~1031쪽.

26) 『花遷堂集』 권2, 「行狀」 및 『朝鮮寰輿承覽』 「淸州郡」, 人物篇 原從勳條 참조.

27) 『花遷堂集』 권2, 「行狀」, "及至壬辰之亂 以忠翼公李時發 及韓赫爲從事."

軍되고 있는 듯한 인상을 주고 있다.[29] 그런데 이것은 창의기병을 단시일에 실행에 옮길 수 있을 만큼 사회경제적 조건도 나름대로 갖추었던 것으로도 볼 수 있다는 사실이다.

물론, 의병활동에 필요한 병기 및 군량조달과 관련해서는 종사관이었던 이시발과 한혁의 역할도 주목해 볼만하다. 종사관의 임무에서 주요 비중의 하나가 병기 및 군량조달 등의 후방지원 업무라는 점에서 그 가능성은 충분하다고 하겠다. 우선 이시발[30]은 그 가문이 고려 말 名儒 益齋 李齊賢의 후손으로 일찍이 청주 북부의 梧根驛에서부터 草坪에 이르는 사이에 세거하였으므로 나름대로의 사회경제적 기반을 가지고 있었다고 여겨진다. 특히, 그의 집안은 박팽년 대에는 순천박씨와 통혼관계를 맺은 적도 있었으므로,[31] 이때까지도 일정한 교류가 있었을 것으로 여겨진다. 다만 『花遷堂集』 등의 기록에서는 그가 격문 작성 및 주획업무를 주관한 것으로만 기록하였다.

●●●●●·······································

28) 『花遷堂集』 권2,「諡狀」, "以子東命 及弟春蕃 爲前鋒."

29) 이와 관련하여, 『花遷堂集』 권1,「檄文」에서, "主欲方深 尙晚爲臣一死 玆與一二同志 糾合數千義士"라고 기술하고 있음이 주목된다. 즉 박춘무의 의병진은 처음부터 몇몇의 외부 인사만이 참여하는 형태로 謀議가 진행되었음을 추측케 하는 대목이다.

30) 이시발이 박춘무의 의병진에 종사관으로 참여하는 과정은 다음과 같다. 이시발은 임진왜란 당시 承文院의 假注書로 있었는데, 서울마저 위협받고 도성 안의 민심이 흉흉해지자, 우선 老母를 山谷으로 피난시키고자 고향인 淸州 草坪으로 내려왔다. 귀향 후 노모와 가족을 從堂叔이자 스승이었던 李得胤에게 의탁하여 靑川부근 後潁里로 피난시킨 다음 곧바로 상경하려 하였다 그러나 이미 선조는 西遷하였고 서울로 가는 도로도 왜군의 수중에 점령되었다는 소식을 듣게되자, 그대로 피난처에 머무를 수밖에 없었다. 그런데 인척관계에 있었던 박춘무를 중심으로 청주부근에서 소모활동이 이루어지자, 여기에 적극적으로 가담하였던 것 같다. 그리고 당시 그는 촉망받는 文才로 떠오르고 있었으므로, 24세의 젊은 나이에도 불구하고 종사관으로 활약하면서 주획업무를 주관하였던 것으로 판단된다. 이와 관련된 사실은 『碧梧遺稿』 권7,「自敍」 등이 참고된다. 그러나 이시발은 1593년 4월부터는 承文院 正字로 다시 관직에 복귀함으로써, 박춘무 의병진에 대한 충분한 기록을 남기지는 못했던 것으로 여겨진다.

31) 『碧梧遺稿』 권8,「神道碑銘」, "國朝有尹仁 實爲平安道觀察使 是生昌平縣令公麟 娶朴醉琴彭年女 世傳有陰功 生八男."

다음으로 韓赫에 대해 살펴보면, 그는 前職 參奉을 지냈다는 것 외에는 알려진 사실이 없다. 그런데 만일 그가 淸州韓氏라면 일정하게 군수조달에 기여했을 것으로 예상해볼 만하다. 淸州韓氏라면 일찍이 고려 초부터 청주지역에서 유력호족의 하나로 자리잡고 있었고, 특히 조선 초에 번성하였다.[32) 따라서 그만큼 왜군의 약탈에 대한 위기의식도 상대적으로 강했을 것이므로, 自保的 側面에서도 의병활동에 적극적이었을 가능성은 충분히 예견된다. 특히 그 세거지는 청주의 남서부에 걸쳐 있었는데, 주변의 八峯山[33) 에 인근한 서부지역은 왜군의 노략질이 충분히 미치지 못했던 것으로 판단된다. 그러므로 앞서 살펴보았듯이, 이미 부친 박기정 대부터 통혼관계에 있던 청주한씨 가문에서 군량을 제공했을 가능성은 충분하다고 할 수 있다.[34)

그런데 박춘무가 이렇듯 창의기병하고 호서의병의 우의대장으로 추대되기까지에는 이러한 사회경제적 기반보다는 학문·학연적 배경이 보다 직접적으로 작용한 것으로 판단된다. 그 起義의 계기를 마련한 송제민이나, 함께 좌의대장으로 추대된 조헌이나 모두 이지함의 문하에서 동문수학한 사이였으며, 이들은 이미 청년시절에 함께 '歲寒契'를 조직[35)하기도 하였다.

---

32) 1530년에 간행된 『新增東國輿地勝覽』의 '淸州牧 人物條 本朝篇'의 대부분이 청주한씨로 기술되어 있다.

33) 청주의 남서부에 위치한 名山의 하나로, 조선 후기 읍지에서부터 기록이 등장한다. 『輿地圖書』淸州牧 山川條에서는, "八峯山 在州南十五里 文義多子山 來爲安心寺主脈"이라고 기록하고 있다.

34) 필자로서는 이시발은 주획업무를, 한혁은 군량조달을 주로 담당한 것이 아닌가 하는 추정도 하고 있다. 한편, 家傳上으로는 박기정의 셋째 사위인 鄭舜年과 박춘무의 첫째 사위인 閔汝涵이 군량을 제공했다고 전해오기도 한다. 정순년은 본관이 東萊이고 兵判 而漢의 현손으로 主簿를 지냈다고 하며, 민여함은 본관이 驪興이고 부친은 思詧으로 軍資監正을 지냈다고 한다. 그러나 이 또한 가계의 전승일 뿐이어서, 역시 하나의 추정에 그칠 뿐이다.

35) 『海狂集』券下, 「遺事」, "戊寅 先生年三十 從土亭 於湖西 始與趙重峯朴春茂相見 尼言結交 託爲歲寒契." 한편, 이때 '歲寒'이라는 契名을 택한 것에 대해, "蓋先生 深之二公之忠義 期以世亂共濟艱危 此其所以以歲寒 名契之義也歟"라고 하고 있던 것에서, 송제민의 소모활동에 박춘무와 조헌이 두 수반으로 추대되는 까닭을 짐작하고도 남음이 있다고 하겠다.

즉, 당시 保寧地域을 중심으로 활동하였던 이지함은 호서지역은 물론 호남에 이르기까지 광범위한 지역에서 하나의 뚜렷한 학풍을 형성하였던 것으로 생각된다. 그리고 이러한 學緣的 紐帶를 바탕으로 송제민이 소모활동을 벌이게 되자 박춘무·조헌 등이 의기투합하여 단기간에 '기각지세'로 표현된 연합작전까지 구상하게 되었던 것이라고 할 수 있다.

박춘무가 언제부터 이지함의 문하에서 수학했는지는 알려져 있지 않지만, 당시 그는 동생 박춘번과 함께 居處를 이지함이 있던 淸州 山東의 花川[36]으로 옮기고 이를 기념하여 堂號를 花遷堂이라고 붙이면서까지[37] 그의 학문을 추종하였다고 한다. 그런데 박춘무의 인물과 학문적 자질을 높이 평가한 사람도 다름아닌 조헌이었다. 우선, 조헌은 당시 朋黨과 學政의 폐단을 논한 상소문에서 이지함을 '東方의 伯夷'에 비유하여 贈職과 致祭를 요청하면서, 그 수제자로 조카였던 明谷 李山甫와 더불어 박춘무를 꼽으면서 그 학문을 '恬靜自守'[38]라고 평가하였다.

또한 조헌은 임진왜란을 예견하고 그 일년 전에 군사적 방어책으로 올린 「備倭之策」에서는 호서지방의 要害處를 지킬만한 자질을 갖춘 民間의 指揮官으로 박춘무를 公州의 鄭晋生과 더불어 추천하면서는, 다음과 같이 소개하였다.

> 淸州의 前 察訪 朴春茂는 매우 침착하고 智謀를 갖추었습니다. 公州의 前 參奉 鄭晋生은 氣魄이 있어 義奮과 策略을 갖추고 있습니다. (두 사람이) 함께 백성들을 이끌고 한 지역에 머물러 지키도록 한다면, 士卒들을 교화하여 서로 힘을 합해 요해처를 지켜내도록 할 만한 策謀가 있을 뿐만 아니라, 혹시 있을지도

36) 『朝鮮寰輿承覽』, 淸州郡 山川條, "花川 在郡東四十里 則七里灘下流."
37) 『花遷堂集』권2, 「行狀」, "及長 受業於土亭李先生門下 … 而久留門下 則以離親爲憂 與先生舍于 淸州山東花川 因號花遷堂 陪親從師 誠以養志."
38) 『宣祖修正實錄』권20, 19년 10월 및 『重峰集』권5, 「辨師誣兼論學政疏」, "獨於李之涵 高世之行 未有所及 … 尤好獎誨後生 李山甫之孝友忠信 朴春茂之恬靜自守 具有所自." 한편 그 語義는 '마음이 평정하고 고요하며 스스로 말이나 행동을 조심하여 지킨다'라는 뜻이다.

모를 盜賊들의 叛亂도 저절로 소멸시켜 감히 일으키지 못하도록 하기에 충분합니다.[39]

즉 당시 박춘무의 인물됨은 매우 사려깊고 智謀를 갖추어 한 지역의 백성들을 교화할 만한 덕망과 학식을 갖춘 인물로 인식되고 있었다. 특히, 외침을 틈탄 백성들의 왕조정부에 대한 불만과 저항도 충분히 자제시킬 수 있을 만한 인품과 자질을 갖춘 것으로 평가하고 있는 대목에서는 조헌의 박춘무에 대한 信望이 어느 정도였던가를 짐작하게 한다.

이렇듯 박춘무는 당시 호서지역에서 이산보와 더불어 이지함의 학문을 계승할 대표적인 학자[40]로 인식되었을 뿐만 아니라, 지역사회에서도 상당한 인품과 덕망을 자랑하고 있었다. 그리고 그의 이러한 학식과 덕망을 일찍이 발견한 사람도 다름아닌 조헌이었다. 그러므로 송제민의 교섭으로 이지함의 문하를 중심으로 호서의병이 추진될 때 박춘무는 조헌과 대등한 위치에서 우의대장으로 추대되었던 것이다.

한편 이때에 成軍된 박춘무 의병진의 규모는 대략 천여 명 정도였던 것으로 추정된다. 의병진의 규모와 관련하여 『花遷堂集』에서는 700여 명,[41] 數千名[42]이라는 두 가지 기록이 있는데, 여러 자료를 통해서 볼 때 대략 천여 명 정도로 보는 것이 보다 타당할 것 같다. 우선 주목되는 자료는 그 휘하에서 종사관으로 활약한 이시발의 『碧梧遺稿』인데, 여기서는 그 규모를 천여 명으로 기록하였다.[43] 다음으로는 송제민의 격문을 들 수 있겠는데, 여기서

----

39) 『重峰集』 권8, 「請斬倭使疏 附 備倭之策」, "淸州 前察訪朴春茂 深沈有智慮 公州 前參奉 鄭晋生 慷慨有膽略 並令率民 居守一方 則不惟可敎士卒以戮力鎭守之策 而亦足潛消他盜俾不敢竊發矣."
40) 『花遷堂集』 권3, 「東史文獻錄 土亭李先生門人」에서는 이지함의 문인을 이산보, 박춘무, 송제민, 徐致武, 金應天의 순서로, 『東國文獻』(奎章閣도서번호 : 奎4138) 「門生篇」에서는 이산보, 송제민, 서치무, 박춘무, 김응천의 순서로 기술하고 있다.
41) 『花遷堂集』 권3, 「行狀」, "亦起義旅 得衆七百."
42) 『花遷堂集』 권3 雜著, 「擧義時事」, "七月初四日起旅 得數千義士."
43) 『碧梧遺稿』 권8, 「神道碑銘」, "募得千餘人."

는 20일 동안에 2천여 명이 모였다고 기록하고 있다. 그런데 7월 4일 출정식 당시 조헌이 모병한 의병진의 규모는 數百으로 천명이 되지 못했다.[44] 그러므로 박춘무 의병진의 거병 당시의 규모는 천여 명으로 볼 수 있을 것이다.

그러면 이렇듯 박춘무가 비교적 단기간에 천여 명에 달하는 의병진을 구성할 수 있었던 배경은 무엇이었을까. 그가 아무리 학문적·사회경제적 덕망과 기반을 갖추고 있었다고 하더라고, 이것은 주목할만한 성과라고 할 수 있을 것이다. 여기에는 그만한 사회적 분위기가 작용하고 있던 것으로 판단된다. 다름아니라 이즈음이면 왜군에 의한 무차별적 파괴와 야만적인 약탈을 겪게 되면서 일반 백성의 민족적 저항의식도 그만큼 고양되어 가고 있었기 때문이었다.

임진왜란 당시 왜군에 의한 인적·물적 약탈의 참화는 잘 알려진 사실이다.[45] 왜군은 일단 주둔 거점을 마련하면 적게는 5~6명, 많게는 20~30명씩 떼를 지어 주변지역에 대한 약탈을 자행하였다. 이러한 상황에서 지역민의 대응은 일차적으로 피난하여 가족의 안전을 도모하는 것이었다. 그러나 이내 지역민들은 피난처에만 머무를 수 없다는 것을 알게 되었다. 내부적으로는 피난의 지속에 따른 식량수급 등의 문제도 없지 않았겠지만, 무엇보다도 침략자 왜군에 의한 무차별적 파괴와 야만적인 약탈을 겪게 되었기 때문이다. 청주지역에서 이러한 사정은 의병장의 한 사람으로 활약했던 朴春蘭과 관련된 일화를 통해 그 단면을 엿볼 수 있다.

> 형 春菶, 동생 春蓮과 더불어 孝道하고 友愛가 깊었다. 임진왜란을 맞아 모두 東林山 북쪽 光大洞으로 피난하였다. 왜적이 갑작스레 쳐들어왔던 까닭에 형 춘

---

44) 『重峰集』 권8, 「起兵後疏」, "乃與數三同志 間募閑役人數百 以七月四日 建旗招衆 篇走海郡 得募千人." 즉 청주성전투에 참가한 조헌군의 병력은 1600여 명이었다. 그러나 이 병력은 일단 公州에서 成軍한 이후, 다시 洪州 등 湖右地域을 돌면서 추가 모병을 거친 이후의 규모였다.

45) 왜군의 주요 활동무대였던 경상도 지역의 피해상황에 대해서는 李樹健, 1990, 「朝鮮前期 慶北地域의 義擧와 義兵」, 『慶北義兵史』, 274~275쪽 참조.

훤과 부인만이 父母를 지키다가 한꺼번에 살해당했다. 춘란과 춘연은 부모와 형, 부인의 시신을 거두어 묻고는, 온통 원수를 갚을 생각뿐이었다. 그때 왜적은 청주에 대규모로 주둔하고 있었는데, 춘란의 형제는 陣中으로 돌격해 들어갔다. 춘란이 왜적 2명을 사살하고는 그 목을 베어 꼬챙이에 찔러 兵使에게 바쳤다. 병사가 (이 사실을) 보고하니, 곧바로 部將에 제수하였다.[46]

즉 부모와 가족이 왜군에 의해 무차별적으로 살해당하는 사태를 겪게되면서, 자발적 발로로서 일반 백성의 저항정신이 싹터가고 있었다. 그리고 이러한 경험이 축적되면서 戰亂 이전 지배층의 가렴주구에 대한 저항의식으로 이반되었던 민심도 점차 同族的 公同運命體意識으로 전환되고 있었다.

다시 말해, 위의 일화는 임진왜란 당시 의병이 어떻게 구성될 수 있었던 것인가에 대해 잘 설명해준다고 하겠다. 일찍이 國王의 召募教書에도 뜻있는 志士들의 號召에도 별반 반응이 없던,[47] 오히려 한때는 침략군인 왜적의 嚮導가 되기까지 했던 일반 백성들이 적극적으로 救國 대열로 나서는 데에는 이렇듯 왜군에 의한 참화를 겪게 되면서부터이다. 이제 그들은 自衛自保의 측면에서도 의병활동에 본격적으로 가담하기 시작하였으며, 점차 민족적 저항의식도 고양되어 갔다.[48] 즉 임진왜란이 발발하고도 3개월이 지난 7월에 들어서야 의병활동이 본격적으로 전개되었던 까닭이다.

박춘무의 의병진도 대체로 이러한 분위기가 있었기에 단기간에 대규모의

●●●○ ⋯⋯⋯⋯⋯⋯⋯⋯⋯⋯⋯⋯⋯⋯⋯⋯⋯⋯

46) 『輿地圖書』「淸州牧」, 人物條, "朴春蘭 與兄春萱弟春蓮孝友 俱至壬辰倭亂 避亂于東林山 北光大洞 倭賊猝入 春萱與妻抱父母 一時被戮 春蘭春蓮 收瘞父母及兄妻屍 切欲報讎 其時 倭賊大陣于本州 春蘭兄弟 突入陣中 春蘭射殺倭賊二人 春箴斬其首 獻于兵使 兵使上達 春 蘭卽除部將."

47) 『宣祖實錄』권27, 25년 6월 丙辰, 慶尙道 招諭使 金誠一의 狀啓, "本道陷敗之餘 四散崩壞 者 非但逃軍敗卒爲然 大小人民 擧入山林 鳥棲獸伏 雖反覆復開諭 而無人應募."

48) 임진왜란 당시 의병활동의 사상적 배경으로는 흔히 儒敎的 勤王精神 · 鄕土保全意識 · 民族的 抵抗意識이 논의되는데, 勤王 · 自保를 넘어 討賊의 대열로 나섰던 일반 민중의 민족적 저항의식이란 바로 이러한 과정을 거쳐 축적되었던 것이다. 그리고 일반 백성의 이러한 民族的 覺醒이야말로 身分的 對決意識을 넘어 救國의 隊列에 동참하는 바탕을 이루었다고 하겠다.

군중을 모을 수 있었을 것이다. 당시 박춘무의 거주지였던 淸州 福臺里[49]를 비롯한 淸州 西部의 父母山~八峰山 일대는 아직 왜군의 직접적인 피해를 겪지 않았던 것으로 판단된다.[50] 그런데 이제는 왜군이 公州를 비롯한 호우 지역으로 진출을 꾀하고 있었으므로 그만큼 위기의식도 고조되고 있었을 것이다. 이즈음에 燕岐地域에서 鄭萬億이라는 俗名을 가진 僧兵將이 활동하고 있었다는 기록[51]은 이러한 사정의 반영이었다고 여겨진다.

이에 따라 청주 서부지역에서도 당시 호서일대에서 인품과 학문을 자랑하던 박춘무를 중심으로 한 창의기병의 움직임도 본격화되었다. 이러한 사정은 박춘무가 「擧義時遺子孫文」에서 "大駕西奔 生靈魚肉 忠義之士 思欲奮臂勦滅 咸願鄙夫出與謀議 故不謀於妻子"[52]라고 하여, 倡義 당시 자손들에게 일단의 所懷를 밝힌 부분에서 그대로 드러나고 있다. 즉 박춘무의 창의기병은 일반 민중이 왜군에 의해 魚肉처럼 살육당하고 있던 사태에 대항한 민족적 감정이 일반적으로 발로하고 있던 시기에, 마침 송제민과도 접촉이 이루어짐에 따라 共論의 推戴를 수렴하는 형식으로 이루어졌던 것으로 판단된다.

●●●●●
49) 金敬洙 撰, 1988, 『愍襄公花遷堂朴先生戰場紀蹟碑建豎錄』「愍襄公花遷堂朴先生戰場紀蹟碑銘」, 29쪽, "自淸州福臺 操鍊於爺孃山." 한편, 成均館長 金敬洙가 지은 이 碑文은 문헌자료적 기록뿐만이 아니라, 당시까지 전해내려오던 家系의 逸話까지 포괄하는 형태로 작성된 것으로 판단된다.
50) 임진왜란 당시 청주지역에서 창의한 박춘무, 朴友賢(守義洞), 趙綱(蓮亭洞) 등이 모두 청주 서부의 부모산~팔봉산 일대에 세거하고 있던 가문이었다는 점에서, 이러한 추정이 가능하다.
51) 『聞詔漫錄』(尹國馨 著, 『大東稗林(精嘉堂本)』19(1991, 國學資料院 影印本)), 509쪽, "亂初余在公州 儒生申蘭秀張德蓋等 來見言曰 燕岐有僧 俗名鄭萬億者 能討賊 人呼僧將軍 名聲藉甚." 그런데 이 정만억을 청주성전투에서 활약한 義僧將 靈圭로 기록한 문헌도 있는데(『藥坡漫錄』(李希齡 著)), 이 기사의 다음에 "牧使許頊亦言 本州僧靈圭自募日 萬億甚劣 亦得將軍之命 我亦從軍"이라고 하고 있어, 이희령이 혼동한 것임을 알 수 있다. 한편, 「宣武原從功臣錄券」에는 '靈圭'라는 이름의 승병장이 1등훈과 2등훈에 각각 나타나고 있다는 점에서 同名異人의 승병장이 있었음도 참고로 밝혀둔다.
52) 『花遷堂集』 권1, 「擧義時遺子孫文」.

그런데 당시 단기간에 의병진을 구성하였던 탓인지는 모르겠으나, 앞서 살펴 본 바와 같이 휘하의 주요 편제는 주로 家屬을 동원하여 구성했던 듯하다. 家系 이외의 인사로는 종사관으로 이시발과 한혁이 참가하였을 뿐, 군사의 지휘는 그 동생인 박춘번과 둘째 아들 박동명이 선봉을 담당하였다. 그렇지만 박춘무의 의병진은 앞서 살펴보았듯이 단순히 鄕里自保라든가 復讐討賊만을 위해서 일어선 것이 아니었다. 송제민의 교섭을 통해 조헌·김천일·고경명과 이른바 '기각지세'로 표현된 상호연대적 공동작전의 구상이 추진되었으므로, 군사의 운용도 이에 따라 이루어졌을 것이다. 실제로도 일단 청주성수복전에 참가하고, 이어 진천으로 진군하는 까닭이었다.

일단 조직을 갖춘 박춘무의 의병진은 7월 4일에 향리인 복대리에서 출정식을 한 다음, 부근의 爺孃山에서 군사훈련을 하며 청주성전투에 대비하였다. 그리고 정확한 시기는 알 수 없으나, 적어도 앞에서 살펴 본 朴友賢 義兵陣이 활약하기 이전에는 청주성으로 진군하였다고 생각된다. 그리고 일련의 정황을 고려해 볼 때, 정문인 남문밖에 주둔하여 일단의 전투를 수행했을 것으로 여겨진다.

이상으로 살펴 본 박춘무 의병진의 학문적·사회경제적 기반에 대해 정리하면 다음과 같다. 박춘무가 청주지역에서 의병장으로 활동할 수 있었던 배경은 우선 그 증조부 이후 닦아온 지역적 기반에 힘입은 것이었다. 특히 그 부친 朴箕精은 학문적 명망에 있어서나 사회경제적 측면에서도 사육신 사건 이후 節門의 위기까지 몰렸던 그의 집안을 비교적 짧은 기간에 청주부근에서 하나의 유력세력으로 성장시키는 데 결정적인 기반을 닦고 있었다. 그리고 이 과정에는 이미 조선 초부터 '청주~회덕' 일대에 세거하였던 그 선대의 배경이 작용하였던 것으로 보인다. 즉, 그의 가문이 淸州를 비롯한 燕岐·懷德地域을 중심으로 세거하였으므로, 주로 洪州·公州·沃川 등지와 인연을 맺고 있던 조헌과 더불어 자연스럽게 좌·우지역, 또는 상·하로 역할분담이 이루어졌던 것으로 판단된다.

박춘무의 창의기병에 있어서 보다 직접적인 기반을 제공한 것은 학연, 즉 학문적 명망이었다. 일찍이 그는 이지함의 문하에서 수학을 위해 거처를 옮길 정도의 열정으로 그 학문을 추종하였고, 그 결과 호서 및 호남지역에서 이산보와 더불어 그 문하를 대표할 만한 학자로 성장하였던 것으로 판단된다. 한편 김천일 의병진의 구상에 따라 호서지역으로 내려와 소모활동을 전개한 송제민도 다름 아닌 이지함의 문하였으며, 함께 좌의대장으로 추대된 조헌 또한 이들과 동문수학한 사이였다. 무엇보다도 이들은 이미 청년시절부터 艱難을 함께 共濟하기로 한 '歲寒의 故友'였다. 따라서 송제민이 호서지역에서 소모활동을 전개하고자 하였을 때, 그가 의지할 수 있었던 지역의 명망가도 다름아닌 박춘무와 조헌이었다. 즉 박춘무와 조헌 두 사람을 수반으로 호서지역의 의병진이 편성되는 까닭이었다.

그렇지만 박춘무의 의병진이 단기간에 대규모의 의병진을 편성할 수 있었던 사회적 배경은 무엇보다도 당시 일반 백성의 민족적 각성에 바탕한 것이었다. 왜군의 점거가 장기화되면서 그만큼 피점령지역 주민들의 피해와 고통도 일반적인 현상이 되고 있었다. 이에 따라 일반 민중들은 支配階層의 收奪에 따른 反感과 身分的 對決意識을 뛰어넘어 民族的 抵抗의 隊列에 적극적으로 나서기 시작하였다. 이야말로 7월 이후에는 의병진의 봉기가 일반화될 수 있었던 기본적인 원동력이었다. 그리고 이러한 기반 위에서 일단의 진용을 갖춘 박춘무의 의병진은 이른바 '기각지세'적 연합작전의 첫 공략대상인 청주성을 향해 진군하여 갔던 것으로 판단된다.

3. 朴春茂의 義兵活動

1) 淸州城 奪還에서의 役割

1592년 8월 2일의 淸州城 收復은 임란 초기 의병이 거둔 주요 전과의 하나였다. 이 전투의 승리로 조선군은 湖西地方으로 우회하여 錦山을 통해 湖南으로 진출하려던 왜군의 예봉을 꺾을 수 있었다.[53] 당시 왜군은 7월 17일

●●●●
53) 이석린, 앞의 책, 148~149쪽 참조.

明將 祖承訓이 이끈 제1차 평양성전투 이후 비록 전투에서는 승리했으나, 明軍의 참전에 따른 충격으로 이른바 '京城軍議'를 통해 長期籠城戰으로 전환하고 군량조달을 위해 호남으로의 진출을 도모하고 있었다. 이에따라 왜군은 대규모로 서울을 비롯하여 鎭川·淸州 등지로 하향하여 주둔하기 시작하였으며, 한편으로는 호남 입성의 교두보인 錦山의 공략에 골몰하고 있었다.[54] 그러므로 이러한 시기에 의병진이 거둔 청주성 수복은 임란 초기 왜군이 주둔 거점의 하나로 설정했던 최초의 邑城奪還이었다는 점에서 전략적 측면에서 뿐만 아니라, 조선군의 士氣를 회복하는 데에도 적지 않은 심리적 효과를 가져왔을 것이다.

그런데 앞서 살펴 본 바와 같이, 청주성 수복과 관련된 의병활동으로는 일반적으로 重峯 趙憲과 僧將 靈圭의 활약만이 알려져 있다. 즉 청주성전투 당시 정문인 南門의 공략을 담당한 또 다른 의병장 朴春茂의 활약에 대해서는 지역사회에서조차 최근에야 비로소 그 사실이 인식되기 시작했다.[55] 그런데 앞서 사실의 재구성 과정에서 언급한 바와 같이, 청주성 수복 당시 남문공략에 대한 『花遷堂集』의 기록도 단순히 소개하는 정도에 그치고 있어서, 여러 가지 情況根據를 통해 그 事實性을 推論해볼 수밖에 없다. 당시 청주성의 주요 전투지역은 서문 밖이었고, 8월 1일 수복전은 조헌이 주도하고 있었다. 그렇다면 당시 청주성의 공략에 임하는 조헌의 작전구상은 어떠한 것이었을까. 이제 이 문제에 착안해보면, 청주성전투에서 박춘무 의병진이 수행한 역할도 보다 뚜렷하게 드러날 수 있지 않을까 생각된다.

8월 1일 청주성 수복전 당시 조헌의 작전지역은 승장 영규가 일련의 전투를 벌였던 서문 밖이었다. 당시 호우지역에서 청주로 진군할 때 그 대로는 빙고현을 넘어 청주성의 남서부와 직면하게 되므로, 서문 또는 남문 밖이 주요 전투지역이 되는 것은 자연스러운 형세였을 것이다. 특히 氷庫峴에서

<hr />

54) 趙湲來, 1995,「명군의 참전과 전세의 변화」,『韓國史』29, 國史編纂委員會, 75~79쪽 참조.
55) 주) 9 참조.

社稷壇으로 이어지는 서문의 對峰, 즉 社稷山은 청주성 안의 적세를 관망하기에 유리한 高地이므로 일찍부터 방어사 이옥을 비롯하여 승장 영규도 이곳을 중심으로 주둔[56]하였을 것이다. 그리고 뒤이어 진군한 조헌의 의병진도 영규의 승병진과 합세하고 있었으므로[57] 역시 이곳에 주둔하였을 것이다.[58]

한편, 이러한 일련의 과정에서 박춘무의 의병진은 적어도 향토의병장의 한 사람이었던 박우현이 7월 26일경 전몰하기 이전에는 청주성으로 진군하였을 것으로 추정된다. 그런데 이미 빙고현의 우측 사직산은 僧·官兵이 주둔하고 있었으므로, 아마도 남문 밖의 남들지역에 진을 치고 남문의 공략을 구상하게 되었을 것이다. 즉 영규의 승·관병은 서문을, 박춘무의 의병진은 남문을 공략대상으로 설정한 가운데 여러 차례 접전이 있었을 것임을 추정해 볼 만하다. 그리고 이러한 역할분담은 조헌이 진군한 이후에도 이미 두 사람이 각각 호서의병의 좌·우대장으로 추대되었으므로, 청주성전투 과정

●●●●○○○○○○○○○○○○○○○○○○○○

56) 당시 영규와 조헌은 모두 빙고현(또는 화청령)에 주둔하였다.
57) 참고로, 조헌은 당시 충청도순찰사 윤선각 및 방어사 이옥과도 일찍부터 친분관계를 갖고 있었다. 『重峰集』 권8, 「淸州破賊後狀啓別紙」, "臣於忠淸巡察防禦 皆有素交."
58) 청주성전투 당시 박춘무의 의병진은 조헌의 진군에 앞서 청주성 남문 밖의 '남들(현재 청주시 慕忠洞·秀谷洞 일대)'에 주둔한 것으로 전해온다. 그런데 조헌이 서문의 對峰, 즉 社稷山에 陣을 설치하였던 사실에 비추어 볼 때, 필자의 생각으로는 박춘무의 의병진도 역시 남문의 대봉, 즉 현재 西原大學校자리에 設陣하였을 것으로 판단된다. 그래야만 高地에서 적의 동태를 관망하며 전투를 수행할 수 있었을 것이기 때문이다. 이러한 사실은 다음의 두 자료를 통해 추론해 볼 수 있다. 우선 『輿地圖書』 淸州牧 山川條 華淸嶺에서는, "華淸嶺 在州南四里 國士峯來爲邑基右輔 萬曆壬辰 重峯趙憲 陣于此 擊倭大捷"라고 하여, 조헌이 邑城의 右輔인 화청령, 즉 빙고현에 주둔하였다고 기록하고 있다. 그런데 『重峰集』 부록 권4, 「遺事」에서는, "遂退陣於對峰 以臨城中"이라고 하여 조헌이 청주성전투 당시 서문의 對峰으로 일단 철수했던 것으로 기록하고 있다. 즉 본래 陣을 쳤던 서문의 대봉, 즉 사직산으로 돌아가서 高地에서 성안의 동태를 관망했던 것이다. 한편 이러한 사정은 『淸州誌』(趙健相 編, 1961), 제1편 舊淸州誌 제6장 山川篇에서 '華淸嶺'에 대해, "西쪽으로 四里, 宣祖 壬辰 8月에 趙重峰이 이 山에 陣을 치고 倭兵을 擊退하여 크게 이긴 자리이며, 往日에는 社稷壇이 있었고 오늘은 忠魂塔이 서있다"라고 설명하고 있는 데서도 추론이 가능하다.

에서도 자연스럽게 받아들여질 수 있었을 것이다.

당시 청주성을 둘러싼 아군의 작전지역이 이미 이렇듯 역할분담이 이루어졌으므로, 8월 1일 조헌이 청주성 수복전을 지휘할 때에는 사실상 北門에 대한 역할부여만 구상하면 되었다. 실제로 조헌은 북문지역의 작전은 방어사 이옥이 담당하도록 구상하고 있었다. 이러한 사정은 다음의 기사를 통해 확인해 볼 수 있다.

> 전투가 한창 무르익을 무렵 선생(*조헌)은 방어사 이옥에게 북문 밖에 병력을 매복시킬 것을 요청하였다. 그러나 이옥이 받아들이지 않았기 때문에, 나머지 적들이 달아날 수 있었다. 이에 軍中에서 이옥을 원망하지 않는 사람이 없었다.[59]

즉 조헌은 8월 1일 왜군과의 접전에서 일단의 勝氣를 잡게 되자, 아직 전투지역에 들어있지 않았던 북문밖에 방어사 이옥으로 하여금 관군을 매복하여 왜군의 퇴각에 대비하도록 요청하였던 것이다. 그런데 사실 조헌은 이미 청주로 출발할 당시에 방어사 이옥에게도 여러 차례 진군을 종용하고 있었다는 점[60]에서, 북문에 대한 이러한 조치는 하나의 궁여지책이 아니었나 생각된다. 다시말해 본래는 西門을 비롯하여 南門·北門에서 民·官兵이 일제히 공격을 단행하여 청주성을 수복할 작전구상을 세웠으나 방어사 이옥이 요청을 거절함에 따라, 북문에 대해서는 전투의 승기를 잡게 되자 그 차선책으로 왜군의 탈출에 대비하여 매복이라도 실시할 것을 요청하였던 것이 아닌가 생각해볼 만하다. 그러나 방어사 이옥은 이것마저도 거절함으로써 왜군의 잔여세력은 북문을 통해 진천방면으로 퇴각하고 말았다.

이상으로 살펴본 바와 같이, 지금까지 조헌과 영규의 활약으로만 알려졌던 1592년 8월 2일 청주성 수복은 사실상 6월 하순 왜군의 점령 이후 지속적

---

59) 『重峰集』 부록 권2, 「行狀」, "方戰時 先生令李沃 設伏於北門外 沃不從 故使餘賊得脫 軍中莫不恨沃."

60) 『重峰集』 부록 권2, 「行狀」, "急向淸州 一面促李沃進軍" 및 『重峰集』 권8, 「淸州破賊後狀啓別紙」, "故其擊淸賊之日 簡書相戒 不一而足."

으로 전개된 義·僧·官軍의 활동이 하나로 축적된 결과로 볼 수 있었다. 이 과정에는 영규가 지휘하는 승병은 물론 박우현·박춘란 등 여러 갈래의 향토의병진이 활약하였고, 방어사 이옥과 조방장 윤경기가 지휘하는 관군도 그 초기의 전투를 이끌었다. 즉 당시 청주성수복과 관련해서는 淸州 以西부터 湖右地域의 義·僧·官軍을 포함한 충청도의 관·민병이 총동원되는 듯 한 형세를 이루고 있었다. 다만, 이 과정에는 충청도 방어의 최고책임자인 순찰사 윤선각도 귀추를 주목하고 있었으나, 끝내 관군 주도라는 입장을 버리지 못함으로써 오히려 의병활동을 방해하는 결과를 낳고 말았다.

이러한 일련의 청주성 전투과정에서 일찍이 동문수학한 歲寒의 故友로서 함께 호서의병의 우·좌의대장으로 추대되었던 박춘무와 조헌은 각각 청주성 남문과 서문의 공략을 지휘하였다. 다만, 박춘무는 6월 하순 이후 지속된 일련의 전투과정에서 주요 작전지역이었던 서문공략의 지휘권이 방어사 이옥으로부터 승장 영규로, 그리고 다시 호서좌의대장 조헌으로 넘어감에 따라 남문의 공략을 담당하여 주로 牽制 및 應援(支援)의 역할을 담당하였을 것으로 판단된다. 이렇듯 박춘무는 청주성 수복이 있기까지 조헌과 거의 대등한 위치와 역할을 분담하여 승리를 이끌어낸 또 한 명의 주요한 의병장이었다. 이러한 일련의 과정이 있었기에 조헌이 지휘한 의·승병이 8월 1일 전투를 수행한 지 하루만에 청주성을 수복할 수 있었던 것이다.

2) 鎭川 勝捷 이후의 活動

앞서 살펴 본 淸州城 收復戰鬪와 마찬가지로 박춘무의 鎭川勝捷에 대해서도 그 사실이 거의 알려져 있지 않다. 특히 진천으로 진군한 이후 박춘무의 의병진은 본격적으로 독자적인 활동을 전개하였으므로, 그의 문집 『花遷堂集』 이외에는 관련사실을 기술해놓은 자료도 현재로서는 찾아보기 어려운 실정이다. 실제로도 진천지역에서 발행된 古邑志 및 현행 市郡誌 등을 조사해보면, 임진왜란 당시 활동한 의병장으로는 金孝騫, 李時發, 林秀荃·林秀薁·林賢 兄弟父子 등이 소개되고 있을 뿐이다.[61]

그런데 이러한 의병장들의 활동에 대한 내용을 자세히 살펴보면, 임진왜란 초기 진천지역에서 활약한 중심인물은 오히려 박춘무로 보아야 할 것임을 알 수 있다. 우선 이시발은 박춘무 휘하에서 종사관으로 참가하였으므로, 그의 의병활동이란 사실상 박춘무 의병진의 활약을 가리키는 것이 된다. 그리고 임수전 · 임현 · 임수명 부자형제는 박춘무의 의병진이 진천전투에서 왜군을 격퇴하고 수원방면으로 북상한 뒤, 의병진을 구성하고 북상하여 竹山 鳳城戰鬪에서 전사하였다고 한다. 그렇다면 박춘무의 의병진이야말로 임진왜란 초기 진천지역에서 가장 비중있게 활동한 의병부대였다고 할 수 있다.

그러나 박춘무 의병진의 진천승첩은 위에서 언급하였듯이, 단독으로 거둔 성과였기 때문에 사실관계를 비교 · 검토할만한 자료는 아직까지는 없는 듯하다. 따라서 진천승첩에 대한 해명은 사실상 거의 전적으로 그 문집 『花遷堂集』에 의존하여 자료소개의 정도에 그쳐야 할 형편이다. 다만, 이 과정에서 작성된 것으로 보이는 일차자료로서 격문 1건[62]이 있어서 나름대로의 사실성은 확보된다고 하겠다. 그러므로 박춘무의 진천승첩에 대해서는 논란이 될만한 한 두 가지 사항을 제외하고는 『花遷堂集』의 해당 기록을 다시 한 번 열람하는 것으로서 그 대체적인 논의를 대신하고자 한다. 우선 앞서 인용한 「擧義時事」에서 해당부분의 기사를 다시 한 번 제시하면 다음과 같다.

군사를 나누어 진군하기를 조헌은 錦山으로 나아갔으며, 공(*박춘무)은 鎭川으로 향했다. 왜적을 포위하고 열흘이 지나도 지원병이 오지 않았다. 할 수 없이 포위를 풀려고 하였는데, 한 무리의 남녀들이 다투어 술과 음식을 가지고 바삐 달려와 위로하며 말하기를, "불쌍한 우리 城民들이 지금까지 도륙당할 위기를

61) 『朝鮮寰輿勝覽』(李秉延 著, 1937), 「鎭川郡」, 功臣條 · 忠臣條 및 『鎭川郡誌』(1994, 진천군), 107~108쪽 참조.
62) 『花遷堂集』 권1, 「再檄文」.

넘긴 것은 모두 장군의 덕택이었습니다. 그런데 지금 만약 포위를 푼다면 왜적들은 틀림없이 제멋대로 살육을 일삼을 것인데, 어찌 차마 우리를 버리실 수 있겠습니까." 이에 公 또한 울면서 그들을 달랬다. 그리고 그날 밤으로 포위망의 남쪽을 풀도록 하여, 왜적이 물러나 달아날 수 있도록 하였다. 그런 다음 公은 수천의 장사들로 하여금 말을 달려 추격하여 그 後陣을 공략하였다. 그리하여 대첩을 거두니 진천 일대가 이로써 안정될 수 있었다.[63]

즉 호서 우·좌의병진의 1차 공략대상이었던 청주성 수복의 기쁨을 만끽하였을 박춘무 등 의·승연합군은 다시금 본래의 작전구상대로 각기 군사를 진천과 금산방면으로 진군시켰다. 즉 박춘무의 의병진은 청수성 수복 직후 조헌 의병진에 앞서 진천지역으로 진군하여,[64] 왜군과 열흘정도 대치하다가 한쪽의 포위를 풀어 적의 퇴로를 열어준 다음 이를 통해 퇴각하는 적의 후미를 공격하여 패퇴시키는 방식, 즉 退路誘導 및 後方攻擊의 退路誘導 및 後方攻擊의 作戰[65]으로 다시금 또 한 번의 승리를 거두어냈다. 이때 全面的 攻略의 방법을 택하지 못하고 퇴로유도의 작전을 구사한 까닭은 절대적인 數的 열세에 놓여 있던 상황에서 지원병을 요청하는 격문을 주변 군현에 발송하였으나, 순찰사 윤선각의 방해책동으로 전혀 지원을 받지 못한 채 전투를 치러야 했기 때문이었다. 어쨌든 『花遷堂集』의 기록대로라면, 박춘무의 의병진은 청주성 수복에 이어 또 다시 진천승첩을 거두는 맹활약을 벌이고 있던 셈이다.

박춘무 의병진의 진천승첩은 여러 가지 측면에서 남다른 의미를 갖는 것으로 볼 수 있다. 우선 이 전투는 의병진이 절대적인 數的 열세에도 불구하

●●●● ·······························

63) 『花遷堂集』 권3, 雜著, 「擧義時事」.
64) 『花遷堂集』 권2, 「行狀」, "逆賊於淸州 與趙重峰先生 合戰敗之 又踞之於鎭川."; 『花遷堂集』 권3 「追錄 上言草」, "春茂先向鎭川"; 『花遷堂集』 권2, 「謚狀」, "遂分師敵愾 趙公則立殲于錦山 朴公則獻捷于鎭川."
65) 『花遷堂集』 권3 雜著, 「擧義時事」, "乃野虛其南 賊屛迹逃走 公以累千壯士 躍馬躡後 斬其後陣 遂獲大捷."

고 거두어낸 승리, 특히 흔치 않은 連戰連勝이었다는 점에 의미를 부여할 수 있을 것이다. 앞서 살펴보았듯이, 박춘무의 의병진이 진천으로 진군하였을 때 왜군의 규모는 청주성전투 때의 2배에 달하였다. 반면에 의병진은 청주성전투를 치르는 동안 상당한 병력 손실이 있었을 것이므로, 사기가 크게 위축되어 진군하기를 주저하였다.[66] 이에 따라 박춘무는 평소의 인품과 敵愾心으로 의병을 독려하고,[67] 주변의 군현에 격문을 띄워 지원병을 요청하였으나 순찰사의 방해책동으로 지원병을 보내는 군현이 하나도 없었다. 이렇듯 의병진은 왜군에 대해 절대적인 수적 열세에 있었기 때문에, 할 수 없이 포위를 풀고 철수하려고 하였다. 특히 당시 지원병이 오지 않는 까닭이 순찰사의 지원금지명령 때문이었다는 점에서, 의병진의 전투의욕도 상당히 저하되어 있었을 것으로 판단된다.

그런데 이때 의병진으로 하여금 전투의욕을 불러일으킨 것은 지역주민들의 애원과 격려 때문이었다. 규모상의 절대적 열세 때문에 공격할 엄두는 내지 못하고 대치하고만 있던 의병진은 성의 포위를 풀려고 하였다. 그러자 이때 어디선가 일단의 남녀들이 달려와 의병마저 철수하면 지역민은 곧 모두 왜적에게 도륙당할 것이라고 애원하면서, 술과 음식을 장만해가지고 와서 의병진을 격려하였다. 이에 의병진은 다시 사기를 되찾아 그날 밤에 공격을 감행했다. 다만 이때 의병진이 절대적인 수적 열세에 있었으므로 退路誘導 및 後方攻擊의 作戰을 통해 다시 한 번 전승을 거두었다.

그런데 청주성전투에 연이은 진천승첩의 의미로서 무엇보다도 특기할만한 사실은 이로써 박춘무는 호서우의대장으로 추대될 당시에 구상된 일련의 작전계획을 충실히 이행해간 유일한 의병장으로 남아 있었다는 점이다. 다시말해, 본래의 작전구상에서 연합의병의 지도자로 설정되었던 박춘무 ·

●●●◦◦┄┄┄┄┄┄┄┄┄┄┄┄┄┄┄┄┄┄┄┄┄┄┄┄┄┄┄┄┄┄┄┄┄┄┄┄┄┄┄

66) 『花遷堂集』 권3, 「追錄 上言草」, "鎭川賊 倍於淸州 義士孤弱畏怯逡巡."
67) 『花遷堂集』 권3, 「追錄 上言草」, "春茂奮然日 京城失守 鑾輿播越 爲臣民者 但效死討賊 豈萌圖生之念乎."

조헌·고경명·김천일 중에서 고경명과 조헌은 이미 전사하였고, 김천일은 7월 말이면 강화도로 옮겨감으로써 사실상 본래의 계획을 충실하게 수행하고 있던 사람은 박춘무 뿐이었다. 그렇다면 박춘무의 의병진이 절대적인 열세에도 불구하고 진천전투에서도 승리하고 있던 배경으로서 그 개인적 역량의 탁월성도 고려해보지 않을 수 없는 대목이다.

진천승첩 이후 박춘무의 의병진은 다시 본래의 작전구상대로 계속 북상하여 수원방면으로 진군한 것으로 판단되며, 그후 水原을 거쳐 漢城 부근에서 활동하였던 것으로 보여진다.

박춘무는 宣祖의 還都가 이루어짐에 따라 의병진을 해산하고 귀향하였는데,[68] 丁酉再亂이 발발함에 따라 다시금 軍功을 떨치게 된다. 즉 정유재란이 발발하자 都體察使였던 金應南은 그 대비책으로 이전에 활동하였던 의병장들을 기용할 것을 주장하였다. 그런데 이 가운데 박춘무는 李逢·辛景行 등과 함께 "亦長於用兵 不曾敗衄",[69] 즉, 用兵이 뛰어나 敗한 적이 없는 義兵將의 한 사람으로 추천되고 있었다. 임진왜란 당시 박춘무 의병진의 명성이 어떠 하였던 것인가를 짐작하게 할만한 대목이다. 이에 따라 박춘무는 折衝將軍兼僉知中樞府事에 서용되어 중앙군인 五衛의 하나인 龍驤衛의 최고책임자로 활동했던 것으로 판단된다. 이때는 이미 관군이 재정비 된 이후이므로 당연히 정규군직을 띠고 활동하였던 것이다.

이렇듯 박춘무는 임진왜란 및 정유재란을 통하여 뚜렷한 軍功과 주목할만한 인물로 부각됨에 따라 그에 상응한 상훈적인 관직 등용도 여러 차례 이루어진 듯 하나, 그는 커다란 미련없이 귀향하여 남은 여생을 講學과 敎育에 종사하였던 것으로 판단된다.

●●●● ·······················

68) 이것은 당시 의병진의 일반적 현상이었다고 보여지는데, 國王의 還都가 이루어짐에 따라 北上勤王의 목표가 이미 달성된 셈이고, 또 국가질서의 회복에 따라 이제 의병도 마땅히 관군으로 해체·재정비될 이유가 분명해졌기 때문이다.

69) 『宣祖實錄』 권70, 28년 12월 丙寅(28일), "應南曰 … 朴春茂 亦長於用兵 不曾敗衄."

4. 朴東命·朴弘遠의 活動

1) 朴東命의 生涯와 活動

朴東命에 대하여 알 수 있는 자료는 많지 않다. 박동명은 아버지인 朴春茂와 함께 임진왜란이 일어났을 때, 청주에서 의병을 일으켰다. 그리고 1592년 7월 하순에 시작하여 8월 1일에 탈환한 淸州城 戰鬪에 참여하였다. 이때 아버지 박춘무가 이끈 청주의병이 趙憲과 靈圭가 이끄는 의병과 합류하였으며, 청주성 탈환에 많은 공을 세웠다. 또한 鎭川 戰鬪에도 작은 아버지 朴春蕃과 함께 죽기를 다해 싸워 대승을 거두는 등 큰 공을 세웠다. 그리고 丙子胡亂을 당하여서는 仁祖를 南漢山城으로 호종하다가 전사하였다. 이렇듯 양란에 걸쳐 武功을 세운 忠臣으로 조선중기 청주 출신의 대표적인 인물이다. 본고에서는 박동명의 생애와 활동에 대해서 살펴봄으로써 그의 충의가 지극하였음을 살피고자 한다.

박동명은 순천 박씨 박춘무의 둘째 아들로 청주에서 태어났다. 어머니는 牛峰李氏로 외가에 대해서는 알 수 없다. 원래 박춘무에게는 전처인 扶安林氏와의 사이에서 아들이 하나 있었다. 박춘무의 큰 아들인 朴新命으로 宣傳官을 지낸 것으로 알려져 있으나, 전후 행적에 대해서는 알려져 있지 않다.[70]

박동명은 선조 8년(1575) 再娶인 우봉이씨의 소생으로 박춘무의 둘째 아

70) 『花遷堂集』 권2, 「墓表」와 家系圖 참조.
    * 順天 朴氏 愍襄公派 家系圖

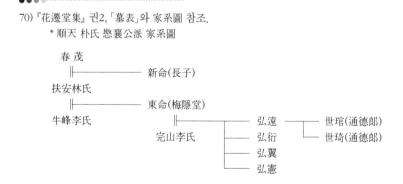

들로 태어났고, 인조 14년(1636) 병자호란에 종군했다가 순절하였다. 무덤은 병자호란의 와중에서 순절하여 수습하지 못하고 지금의 충북 청원군 옥산면 국사리에 의관을 대신 묻어 장사를 지냈고, 청주시 흥덕구 신촌동에는 그의 충절을 기리는 정려가 세워졌다. 그는 슬하에 아들 넷을 두었는데 弘遠, 弘衍, 弘翼, 弘憲이다. 이 중 장자인 홍원은 李适의 난을 토벌하는 데 공을 세웠다. 호는 梅隱堂이고, 자는 時應, 시호는 忠景公이다.

그의 이력에 대하여는 『梅隱堂實記』에 비교적 자세히 실려 있다. 이를 통해 살펴보면 다음과 같다. 그가 처음 세상에 발을 내디딘 것은 16세 때이다. 16세가 되던 해에 齋郎이 되었다. 재랑에 대해서는 마치 그가 처음으로 관직에 진출한 것으로 오해하는 글도 있으나,[71] 이는 잘못된 견해이다. 이것은 조선시대 국립지방학교인 鄕校에 박동명이 입학한 것을 말한다. 향교의 生徒가 되는 것은 16세 이상의 자에게만 허용이 되었기에[72] 박동명은 16세가 되던 선조 23년(1590)에 향교에 입학할 수 있었던 것이다.[73] 당시로서는 지방의 향교라도 누구나 입학할 수 있는 것은 아니었기에 재랑이 된 것만으로 크나큰 영광의 하나였다. 그가 향교의 생도로 입학할 수 있었던 것은 9세에 이미 부친에게 "인생에 있어서 世間에 가장 소중한 것이 무엇인가"를 질문할 정도로 가내에서 교육을 받은 결과일 것이다. 특히 부친인 박춘무가 조헌, 이산보 등의 문인들과 함께 토정 이지함의 문하에서 동문수학하는 등 학문에 뛰어났던 점 역시 박동명이 일찍이 청주향교의 생도인 재랑이 될 수 있게끔 하였던 것이다.

박동명이 18세가 되던 1592년에는 임진왜란이 일어났다. 청주향교의 생도가 된지 불과 2년만에 왜병의 침입을 받게 되자 그는 부친이 일으킨 의병에 참여하였다. 그는 항상 부친이 일으킨 의병의 선봉이 되었고 청주성 탈

●●●●
71) 이원근, 1979, 「매은당 박동명 일가의 애국정신」, 『제21회 충북예술제 학술강연회 발표요지』, 8쪽 참조.
72) 『經國大典』 禮典 生徒.
73) 청주목에 있던 청주향교의 생도 수는 90명이 정원이었다.

환과 진천전투에서 수 많은 왜병을 참획하는 공을 세웠다. 이 때 박동명은 종 7품인 直長이 되어 從軍한 것으로 기록되어 있다.[74] 박동명이 실제로 직장의 관위를 가지고 의병에 합류했는지는 미지수이다. 다만 그 부친인 박춘무가 당시 종6품인 찰방이었다는 것을 감안하면, 그 휘하의 선봉장으로서 거병할 때 부대편성과 운영을 위한 임시직함일 가능성이 크다. 어쨌든 그는 이후에 부친을 따라 선조가 몽진중인 용만, 즉 의주로 가서 임금을 알현하게 되었다. 이때 선조는 박춘무와 박동명에게 특명으로 벼슬을 주게 되었는데 직장은 아마 이 때 정식으로 제수를 받은 것으로 보여진다. 이는 전시에 국왕이 청주와 진천전투에서의 공을 높이 사 특별히 제수한 벼슬로 박춘무 부자의 군공에 대한 배려였던 것이다. 그의 諡狀에는 선조가 內乘을 제수했다고 기록하고 있다. 내승이란 사복시의 관리를 총칭하는 용어로 병마를 관리하는 직장을 말하는 것이다. 이는 병조 소관의 사복시 무관직에 박동명이 정식으로 제수되었음을 의미하는 것이다. 임진왜란 중에 박동명이 어떤 활동을 했는지에 대해서는 더 이상 기록이 없어 알 수 없다.

임진왜란이 끝나고 25세 때인 1599년에는 武科에 응시해 합격하였고 이후 宣傳官으로 국왕의 侍衛를 맡아 從仕하였다. 그러나 33세가 되던 선조 40년(1607)에는 사간원의 탄핵을 받아 파직을 당하였다. 박동명이 파직을 당한 이유는 "사람됨이 悖妄하여 동료들을 모욕하여 近侍의 직임에 맞지 않는다"는 것이었다.[75] 사간원의 탄핵 사유만으로 봐서는 선전관으로 있으면서 주변의 관리들과 잘 지내지 못하였기 때문에, 동료들과의 갈등에서 오는 불화로 인하여 파직을 당한 것으로 볼 수 있다. 이때 사간원에서 탄핵한 인물 중에는 임진왜란시 경주성 전투에서 왜군을 물리친 전 兵使 朴毅長도 있었다. 그 역시 "성품이 패악하고 행실이 무상하다"고 하여 박동명과 비슷한 이유로 탄핵을 받고 있다. 이로 보면 박동명과 박의장은 임진왜란 이후 전

●●●● ┈┈┈┈┈┈┈┈┈┈┈┈┈┈┈┈┈┈┈┈┈┈

74) 『梅隱堂實記』 권1, 「諡狀」.
75) 『宣祖實錄』 선조 40년 5월 己巳.

쟁에 참여했던 장수들에 대해 모함하고 비난하는 세력들에 의해 피해를 보았던 것으로 추정할 수도 있고, 또한 붕당의 대립과정에서의 피해라고도 할 수 있겠으나 더 이상 당시의 정황을 구체적으로 알 수 있는 기록이 없어 파직사유를 구체적으로 알 수 없다.

박동명은 종6품관인 강원도 蔚珍縣監을 역임하였다. 그리고 다시 승진하여 43세 되던 광해군 8년(1617)에 이르러서는 종5품관인 濟州判官[76]에 제수되었다. 그러나 사헌부에서 다시 탄핵함으로써 제주판관에 부임도 하지 못하고 교체되는 시련을 겪어야만 했다. 박동명의 諡狀에는 그가 제주판관을 역임한 것으로 기록되어 있으나, 제주판관으로 임용되자마자 사헌부의 탄핵을 받아 부임을 못하였다는 사실이 『光海君日記』를 통해 확인할 수 있다.[77] 이때가 1617년 9월 17일이었다. 제주판관은 역대로 252명이나 임명되었으나, 부임하지 않은 사람들이 많았다. 부임하지 않은 인물들은 오지인 제주도의 부임을 꺼리거나 개인적인 사정 등을 이유로 부임하지 않는 경우가 많았다. 1607년 사간원의 탄핵을 받은 이후 두 번째로 탄핵을 받아 제주판관으로 부임하지 못한 것은 오히려 박동명에게 득이 되었다. 박동명이 제주판관으로 제수 받을 당시 제주목사는 후에 난을 일으키는 李适이었다. 이괄은 광해군 8년(1616) 5월부터 11년(1619) 2월까지 제주목사를 역임했다. 만일 박동명이 제주판관으로 부임했더라면 이괄의 후임자가 되는 처지가 되었을 것이고, 이후 이것은 박동명에게 부정적으로 작용했을 가능성이 있다. 그러므로 제주판관으로 부임하지 못한 것이 박동명에게는 그리 불운한 것이라고만 할 수 없는 것이다. 이괄은 이후 태안군수를 역임하기도 했는데 그 후임자 중의 한 사람이 박동명이었던 것은 이괄과 박동명의 기구한 인연이기도 하다.

50세가 되던 仁祖 2년(1624) 1월 이괄의 난이 일어났을 때 박동명은 병석

●●●●●●○ ································

76) 순천김씨 민양공파 족보에는 제주목사로 부임한 것으로 기록되어 있으나 실제로는 제주 판관으로 임명되었다가 탄핵을 받아 부임을 못한 것 같다.
77) 『光海君日記』 光海君 9년 9월 己卯.

에 누워 있었다. 이때 맏아들인 박홍원에게 거병하여 반란군 토벌에 참가하도록 하였다. 그리고 박홍원은 그에 부응해 반란군을 진압하는데 큰 공을 세웠다.

이괄의 난 이후 박동명은 종4품관인 泰安郡守를 역임했다. 박동명이 지방의 수령으로 울진현감과 태안군수를 거쳤는데 모두 청백리라 일컬었을 정도로 청렴하였고, 또한 선정을 베풀었다. 그리하여 태안군수의 임기를 마칠 적에는 태안군민들이 송덕비를 세울 정도였다.

박동명은 관직에서 물러나 있을 때는 때로 근처의 泉谷 宋象賢의 묘소에 찾아가 경탄하기를 마지않았다. 송상현은 임진왜란 발발 당시 동래부사로서 동래성에서 왜군을 맞아 항전하다가 순절한 인물로 묘소가 박동명의 집에서 매우 가까운 지금의 청주시 홍덕구 수의동에 묘소가 있다. 박동명은 가끔 이 곳을 찾아 송상현을 추모했고, 그의 정려를 지날 때는 꼭 말에서 내려 경의를 표하였다. 그러므로 마을 사람들이 충의와 우러름이 지극함을 칭찬하였다.[78] 57세 되던 인조 9년(1631) 정월에 박동명은 정3품 당상관인 절충장군으로서 충청도 수군우후로 있다가, 이괄의 난 평정에 아들 박홍원이 진무공신으로 책봉된 까닭에 가선대부 공조참판 겸 동지의금부사로 추증을 받았다.

62세가 되던 해인 인조 14년(1636)에 병자호란이 일어나자 박동명은 다시 의병을 일으켜서 서울로 향했다. 청군의 침입으로 다급해진 조정에서는 8도의 감사와 병사에게 근왕병을 모집해 구원할 것을 명하였다. 이때 박동명도 국왕의 명을 받들어 군사를 모아 남한산성으로 출전하였던 것이다. 그러나 호란으로 국왕이 위태롭게 되었음에도 의병을 모으는데 인심이 흉흉하고 겁내어 간혹 불응하는 자가 생기게 되었다. 이에 그는 檄文을 띄워 前出身 李春祿과 趙成楠을 불러 상의하여 청주 인근의 5천여 명을 모을 수가 있었다. 그런데 閑良 金泰錫이 야밤에 도주하자 그를 잡아 斬하고 그 머리

●●●●● ·······································

78) 『梅隱堂實記』 권1, 「行狀」.

를 遠近사람들에게 보게 하였다. 박동명은 의병 5천을 거느리고 이춘록을 先鋒으로 삼고 조성남을 후군으로 삼아 1636년 12월 24일에 청주를 출발하여, 12월 27일 아침에 廣州 茂溪에 주둔한 忠淸監司 鄭世規의 군진에 합류하였다.

그런데 이때는 이미 청군의 선봉이 12월 16일에 남한산성에 다다른 후였다. 인조는 12월 14일에 남한산성으로 몽진을 한 후 강화도로 다시 옮기려 하였으나, 청군이 성을 포위하자 남한산성에서 고립된 채 청군에 항전을 하고 있던 때였다. 충청감사 정세규는 12월 18일에 근왕의 명을 받았고 남한산성이 이미 포위된 사실을 알았다. 그는 바로 각 읍 수령들로 하여금 근왕병을 모집하여 공주에 집결하도록 하였다. 7천 명의 병사를 확보한 정세규는 충청병사 李義培로 선봉을 삼아 12월 25일에 공주를 출발하여 남한산성으로 진군하도록 하였다. 박동명도 이때의 충청감영에서 초모한 근왕병의 일원으로 출전하였던 것으로 보인다. 그리고 그는 청주목사의 휘하에 편제되었을 것이다. 그러나 그가 도착한 것은 충청감영의 근왕병 주력이 1636년 정월 2일에 남한산성 근처에 도착한 것보다 빠른 것으로 행장에 기록되어 있다. 이는 그가 충청감사 정세규의 본진에 합류했을 때 정세규는 청군에게 대패한 뒤였고 전세가 불리해져 있었다는 사실과 시간적으로 맞지 않는 기록이다. 충청감사 정세규가 도착하기 이전에 이미 박동명은 광주 무계에서 청군과의 전투 중에 전사하였던 것이다. 이러한 기록은 박동명이 청주에서 출전하여 합류한 부대가 충청감사 정세규 휘하의 근왕병이 아니었다는 것을 의미한다.

그렇다면 박동명이 합류한 부대는 당시의 근왕병의 초모 사실과 관련하여 살펴볼 수 있다. 당시 근왕병중 박동명이 출전한 12월 27일 경에 남한산성 근처에 와 있던 사람은 강원감사 趙廷虎였다. 강원감사 조정호는 가장 먼저 7천 명의 근왕병을 거느리고 남한산성으로 왔다. 그는 원주영장 權井吉로 하여금 우선 1천 명의 선봉대를 이끌고 남한산성 가까이에 있는 黔丹山[79]에 진영을 차렸다. 그러나 청군의 공격을 받아 겨우 권정길을 비롯한 수십 명만이 살아남고 전군이 다 전사하였다.[80] 이러한 정황으로 볼 때 박동명이 합류한 군진은 충청감사 정세규가 거느린 근왕병이 아니라 강원감사 조정호가 거느린 근왕병의 선봉대인 권정길의 군진이었을 것으로 판단된다. 그러나 권정길의 선봉대가 검단산에서 이미 전멸을 당한 이후인지라 박동명이 분격하여 홀로 역전하였으나 힘이 다하여 패배한 것으로 볼 수 있다. 이때 휘하의 김득성이 일단 물러나 후일을 도모하자고 말렸으나, 박동명은 오히려 "이 곳은 사나이가 죽을 곳이다"라고 하며 물러서지 않고 싸우다 드디어 순절하기에 이르렀다. 그런데 전쟁의 와중에 그의 시신을 수습하지도 못하였고 그가 타던 말만 찾을 수 있었다.

인조도 남한산성에서 더 이상 버티지 못하고 나와 청나라에 굴욕적인 항복을 하게 되었다. 전쟁이 끝났음에도 박동명의 시신을 찾지 못하자 의관만을 장사지내게 되었고, 이와 관련하여 의관을 장사 지낸 곳에는 박동명과 그가 타던 말에 관한 전설만이 전해져 그의 충절을 후세인들에게 되새기게 해준다.[81]

박동명은 임진왜란과 이괄의난, 병자호란의 국란을 맞이하여 매번 몸소 충의를 실천하므로서, '一人三役'을 실천한 청주지역의 대표적인 충신으로 후세의 귀감이 되고 있다. 박동명의 순절 후인 孝宗 3년(1652)에는 그의 충절을 기리기 위하여 선무원종공신으로 祿2等에 봉해지고 자헌대부 공조판서 겸 의금부사로 추증되었다. 肅宗 34년(1708)에는 旌閭가 세워졌고, 이때 세워진 정려는 지금도 청주시 흥덕구 신촌동에 남아 있다. 그리고 高宗 35년(1899)에는 忠景이란 시호를 하사받았다.

2) 朴弘遠의 生涯와 活動

박홍원은 박동명의 맏아들로 선조 38년(1605)에 3월 24일 청주에서 태어났다. 어머니는 完山李氏로 縣監 李義成의 딸이다.[82] 그의 이력에 대해서는

●●●●···

79) 지금의 경기도 하남시에 있는 산으로 남한산성 바로 옆에 위치해 있다.
80) 『仁祖實錄』 仁祖 14년 12월.
81) 충청북도, 1982, 『전설지』, 172~173쪽 참조.

1734년 族孫 朴敏采가 지은 行狀[83]과 1882년 宋秉璿이 지은 墓表를 통해 살펴볼 수 있다. 그리고 沈光世가 지은 『休翁集』에 그가 박동명의 아들이라는 기록이 있다.[84]

그는 어려서부터 4서 3경을 읽어 통달하였다. 1624년 이괄의 난이 일어났을 때 18세였는데, 부친인 박동명이 당시 병석에 있어서 직접 출전하기가 어려웠다. 그는 부친이 "네 나이가 지금 18세이니 곧 아비가 왜적을 치던 때이다. 내가 병으로 나갈 수 없으니 네가 내 대신 나가거라"하니, 홍원이 울며 "侍湯할 사람이 없어 자식의 도리로 어찌 차마 길을 떠날 수 있으리요, 하지만 小魁가 날뛰니 君父의 곁으로 달려가 적을 토벌함이 신하된 자의 직분입니다. 그리고 아버님의 뜻이 이러하시니 감히 명을 따르지 않을 수 없습니다" 하고는 출진준비를 서둘렀다. 그리고 주변의 사람들과 여러 군에서 모병을 하여 수천 명의 의병을 모아 밤낮으로 말을 달려 도원수 張晩이 거느린 토벌군에 합류하였다. 1624년 2월 이괄의 반란군이 서울을 점령하자 인조를 비롯한 대신들이 공주로 피난하였다. 이때 박홍원은 장만이 거느린 토벌군에 참가하여 서울에 주둔한 이괄의 반란군을 공격하였다. 그리고 길마재(鞍峴)전투에서 반란군을 대파하였다. 길마재 전투의 승리후 도원수인 장만이 박홍원의 손을 잡고 국왕을 알현하여 개선을 上奏하자 했다. 그러나 그는 "국사가 이미 끝나서 元惡의 머리를 베어 위협이 없어졌고, 부친이 병상에 있어 生死를 알 수 없다"고 고향으로 바로 돌아왔다. 박홍원이 돌아오자 부친은 베개를 밀치고 일어나 그의 손을 잡고 "네 한 몸이 忠孝이니, 너는 참으로 충성스럽고 효성스러운 아들이다"라고 자탄해 마지않고, 그로 인해 병도 치유되었다.

그러나 박홍원이 국왕을 알현하지 않고 고향으로 내려온 까닭에 이괄의 난을 평정하는데 세운 공이 드러나지 않아 포상으로부터 제외되었다. 이에

●●●●·····························

82) 『梅隱堂實記』 권1, 「諡狀」.
83) 『梅隱堂實記』 권1, 「宣務郎行狀」; 『梅隱堂實記』 권1, 「宣務郎墓表」.
84) 『休翁集』 권1 詩 七言絶句, 한국문집총간 제84집, 민족문화추진회.

많은 사람들이 그를 애석하게 여겼다. 그러나 박홍원은 1631년 정월[85]에 振武原從功臣 1等으로 宣務郞에 제수되었다.[86] 박홍원의 공신녹훈 덕으로 부친인 박동명도 가선대부 공조참판의 증직이 내려졌다.

30세 때인 1636년에는 병자호란을 당하여 부친 매은당 박동명이 병사를 모아 출전하는데 어머니 완산이씨의 병수발 때문에 부친을 따라 가지 못하였다. 그런데 부친이 광주 무계 전투에서 전사하고 시신도 수습하지 못하게 되자 향리에서 죄인을 자처하며 두문불출하게 되었다. 현종 10년(1669) 2월 28일에 65세를 일기로 세상을 떠났다. 묘소는 청주 남쪽 팔봉산 아래에 부인 晉州 鄭氏와 함께 묻혔다.[87] 자손은 아들 둘을 두었는데 첫째가 世瑄이고 둘째가 世琦로 모두 通德郞에 제수되었다.

박홍원의 행적에 대해서는 이괄의 난 진압에 참가한 것 말고는 알려진 바가 거의 없다. 오로지 부친인 박동명이 병자호란을 맞이해 근왕병을 이끌고 남한산성의 인조를 호종하려 하였다가 광주 무계에서 전사한 뒤, 시신도 수습하지 못한 것을 한탄하다가 스스로 죄인임을 자처하면서 향리에서 두문불출하며 여생을 마쳤던 것이다. 그런데 그가 병자호란 때 부친을 따라 출전하지 않은 것이 오직 모친의 병수발을 들기 위해서였다는 것은 얼른 납득이 가지 않는다. 조부와 부친이 왜란과 호란에 직접 출전한 것에 비하면 그가 호란을 당하여 부친을 따라 출전하지 못한 것은 다른 이유가 있었을 것이나 지금으로서는 알 수 없으며 이 부분은 후일 다시 검토해 보기로 하겠다.

5. 맺음말

이상으로 順天 朴氏家의 三代에 걸친 倡義에 대해 朴春茂를 中心으로 그

---

85) 朴東明의 告身敎旨에 의함.
86) 『梅隱堂實記』 권1, 「遺事」.
87) 현재 충북 청원군 남이면 구암리 천방동이다.

子인 朴東命과 孫子인 弘遠에 이르기까지 살펴보았다. 박춘무의 의병활동 내용을 그 특징과 연관하여 정리하면 다음의 네 가지로 설명될 수 있을 것 같다.

첫째, 박춘무의 의병진은 창의기병 당시부터 하나의 원대한 작전구상 위에서 모병되고 활동하였다. 즉 임진왜란 초기 호서·호남의병의 首倡者인 조헌·김천일·고경명 등과 연계하여 이른바 掎角之勢로 표현된 하나의 상호연대적 공동작전을 수행할 것을 계획하고 있었다. 특히 박춘무와 조헌은 각각 호서의병의 우·좌대장으로 추대되어 연합작전과정에서 실질적인 활동의 대부분을 담당하도록 구상되었다. 구체적으로 조헌은 고경명과 연계하여 錦山을 통해 호남으로 진출하려는 왜군을 방어하고, 박춘무는 한양과 금산의 중간거점으로 활용되고 있던 淸州와 鎭川地域의 왜군을 격퇴하고 水原에서 김천일과 합류하여 한성 수복전에 대비한다는 방안이었다.

兩湖義兵陣이 이러한 작전구상에 따라 일단의 부대 편성을 이룬 것은 1592년 7월 4일경이었다. 박춘무는 조헌과 같은 날 출정식을 치르고 추가모병 및 부대훈련을 실시한 다음, 첫 번째 공략대상인 청주성으로 진군하였다. 그리하여 1592년 8월 1일 조헌과 영규는 청주성의 서문을 맡고, 박춘무는 정문인 남문을 공략하여 이튿날 청주성을 수복하는 전과를 올렸다. 다만, 박춘무의 남문 공략은 6월 하순 이후 지속된 일련의 전투과정에서 주요 작전지역이었던 서문공략의 지휘권이 방어사 이옥으로부터 승장 영규로, 그리고 다시 호서좌의대장 조헌으로 넘어감에 따라 주로 牽制 및 應援의 역할을 담당했던 것으로 추론된다. 그리고 이어서 본래의 구상대로 조헌은 금산으로 진출하였다가 8월 18일 전사하였으나, 박춘무는 8월 말에 다시 진천 전투에서도 승전보를 울렸다. 이렇듯 박춘무는 호서의 작전지역에서 일단의 임무를 완수함으로써 계속 북상하여 수원을 거쳐 한양부근에서 활동을 지속할 수 있었던 것으로 판단된다.

둘째, 박춘무의 의병진은 당시 대부분의 의병진과는 달리 일찍이 鄕邑을 떠나 충청·경기지역에서 北上勤王的 討賊活動을 하였을 것으로 판단된다. 그것은 박춘무의 의병진이 기본적으로는 세거지였던 청주 서부지역에서 家

率을 중심으로 거병하였지만, 양호의병의 공동작전 구상에 따라 활동하였기 때문이었다. 즉, 그의 의병진은 청주성 수복 이후 진천·수원 등을 거쳐 한양을 중심으로 활동하고 있었다는 점에서 단순히 鄕里footnote自保나 復讐討賊에 그쳤던 鄕邑中心의 群小 義兵將과는 성격을 달리하였다.

특히 그의 의병활동에서 특기할만한 사실은 단기간에 구성되고 外地에서 활동하였음에도 불구하고 連戰連勝하여 패배를 모르는 의병장이었다는 사실이다. 청주성수복에 이어 진천전투에서도 절대적인 숫적 열세를 극복하고 연이어 승첩을 거두었으며, 이후의 전투에서도 勝戰을 지속하였던 듯 '용병에 뛰어나 패한 적인 없는 의병장'으로 인식되고 있었다. 일찍이 조헌이 그 인물됨을 '恬靜自守'라든가 '深沈有智慮'라고 표현한 반면에, 박춘무는 고경명과 조헌의 전사에 '輕發而乃死'라고 애석해하고 있었던 것에 비추어 볼 때, 전투에 앞서 對敵情報라든가 地形地物의 숙지 등 충분한 사전 정보에 바탕하여 작전계획을 세웠던 것으로 생각된다. 즉 일찍이 성리학 외에도 天文·易學 등의 분야에 관심을 기울였던 이지함의 학풍이 일정하게 작용했던 것으로 상정해 볼 만하다.

셋째, 박춘무의 의병진이 창의기병할 수 있었던 사회경제적 기반과 관련해서는 일찍이 조선 초부터 '淸州~懷德' 일대에 세거하였던 선대의 배경, 특히 부친 朴箕精의 학문적·지역적 명망이 작용하였지만, 무엇보다도 토정 이지함의 문하라는 하나의 학연적 유대가 핵심적인 매개고리를 제공하였다. 즉 박춘무는 수학을 위해 거처를 옮기고 그 사실을 기념하여 自號할 정도로 이지함의 학문을 추종하여 그 문하의 대표적 학자로 성장하였다. 그리고 다름아니라 호서지역으로 내려와 소모활동을 전개한 송제민이나 함께 좌의대장으로 추대된 조헌이 모두 동문수학한 사이였다. 특히 이들은 이미 청년시절부터 艱難을 함께 共濟하기로 한 '歲寒의 故友'였다. 송제민의 교섭과 주선으로 호서의병이 구성될 때, 박춘무와 조헌이 두 수반으로 추대되는 까닭이었다.

그런데 박춘무의 의병진이 단기간에 대규모의 병력을 갖추고 향읍을 떠나 주로 外地에서 활동하였음에도 불구하고, 연전연승의 軍功을 세울 수 있던 것은 무엇보다도 당시 일반 백성의 민족적 각성에 힘입은 것이었다고 여겨진다. 즉, 왜군의 점거가 장기화되면서 그만큼 피점령지역 주민들의 인적·물적 피해와 고통도 심화되면서, 일반 민중들은 支配階層의 收奪에 따른 反感과 身分的 對決意識을 뛰어넘어 同胞的 連帶意識을 발휘하여 民族的 抵抗의 隊列에 적극적으로 나서기 시작하였다. 실제로 임진왜란 발발 이후 3개월이 지난 7월에 들어서야 의병활동이 본격적으로 추진되었던 까닭이었다. 여기에 박춘무의 의병진은 동생 박춘번, 아들 박동명 등 주로 家屬에 의해 지휘됨으로써 휘하의 군사들에게 指導者的 模範에 바탕한 강한 順應的 結束力을 이끌어 낼 수 있었을 것이다. 이야말로 향리를 떠나 외지에서 전개된 군사활동에도 불구하고 연전연승의 성과를 거두어낸 두 견인차였다고 할 수 있을 것이다.

끝으로 이렇듯 주목할만한 위상과 뚜렷한 전공에도 불구하고 박춘무의 의병활동 사실은 충분히 기록되거나, 특히 지역사회에서 거의 알려지지 못했던 까닭에 대해 언급해보지 않을 수 없다. 즉 비록 단편적인 기록들이기는 하지만, 조헌과 더불어 호서의병의 수반으로 추대되었다는 사실에서부터 정유재란을 맞아서는 '용병에 뛰어나 패한 적이 없는 의병장'으로 인식되어 중앙군의 실질적 최고책임자의 한 사람으로 활약하고 있었음에도 불구하고, 왜 그의 사적은 후대에 충분히 전승되지 못하고 주변의 인물들에 의해 복원될 수밖에 없게 된 것일까 하는 의문이다.

이와 관련해서는 우선 그의 의병활동은 대부분의 의병진과는 달리, 처음부터 하나의 원대한 작전구상 아래 鄕邑를 떠나 전개되었던 사실을 주목해 볼 수 있을 것 같다. 즉 그는 北上勤王的 討賊活動을 구상하고 外地로 전전함에 따라 소규모의 향토의병장보다도 지역사회에서 기억될 만한 여지를 남기지 못한 것으로 추론해 볼 수 있을 것 같다. 다음으로는 그 휘하에서 종사관으로 활약한 이시발이 일찍이 이듬해 4월이면 다시 조정에 복구하여 활동하였던 것도 그 사적을 보존하는 데는 불리한 여건으로 작용하였을 것으로 생각된다. 여기에 그의 자손, 즉 둘째아들 朴東命, 손자 朴弘遠에 이르기까지 3代에 걸쳐 임진왜란에서부터 이괄의 난, 병자호란에 이르기까지 연이어 창의기병함으로써 '三世倡義之家'의 명성을 얻었지만, 가계에는 상당한 부담으로 작용하였을 것으로 여겨진다. 이에 따라 박춘무의 의병활동 사적은 중앙 또는 전국적으로 활동한 인물들의 저술을 통해서는 기억되었던 반면, 지역사회에서는 '잃어버린 이방인'으로 남았던 것으로 생각해 볼 만하다.

끝으로 아쉬운 것은 梅隱堂 朴東命과 宣務郞 朴弘遠에 대한 資料가 너무 빈약해 三代 倡義에 대한 實體를 광범위하게 밝히지 못한 것이 아쉽다. 그러나 朝鮮時代에 國難을 당해 三代에 걸친 忠臣家가 있음을 확인한 것으로 만족함을 얻고자 한다.

壬辰倭亂期 李光輪의 鄕兵倡義와 活動

1. 머리말

우리 역사에서 역사 용어로 사용하는 의병은 임진왜란 의병과 한말의병 등이 있다. 박은식은 "義兵이란 民軍이다. 국가가 위급할 때 즉각 義로써 奮起하여 조정의 징발령을 기다리지 않고 從軍하여 敵愾하는 자이다"[1]라고 의병을 규정하였다. 즉 국가가 위급함에 처했을 때 국가의 명령을 기다리지 않고 자발적으로 궐기하여 국가를 위해 싸우는 義軍이라는 의미이다. 따라서 의병이란 다른 나라의 침입으로부터 가족의 생명과 재산, 그리고 국가를 수호하기 위한 모든 활동이라고 말할 수 있겠다.

지금까지 壬辰倭亂은 전란 자체가 가져다 준 사회적 충격으로 인해 身分制를 비롯한 사회의 여러 면에서 변동을 가져왔다고 인식하여, 조선시기를 전·후기로 시기구분 할 때 조선후기의 기점으로 이해하는 경향이 강하였다. 이러한 논의는 아직까지 구체적 사실들을 통해 검증된 것이 아니며,[2]

----

1) 朴殷植, 『한국독립운동지혈사』.

최근에는 16·17세기를 하나로 묶어 朝鮮中期로 이해하려는 시각이 대두하고 있는 실정이다. 그러나 이 임란은 국제적으로 뿐만 아니라 국내적으로도 조선사회에 많은 영향을 끼친 사건의 하나임에는 틀림없다.

임진왜란에 대한 연구성과는 지금까지 의병활동의 배경, 의병과 관군과의 관계, 의병장을 중심으로 한 전투와 의병조직, 그리고 의병의 성격 등 비교적 많은 분야에 걸쳐 연구가 이루어졌다.[3] 또한 의병부대를 조직해 주도적이 의병활동을 전개했던 재지사족들의 의병기반에 대한 연구도 진행되고 있다. 즉 임란 극복의 動力을 사림들의 향촌지배책의 하나로 이해하여, 재지사족의 의병기반으로서 통혼권에 주목한 누층적인 혼인관계 및 그들의 사회경제적 기반, 학문적 기반, 그리고 그들이 향촌에서 시행한 향촌지배책이 의병의 모집과 활동에 기초가 되었다는 연구가 그것이다.[4] 즉 의병장들이 당시 많은 향병 내지 의병을 모아 창의할 수 있었던 바탕에는 사족들의 사회경제적 기반이 작용하였기 때문이라는 것이다.

이러한 것 중에서도 가장 많이 연구가 이루어진 분야는 인물 중심의 연구로 대부분 鄕兵의 연합체적 성격을 띠는 몇몇 義兵將을 중심으로 한 것이

●●●●····································

2) 임란이 신분제 변화에 별다른 영향을 주지 않았다는 분석을 통해 임란을 기점으로 한 신분 병동에 대한 이해가 피상적이었음을 지적한 연구로는 다음과 같은 것이 있다.
李泰鎭, 1992, 「조선후기 양반사회의 변화 -신분제와 향촌사회 운영구조에 대한 연구를 중심으로」, 『한국사회발전사론』, 일조각 ; 심승구, 1996, 「임진왜란중 무과급제자의 신분과 특성」, 『한국사연구』 92.
3) 각 지역 의병활동 중 호서 의병에 대한 연구성과는 다음과 같다.
최근묵, 1970, 「壬亂 때의 湖西義兵에 대하여」, 『충남대논문집』 9 ; 김현길, 1981, 「임진왜란과 의병장 趙熊」, 『호서문화연구』 1, 충북대 호서문화연구소 ; 김진봉, 1981, 「임진왜란중 湖西地方의 의병활동과 地方士民의 동태에 관한연구」, 『사학연구』 34 ; 이석린, 1988, 「趙憲을 중심으로 한 임란초기의 의병분석」, 『우인 김용덕박사 정년기념사학논총』 ; 이석린, 1993, 『임란의병장 조헌연구』, 신구문화사.
4) 이태진, 1983, 「임진왜란 극복의 사회적 동력 -士林의 의병활동의 基底를 중심으로」, 『한국사학』 5 ; 고석규, 1988, 「鄭仁弘의 의병활동과 산림기반」, 『한국학보』 51 ; 김석희, 1989, 「郭再祐의 起兵과 사회적 기반」, 『망우당 곽재우연구』 2 ; 김강식, 1992, 「松菴 金沔의 의병활동과 역할」, 『남명학연구』 2.

다. 그러나 의병보다 규모가 적고 그 전단계라고 할 수 있는 향병5)에 대한 연구는 거의 진행되지 않고 있다. 이것은 종래 향병을 광의의 개념인 의병이라는 개념으로 하나로 묶어서 동일한 범주로 이해하였기 때문이다. 국가의 군대가 아니고 義로써 향촌에서 일어난 의로운 병사라는 점에서는 이것을 모두 의병이라고 할 수 있다. 그러나 향병은 규모와 조직, 활동 범위, 사회적 기반 등에서 의병과는 어느정도 차이를 보여주고 있는데, 그 규모가 소규모이고 활동범위도 국지적인 양상을 보이는 반면에, 의병은 이러한 향병보다 좀 더 발전된 형태의 군대라고 생각되므로 이를 구분해서 볼 필요가 있다고 여겨진다.

이 글에서는 당시 湖西右道 洪州에서 창의한 李光輪의 鄕兵에 대해 살펴보고자 한다. 이를 통해 의병의 구성과 조직 및 성격을 이해하는데 다소 도움이 될 것으로 생각된다. 이광륜의 향병 활동에 대한 자료는 다른 의병의 기록에 비해 매우 적기 때문에 그 전말을 자세히 밝히기는 어렵다.

다만 『國朝寶鑑』·『再造藩邦志』·『趙憲全書』와 기타 문헌 등에 나타난 관련 기록을 참고로 하여 서술하였다. 특히 조헌의 의병 활동에 관한 기록에 나타나는 것을 중심으로 이광륜의 향병에 대해 검토하였으므로 다소 추

●●●●●○○○○○○○○○○○○○○○○○○○○○○○○○○

5) 임란 초기의 鄕兵은 왜적의 침입이 적극적으로 전개되면서 개별적인 방어가 불가능해져 의병장 휘하의 의병으로 흡수되어 갔다. 임란 초기에는 왜군으로부터 자기 가정과 고장을 지키겠다는 향토방어 의식에서 鄕兵이라는 용어를 사용하는 義陣이 소규모로 전국 각지에서 일어났다. 그러나 義兵이라는 용어는 의진의 규모가 커지거나 서로 연합할 때, 조정에서 초유사를 통해 忠君愛國의 의병을 召募하기 위한 글을 내려보낼 때, 그리고 의병장이 격문에서 忠君報國의 대의를 강조하면서 많이 사용되었다. 조헌의 경우에도 처음 報恩에서 창의할 때 전후에는 이 향병의 범주였다고 기록하고 있다. 따라서 향병과 의병의 범주를 엄격히 구분하여 사용하는 것이 바람직하다고 생각한다. 실제 다른 지역과 마찬가지로 조헌 휘하의 군대 중에서도 향병으로 표현된 경우가 많다. 李光輪, 金節, 梁鐵, 張德盖, 高擎宇, 車禛 등은 모두 향병이었다가 조헌의 의병에 합류한 사람들이다(『중봉집』 권8, 起兵後疏 및 부록 권7, 幕佐門生同日殉節錄). 이광륜의 鄕兵도 호서우도에서 조헌에 합류하기 전까지는 이 향병의 범주에 속한다고 할 수 있으며, 그 이후에 鄕兵연합군의 성격을 지닌 義兵軍에 합세하였다고 하겠다(『國朝寶鑑』 권30, 선조조 8 및 안방준, 『抗義新編』 重峯先生抗義新編 권6, 幕佐門生).

론적인 성격을 지닐 수밖에 없음을 미리 밝혀둔다. 다만 이러한 작업을 통해 다른 향병의 사회적 기반과 조직, 활동 등을 이해하는 데 한 사례로서 도움이 되었으면 한다.

2. 湖西地方의 동향과 倡義의 배경

임진왜란은 1592(선조 25) 4월 13일에 일어났다. 20여 만에 이르는 대규모 병력의 왜군인 신병기인 鳥銃을 앞세우고 조선을 침략하였다. 이에 대해 조선은 그전부터 李珥·趙憲 등 여러 사람들이 왜의 이상한 움직임에 대비할 것을 주장하였으나 받아들여지지 않아 사전에 아무런 대비책도 세우지 못한 채 갑자기 침략을 당하고야 말았다. 이 때 동래부사 송상현과 군민은 동래성을 지키려고 노력하였으나, 활과 창만을 가진 조선은[6] 왜군을 당해내지 못하고 무너짐으로써 임진왜란은 초기부터 조선에게 큰 타격을 주었다.

처음 왜군의 공격로는 부산 - 대구 - 조령 - 충주 - 용인 - 한양으로 이어지는 中路, 울산 - 경주 - 죽령 - 원주 - 여주 - 한성으로 이어지는 東路, 그리고 김해 - 성주 - 김천 - 추풍령 - 청주 - 한성으로 이어지는 西路의 3개로였다. 中路는 小西行長이 지휘하는 제1군이, 東路는 加藤淸正이 이끄는 제2군이, 그리고 西路는 黑田長政이 이끄는 제3군이 각각 담당하여 파죽지세로 계속 북상하였다.

이러한 급보를 접한 조정에서는 긴급 회의를 열어 조령·죽령·추풍령의 3대 군사적 요충지에 대한 방어책을 마련하였다. 순변사 李鎰로 하여금 中路인 조령을, 우방어사 趙儆으로 하여금 西路인 추풍령을, 조방장 柳克良으로 하여금 東路인 죽령을 각각 방어하게 하였다. 그리고 金誠一을 경상우도 招諭使로 삼아 의병의 모집과 군량조달을 담당하게 하고, 柳成龍을 都體察

●●●● ⋯⋯⋯⋯⋯⋯⋯⋯⋯⋯⋯⋯⋯⋯⋯⋯⋯⋯⋯⋯⋯⋯⋯⋯⋯⋯⋯⋯⋯

6) 柳成龍, 『懲毖錄』 권8, 陳討賊機務狀, "我國與倭交戰 較其長短 倭奴之長技三鐵丸也 突進也 我國之長技一 弓矢而已 然弓矢可用於數十步間而鐵丸 則數百步之外 中必穿透."

使로 삼아 전방지역에 파견하여 난을 막도록 하였다. 또한 실전에 능한 武官인 申砬을 三道巡邊使로 임명하여 조령으로 내려 보냈다.

그러나 이때 李鎰은 倭將 加藤淸正의 부대에 의해 尙州에서 패배하여 忠州로 후퇴하였고, 왜군은 자연의 요새인 조령·죽령 등지에서 별다른 저항을 받지않고 충주로 진군하였다. 신립은 하는 수 없이 작전을 변경하여 충주의 탄금대에서 배수진을 치고 기마작전을 펼쳤으나 왜군을 막기에는 역부족이었다. 宣祖는 마지막으로 믿었던 신립마저 왜군의 우세한 화력 앞에 어이없이 패하자, 마침내 한양을 버리고 의주로 몽진의 길에 접어들었고, 조전은 分朝하여 세자 光海君이 직접 난을 지휘하게 하였다.

이에 왜군은 4월 29일 충주에서 제1·2군이 합류하였다가 제1군은 여주 - 양평을 거쳐 한성으로 북상하였고, 제2군은 죽산 - 용인을 통해서, 그리고 제3군은 추풍령을 넘어 청주 쪽으로 진출한 후 죽산을 거쳐 북상하여 한성으로 진군하였다.

이와 같은 왜군의 직접 공격로에 있었던 호서지방의 청주·충주·영동·옥천 등 좌도의 여러 邑은 왜군의 침략으로 큰 피해를 입게 되었다. 당시 호서지방의 피해상황이 어떠하였는지 다음 사료를 통해 살펴보자.

> 忠州의 士民 官屬은 아군이 내진해 올 것을 믿고 모두 난리를 피하지 않았다가 모두 살해된 것이 他邑보다 심하였다.[7]

> 왜적이 全羅·忠淸의 여러 縣을 범하였다. (중략) 왜군은 호남 뿐만 아니라 충청도의 여러 현을 침략하여 沃川과 永同 등 여러 현에 진입하고 淸州에 주둔하여 焚掠하였다.[8]

●●●●‥‥‥‥‥‥‥‥‥‥‥‥‥‥‥‥‥‥‥‥

7) 『宣祖修正實錄』권26, 선조 25년 4월조.
8) 『宣祖修正實錄』권26, 선조 26년 6월조.

즉 충주의 경우 士民과 官屬들은 정부군이 지원해주려고 온다는 것만을 믿고 난리를 피하지 않았다가 모두 살해되었는데 그 피해가 다른 읍보다 심하였다는 것이다. 이것은 申砬이 三道巡邊使로서 조령을 막는다는 소식을 듣고 충주민들이 피난하지 않았고, 조령을 지키던 李鎰이 加藤淸正에게 尙州에서 패배하여 충주로 후퇴하면서 빚어진 상황이었다. 결국 신립마저 탄금대에서 배수진을 치고 기마작전을 펼쳤으나 小西行長에게 패배함으로써 충주는 왜군의 점령하에 놓이게 되었으며, 이때 여기에 대한 아무런 대비도 하지 않았기 때문에 다른 읍보다 피해가 컸던 것이다.

두 번째 사료는 왜군이 호남 뿐만 아니라 충청도의 여러 현을 침략하여 옥천과 영동 등 여러 현에 진입하고 청주에 주둔하여 焚掠한 사실을 보여주고 있다. 즉 왜의 제3군은 김해를 통해 상륙한 후 추풍령을 거쳐 옥천·영동 등 여러 현을 지나면서 큰 피해를 입혔고, 급기야는 淸州城을 점령하여 그로 인한 피해는 더욱 컸던 것이다.

이처럼 왜군의 북상 진로 중심에 위치하였던 호서지방은 왜군의 침략으로 큰 피해를 입었다. 그 중에서도 왜군의 진군 방향에 있던 청주·충주를 비롯한 호서 좌도가 피해가 심하였고, 상대적으로 홍주·공주 등 호서우도는 아직 큰 피해를 입은 상태는 아니었다.

이렇게 관군이 힘을 제대로 써보지도 못하고 패배하자 전국 곳곳에서는 사족들이 鄕兵 내지 義兵을 일으켰다. 특히 왜군의 직접적인 공격에서 벗어나 있었던 경상우도에서는 다른 지역에 비해 일찍부터 의병활동이 활발하여 鄭仁弘·郭再祐 등이 창의하였다. 또 왜군의 진격로에 위치하였던 호서 좌도에서도 일찍부터 조헌 등이 보은 등지에서 향병을 창의하였다. 그리고 충청우도의 경우 왜군의 직접적인 공격로가 아니었기 때문에 피해를 상대적으로 덜 입었으나, 다른 지역의 경우처럼 여러 사족들이 각각 鄕兵을 창의하였다. 그리고 충청우도의 경우 왜군의 직접적인 공격로가 아니었기 때문에 피해를 상대적으로 덜 입었으나, 다른 지역의 경우처럼 여러 사족들이 각각 향병을 창의하였다. 다음 사료는 이러한 사정을 잘 보여주고 있다.

(상략) 諸道에서 義兵이 일어났다. 이때 삼도 帥臣이 모두 衆心을 잃어 변란이 일어난 후에 병량을 독촉하였으나 사람들이 모두 싫어하였고 적을 만나면 모두 흩어짐에 이르러, 도내에 巨族 名人이 유생들과 더불어 朝命을 받들어 倡義하여 일어선 즉, 듣는 자가 격동하여 원근에서 응모하니 비록 크게 인심을 수습하지 못했더라도 국가의 운명이 의지되어 유지되었다.[9]

이것은 그동안 관군이 백성에게 인심을 잃었기 때문에 왜란이 얼어나 관군을 모집하였으나 백성들이 이에 응하지 않았고, 이때 도내의 거족으로 명망이 높은 사족들이 유생들과 함께 창의하였음을 보여주고 있다. 즉 갑작스런 왜군의 공격에 관군이 허무하게 무너졌다는 소식을 들은 사족들과 이 소식을 듣고 원근에서 모여든 사람들이 왜적을 방어하여 이 때문에 국가의 운명이 유지되었다는 것이다. 이때 朝命을 받들어 창의한 인사들은 대체로 그 지방에서 명망이 있던 사족들이었을 것이다.

이처럼 임란이 일어나자 경상도의 곽재우·정인홍·김면, 전라도의 고경명·김천일, 함경도의 정문부 등이 의병을 일으켰다. 그리고 충청도에서는 5월 초 趙憲이 그의 문인 金節·金籩·朴忠儉 등과 함께 鄕兵을 일으킨 것을 비롯하여, 僧將 靈圭, 沈守慶·申湛·金弘敏·李山謙·朴春茂·趙熊 그리고 趙綱[10] 등이 역시 향병을 모집하여 각 지역에서 창의하였다.[11]

이 중에서도 趙熊은 신립의 탄금대 전투 패배 이후 충주에서 5백여 명을 모집하여 台子山 아래에 주둔하면서 한양으로 북상하는 왜군의 후속부대를 물리쳐 白旗將軍이라고 불리기도 하였다.[12] 그리고 왜군의 직접적인 공격로에서 벗어나 있던 湖西右道에서도 6월 이후에 李光輪·申蘭秀·張德盖·高擎宇 등이 홍주·공주 등지에서 각각 鄕兵을 창의하였다.

●●●●

9) 『宣祖修正實錄』 권26, 선조 25년 6월조.
10) 趙綱, 『慕溪集』.
11) 柳成龍, 『懲毖錄』. 『연려실기술』 권16, 선조조 고사본말, 권17, 선조조고 사본말 호서 의병. 申炅, 『再造藩邦志』 권2 등.
12) 김현길, 1981, 「임진왜란과 의병장 趙熊」, 『호서문화연구』 1, 충북대 호서문화연구소.

그러면 사족들이 당시 각 지역에서 이렇게 향병 내지 의병을 일으킬 수 있었던 사회적 배경은 무엇이었을까. 먼저 왜적으로부터 자신의 가족과 재산 및 향촌사회를 지키고, 나아가 國王을 호위하고 나라를 수호하기 위한 마음이 있었기 때문이라고 하겠다. 또한 學脈을 통해 서로 연계될 수 있었던 사상적인 기반을 들 수 있겠다. 조선사회에서 학연은 혈연과 함께 어떤 인물의 사상이나 활동에 중요한 영향력을 미친 요소의 하나였다. 학연이 임란 창의 때 중요한 배경의 하나였다는 점은 당시 의병들이 대개 명망있는 사족과 그의 문인들을 중심으로 먼저 창의한 사실에서 잘 알 수가 있다.

조헌의 경우 그의 문인인 金節·金籥 등과 公州教授 및 提督官에 재직하고 있을 때 그의 제자였던 朴士辰·趙敬南·尹汝翼 등 많은 문인들을 중심으로 창의하였고,[13] 청주의 趙綱과 朴春茂 역시 그의 族人과 문인을 중심으로 창의하였다. 경상우도에서는 南冥 曹植의 문인들이 정인홍·곽재우 등을 중심으로 각각 창의하였음은 잘 알려진 사실이다.[14] 여기서 임란 초기먼저 창의한 이들 문인들의 사상은 대체로 다른 사족들보다 충을 더 강조하는 충의정신이 강한 모습을 보여주고 있다.

그리고 다음 장에서 살펴보겠지만 李光輪의 경우 문인이 누구였는지 구체적으로 사료상 확인할 수는 없으나 주위의 뜻있는 선비들과 함께 창의하였다고 하였고, 그의 창의는 6代祖 行과 祖父 師瑗의 절개와 기개에 영향을 받았을 것으로 생각한다.

다음으로 그들이 향촌에서 영향력을 행사할 수 있었던 사회경제적 기반을 들 수 있겠다. 이것은 각 鄕兵과 義兵의 창의 때 참가한 부대의 구성에서 잘 나타난다. 임란 초기의 향병 내지 의병의 구성은 대체로 의병장의 문인 외에 집안의 家僮·奴婢와 村丁 등으로 이루어졌다. 창의의 주도층인 士族들은 먼저 그의 門人과 從遊人의 호응을 얻은 후 집안에서 거느리고 있

13) 이석린, 1988, 앞의 논문,
14) 이수건, 1992, 「남명학파 의병활동의 역사적 의의」, 『남명학연구』 2.

던 家僮과 奴婢들을 동원하였고, 또한 사족의 거주지 및 토지소유지에 살면서 사족의 토지를 경작하는 鄕民을 동원하는 형태로 募兵을 한 것으로 생각한다.

당시 각 향병과 의병들은 대부분 그 지역에서 상당한 경제력을 보유하고 있었던 사족들이었으며, 모병의 기초가 되는 家僮·佃戶의 인솔은 또한 지주제의 성장과 관련된 것이기도 하였다. 즉 그들은 향촌지주로서 토지를 매개로 家僮·佃戶에 대한 강한 지배성을 가지고 있었기 때문에 향병 창의시 이들을 동원하기에 용이했을 것이다.

다음 장에서 언급하겠지만 李光輪 역시 홍주에서 처음 창의 할 때 향병에 참여한 사람들은 뜻있는 선비 외에 집안의 인척들과 그들이 거느리던 家僮과 村丁 등이었다. 여기서 家僮은 자신이 거느리던 奴婢들이었을 것이고, 村丁은 鄕村地主로서의 기반에 의해 동원된 사람들일 것으로 생각한다.

이 외에 임란 극복의 동력은 재지사족 세력에 의해 행해졌던 鄕約과 洞契의 실시, 書院의 건립을 통한 사족들의 활동 등과 같은 그들의 향촌통제력이었다고 하겠다.[15] 이처럼 사족들의 사회경제적 기반은 이들이 창의하는 데 주요한 배경으로 작용하여 부대를 구성하여 지속적으로 왜군과 전투를 수행하게 하였던 것이다.

3. 李光輪의 家系와 鄕兵倡義

李光輪은 임진왜란이 일어나 왜군에 의해 한양이 함락되고 宣祖가 몽진의 길에 오르자, 호서우도인 洪州에서 鄕兵을 모집하여 창의하였다. 그러면 이광륜의 향병에 대해 살펴보기 전에 먼저 이광륜의 가계는 어떠하였는지 『驪州李氏族譜』와 『淸陰集』[16] 등을 통해 간단하게 알아보자.

●●●●○○○○○○○○○○○○○○○○○○○○○○○○○○○○○○○○

15) 이태진, 1983, 「임진왜란 극복의 사회적 동력 -士林의 의병활동의 基底를 중심으로」, 『한국사학』 5.
16) 金尙憲, 『淸陰先生集』 권30, 義興縣監李君墓碣銘幷序.

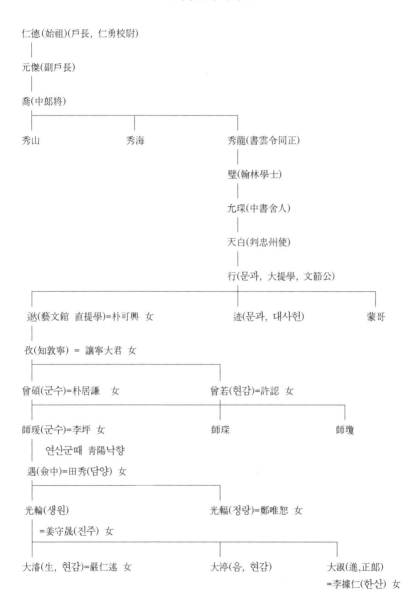

仁德(始祖)(戶長, 仁勇校尉)
│
元傑(副戶長)
│
喬(中郞將)

秀山　　　　　秀海　　　　　秀龍(書雲令同正)
│
璧(翰林學士)
│
尤琛(中書舍人)
│
天白(判忠州使)
│
行(문과, 大提學, 文節公)

逖(藝文館 直提學)=朴可興 女　　　　迹(문과, 대사헌)　　　　蒙哥
│
孜(知敦寧) = 讓寧大君 女

曾碩(군수)=朴居謙 女　　　　曾若(현감)=許認 女

師瑗(군수)=李坪 女　　　　師琛　　　　師瓊

연산군때 靑陽낙향

遇(僉中)=田秀(담양) 女

光輪(생원)　　　　光輻(정랑)=鄭唯恕 女

=姜守晟(진주) 女

大濬(生, 현감)=嚴仁述 女　　　　大渟(음, 현감)　　　　大淑(進,正郞)
=李據仁(한산) 女

이광륜은 본관이 驪州이고 字는 仲任이다. 그의 始祖는 仁德이고 戶長과 仁勇校尉를 지냈으며, 그의 7代祖 天白은 충주목사를 지냈다. 6代祖인 行(文節公)은 고려 말 문과에 급제하여 대제학에 이르렀다. 그러나 그는 이성계가 고려 말 昌王을 폐위하려고 할 때 옥새를 지키느라 전력을 다한 5명의 신하 중 한 사람이었고, 태조 이성계가 즉위하자 禮泉洞에 은거하면서 스스로 '騎牛子' 라고 하였다.

그는 고려의 史官으로 재직할 때 이성계를 誣書한 죄가 있다고 하여, 태조 2년에 탄핵을 받아 가산이 적몰되고 울진에 유배되었다가 그 이듬해에 풀려나기도 하였다. 이처럼 그의 가문은 대제학을 배출하는 등 고려 말 이래 번성하였으나 조선 개국을 전후하여 한때 시련을 당하기도 하였다.

그러나 곧바로 5代祖인 遜은 예문관 직제학에 이르렀고, 迹 역시 문과에 급제하여 대사헌을 역임함으로써 그의 가문은 다시 번창하였다. 또 高祖인 孜은 知敦寧을 지냈는데, 양녕대군의 따님과 혼인한 것으로 보아 당시 왕실과 혼인할 수 있을 만큼 그의 가문이 명망이 있었음을 알 수 있다. 그리고 曾祖인 曾若은 현감을 역임하였다.

그러다가 祖父인 師瑗은 연산군의 폭정이 심해지고 선비들이 士禍로 인해 피해를 입자, 仕官의 길에 염증을 느껴 벼슬을 버리고 洪州牧化城 新墓里(현, 청양)로 내려와 은거하였다. 대대로 벼슬을 했던 그의 가문이 홍주에 자리를 잡게 된 것은 아마 이때부터가 아닌가 한다. 그가 홍주에 자리를 잡게 된 이유는 무엇인지 잘 모르겠지만 이 지방과 어떤 인연이 있었기 때문일 것이다.

이광륜의 가문은 입향조라고 할 수 있는 師瑗 이후 이렇다 할 만한 가세를 형성하지는 못했으나 선대의 기반과 가풍은 그대로 유지했을 것으로 생각한다. 그리고 부친인 遇 역시 벼슬길에 나가지 않고 초야에 묻혀 살았는데, 後에 壽秋로 僉樞公을 제수받았다. 이광륜은 1546년 12월(명종 원년) 靑陽郡 飛鳳面 方閑里 新墓洞에서 부친 遇와 潭陽전씨(監察 秀의 女) 사이의 長子로 태어났다.[17]

이로 보아 그의 집안은 고려 말 7代祖인 天白이 충주목사를 지냈고, 6代

祖인 行이 문과에 급제하면서부터 家勢가 크게 성장하였으나, 조선의 개국과 함께 잠시 시련을 겪기도 하였음을 알 수 있다. 그의 집안은 조선 개국 이후에도 예문관 직제학, 지돈녕 등을 역임하는 등 명망있는 가문으로서 왕실과 혼인을 하기도 하였다.

그러나 祖父인 師瑗이 연산군의 폭정에 염증을 느껴 仕官의 길을 버리고 洪州에 入鄕하면서부터 중앙정치와 거리를 두었으며, 이광륜 역시 관직에 큰 뜻을 두지는 않았다고 여겨진다. 그러나 그의 아들 大濟이 淸陰 金尙憲의 姪壻가 되고 大淑이 토정 이지함의 증손녀와 혼인한 것으로 보아,[18] 그의 가문은 대대로 관직에 진출하여 벼슬하면서 명망있는 가문의 지위를 유지한 것으로 생각한다.

이광륜은 이와 같이 학문과 절의를 숭상하는 명문 가문에서 태어나 성장하였다. 그는 1579년(宣祖 乙卯) 서울에서 生員試에 입격하기도 하였고,[19] 어려서부터 효행이 지극하여 효행으로 文昭殿 參奉에 제수되기도 하였으나[20] 이를 사양하였다.

이광륜의 학문적 연원에 대해서는 뚜렷한 자료가 없으나, 그의 부친이 집 앞에 綠淨亭을 지어 吳允謙 · 徐起 · 趙憲 등과 교유하였다는 것으로 보아, 그는 당시 이 일대의 名流들과 조헌의 영향을 받은 것으로 생각한다. 즉 조헌이 公州敎授 및 提督官로 부임했을 때 인근 홍주에서 벼슬길에 나아가지 않았고 학문에 힘쓰던 그의 부친과 서로 교유하였을 것이고, 이때 이광륜이 조헌을 만나게 된 것이 아닐까 한다. 이것이 후일 그가 모병에 어려움을 겪

●●●●○ ·······································

17) 이광륜의 가계에 대해서는 다음을 주로 참고하였음. 『驪州李氏族譜』『毅憲公府君家狀』 (6 代系 承旨 秉喆 찬) 및 諡狀(洪良浩 撰).
18) 『驪州李氏族譜』.
19) 『司馬榜目』宣祖 12년(1579) 式年 생원. 그의 아들 大淑 역시 광해군 2년(1610)에 식년 진사시에 입격하였다.
20) 당시의 鄕兵將 내지 鄕兵 중 孝行으로 관직에 제수된 사람이 많았는데, 경상우도 金沔의 경우에도 다섯 차례나 효행으로 관직에 제수되었다(김강식, 1992, 「松菴 金沔의 의병활동과 역할」, 『남명학연구』 2). 이광륜 역시 孝行으로 參奉에 제수되었으나 나아가지는 않았다.

고있던 조헌 의병군에 가담하게 되는 배경으로 작용한 것이라 하겠다.[21]

그리고 당시 그의 집안의 당색은 西人系에 가까웠다고 할 수 있다. 왜냐하면 부친이 정자를 짓고 교유한 인물이 趙憲과 吳允謙 등 주로 서인계 인물이었고 이광륜의 長子 大濬이 淸陰 金尙憲의 조카사위인 것을 통해서도 이를 짐작할 수 있다.

또한 그가 이처럼 임진왜란을 당하여 鄕兵을 모아 창의하였던 배경에는 조선의 개국에 반대하고 고려에 절의를 지킨 6代祖 行과 연산군의 폭정으로 벼슬을 버린 祖父 등 先朝들의 절의와 기개를 숭상했던 가풍에도 그 영향을 받은 바가 적지 않았을 것이다. 즉 그의 가문이 대대로 忠과 孝를 중요하게 여기는 집안[22]이라는 점도 그의 창의 배경이 되었을 것으로 생각한다.

그러면 당시 이광륜은 임진왜란이 일어나자 어떠한 과정으로 鄕兵을 모아 倡義하였는지 알아보자. 그는 왜군이 동래성을 함락시킨 후 파죽지세로 북상하여 선조가 몽진의 길을 떠나고 근왕병마저 패배하였다는 소식을 듣고 창의를 결심한 것으로 보인다. 이때 그는 서울에 거주하다가 향리인 홍주로 내려와서 鄕兵을 모아 倡義하였다.

당시 조정에서는 한양이 함락되자 세자시강원 輔德 沈岱를 삼남에 보내어 勤王軍을 招募하여 북상시키게 하여, 5월 중순 심대는 충청도에 도착하여 충청감사 尹先覺, 전라감사 李洸에게 근왕할 것을 촉구하였다.[23] 이에 충청감사 윤선각은 도내 8천여 명의 군사를 모아 공주를 거쳐 온양에 집결하였고, 5월 24일 三道 감사들이 온양에서 진위로 북상하여 6월 3일 수원에 도착하였다. 그러나 龍仁 서북쪽 光敎山에서 왜군의 기습적인 공격을 받고 후퇴하고 말았다.[24]

●●●●●○○○○○○○○○○○○○○○○○○○○○○○○○○○○○○○○

21) 조헌 의병부대의 구성을 보면 조헌이 공주제독 및 교수로 재직하였을 때 그의 제자였던 인물이 많이 등장한다. 朴士振·趙敬南·尹汝益·丁麟·楊應章 등이 그들이다(이석린, 1993, 앞의 책).

22) 『毅憲公府君家狀』.

23) 당시 李洸은 5월 4일 公州에 도착하여 선조가 파천한 것과 한양이 함락된 것을 알고 공주에서 회군하였다(『亂中雜錄』 권1, 壬辰 上, 5월 4일조).

이광륜이 창의를 결심한 것은 이러한 勤王軍이 패배하였다는 소식을 들은 6월 이후라고 하겠다. 이때 그가 서울에서 창의하지 않고 홍주에 내려와서 창의한 것은 孝를 강조하는 가풍으로 인한 부모의 봉양 문제 때문이기도 하였지만, 당시 향병 창의의 사회경제적 기반이 대부분 향촌 홍주에 있었기 때문에 이를 기반으로 창의하려고 했기 때문이라 하겠다.

그는 倡義를 결심하고 부친에게 "우리 집안은 대대로 忠과 孝로써 전하여 내려왔으니, 이제 임금이 욕을 당하니 신하가 죽는 것은 당연한 일이므로 지금이 바로 그 때입니다. 아우와 자식들이 있으니 봉양 할 수 있을 것입니다. 소자가 평소 받자온 것은 학문과 절의에 의한 충성이었습니다. 국난에 나아가게 허락해 주십시오"라고 하였다.

이에 그의 부친인 遇는 "나는 늙었으니 힘을 보탤 수가 없구나. 네가 능히 충신이 되어 나로 하여금 충신의 아버지가 될 수 있도록 한다면 효도가 이것보다 더 큰 것이 없을 것이다. 너는 힘쓰라. 죽음이 진실로 영화가 될 것이다. 사는 것이 소망이 아니다"라고 하면서 허락하였다.[25]

이때 그의 동생 光輻과 그의 長子 大瀋도 함께 따르려고 하였으나 부모의 공양을 부탁하고 만류하였다. 이어서 그의 의복의 안팎에 색실로 「文」字를 새겨 후일 이것을 標識으로 하여 遺骨을 거두라고 당부하였다.[26]

그러면 이광륜 향병의 구성은 어떠했는지 살펴보자. 이광륜은 姻親 好義者와 家僮村丁 3백 명을 거느리고 家財를 팔아 무기를 마련하고 鄕兵을 창의하였다고 한다.[27] 이때 그가 동원한 姻親은 그의 친인척들이었을 것이고, 好義者는 홍주 인근의 사족들로서 의로운 마음으로 향병에 참여한 사람들

24) 『宣祖實錄』 권27, 선조 25년 6월 병진조. 『宣祖修正實錄』 권26, 선조 25년 6월조. 『연려실기술』 권15, 三道勤王兵龍仁敗賊.
25) 『毅憲公府君家狀』.
26) 『毅憲公府君家狀』 및 『淸陰集』 권30, 義興縣監李君墓碣銘幷序.
27) 『毅憲公府君家狀』 「府君遂募姻親好義者 泊家僮村丁三百人 賣家藏備具」 및 『諡狀』. 李光輪은 임란 이전에 趙憲과 종유하면서 龍蛇之變이 일어날 것을 미리 예견하고 國事에 함께 죽기를 맹세했다고 한다.

을 뜻한다. 임란 당시 향병·의병의 모집과 부대의 구성이 당색에 따라 서로 차이를 보이고 학문적 스승을 중심으로 문하생들이 창의하는 예가 많으므로, 이때 그의 향병에 참여한 사람들 중에는 서인계 인사들이 많았을 것으로 여겨진다.[28]

또한 다른 향병 내지 의병의 구성에서 보듯이 이때 향병에 참여한 인물들 중에 家僮은 집안에서 거느리는 奴婢였을 것이며, 村丁은 향촌지주로서의 기반에 의해 동원된 佃戶들이었을 것이다. 이들은 당시 그의 집안이 향촌 홍주에서 가지고 있던 사회경제적 기반에 따른 영향력에 의해 동원된 사람들이라고 하겠다. 당시 그의 집안 경제력이 구체적으로 어느 정도였는지는 잘 알 수 없지만, 향촌 지주로서 비교적 여유가 있었을 것이고, 姻親好義者와 家家僮村丁을 3백 명이나 모을 수 있을 만큼 경제력을 가지고 있었다고 생각된다.

또한 그는 다른 의병들처럼 家財를 정리하여 군량과 軍器를 스스로 마련하였다. 임란 시기 동안 향병 내지 의병들은 관군과 달리 모병의 전제조건인 軍糧과 兵器의 확보를 스스로 해결하지 않으면 안되었다. 따라서 임란 초기에는 자신의 재산을 가지고 이를 직접 해결하였으며, 이광륜 역시 마찬가지였을 것이다. 이렇게 창의한 이광륜은 三道 근왕군이 왜군에 패배한 상태에서 처음으로 평안도로 향하여 勤王할 계획을 가지고 있었던 것으로 보인다.

4. 趙憲 義兵軍에서 李光輪의 활동

1) 趙憲 의병군 합류와 募兵 활동

그러면 이광륜은 勤王軍이 패배하였다는 소식을 들은 6월 이후 홍주에서

●●●●········

28) 당시 그의 집안은 부친이 짚앞에 錄淨亭을 지어 趙憲·吳允謙 등과 교유하였고, 이광륜의 長子 大瀚이 淸陰 金尙憲의 조카사위라는 사실에서 서인계라고 할 수 있으며, 따라서 이때 향병에 참여한 사람들 중에는 서인계 인사들이 다소 참여하였을 것으로 생각한다.

친인척과 好義者 및 가동을 거느리고 처음 창의하였다가, 언제부터 어디에서 조헌의 의병군과 합세하게 되었는지 알아보자. 다음 사료는 洪州에서 창의한 이광륜의 향병이 조헌 의병군에 가담한 사정을 잘 말해주고 있다.

> 先生(조헌)은 이미 主將의 뜻을 거슬려 어쩔 수 없게 되었음을 알고 드디어 湖西右道로 떠나가니 전참봉 李光輪과 선비 張德盖 · 申蘭秀 · 高擎宇 · 盧應晫 등이 모두 선생의 (忠)義를 흠모하여 서로 이끌고 따라와서 招募하니, 官軍에 籍이 소속되지 않은 자가 멀고 가까운 곳에서 모여든 것이 1,600여 명이나 되었다.[29]

즉 조헌이 主將과 뜻이 서로 맞지않아 호서우도로 이동하였을 때 이광륜의 향병이 여기에 합세하였다는 것이다. 당시 조헌은 主將인 충청도 순찰사 尹先覺과 서로 뜻이 맞지않아[30] 호서우도로 이동하였다. 이때 조헌의 義를 흠모하던 前參奉 이광륜과 右道의 士人 장덕개 · 신란수 · 고경우 · 노응탁 등이 이에 합세하였는데, 이들은 아마 대부분 조헌의 공주교수 및 제독관 재직시 제자들로서 조헌이 호서우도로 왔다는 소식을 듣고 이때 각각의 향병을 이끌고 합류한 것이라 하겠다. 그런데 6월 중순 경에 조헌은 行在所로 가던 중 公州에 들러 이미 三道 勤王軍으로 참가하였다가 패배한 尹先覺에게 春秋大義를 강조하며 협력할 것을 청하였다. 이에 윤선각이 허락하여 함께 의병을 모집하기 시작하여, 청양현감 任純이 장정 100여 명을 보내어 지원하는 등 모두 1천여 명을 모을 수 있었다.

그러나 이때 윤선각은 청주에서 한 것처럼 또 다시 모병을 방해하여 모였던 의병들을 해산시키고 말았다.[31] 이에 조헌은 이 지역에서 더 이상 작전

●●●●● ···

29) 『重峰集』 부록 권2, 行狀, "先生以爲旣忤往將難可有爲 遂往湖西 則前參奉李光輪 士子張德盖申蘭秀高擎宇盧應晫等 皆慕先生之義 相率而來招募其不籍於官軍者 遠近坌集得千有六白餘人."
30) 당시의 마찰은 윤선각의 방해 외에도 호서방어에 대한 전략면의 견해차이도 있었다. 조헌은 회인 · 옥천지역을 전략상의 요충지로 생각하여 그곳에 둔병하여 왜군을 공격하자는 입장이었고, 반면에 윤선각은 금강을 경계로 한 방어책을 가지고 있었다(『중봉집』 권9, 與湖西巡察使尹先覺).

을 수행할 수 없음을 깨닫고, 이 상황에서 계속적인 의병활동을 수행하기 위한 의병군의 증원과 이에 필요한 군량·무기의 마련을 위해 방향을 바꾸어 홍주 등의 湖西右道로 이동하였다. 이때는 이미 왜군들이 천안·직산·목천을 제외한 호서좌도의 대부분을 점령하고 있었던 상황이었으므로, 조헌은 아직까지 왜군의 피해를 덜 입은 홍주지역 등지에서 의병군을 모집하려고 하였던 것 같다.

조헌 의병군은 7월 4일 熊津 龍堂에서 왜군의 토벌을 위한 祭를 올렸다. 그리고 다음 날 깃발을 들고 북을 울리면서 부대를 나누어 定山·溫陽 등지를 순회하면서 의병의 모집을 본격적으로 시작하였다.[32]

이미 홍주에서 親姻好義者와 家僮村丁을 이끌고 창의하고 있었던 이광륜의 鄕兵 3백 명은 이때 조헌의 의병군에 합류하였고, 장덕개 등 서너 명의 士人도 향병을 이끌고 각각 합세하였다. 이들은 조헌과 함께 호서우도를 돌아다니면서 官軍에 소속되지 않은 사람들을 모병하여 모두 1,600여 명을 모집할 수 있었다.

당시 이광륜과 함께 합세한 장덕개·고경우·노응탁의 거주지는 공주였으며, 신란수의 거주지는 홍주였다. 즉 이광륜 등은 홍주를 비롯한 자신의 거주지 일대에서의 사회경제적 기반을 바탕으로 적극적으로 모병 활동을 전개하였던 것이다.

이렇게 이광륜 등과 합세한 조헌은 7월 5일부터 '義'字라고 쓴 부대의 旗를 앞세우고 각 부서를 나누어 定山·溫陽 등지를 순방하면서 위풍과 기세로써 단속하니, 임란으로 인해 흐트러졌던 호서우도 백성들의 인심이 크게

---

31) 당시 순찰사 윤선각은 의병을 일으켜 功이 큰 조헌에 비해, 무기력한 관군의 책임을 반드시 물을 것이라는 安世獻의 말을 듣고 列邑에 공문을 보내, 의병의 부모와 처자를 잡아가두도록 지시하였다. 심지어 윤선각은 靑陽 縣監 任純이 土卒 백여 명을 조헌의 휘하에 보내었다고 公州獄에 가두고 장차 軍律로 다스리려 하자, 이미 모였던 의병들도 모두 흩어져 돌아갔다고 한다(『重峰集』 부록 권2, 行狀).

32) 『연려실기술』 권16, 손조조 고사본말. 조헌의 倡義와 成軍過程에 대해서는 다음을 참고할 것. 이석린, 1993, 앞의 책.

안정되었다고 한다.[33]

한편 당시 순찰사 윤선각을 비롯한 官軍은 임진왜란이 일어나자 바로 왜
군과 대적하기 보다는 시간을 끌면서 머뭇거렸다. 또 의병군의 활동을 도와
주기는커녕 의병이 관군에게 불리하다고 판단하여, 오히려 의병의 활동까
지 방해하는 것이 대부분이었다. 즉 관군은 의병이 그들의 통제를 받지않고
독자적으로 활동하고, 더구나 의병이 戰功을 세워 관군이 문책을 받을까 염
려하여 의병들의 활동을 방해하였던 것이다. 그러한 사정은 다음의 기록에
서도 보인다.

> 憲(趙憲)이 처음에 수십 명의 유생과 더불어 창의하기로 뜻을 맺고 공주·청
> 주 사이를 왕래하면서 壯丁들을 불러 모집하였다. 응모자가 날로 모이니 순찰
> 사·수령이 관군에게 불리하다고 하여 다방면으로 방해하였다.[34]

이 자료는 청주 등 호서좌도에서 募兵하며 활약하던 조헌이 순찰사 윤선
각의 방해에 부딪혀 호서우도로 이동한 사정을 보여준다. 이러한 관군의 방
해는 의병들의 심한 반발을 가져왔다. 조헌의 의병군은 관군의 방해로 의병
을 더 이상 모집하기도 어려웠고, 전투 수행에도 어려움이 매우 심하였다.
이는 조헌이 울분을 참지 못하고 윤선각을 참수할 것을 상소하려고 行在所
에 가려고 하였으나, 길이 막혀 뜻을 이루지 못했다는 조헌의 門生 全湸의
말에서도 당시 관군의 이러한 행동을 짐작할 수 있다.[35]

이렇게 호서우도로 이동한 조헌의 처음 의도는 병력을 증원하고 군량을
확보한 후 勤王하고, 明나라 군사와 합세하여 한양을 수복하는 것이었다고
생각한다.[36] 좌도에서는 관군의 방해로 더 이상 의병활동을 수행하기 어렵

●●●●○ ·····························

33)『重峰集』부록 권2, 行狀.
34)『宣祖修正實錄』권26, 선조 25년 임진 6월조.
35)『重峰集』부록 권7, 幕佐門生同日殉節錄. 조헌은 호서좌도의 대부분이 왜군에게 점령당
   하고 분탕되게 한 책임이 윤선각에게 있다고 지적하기도 하였다(『重峰集』권9, 與湖西巡
   察使尹先覺).

다고 판단하여, 우도로 가서 더 많은 의병을 모집하고 북상에 필요한 최소한 1개월분의 군량과 전투에 필요한 무기를 마련하여 勤王하려고 하였던 것이다.[37]

따라서 이미 洪州에서 親姻好義者와 村丁家僮 등 3백 명을 주축으로 창의하고 있던 이광륜의 향병은 우도로 이동한 조헌의 의병군에 이때부터 합류하였다. 이것은 조헌이 관군과의 마찰로 인해 호서우도로 이동한 4차 모병 때의 일이다.[38] 그리고 士人 張德盖 · 申蘭秀 · 高擎宇 · 盧應晧 등도 이때 조헌의 이러한 소식을 듣고 참가하여 湖右 列邑을 함께 돌아다니면서 募兵하여 1,600여 명의 대규모 의병군을 모집할 수 있었다.

윤선각과 마찰로 모병에 어려움을 겪고 있던 조헌의 의병군이 1,600여 명의 대규모 부대로 발전한 것은 이광륜 등의 향병이 합세하면서부터라는 사실은 다음의 기사에서도 보인다.

처음에 선생이 報恩에서 왜적과 싸울 때 傷殘한 군사 수십명에 불과하였지만 忠義로 그들을 격려하였다. 그러나 李光輪 · 張德盖 · 申蘭秀 · 高擎宇 · 盧應晧 등이 선생의 幕下에 모여들었을 때에는 의병이 1,600명이나 되었다.[39]

●●●● ● ·

36) 『重峰集』 권8, 起兵後疏.
37) 『重峰集』 권8, 起兵後疏.
38) 조헌의 의병 모집과정에 대해서는 이석린 글의 표를 참고할 것.

	모병시기	지역	모병 주체인물	규모	성과
1차	1592. 5. 3. -	청주	李瑀 · 李逢 · 金敬伯 등		실패
2차	6월초	옥천	金節 · 金篇 · 朴忠儉 등	鄕民 수백 명	실패
3차	6월중순~말	공주	全承業 등 문인 관찰사 尹先覺 지원	약 1,000명	실패
4차	6월말~7월	湖右 · 공주 정산 · 온양	李光輪 · 張德盖 · 申蘭秀 · 高擎宇 · 盧應晧 등	약 1,600명	成軍

이석린, 1993, 『임란의병장 조헌연구』, 신구문화사, 116쪽.
39) 『重峰集』 부록 권7, 幕佐門生同日殉節錄.

즉 조헌은 임진왜란이 일어나자 곧 어머니를 淸州 仙遊洞으로 피난시키고 돌아오다가, 5월 3일 청주에서 격문을 띄우고 門人 金節·金篇·朴忠儉 등과 鄕兵 수십 명을 모아 報恩의 車嶺에서 왜적을 만나 물리쳤다. 이때 조헌의 향병은 불과 수십 명에 지나지 않았고, 그나마 보은전투에서 피해를 입어 부상을 당한 군사의 수를 합쳐도 소수에 불과하였다.

앞에서 살펴보았듯이 그 후 조헌은 호서좌도에서 관군의 방해로 활동이 어렵게 되자 勤王과 한양의 수복을 위해 홍주 등 湖西右道로 향하였고, 이때 이광륜의 향병 3백 명과, 장덕개 등의 士人들이 이에 동조하여 모은 향병 등이 합류하여 대규모의 부대를 형성할 수 있었다. 즉 보은 전투 이후 소규모이던 조헌의 의병군이 1천여 명 이상의 대규모 부대로 발전할 수 있었던 것은 이광륜 드의 향병의 합세가 있었기 때문에 가능한 것이었다.

이처럼 이광륜의 향병 3백 명 등 호서우도 향병은 조헌의 문하생을 중심으로 의병군에 합세하였고, 또한 이들은 조헌과 함께 호서우도를 돌아다니면서 모병활동을 전개하여 1,600여 명 규모의 의병군을 조직할 수 있게 하였다. 이로써 비로소 이후에 치르게 될 청주성과 금산전투의 주력부대를 갖추게 되었던 것이다.

따라서 이광륜 등의 합세는 관군과의 마찰로 모병이 제대로 이루어지지 않던 조헌의 부대가 왜군과 대적할 수 있는 군대로 발전하는데 결정적인 역학을 하였다고 하겠다. 그리고 이광륜은 조헌 의병군이 부서를 나눌 때 副將으로 임병되어, 그와 함께 금산전투에서 순절할 때까지 부장 및 참모로서의 역할을 수행하였다.

그리고 조헌·이광륜의 의병군은 온양·아산과 여러 海邑을 포함한 호서우도 列邑에서 의병을 모으고, 부족한 군기와 군량을 마련하면서 洪州를 거쳐 懷德으로 행군하였다.

이때 이미 왜군은 防禦使 李沃과 助防將 尹慶祺의 군대를 물리치고 청주성을 점령하고 있었고, 단지 박춘무가 이끄는 청주의 향병과 僧將 靈圭의 군대만이 적과 여러 날 동안 대치하고 있는 상태였다. 이러한 소식을 들은 조헌과 이광륜의 의병군은 明君과 합세하여 한양을 회복하려던 처음의 계획을 바꾸었다. 그들은 溫陽과 牙山 근처에서 진군의 방향을 돌려 청주로 향하였다.

2) 軍糧 · 軍器의 조달 활동

조헌은 본래 가난하여 스스로 농사를 짓는 등 의병을 창의할 때 군기와 군량을 마련하기 위해 필요한 경제력이 넉넉하지 못했던 것 같다. 다음 사료는 이 같은 사정을 잘 보여주고 있다.

> 臣은 본래 가난하여 文天祥과 같이 家財를 팔아서 兵器를 갖추지 못하여, 겨우 公州 · 洪州 등 여러 읍의 士民과 有識한 선비들에게 米粟 · 牛 · 鐵을 바치도록 권유하였습니다. 그리하여 1천 명의 양식과 반찬 등을 갖추었고 分局에서 활을 만들어 擧事하게 되었습니다.40)

즉 조헌은 가계가 넉넉하지 못하고 가난하여 처음 창의할 때 兵器를 제대로 갖추지 못하였다. 더구나 당시 윤선각을 비롯한 官軍은 의병군의 활동을 도와주기는커녕 의병이 그들의 통제를 받지않고 독자적으로 활동하고, 더구나 의병이 전공을 세워 관군이 문책을 받을까 염려하여, 오히려 의병의 활동까지 방해하는 형편이었다. 때문에 의병은 募兵의 어려움은 말할 것도 없고 군량과 무기의 마련에도 큰 어려움을 겪고 있었다. 가계가 넉넉한 향병들은 스스로 군량과 무기를 마련할 수 있었으나, 그렇지 못한 이들은 어려움이 많았는데, 조헌의 경우도 예외는 아니었다.

이광륜은 이러한 조헌의 의병군에 합세하면서 병력 뿐만 아니라 軍器와 軍糧의 마련에도 기여한 것으로 보인다. 위 사료에서 보듯이 조헌은 공주 · 홍주 등지의 이광륜 등 士民과 有識한 선비들에게 米粟 · 牛 · 철을 바치도록 권유하여 1천여 명의 군량미와 반찬을 마련할 수 있었음을 알 수 있다.

●●●● ·······················

40) 『重峰集』권8, 起兵後疏, "臣本貧寠乏財 本能與文天祥之賣家財備兵器 僅以公洪諸邑士民 有識者 勸納米粟牛鐵 以備千人糧饌 而分局造箭 得以始事."

홍주의 이광륜 등은 조헌이 윤선각과의 마찰로 湖西右道로 이동하자 이 일대를 함께 순회하면서 모병활동을 전개하였고, 곡식과 소, 그리고 무기제작에 필요한 철을 수집하여 전투를 수행하기 위한 군량과 군기를 마련하는데 많은 도움을 주었다고 하겠다.

이때 이광륜의 향병이 대게 親姻好義者나 家僮村丁 등으로 구성된 것으로 보아, 그는 처음 향병을 창의할 때부터 집안의 家財를 털어 무기와 군량을 스스로 마련하였을 것으로 여겨진다. 그가 처음 향병 창의시 보유하였던 군량과 무기는 호서우도로 온 조헌의 의병군에 합세하면서 역시 의병군의 軍需로 흡수되었다고 하겠다.

이러한 사정은 다음의 기록에서 더욱 자세히 언급되고 있다.

> 臣(趙憲)이 북쪽을 바라보고 (중략) 7월 4일 旗를 세우고 두루 海郡을 돌아다니면서 兵丁 천명을 모집하여 北 으로 행진하려 하였으나 맨주먹으로 일어났기 때문에 한치되는 兵器를 가진 사람이 없습니다. (중략) 다행히도 義氣있는 백성들이 힘을 모아 협주해 주었으므로 간신히 계획을 세워 弓子 數十張과 片箭 數十部를 마련하였으나 이것을 가지고 강한 賊兵을 방어함은 제 스스로도 역시 불가능한 일임을 알고 있습니다. 그러나 한달분의 軍糧만 얻으면 進軍하려고 하였습니다. 州縣은 이미 양곡이 떨어졌기 때문에 순찰사가 군량 6백 석을 題給하였으나 現品이 쌓여있지 않으므로 辦出하기가 용이하지 않았습니다. 그리하여 列邑 儒生들의 도움으로 村閭에서 약간의 糧穀을 얻게되자 進軍을 하였습니다.[41]

이 사료는 조헌이 호서우도로 이동하여 海郡을 돌아다니면서 군사를 모집하고, 군량과 무기를 마련하는 사정을 말해주고 있다. 역기서 처음 조헌 의병군은 兵器를 제대로 마련하지 못하였으나 義氣있는 백성들이 힘을 모

●●●●○○○○··

41) 『重峰集』 권8, 起兵後疏, "臣雖北望 (중략) 七月四日 建旗招衆 遍走海郡 得募千人 然後擬爲 北行之計 而隻手奮起不執寸兵賴有 義民出力相助 艱難措畵如得弓子數十張長片箭數十部 以此 禦賊 自知難能而逡念 (중략) 幸得一月糧 則將謀進師 而州縣旣匱 監司題給軍粮六百石 而實無現積者 未易辦集 僅以列邑儒生之力 收拾村閭 圖得若干石 以謀前進."

아 협조해주었고, 列邑 儒生들의 도움으로 村閭에서 약간의 糧穀을 얻게 되었다고 하였다.

이것은 이광륜 등 홍주·공주 인근에서 이미 향병을 창의하였던 사람들이 조헌과 함께 이 지역을 돌아다니면서 모병과 군량·군기의 수집을 독려하여, 충분하지는 않지만 弓子와 片箭, 그리고 糧穀을 어느 정도 마련하였음을 말해준다. 즉 조헌 의병군의 군수조달은 이광륜 등 호서 列邑의 유생들에 의해, 지역적으로 공주를 비롯한 홍주 등 湖右 연해 열읍에서 이루어졌음을 나타내주고 있다. 또한 이는 이들 지역이 아직까지 병란을 겪지 않았고, 호서우도가 곡창지대였기 때문에 보다 가능했던 것으로 보인다.[42]

이처럼 이광륜 등 호서우도 향병은 조헌이 그 후 청주성과 금산전투를 수행할 수 있는 軍糧과 軍器의 마련에 결정적인 도움을 주었던 것이다. 조헌의 의병군이 7월 말에 가서야 본격적으로 의병활동을 시작하였고, 8월 초에 청주성을 탈환한 후 최후의 전투인 금산전투를 치를 수 있었던 데에는 이같은 이광륜을 중심으로 한 이들의 합세와 지원이 있었기 때문에 가능했다고 하겠다. 결국 조헌 의병군의 군사 모집과 군수 마련은 대부분이 홍주의 이광륜 등 호서우도의 지원에 의해 이루어졌다고 할 수 있겠다.

당시 조헌에게는 왜군과의 전쟁을 수행하기 위한 군량의 확보가 무엇보다 중요한 문제였음은 다음의 기록에서도 확인된다. 즉 그는 군량의 확보를 위해 순찰사에게 이를 요청하는 동시에, 수군절도사 邊良傑에게도 서신을 보내 "湖南은 각 고을마다 군량이 완비되어 일년은 지탱할 수 있으나 湖西는 忠義의 마음만 있을 뿐 조그마한 물품의 도움마저 없으니 勤王의 일이 급박하지만 도무지 계책이 없다"면서 군량의 지원을 요청하기도 하였다.[43]

이렇게 조헌은 호서우도에서 비로소 이후에 치르게 될 청주성·금산전투의 주력부대를 갖추게 되었고, 이에 필요한 군량과 녹기를 확보할 수 있었

●●●● ∙∙∙∙∙∙∙∙∙∙∙∙∙∙∙∙∙∙∙∙∙∙∙∙∙∙∙∙∙∙∙∙

42) 『重峰集』 권9, 與湖右沿海列邑.
43) 『重峰集』 권9, 與湖西水軍邊節度良傑, "湖南義兵 則爲有各邑完備軍需整齊可支一歲 而此中義民徒 有區區忠義之心 一無蚍蜉蟻子之助 勤王事急計無奈何."

다. 이것은 이광륜 등 湖西右道 士族들의 적극적인 지원이 있었기 때문에 가능한 것이었다.

앞에서도 언급했듯이 조헌 의병군은 호서우도에서 군량과 무기를 확보한 후 처음에는 明君과 합세하여 근왕하고 한양을 회복할 계획을 가지고 있었다. 그러던 중 조헌과 이광륜은 淸州城의 소식을 듣고 근왕을 위한 북상계획을 바꾸어 청주성으로 진군하였다. 따라서 7월 초부터 8월 초까지 이시기 한달간은 조헌의 의병군에게 군병의 모집, 부대의 편성, 군량·무기의 마련 등 여러 면에서 일대 재정비기였다고 하겠다. 따라서 이 시기는 군사의 모집과 군수의 마련에서 이광륜의 활동이 두드러지게 나타났던 때라고 할 수 있다.

5. 맺음말

李光輪은 임진왜란으로 한양이 함락되고 勤王軍마저 패배하자 서울에서 돌아와 호서우도인 홍주에서 鄕兵을 창의하였다.

그는 학문과 절의를 숭상하는 가문에서 명종 원년(1546) 태어나고 성장하여 1579년에 生員試에 입격하기도 하였으며, 어려서부터 효행이 지극하여 孝行으로 참봉에 제수되기도 하였으나 이를 사양하였다. 그는 왜군이 동래성을 함락시킨 후 파죽지세로 북상하여 선조가 몽진의 길을 떠나고 근왕병마저 패배하였다는 소식을 듣고 6월 이후에 창의를 결심하였다. 이러한 배경에는 고려에 절의를 지킨 6代祖 行과 연산군의 폭정으로 벼슬을 버린 조부 師瑗 등 先祖들의 절의와 기개를 이어받은 가풍의 영향도 있었을 것이다.

이광륜의 학문적 연원은 그의 부친이 집 앞에 綠淨亭을 지어 吳允謙·徐起·趙憲 등과 교유하였다는 것으로 보아, 그는 당시 이 일대의 名流들과 조헌의 영향을 받은 것으로 생각한다. 조헌이 公州敎授 및 提督官로 부임했을 때 그의 부친과 서로 교유하였을 것이고, 이때 이광륜이 조헌을 만나게 된 것으로 생각한다. 이것이 후일 그가 모병에 어려움을 겪고있던 조헌 의병군에 가담하게 되는 배경으로 작용한 것이라 하겠다.

이광륜 향병의 구성은 姻親好義者와 家僮村丁 등 3백 명으로 이루어졌다. 이때 그가 동원한 姻親은 그의 친인척들이고, 好義者는 이광륜과 관련 있는 홍주 인근의 사족들로 여겨진다. 또한 家僮은 집안에서 거느리던 奴婢였을 것이며, 村丁은 향촌지주로서의 기반에 의해 동원된 佃戶들이었을 것이다. 이들은 당시 그의 집안이 향촌 홍주에서 가지고 있던 사회경제적 기반에 따른 영향력에 의해 동원된 사람들이라고 하겠다. 그의 집안은 姻親好義者 및 家僮村丁을 3백 명이나 모을 수 있을 만큼 경제력을 가지고 있었다고 생각한다.

이렇게 창의한 이광륜은 처음에는 三道 근왕군이 왜군에 패배한 상태에서 평안도로 향하여 勤王할 계획을 가지고 있었다. 그러나 당시 조헌은 尹先覺과 서로 뜻이 맞지 않고 의병의 모집이 제대로 이루어지지 않자 勤王과 한양의 수복을 위해 홍주 등 호서우도로 향하였다. 이때 李光輪과 張德盖·申蘭秀·高擎宇·盧應晫 등은 이미 홍주·공주 등에서 鄕兵을 창의하고 있다가 이러한 소식을 듣고 합세하였다.

이광륜 등은 조헌과 함께 定山·溫陽·牙山 등지를 순회하면서 1,600여 명에 달하는 대규모 의병군을 모집하였다. 즉 보은 전투 이후 소규모이던 조헌의 의병군이 1천여 명 이상의 대규모 부대로 발전할 수 있었던 것은 이광륜 향병의 합세와 모병이 있었기 때문에 가능한 것이었다.

이로써 이후에 치르게 될 청주성·금산전투의 주력부대가 갖추어지게 되었다. 이광륜 등의 합세는 조헌의 의병군이 왜군과 대적할 수 있는 군대로 발전하는데 결정적인 역할을 하였다고 하겠다. 그리고 그는 조헌의 副將으로 임명되어 금산전투에서 함께 순절할 때까지 부장 및 참모로서의 역할을 수행하였다.

또한 이광륜은 조헌의 의병군에 합세하면서 軍器와 軍糧의 마련에도 결정적으로 기여하였다. 조헌은 본래 가난하여 군량과 군수를 마련하는데 어려움이 많았다. 그는 이러한 조헌과 함께 이 지역을 돌아다니면서 의기있는 儒生들의 도움으로 충분하지는 않지만, 弓子와 片箭, 그리고 糧穀을 어느정도 마련할 수 있었다. 그가 처음 姻親好義者나 家僮村丁 등을 이끌고 창의할 때 지녔던 군량과 무기는 의병군의 軍需가 되었다. 이리하여 그 후 청주성·금산전투를 수행할 수 있었던 軍糧의 마련은 湖右에서 이광륜 등의 적극적인 지원이 있었기 때문에 가능할 수 있었다고 하겠다.

따라서 조헌의 의병군이 7월 말에 가서야 본격적으로 의병활동을 시작하고, 8월 초에 청주성을 탈환한 후 최후의 전투인 금산전투를 치룰 수 있었던 데에는 이같은 이광륜을 중심으로 한 이들의 합세와 지원이 있었기 때문에 가능했다고 하겠다. 7월 초부터 8월 초까지 이 시기 한달간은 조헌의 의병군에게 군병의 모집, 부대의 편성, 군량·무기의 마련 등 여러 면에서 일대 재정비기였다고 하겠다.

조헌 의병군은 호서우도에서 군량과 무기를 확보한 후 처음에는 明軍과 합세하여 勤王하고 한양을 회복할 계획을 가지고 있었다. 그러던 중 조헌과 이광륜은 청주성의 소식을 듣고 근왕을 위한 북상계획을 바꾸어 청주성으로 진군하였다.

즉 조헌과 이광륜 등은 왜군이 청주성을 점령하고, 단지 朴春茂가 이끄는 청주의 향병과 僧將 靈圭만이 왜군과 대치하고 있다는 소식을 듣고, 明軍과 합세하여 한양을 회복하려던 처음의 계획을 바꾸어 溫陽과 牙山 근처에서 방향을 돌려 청주로 향하였던 것이다.

청주성·금산전투에서의 이광륜의 활동상을 구체적으로 보여주는 자료는 거의 없으나, 조헌의 副將 및 參謀로서 전투에 참가하여 함께 순절하였으므로 조헌군의 활동상을 통해 이를 이해할 수 있겠다.[44] 조헌과 이광륜은 청주 근처에서 분투하고 있던 박춘무의 청주 향병과 영규가 이끄는 승병들과 연합전선을 형성하여, 왜군의 호서침략의 근거지이자 호남으로 통하는 길목이라고 할 수 있는 청주성을 8월 1일에 탈환하였다. 청주성전투는 조헌

●●●●●

44) 청주성과 금산 전투의 구체적인 양상은 다음을 참고할 것. 이석린, 1993, 「趙憲의 의병활동」, 『壬亂義兵將 趙憲研究』, 신구문화사.

의 지휘 아래 승병부대와 청주 향병과의 합동으로 호서지방을 방어하였다는 의의를 지니는 것이었다.

또한 호서 관군과의 연계가 실패로 돌아간 상태에서 전라도 관군인 權慄과의 연합전선을 시도하여 구체화하였다. 그러나 연합전선이 이루어지지 못하고 조헌과 영규의 의승병들만이 단독으로 군사의 수에서 월등한 왜군과 8월 18일 錦山에서 전투를 치렀다. 이때 비록 왜군의 기습을 받아 700여 명의 의승병과 함께 순절하였지만, 왜군을 퇴각시킨 결정적인 전과를 올려 호남을 지키는데 일익을 담당하였다. 그는 호서우도에서부터 조헌의 副將 및 參謀가 되어 청주성과 금산전투를 수행하다가 조헌과 함께 47세로 순절하였다.

이때 그의 장자 大濬은 유언대로 한밤중에 적진에 들어가 옷의 색실을 보고 부친인 이광륜의 시체를 업고 와서 洪州 化城의 선영 아래에 장사지냈다. 淸陰 金尙憲은 大濬이 조카사위인 관계로 그의 墓碣銘을 撰하였다. 임란이 평정된 후 司憲府 執義에 추증하고 정려문을 받았다. 금산의 士人들은 선조 36년(1603) 從容祠를 세워 조헌·고경명과 함께 그를 배향하였다.

그러나 선조실록에는 '李光輪'이 아닌 '趙光輪'으로 기록되어 있는데,[45] 이에 6대손 秉喆이 國朝寶鑑誤板疏를 올려 이를 바로잡았다.[46] 그리고 1799년(정조 23)에는 충청도 유생 韓濟裕 등이 상소하여 다른 義士보다 포상이 낮게 되었다고 공정히 내려줄 것을 청하여, 吏曹判書겸 正卿으로 추증되고 毅憲이라는 諡號가 내려져 洪良浩가 諡狀을 지었다.[47]

●●●●● ·····································

45) 『宣祖修正實錄』권26, 宣祖 25년 6월 壬辰條.
46) 國朝寶鑑誤板疏 (6代系秉喆請釐正).
47) 『毅憲公府君家狀』및 『諡狀』.

東皋 李浚慶의 生涯와
國防政策 研究

1. 머리말

16세기에 접어들어 朝鮮王朝는 國內的으로 많은 變化를 맞이하게 되었을 뿐만 아니라 朝鮮을 둘러싸고 있는 明·日本 등 東北亞細亞에 있어서도 많은 새로운 變化가 일어나고 있었다.

朝鮮 中期에 이르러 國內 政治는 燕山君 初期부터 明宗 卽位에 이르기까지 주로 勳舊派에 의해 네차례에 걸친 士禍로 인해 成宗 末期부터 政界에 등장하기 시작한 士林派들이 수난을 겪는 격동의 시기를 거쳤다. 그 뒤 明宗 때 外戚 勢力이 제거되고 본격적인 士林政治가 시작되었으나 이들은 學問的으로도 궤를 달리 하였을 뿐만 아니라 人脈·地緣 등을 달리하면서 분열되더니 급기야는 朋黨政治의 양상을 띠는 형세로 굳어져 가고 있었다. 國防上으로는 한 동안 조용하던 북쪽의 野人들이 소규모이긴 하나 자주 北邊을 침입해 왔고 남쪽의 倭人들도 크고 작은 變亂을 자주 일으켜 邊境이 늘 소란하였으니 先覺者들은 이에 대한 對策을 세워야 한다고 목소리를 높이고 있었다. 또한 經濟的으로도 收取體制가 흔들리고 있었으며 國初의 科田法은 이미 무너진 지 오래여서 새로운 制度의 改編이 요구되는 時期였던 것이다.

한편 中國 大陸에서는 明의 勢力下에 있던 女眞族의 興起 조짐이 역력하였고, 西勢東漸의 潮流에 의해 포르투갈인의 東南亞 進出의 현상이 뚜렷하게 나타나고 있었다.

明의 만주경략은 15세기 이해 弱化되어 遼河 下流 유역으로 후퇴하였고 이틈에 女眞族 勢力은 송화강 상류에서 요하 상류 일대에까지 확장되었으니 그중 遼東 東南 地方의 建州女眞 酋長 누르하치가 가장 강력한 세력으로 대두하고 있었다. 明은 이러한 女眞族의 動向에 둔감하였을 뿐만 아니라 海禁政策을 强化하여 왜구의 침구를 더욱 자극하는 결과를 招來하였으니 明은 점차 파멸의 길로 치닫고 있었다. 또 日本은 15세기 후반 이래 100여 년에 걸쳐 전란의 소용돌이 속에 휘말렸었으나 오다·노부나가에 의해 천하가 일단 통일되었고, 그 뒤를 이은 토요토미·히데요시는 보다 강력한 政權을 수립하고 그들의 세력을 國外로 뻗어보려는 징조가 나타나고 있었다.

이렇게 國內外的으로 어수선한 時期에 政治家로서, 學者로서, 特히 國防에 관해 깊은 關心을 갖고 政治一線에서 활약했던 人物이 東皐 李浚慶이다.

그의 一生은 크게 세단계로 나누어 볼 수 있는데, 첫 번째 시기는 1499년에 출생하여 1531년 式年文科에 급제할 때까지로 그 사이 戊午·甲子·己卯의 세 번에 걸친 士禍를 겪으면서 그때마다 一家親族을 잃는 불우한 靑少年時節을 보내야만 했다. 때문에 그는 外家에서 外祖父와 母親 밑에서 成長할 수 밖에 없었지만 學問은 게을리 하지 않았다. 한때 科擧에 뜻을 주지 않은 적도 있었지만 母親의 권유에 따라 33세에 이르러 登科하였다.

두 번째 시기는 官界에 進出한 후 자신의 뜻을 펴지 못하고 執權者들에 의해 流配 되는 등 좌절의 시기였다. 그러나 이 무렵 그의 學問과 경륜은 성숙해 가고 있었던 것이다.

세 번째 시기는 많은 시련을 겪고 난 후 政界에 복귀한 뒤 末年까지 자신의 뜻을 한껏 펴 보인 시기이다. 특히 1522년(明宗 7)에 伊應巨島의 野人을 招撫했던 함경도순변사 때와 1555년 乙卯倭變이 일어났을 때 兄 潤慶과 함께 이를 극복했던 일은 그의 일생 중 깊이 기억될 만한 것이었다. 또한 그가 세상을 뜨기 전 宣祖에게 마지막으로 올렸던 遺疏에서는 當時 조정에 팽배해 있던 朋黨의 형국을 지적하고 이를 조기에 해소토록 건의한 바 있었다. 물론 이는 후일 栗谷에게 심한 질타를 당하였음에도 불구하고 東西分黨이 된 후 많은 世人들로부터 그의 앞을 내다보는 통찰력이 칭송되어지기도 하였다.

한마디로 그는 士禍 이후 明宗의 외숙 윤원형을 중심으로 한 勳舊 세력의 발호를 종식시키고 士林政治의 幕을 여는 선구자적 역할을 했다는 점에서 朝鮮中期 政治史에서 굵은 획을 그은 人物이었으며, 北方의 野人과 南方의 倭人들에 對해 강경·온건의 양면 정책을 써서 國防을 튼튼히 하려 했고, 무너져가는 軍制를 改革하여 다가올 外侵에 對備코저 한 改革思想家로서도 높이 평가되어야 할 인물인 것이다.

그러나 지금까지 그에 대한 연구업적이 거의 全無한 실정이라서 本稿에서는 주로 『朝鮮王朝實錄』과 『東皐遺稿』를 中心으로 하여 간단히 그의 生涯를 살펴보고 아울러 그의 軍制改革에 대한 內容이 어떤 것이었나를 개괄적으로 살펴본 후 좀더 具體的인 그의 國防强化策으로서 水軍强化策을 살펴보고자 한다. 國防에 對한 그의 의지가 강했던 만큼 野人에 對한 의견이나 倭人에 對한 對備策도 散見되고 있으나 이는 후일 다시 검토키로 하고 本稿에선 上述한 軍制改革論과 水軍强化策에 局限키로 하겠다.

旣存의 硏究結果가 거의 없는 狀況에서 基本史料에만 의존하였기 때문에 다소 편협된 硏究가 되었을지도 모른다는 우려를 금할 수 없으나 이를 바탕으로 16세기의 朝鮮의 狀況, 特히 國防上의 諸問題를 硏究·檢討하는데 보탬이 되어 더욱 많은 硏究結果가 나왔으면 하는 바람이 크다.

2. 東皐의 生涯

東皐 李浚慶은 性理學에 밝은 정치가로서 관직은 領議政에 이르렀다. 특히 그는 문무를 겸비한 문신으로 직접 乙卯倭變을 진압하고 兵曹判書를 역임하여 軍政에 정통했을 뿐만 아니라 국방 외교에 관한 다수의 저술을 남겼다. 그의 생애와 정치사적 위치, 그의 저서인 『東皐遺稿』의 문헌적 가치에

대해서는 이미 분석되어 있다.[1] 따라서 본절에서는 『東皐遺稿』의 年譜에 의거하여 주로 국방면을 중심으로 그의 생애를 살펴보고자 한다.

그는 1496년(燕山君 5) 서울 蓮花坊蓮池洞에서 태어나 1572년(宣祖 5)에 죽었다. 그의 字는 原吉이며 號는 처음에 南堂 紅蓮居士 · 蓮坊이라 했다가 말년에 東皐로 일컬어졌다. 본관은 廣州로 그의 가문은 朝鮮初 대표적인 문벌의 하나로 성장하였다. 高麗末에 활약한 遁村 李集을 鼻祖로, 高祖 仁孫은 영의정을, 曾祖 克堪은 刑曹判書를 지냈다.

그러나 그는 中宗 26年(1531) 문과에 급제할 때까지 滅門의 불행속에서 成長하고 修學했다. 燕山君 4年(1498) 戊午士禍때 祖父 世佐를 비롯하여 父親인 守貞과 그 형제들이 유배되었다. 이들은 결국 燕山君 10年(1504) 甲子士禍로 모두 慘禍를 당하였는데, 그의 부친은 金宏弼의 문인으로 士林派에 속하여 勳戚의 박해를 받았을 뿐만 아니라 祖父가 廢妃尹氏의 賜死事件에 연루되었기 때문이다. 그는 1506年에 中宗反正으로 유배지인 槐山에서 풀려나와 外祖父인 申承演에게서 양육되고 모친의 엄격한 교육을 받았다. 中宗 2年(1507)에는 蓄齋 黃孝獻에게 『小學』을 배웠으며 中宗 9年(1514)에는 從兄인 灘叟 李延慶에게서 修學하여 비로서 趙光祖의 性理餘論을 들을 수 있었다. 그리고 이듬해 學宮에 遊學하고 中宗 12年(1517)에 從兄을 따라 趙光祖를 찾아뵈어 獎諭를 입게 되었다. 특히 유년시절부터 南冥 曹植 등과 사귀면서 학문에 정진했다. 그러나 中宗 14年(1519) 己卯士禍로 從兄이 파직되는 등 또 한차례의 위기를 맞았다. 여기에서 그는 科擧에 뜻을 두지 않게 되었으나 모친의 명을 쫓아 中宗 17年(1522) 生員에 오르고 中宗 22年(1527)에는 成均館에 입학하여 학문에 더욱 정진하였다. 이와 같이 이시기는 그의 生長 修學期로서 滅門의 환경 속에서 성장했으나 從兄의 지도아래 性理學을 배우고 趙光祖의 名敎 義理思想을 체득한 시기라 볼 수 있다.

그는 中宗 26年(1531) 33살에 式年文科에 급제하여 承文院 소속의 官人

●●●●●○ ·······························

1) 李佑成, 1986, 「東皐遺稿解題」, 『國譯東皐遺稿(上)』 水原大學 東皐研究所.

으로 官界에 진출하였다. 그리고 中宗 28年(1533) 副修撰으로 經筵에 참여하여 己卯士禍에 연루된 士林들의 석방으로 요청하여 허락받았다. 이때부터 그는 士林政治의 구현에 힘쓰고 政界에서 正論을 펴기 시작했다고 하겠다. 그러나 執權者 金安老 등과 대립되어 관직에서 물러나 性理學 연구에 몰두하였다. 그가 政界에서 물러났지만 李滉이 그를 學究天人이라 평가한 학적토대는 이때부터 마련되었다고 할 수 있다. 이어 金安老가 賜死된 후인 中宗 32年(1537)에 다시 戶曹佐郞으로 기용되고 侍講院의 輔德을 거쳤다. 이 무렵 그의 經術과 德行은 널리 알려져 中宗의 신임을 받게 되었다. 그리고 中宗 38年(1543)에는 「對禦夷狄方略」으로 文臣庭試에서 장원하였다. 여기에서 그는 王者와 夷狄을 陰陽관계로 파악하고 王者의 兢兢業業을 夷狄의 방어대책으로 꼽고 있다.[2] 그의 對外觀도 이를 바탕으로 전개되었는데 交隣에 충실하되 侵邊 때는 응징을 강력히 주장했던 것이다. 그러나 그는 中宗 40年(1545)에 乙巳士禍를 일으킨 李芑 등에게 밀려 平安道觀察使로 쫓겨나게 되었다. 이듬해에는 兄 潤慶도 星州府使로 쫓겨나고 조카 中悅이 賜死되는 등 그의 가문은 다시 禍를 입게 되었다. 물론 그는 明宗 3年(1548) 兵曹判書에 올랐으나 주로 閑職을 전전했으며 明宗 5年(1550)에 결국 李芑 등의 誣詬로 報恩縣에 유배되었던 것이다. 이 시기도 金安老·李芑 등의 執權者에게 배척을 받았으나 이 무렵 성리학의 학문축적이 이룩되고 이를 바탕으로 政界에서 正論을 폈다고 하겠다. 그가 被禍되기도 했으나 곧바로 知中樞府事에 기용될 정도로 그의 학문과 정치경륜은 높았던 것이라 하겠다.

이때부터는 그가 士林의 중요한 인물로서 사림정치의 구현에 힘쓴 시기이다. 특히 그가 外亂을 직접 진압하고 국방대책의 마련에 노력한 사실도 주목된다. 明宗 7年(1552) 邊將 金秀文이 伊應巨島의 野人을 몰아내고 設鎭한 관계로 西水羅의 난리를 겪게 되었다. 그는 咸鏡道巡邊使에 임명되어 野人을 招撫하여 이를 진압하였다. 그리고 明宗 10年(1555) 왜구가 湖南에 침

●●●○○·····················
2)『東皐先生遺稿』卷8,「對禦夷狄方略」.

입하자 全羅道巡察使로 朝鮮軍을 총지휘하여 兄인 靈岩守城將 潤慶과 함께 왜구를 격파하는 공을 세웠다. 이리하여 그는 병조판서에 재기용되고 兄도 全羅道觀察使로 兵水使를 겸하엿다. 이는 왜구의 再侵에 대비한 人事였으며 여기에서 그의 국방관도 깊어졌다고 하겠다. 후술하겠지만 兩人의 서신 교환은 주로 국방대책에 관련된 것이다. 더구나 그는 右贊成에 올라 備邊司 馬를 겸하여 邊務를 주고나하고 南致勤 등의 將材를 발굴해 냈으며 실상 그의 軍制改革 · 水軍强化論은 이 무렵에 구체화 되었다고 할 수 있다.

이리하여 그는 明宗 13年(1558) 右議政에 올랐는데 奇大升은 그를 "조정의 표준이며 백관의 우두머리를 이제야 얻었다"[3)]고 평가하였다. 이 무렵 그는 尹斗壽 兄弟를 천거하고 曹植 · 李滉의 重用을 건의하여 士林의 등용에 힘썼다. 또한 五服制를 몸소 실천하여 士林의 본보기가 되는 등 그의 學行과 德行은 널리 칭송되었다. 특히 明宗 20年(1565) 영의정에 올라 昭格署의 폐지를 관철시켜 성리학의 진작에 노력했다. 더구나 그는 外戚 尹元衡의 正刑을 관철시켜 士林政治를 본 궤도에 올려놓았다고 할 수 있다. 그리고 그는 明宗이 세자가 없이 죽자 宣祖의 즉위를 순조롭게 치르는데 공로가 컸다. 특히 그는 宣祖 初年에 趙光祖의 관작과 시호를 추중케 하고 文廟에 종사시키게 하였다. 이는 그가 士林派의 거두로서 士林의 道統을 세우고 사림정치의 구현을 위해 노력한 하나의 實例에 불과하리라 본다. 이 무렵 그는 年老하여 政界에서 은퇴했으나 선조가 군국대사를 諮問하는 위치에 있었다.

그런데 이 무렵 그의 對外觀은 보다 능동적인 점에서 주목된다. 이때 그는 일본이 요청한 문제에 獻議를 올려 薺浦의 개항 등은 반대하면서도 당시의 朝議와는 달리 歲遣船에 있어서 大船制로의 전환을 주장하였다. 이는 入國倭船의 규제정신에 어긋나는 일면도 있지만 현실적으로 모두 大船으로 통용되고 對馬島主의 세견선이 50척에서 25척으로 반감되어 있었으므로 적

3) 『上揭書』 卷11 年譜.

절한 견해로 평가된다. 특히 그가 세견선의 증선을 왜구방지의 한 수단으로 적극 인식하고 있었다. 그리고 세견선 50척의 회복은 안되지만 5척 정도는 증선시켜도 좋다[4] 견해를 가지고 있었다. 더구나 그는 生擒倭人을 중앙에 보고하면 외교문제가 되므로 邊將의 판단에 따른 조처가 필요하다고 보았다.[5] 그리고 중국인 寇徒를 사실상의 왜구로 규정하여 중국보다도 일본에 송환하는 것이 외교상의 잇점이 있다고 주장했다.[6] 이와같이 그는 倭變을 직접진압 응징했으면서도 세견선의 隻數에 집착하지 않는 비교적 유연한 자세를 견지했다고 하겠다. 그리고 왜구·중국인문제에 있어서도 이들의 侵邊을 방지하는 차원에서 그 해결을 꾀하고 그들과의 외교문제까지도 고려하는 세심한 배려를 했던 것이라 하겠다.

아무튼 그는 宣祖 5年(1572)에 朋黨 방지 등을 거론한 遺疏를 올려 사림정치의 올바른 전개를 피력했다. 이러한 견해는 李珥의 거센 비판을 받기도 했으나 결국 士林의 朋黨派爭이 일어났던 바 그의 憂國과 사림정치의 구현정신은 높이 평가된다고 하겠다. 이리하여 그는 死後인 宣祖 23年(1590)에 宗陛를 개혁한 공으로 光國原從功臣 1등에 錄功되었다. 그리고 光海君 元年(1610)에는 忠正이라는 시호가 내리고 宣祖廟庭에 從享되었다.

그의 시대는 조선왕조의 정치가 이른바 勳舊派 戚臣들의 정치로부터 士林政治로 이행되는 과도기로서 그는 正論을 바탕으로 權臣을 제거하고 사림정치를 본 궤도에 올려놓은데 그의 정치적 위치가 있었다고 하겠다.[7] 특히 그는 朝鮮初의 군제가 변질되는 시기에 野人·왜구의 침변을 직접 격퇴하고 軍政을 주관하여 軍制改革을 주장한 사실도 간과할 수 없겠다.

●●●○○ ·······································

4)『明宗實錄』卷22, 12年 正月 己巳條.
5)『東皐先生遺稿』卷7, 生擒倭人處置議.
6) 同上.
7) 李佑成,「前揭論文」, 5쪽.

3. 軍制改革論

東皐 李浚慶의 국방상 위치는 그의 정치적인 면에 못지않게 크다고 할 수 있다. 그는 3회에 걸쳐 兵曹判書를 역임하여 軍務를 주관했을 뿐만 아니라 직접 野人侵入과 倭變을 진압하여 당시 軍政에 정통해 있었다고 판단되기 때문이다. 물론 그의 국방에 관련된 견해는 『王朝實錄』 『東皐先生遺稿』에 다수 散見되지만 주로 그때마다 時事에 따른 것이어서 다소 구체적이지 못한 감이 크다. 그러나 당시의 국방문제를 폭넓게 이해하기 위해서는 그에 대한 분석도 요구된다고 하겠다.

明宗代(1546~1567)는 朝鮮初의 군제가 다른 차원으로 이행되는 시기로서 그가 都巡察使에 임명되어 진압한 明宗 10年(1555)의 乙卯倭變은 鮮初 軍制變化의 한 계기를 이룬 것이었다. 이때 京將이 파견되고 비군사층이 동원되는 등 종래 鎭管體制의 붕괴속에서 이른바 制勝方略에 의한 分軍法이 활용되었던 것으로 이해된다.[8] 물론 이와 관련된 그의 구체적인 견해는 찾아볼 수 없으나 그가 직접 비군사층까지도 징발하는 등 왜변을 진압하는 데에는 그의 국방에 관한 식견과 대책이 작용했던 것임은 틀림없다. 이는 그가 兵曹判書로서 그의 兄인 全羅道觀察使 李潤慶과 교환한 書信에서 어느 정도 파악할 수 있다. 즉,

且防備之難 果如來示 但許多邊堡 豈可一一充兵 待此不期之賊耶 只令列鎭多備器械 賊來足以自守而已 若糧械有定 城中之衆 雖不多 亦可延日 以待外兵之來耳 內邑之軍 亦何可預待自困耶 要令預抄精銳 嚴立法制 使業武及有武才之人 無所隱漏 預備弓矢 其不能自備者 官自給之 賊至某處 三兩日相持之際勢 必可及馳救矣 且須預定某邑 則當救某邊[9]

8) 車文燮, 1981, 「軍事制度」, 『韓國史論』 卷3, 국사편찬위원회, 40쪽.
9) 『東皐先生遺稿』 卷7, 答上兄書.

그는 정예한 군사를 토대로 군량과 器械를 잘 갖추고 賊變때 2~3일 自守하고 있는 동안 外援兵이 합세하여 격퇴한다는 방안을 제시하였다. 이는 각 邊鎭의 유기적인 방어체제를 모색한 것으로 본래 自戰自守를 指向한 鎭管體制의 붕괴를 뜻하는 것이었다. 그가 허다한 鎭堡에 일일이 充兵할 수 있는 지에 의문을 가진 것은 각 鎭堡의 독자적 전투기능이 상실되어가고 있음을 인식한 것이라 하겠다. 물론 鎭管體制는 일정한 군액을 유지하는 自戰自守의 要害守禦處別 鎭堡를 목표로 하였다. 그러나 이 무렵은 많은 沿邊城堡가 설치되어 賊路를 제압하는데 효과적이었으나, 대규모의 賊侵 때는 병력의 분산으로 방어상의 문제점을 드러내고 있었다. 그리고 군사상의 군액도 격감하는 추세에 있었기 때문에 이들 鎭堡에 부족한 군액을 보충하는 것보다도 현 군액을 바탕으로 한 2~3일간의 自守와 外援兵 합세에 의한 방어대책을 제시했던 것으로 생각된다. 특히 그는 賊變 때 곧바로 인근 邊鎭에 馳救하고 또 邊鎭을 구원할 某邑을 미리 정해두어야 한다고 주장했다. 이러한 방어대책은 鎭管體制에서도 모색된 것이지만 그의 견해가 일정한 군액을 유지할 수 없는 邊鎭의 실정을 감안한데서 비롯되었음에 유의해야 되리라 본다. 일찍이 中宗때 柳順汀은 군사들이 거주지와 가까운 鎭浦에 赴防하다가 有事時 거리에 따라 어느 道의 군사는 어느 道로 향하고 어느 邑의 군사는 어느 浦鎭으로 향하게 한다는 방안을 제시하였다.[10] 이는 制勝方略의 分軍과 거의 흡사한 형태였던 것으로 이해되는데[11] 그의 견해도 이와 유사하다고 하겠다. 즉 그는 鎭管體制의 붕괴와 군액의 격감속에서 制勝方略과 같은 방어체제를 강구했던 것으로 이해할 수 있으리라 본다.

다음으로 그는 군령상 兵水使의 권한을 중시하였다. 그런데 中宗 9年(1544)에 지방지휘관의 군사활동 放棄와 軍士侵虐에 대한 감찰을 담당한 監察御史가 일시 설치되었다가 明宗初에는 慶尙·全羅道에 常設되기에 이르

●●●● ·······························

10) 『中宗實錄』卷25, 11年 5月 丁亥條.
11) 陸軍士官學校, 1968, 『韓國軍制史』, 「近世朝鮮前期篇」, 302쪽.

렀다.[12] 그는 監察御史의 파견에 대하여

右議政李浚慶議 …… 兵水使之任 專委閫寄 待以心腹 故其人亦知自重 士卒亦
皆信服 近來始遣御史 考究其不法 損毁事體 使將帥無自重之心 士卒萌輕忽之念[13]

이라고 하였다. 그는 監察御史의 파견이 그 실효를 거두기 보다는 兵水使의
권한을 침해하고 군사들로 하여금 不信을 초래케 하는 불합리한 제도로 보
았다. 실제 그러한 폐해는 심하여 乙卯倭變 때는 군사들이 守令 邊將들의
군령에 복종하지 않는 결과가 나타나고 있다.[14] 이리하여 監察御史制는 폐
지되기에 이르는데 그의 견해는 守令 邊將들의 不法을 인식하기 못했던데
서 나온 것이 아니라, 그것이 실효를 거두지 못하는 형편에서 무엇보다도
군령체계의 확립을 우선한 것이라 하겠다. 그는 문무를 겸비한 儒者로서 지
방관의 擇簡을 중시했는데 그가 천거한 南致勤 등의 重用은 하나의 實例에
불과하리라 본다. 그러므로 그는 監察御史의 常設보다는 지방지휘관의 군
사상 권한을 보장시켜 주면서 필요에 따라 京官을 파견하도록 한 것 같다.
이는 그가 備邊司 郎官을 파견하여 京畿 · 黃海 · 淸洪道의 방비현황을 점검
토록 한 사실에서도[15] 어느정도 짐작할 수 있다.

그런데 그는 沿海邊境地帶 守令 邊將의 人事에 있어서 주로 문신보다도
무신의 任用을 주장하였다. 다음은 이와 관련된 내용이다.

(가) 上御朝講 知經筵事李浚慶曰 萬戶僉使 可當,年少有武才出身者預選事 傳
教至當 年少 自知前程之遠大 而不爲非義之事 至於禦敵之際 膂力强壯者 固可用
也 自先朝 亦有此議 但僉使則三品 萬戶則四品 年少之人 資級不足 故雖是議 竟不

●●●●○○○○○○

12) 同上.
13) 『明宗實錄』卷25, 14年 3月 戊子條.
14) 上揭書 卷18, 10年 5月 辛酉條.
15) 『東皐先生遺稿』卷3, 防備倭寇啓. "而京畿黃海淸洪道 防備虛疎 請分遣備邊司郎聽于此三
道 列鎭防備及兵船一一巡視 其中尤甚不備者 推考啓聞 …."

得施行矣 臣意以爲僉使萬戶所差之地 關防重處 以年少武臣資級未準者 以權管稱
號差送何如 祖宗朝亦以承文院著作 爲滿浦權管者矣 請議于大臣處之[16]

(나) 啓曰 近來邊報不絶 賊變之發 朝夕難保 今若以沿邊各官 非大典所載 而一
時盡遞武臣 則幸有不意之變 而防備必難矣 如不得已更以武臣差送 則非但迎送有
弊 政令亦頗騷擾 雖非大典所載之官 防禦最緊處 則仍差武臣 雖犯沿海而形勢 不
至緊關之處 則依大典 以譜鍊廉簡之人 差送爲當 傳曰 知道[17]

그는 사료 (가)에서 僉使 萬戶를 年少한 武才者로 임명하는 것에 동의하
고 있다. 특히 그는 資級이 부족한 武臣이라 하더라도 權管이라 칭하여 요
해처에 파견할 것을 주장하였다. 그리고 사료 (나)는 비록 『經國大典』에 규
정이 없더라도 종래대로 沿海守令을 武臣으로 差送하자고 한 것이다. 물론
權管은 그가 "不爲非義之事"로 본 것과는 달리 이후 軍民을 침해하는 폐단
이 컸으며 그의 武臣重用도 후일 李珥에게 "廣取武士矣 此皆枝葉之謨 非根
本之計"라는[18] 비판을 받았다. 그러나 이들 지역의 守令 邊將은 中宗 23年
(1528) 滿浦僉使 沈思遜이 野人에게 피살된 이래 주로 武臣들이 임용되고
있었다. 따라서 사료 (가)와 같은 年少者 權管의 파견은 무신을 요해처에 파
견하여 방어상의 실효를 거두려했던 것으로 평가된다. 그리고 사료 (나)와
같이 일시적으로 왜구의 침입이 없다는 이유로 沿海守令을 문신으로 파견
하자는 것에 반대하고 그대로 武臣을 差遣하자는 주장은 적절한 것이었다
고 평가된다. 이와 아울러 그는 문신들의 文武兼全을 주장하고 讀書堂 관원
들을 제외한 문신관리들의 試射를 계속 勸課토록 했다.[19] 그리고 그는 文武
의 偏廢를 경계하고[20] "大臣皆不知邊事 故每問於一二武臣"한[21] 실정에서

●●●●● ··

16) 『明宗實錄』卷14, 8年 閏3月 庚申條.
17) 上揭書 卷20, 11年 6月 癸卯條.
18) 『栗谷全書』卷7, 陳時事疏.
19) 『東皐先生續稿』卷3, 令舍人啓.
20) 『明宗實錄』卷25, 14年 2月 戊戌條, "我國三面受敵之地 武備雖不可緩 文章亦關於事大 以
　　此人知禮義 其所以見稱於中朝者 在此而已 此不可偏廢而少忽也."

武臣의 廣取로 인하여 발생할지도 모르는 문무간의 알력을 해소하기 위해 弓馬에 능한 文士를 골라 御史 敬差官으로 보내어 軍裝을 검열하고 邊事를 익혀야 한다고 하였다.[22] 따라서 그는 문신의 文武兼全과 邊事習得을 강조하고 방어상의 필요에 따라 沿海邊境地帶에 국한하여 武臣의 任用을 주장했다고 하겠다.

다음으로 군역의 폐단과 관련된 문제로서 그의 「錄事書吏沙汰議」는 주목되는 내용이다. 여기에서 그는 "말세에 못된 폐단으로 군역을 謀避하는 갈래가 많음은 오직 錄事와 書吏뿐이 아니다"라고 전제하면서 錄事 · 書吏의 沙汰를 거론하였다.[23] 그는 各司에 있는 錄事 중 정원 외의 인원과 作散者를 조사하고 군적에 있는 자의 입속을 분별한 다음에 兵曹에서는 각 관찰사로 하여금 정원의 10여 명만 남기고 모두 군역에 충원시켜야 한다고 주장했다. 이렇게 하면 錄事의 폐단도 제거되고 군액도 보충할 수 있다는 것이다. 또한 數外의 書吏를 조사함에 있어서도 下吏에게 위임하지 말고 吏 · 兵曹로 하여금 吏案과 軍籍을 대조하여 錄事와 같이 모두 군액에 보충해야 한다고 주장했다. 당시 錄事 · 書吏는 軍役謀避의 한 수단으로 이용되었는데 中宗 9년(1517)에 數外書吏를 조사하여 모두 군액으로 충당한 일이 있었다.[24] 따라서 그의 주장은 避役방지와 軍額確保를 목적으로 군역의 폐단을 개선하기 위한 것이었다고 하겠다. 더구나 이를 조사하는데 下吏를 배제시킨 것도 그들의 불법에 의해 촉진된 군액의 虛張을 깊이 인식한 조처였다고 생각된다.

다음의 사료도 이와 관련된 내용이다.

●●●●○ ·······················
21)『東臯先生續稿』卷5, 辛丑經筵啓議.
22) 同上.
23)『東臯先生遺稿』卷7, 錄事書吏沙汰議.
24)『中宗實錄』卷20, 9年 8月 甲辰條.

上御朝講 知經筵事李浚慶曰 水軍子枝受度牒爲僧者刷還事 已爲公事矣 爲僧者
今雖刷還 其數有幾哉 但水軍凋殘 莫甚於今時 若開其端 漸至虛疎矣 近觀災變 皆
是兵象留念於此 凡軍卒之投屬他役者 一切刷還 使實其額可也[25]

그는 水軍世傳의 원칙에서 본래 수군의 자손으로 僧徒가 된 자를 刷還하
는 것이 군액상 적을지라도 謀避의 한 수단을 막기위해 필요하다고 보았다.
물론 明宗代의 推刷都監이 거의 효과를 거두지 못했던 것으로 보면[26] 그의
주장이 관철되었는지는 역시 의문이다. 그리고 宣祖때 李珥가 『萬言封事』
에서 軍籍改定 등을 구체적으로 언급한 것과는 대조된다. 그러나 그가 他役
充定者를 모두 刷還할 것을 밝힌 것으로 보면 전면적인 軍籍改定을 통하지
않고서는 사실상의 군액유지가 불가능한 것임을 인식했다고 하겠다. 그러
므로 그의 僧徒刷還이 부분적이라 하더라도 어느정도의 효과를 가져왔다고
생각된다.

4. 水軍强化策

東皐 李浚慶은 국방상 해상방어를 담당한 水軍의 정비를 중시했다. 그의
수군에 관한 견해는 『明宗實錄』이나 『遺稿』에 단지 몇 편에 불과하지만 매
우 구체적인 내용을 지니고 있다. 더구나 그 내용 모두가 乙卯倭變 이후의
것으로 그가 직접 왜변을 진압하면서 수군에 대한 깊은 이해를 가진 것이
아닌가 한다. 특히 그는 明宗 10年(1555)에 兵曹判書로서 邊務를 주관했을
뿐만 아니라 그의 兄인 潤慶이 全羅道觀察使로 水軍節度使를 겸임하고 있
었으므로 이를 계기로 수군에 대한 식견이 넓어졌을 것으로도 짐작된다. 이
는 兩人의 書信 교환에서 잘 나타나 있다. 즉 그는 兄의 편지에 답하면서

●●●•...............................

25) 『明宗實錄』卷23, 12年 9月 戊辰條.
26) 上揭書 卷11, 6年 正月 丙午條, "推刷都監啓曰 良丁搜括都監已設矣 但正當窮春 民間亦甚
騷擾 請姑停之 以待早穀成熟 何如."

水路則專責水使 使之率舟師及沿海各官各浦 隨賊所在 窮追擊捕 使不得下陸
下陸則責兵使 率陸軍馳赴鏖戰 隨卽截滅 但守令則皆屬兵使 諸浦則皆屬水使乃其
體統 而若舟師多在之邑則不得已姑屬水使 使之盡其水技可也[27]

라고 하였다. 그는 水軍節度使의 책임아래 水軍兵船으로 왜구를 海上에서
격파하고 이들의 육지에 상륙하지 못하게 하는 것을 최선의 방책으로 삼았
다. 그리고 왜구가 상륙하는 경우에는 兵馬節度使의 책임아래 육군으로 하
여금 격퇴시켜야 한다는 것이다. 이러한 견해는 朝鮮 初 이래의 방어대책으
로 비록 새삼스러운 것은 아니지만 이 무렵은 沿海浦鎭에 많은 城堡가 축조
되고 水軍萬戶 등이 해상근무를 기피하고 있는 실정이었으므로 수군의 해
상방어의 필요성을 다시 강조한 감이 크다고 하겠다. 더구나 그는 兵水使의
관할지역을 구분지으면서도 舟師가 많은 邑을 兵使보다도 水使에 소속시켜
야 한다고 보았다. 이는 沿海各邑이 비록 賊路를 차단하는 요해지가 아니라
하더라도, 왜구의 침변을 당할 가능성이 있고 또 舟師가 많으므로 水使의
통솔 아래 水技를 익혀 해상방어에 임해야 된다는 의도로 생각된다. 사실
成宗代 이래 鎭管體制가 점차 붕괴되기 시작하여 내륙의 陸鎭正兵이 방어
에 긴요한 沿海浦鎭에 투입되고 있었다. 이러한 水陸軍의 합세로 兵水使의
지휘권도 혼란을 빚기 마련이었다. 이리하여 中宗 5年(1510) 三浦倭亂을 진
압한 후 兵使의 水軍兼治가 일시적으로 시행되다가 明宗卽位年(1545)에 다
시 시행되기에 이르렀다.[28] 그러므로 그가 水路의 水使 귀속을 전제하고 종
래 요해처인 浦鎭만이 아니라 兵使 관할의 沿海各邑을 水使의 지휘권에 두
어야 한다는 것은 해상방어의 적극적인 대책이었다고 평가해도 좋으리라
생각된다.

다음도 그러한 맥락에서 이해된다.

●●●● ··

27)『東皐先生遺稿』卷7, 答上兄書.
28) 陸軍士官學校, 1968,『韓國軍制史』,「近世朝鮮前期篇」, 291쪽.

且水陸軍居沿海者 留防本邑 責其守城 甚爲良計 此本道軍情素所發願者也 但
追逐邀擊之事 不得已使本土知形勢 習舟楫者爲之可也 一朝以內地不習之卒 當之
則 何能應變耶[29]

그는 沿海居住人이 水軍이 되어 本邑에 留防해야 한다고 보았다. 이러한
견해는 행정구역상 그들 수군이 소속된 근거리 浦鎭에 留防시켜야 한다는
당연한 논의라 여겨진다. 그러나 鮮初이래 水軍은 舟楫에 익숙한 沿海民이
나 海道人으로 充定되는 것이 기본방침이었지만 당시 수군에는 遠方山郡人
이 充定되고 또 他道 他邑 居住者를 分屬 分番시키고 있는 형편이었다.[30]
그러므로 그는 원거리근무에 따른 수군의 苦役을 本邑의 留防으로 해소하
는 효율적인 대책을 강구한 셈인데, 위에서 本道 軍情이 평소 원하던 바라
한 것은 이를 의미한다고 하겠다. 또한 그가 舟楫에 익숙한 수군이 倭船을
요격해야 한다는 것도 해상방어를 담당한 수군의 설치목적과 부합된다. 그
가 지적한 것처럼 舟楫과 水戰에 능하지 못한 內地出身을 해상방어에 임하
게 하는 경우 왜구에게 패할 것임은 분명하기 때문이다. 이와같은 그의 견
해는 수군이 당면한 문제점을 바탕으로 해상방어를 담당한 수군의 전문성
을 강조한 것으로 평가된다.

특히 그의 水軍蘇復策은 구체적인 내용을 담고 있다. 수군의 피폐가 더욱
극심한 때가 바로 明宗年間의 일로서 몇 차례 수군의 蘇復策이 강구되기도
했었다.[31] 여기에서 수군의 左右領兩番體制를 3領으로 개편하여 1년에 6개
월을 근무해야 하는 수군의 부담을 덜어주어야 한다는 견해가 논의되었다.
이러한 3領으로서의 分番制는 中宗때 일부지역에서 시행된 적도 있으나, 慶
尙·全羅道의 경우 한정된 군액으로 分領을 늘리면 赴防하는 수군의 부족

---

29) 『東皐先生遺稿』卷7, 答上兄書.
30) 李載龒, 1984, 『朝鮮初期社會構造硏究』, 一潮閣, 143~144쪽.
31) 『明宗實錄』卷14, 8年 6月 己卯條 ; 上揭書 卷19, 10年 11月 庚戌 癸丑條 ;『明宗實錄』卷
    22, 12年 4月 甲辰條.

을 감당해 낼 수 없다는 이유로 실현되지 못했다.[32] 그런데 그도 分三領에
대해 左右領 軍額도 충원할 수 없는 형편에서 1領을 증액할 人丁이 없고 또
현재의 군액으로 1領을 더 늘리면 군정의 절대적 부족으로 방어상 곤란하다
는 것을 내세워 반대하였다.[33] 더구나 그는 3領이상의 分番이 수군의 苦役
을 덜어주는 것이 아니라 入番軍額의 적을수록 邊將의 침해도 더욱 심할 것
이라고 주장했다.[34] 이와같이 수군에 대한 근본대책이 없는 한 그가 "減之
又減 終至於無"라[35] 지적한 것처럼 分三領制는 실제 많은 문제점을 내포했
던 것도 사실이라 하겠다. 이리하여 그는 太祖가 정한 左右領體制가 합리적
인 제도임은 전제하고[36] 수군의 피폐요인으로

> 以今軍政見之 閑丁脫漏 亦非一二 守令苟能剛明搜括 充補如一家之事 則雖不
> 可盡充 闕額 亦不如今時之甚矣 至於邊將則專務瘠軍肥己 侵責萬端 誅求軍卒 無
> 物不辦 或以爲接待過客之資 或以爲媚悅權貴之需 緣此軍卒 不堪其苦 視赴本營
> 如就死地 此皆闕額流亡之本也[37]

라고 하여 守令 邊將들의 侵漁를 근본요인으로 지적하였다. 그리고 守令이
軍籍을 작성할 때 下吏에게 위임함으로써 많은 폐해를 낳았다고 보았다.[38]
물론 수군의 피폐는 鮮初이래 수군개혁이 실효를 거두지 못하고 육군보다
苦役에 해당되었을 뿐만 아니라 온갖 雜役에 동원되고 父子兄弟의 完聚規

---

32) 『中宗實錄』 卷83, 31年 11月 己卯條.

33) 『東皐先生遺稿』 卷7, 水軍議.

34) 上揭書 卷7, 水軍再議, "今雖縮其額數 分作四番 不擇其將而領之 則數愈少 見侵愈極 蓋以
數少之卒 供無已之求故也."

35) 『明宗實錄』 卷22, 12年 4月 甲辰條.

36) 『東皐先生遺稿』 卷7, 水軍議, "在麗季之時 倭寇充斥生民流散 我太祖大王親經百戰更事
旣多慮遠應 悉設立水軍分爲二領 使之世傳 諳熟水路 當時布置 豈下於今日之施措乎 其必
爲二領者 意固有在."

37) 『明宗實錄』 卷22, 12年 4月 甲辰條.

38) 同上.

定이 지켜지지 않은데 근본적인 요인이 있었다. 이리하여 수군의 軍役은 身良役賤으로 변모되고 世傳으로 규제되기에 이르러 대부분의 수군은 이러한 苦役을 벗어나기 위하여 謀避하거나 流離 逃散해 갔던 것이다.[39] 또한 그가 지적한 일례에서 보듯이 "萬戶 侵耗船軍 漁取膏血 以爲己分"[40]이라 한 것처럼 鮮初이래 邊將들의 水軍侵漁는 극심했던 것으로 그 實例를 일일이 들 수 없을 정도이다.[41] 이리하여 그는 左右領體制에 입각하여 수군의 蘇復策을 거론하였는데, 첫째 守令 邊將을 擇簡하여 撫養하면 流散의 폐해가 제거되며, 둘째 水陸軍의 逃亡絶戶者는 觀察使 守令으로 하여금 실제대로 抄出하여 군적을 작성하고, 셋째 水軍逃亡者로 一族이 없으면 元額을 줄여 實額으로 조처하거나 旅外正兵으로 充員하며, 넷째 그렇게하고도 元額을 보충하지 못하는 경우에는 閑丁으로 점차 充定할 것을 주장하였다.[42] 그리고 餘丁이 없는 경우 방어에 긴요하지 않은 堡를 혁파해서 병력이 분산되지 않도록 할 것을 제시하였다.[43] 특히 그는 수군이 본래 良役으로 公私賤과는 구별되고 正科에도 통하게 했음을 밝히고,[44] 旅外正兵으로 士族出身이 아닌 良丁을 가려내어 수군에 충원하며,[45] 名顯士族이 아니면 모두 充定시켜야 한다고 하였다.[46]

물론 그의 주장에도 일정한 한계가 있었다고 판단된다. 그의 지적처럼 수군의 피폐가 守令 邊將들의 侵漁에 촉진된 것도 사실이라 하겠으나 그렇다

●●●● ···

39) 李載龒, 前揭書, 113~149쪽 參照.
40) 『世祖實錄』 卷33, 10年 7月 乙卯條.
41) 이들 萬戶 등의 放軍收布의 實例로 『文宗實錄』 卷1, 卽位年 10月 庚辰條의 "貧寒船軍 或有故闕役 其萬戶等 稱爲月令 每月徵布一匹 私自用之 因此盡賣家財牛馬田地 不勝其役 逃亡絶戶者頗多"를 들 수 있다.
42) 『明宗實錄』 卷22, 12年 4月 甲辰條.
43) 『東皐先生遺稿』 卷7, 水軍再議.
44) 上揭書 卷7, 水軍議, "況水軍苦歇 雖不如正兵 又非公私賤之比 而許通正科 旣無仕路之防 則其中拔萃者 自可起以爲士類矣 何可謂之賤役 而以非士族旅外 莫之定乎."
45) 同上. "但於許多旅外之中 豈盡士族 而絶無凡民乎 士族之人 自當爲正兵 而凡民豈不可爲水軍乎 要令監司兵使 詳加區別 而量定之耳."
46) 『明宗實錄』 卷22, 12年 4月 甲辰條, "非名顯士族 皆令充定."

고 擇簡에 의한 청렴한 인물들의 임용으로 해결될 성질의 것은 아니었다고 생각된다. 후일 李珥가『萬言封事』에서 僉使 萬戶 등에 대한 祿俸의 지급이 없기 때문에 모든 비용을 所管의 군사에게 取辦한데서 軍役謀避의 폐단이 일어나므로 이들에 대해 녹봉을 지급해야 한다고 주장한 것과는 대조되는 것이다. 특히 그는 수군이 본래 賤役이 아님을 강조하고 旅外正兵의 充定을 거론하였다. 그러나 당시 군액이 虛張된 실정에서 旅外正兵의 존재는 역시 제도적 모순이었을 뿐만 아니라 수군의 軍役은 이미 賤役으로 굳어진 추세에 있었다. 이는 "外方의 校生은 士族이 많은데 만약 考講에서 不通한 者를 모두 수군으로 充定한다면 그 子子孫孫이 영구히 賤役이 될 것이다"라는[47] 기사에서도 알 수 있다. 그가 旅外正兵이 避役의 한 수단으로 악용되고 있음을 인식했다고 하더라도 非士族出身者를 가려내고 이들 모두를 수군에 충정한다는 것은 수월하지 않았으리라 생각된다. 더구나 名顯士族이 아닌 경우 이를 수군에 충정한다는 것도 위의 校生充定과 같이 거센 반발을 일으켜 사실상 불가능했을 것이라고 생각된다. 더구나 수군의 피폐가 苦役役卒化에 있었던 만큼 이들에 대한 시책이 거론되지 않은 것도 큰 한계라 생각된다. 그러나 이는 그 자신의 한계라기 보다도 軍役上 일반적인 추세에 있었던 시대적 제약으로 보아야 하리라 본다. 그가 "苟非名顯士族 皆令充定"을[48] 주장한 것은 바로 전반적인 사회개혁을 통하지 않고서는 육군은 물론 수군의 蘇復도 불가능한 것임을 인식한 것이라 판단되기 때문이다. 그러므로 그가 당시 수군의 피폐요인을 제대로 파악하고 그 대책을 강구했음에도 불구하고 수군에 대한 합리적인 시책과 아울러 전반적인 개혁이 수반되지 않는 한 불가능한 문제였다고 생각된다.

이밖에 그는 鮑作干의 다른 지방 왕래에 대한 규제를 완화하여 有事時 그들을 활용하도록 하였다.[49] 이러한 견해는 종래 鮑作干이 다른 지방에 왕래

●●●●○○○○○○○○○○○○○○○○○○○○○○○○○○○○○○○○○○○

47) 上揭書 卷23, 12年 10月 庚子條, "而外方校生 士族居多 若不通考講者 皆定水軍 則子孫孫 永爲賤役."
48) 註 46)과 같음.

하는 것을 엄격히 규제함으로써 이들이 처벌을 두려워 하여 왜구를 발견하고서도 보고하지 않은데 기인한 것이었다. 그리고 鮑作干이 舟楫에 익숙하므로 賊變때 이들과 그 선박을 활용하려한 것도 매우 현실적인 조처였다고 평가된다.

5. 맺음말

以上에서 살펴본 바와 같이 東皐 李浚慶은 朝鮮中期, 特히 明宗年間에 政局을 주도해 나갔던 人物로서 政治史的 측면에서 뿐만아니라 國防上에 있어서도 큰 비중을 차지한 人物이었음을 알 수 있다. 燕山君 以來 네차례에 걸친 士禍로 인해 그 家門이 비록 많은 피해를 당하게 되어 그 자신이 어린 시절을 外家에서 보내야 했으며, 官職에 進出한 後에도 순탄치 못한 길을 가다가 明宗即位 後 그의 學問과 識見이 인정받고, 특히 외척세력을 제거한 뒤 士林들의 추앙을 받으면서 자신의 경륜을 펼 수 있게 되었다.

그는 당시 朝鮮王朝의 軍制에 깊은 관심을 갖고 있었는데 그것은 16세기 후반기가 軍制上 큰 전환기를 맞고 있었던 時代的 背景에다 그 자신이 軍務를 직접 담당하는 巡察使나 兵曹判書, 그리고 乙卯倭變때는 亂을 진압하는 총책임을 맡고 軍務에 임했던 때문이기도 하겠다.

그는 軍制의 改革에 있어 기본적으로 鎭管體制의 붕괴에 따른 制勝方略의 시도를 꾀한 것으로 보인다. 그가 兄인 李潤慶과 교환한 書信 속에서 종래의 방어 원칙인 各鎭의 自戰自守를 부정하고 各 邊鎭은 서로 유기적인 연계체제를 구축하여 위급한 邊鎭에 구원병을 파견토록 하는 방안을 논의하고 있으니, 이는 이미 鎭管體制의 붕괴를 의미하는 것이기도 하다. 이러한 그의 의견은 이미 中宗때 柳順汀에 의해 제시된 바 있으나, 李浚慶의 制勝方略에 의한 分軍法은 보다 현실에 바탕을 둔 進一步한 것으로 판단된다.

● ● ● ● ●　···································

49) 『東皐先生遺稿』卷7, 答上兄書.

또한 兵水使의 權限을 重視하고 있는데 이와 관련해 監察御史 파견의 不必要性을 거론하고 있다. 이는 守令이나 邊將들의 不法行爲를 인식치 못해서 그러한 것이 아니라 制度 自體의 實效性이 없음을 지적한 것이었다. 대신 그는 地方의 守令 · 邊將을 文武兼備의 儒者를 擇簡해 파견하자는 대안을 제시하고 있다. 아울려 沿海 · 邊境의 守令 · 邊將 人事에 대해 年少한 武才者의 파견과, 沿海守令을 왜구침입이 없다는 이유로 武臣대신 文臣으로 교체하는 것을 反對하였고, 겸하여 文臣들의 試射를 勸課토록 하여 文武兼全토록 하자고 주장하였다.

또 하나의 문제는 군역의 폐단을 제거하는 주장이었는데, 그중 錄事, 書吏의 폐단을 일례로 들면서 官員의 定數를 유지하여 數外의 官員을 軍額에 充定시킴으로서 官員의 폐단을 줄이고 軍額을 確保하는 이중효과를 기대하였다. 또 水軍의 子孫으로 僧徒가 된 자나 他域에 充定된 자들을 전원 刷還하여 水軍의 軍額確保도 꾀하였다.

다음으로 그는 國防强化의 일환으로 水軍强化策을 제시하였다. 특히 水軍에 대한 인식은 그 자신이 乙卯倭變을 당하여 朝鮮軍의 총지휘자로서 亂을 진압하는 과정에서 얻은 산 경험에서 나왔다는 점에 유의할 필요가 있다. 우선 당시 일반적 현상으로 시행되는 兵使의 水軍兼治를 부당하다고 보았다. 왜구가 침입했을 때 海上에서 水使가 격퇴함을 最上의 方法으로 생각하였고, 그것이 여의치 못할 때 陸上에서 兵使가 격퇴한다는 것이다. 이는 鮮初 以來의 상식이었으나 당시 水軍 萬戶들이 海上勤務를 기피하고 있는 실정에서 재강조한 것이다. 또 三浦倭亂 후 兵使의 水軍 兼治가 일시 施行되었던 것이 明宗卽位年 以後 再施行 됨에 이의 환원을 주장했고, 水軍이 遠方山郡人이나 他道 · 他所屬者가 分番하는 폐단에 대해 沿海 居住人을 本邑에 留防시키도록 하자고 제안했다.

아울러 당시 허약해진 水軍을 소복시킬 수 있는 대책을 몇가지 제시하고 있는데, 첫재 左右領을 三領으로 나누자는 논의에 대해 赴防하는 水軍의 부족과 立番軍額의 감소에 따른 邊將들의 침탈을 이유로 반대했고, 둘째 신중한 邊將의 선택 · 파견, 셋째 逃亡者를 抄出하여 軍額으로 充定할 것, 넷째

水軍逃亡者의 發生時 元額을 감소시켜 實額으로만 業務를 조치할 것, 다섯째 閑丁으로 元額을 補充할 것, 여섯째 긴요치 않은 堡를 革罷하여 兵力分散을 방지할 것, 일곱째, 본래 水軍이 賤役이 아니었음을 밝히고 名顯士族이 아닌 良丁은 모두 水軍에 充員토록 할 것과, 끝으로 鮑作干의 他地往來를 완화하여 저들이 海上에서 왜구를 보고도 申告치 않는 일이 없게 하고, 水技에 능한 이들을 水軍에 흡수토록 하자는 의견을 제시하기도 하였다.

물론 이 以外에도 李浚慶의 國防에 關한 對策은 北方의 野人이나 南方의 倭人에 대해서도 言及되고 있으나, 後日 다시 擧論키로 하고 本稿에선 軍制改革과 水軍强化策에 대해서만 간단히 論及하는데 그치겠다. 앞으로도 朝鮮中期의 政治狀況이나 國防問題에 대해 폭넓은 硏究가 더 많이 행해질 줄로 믿으며 그러한 과정에서 李浚慶에 대한 硏究도 좀더 이루어져야 되리라고 믿는다. 이는 또한 壬辰亂과도 연관성을 갖고 있으며, 朋黨政治의 始發과도 관계성을 내포하기 때문에 多角的으로 그의 活動과 意見들이 檢討되어져야 한다고 믿는다.

同學들의 叱正과 忠告를 바라마지 않는다.

東皋 李浚慶의
對外政策

1. 머리말

　15世紀부터 서서히 變化의 조짐을 보이던 朝鮮王朝는 16世紀에 접어들어 많은 制度的 變化가 要求되고 있었고, 이에 따라 漸進的 변화양상이 노출되고 있었다. 또한 朝鮮을 둘러싸고 있는 明·日本 등 東北亞細亞의 나라들도 各各 새로운 변화가 일어나면서 國際關係도 새로운 局面을 맞이하고 있었다.

　朝鮮 中期에 이르러 國內 政治는 燕山君 初期부터 明宗 卽位에 이르기까지 주로 勳舊派에 의해 네 차례에 걸친 士禍로 인해, 成宗代부터 政界에 登場하기 始作한 士林派들이 수난을 겪은 격동의 時期를 거쳤다. 그 뒤 明宗 때 外戚 勢力이 除去되고 本格的인 士林政治가 始作되었으나, 이들은 學問的으로도 軌를 달리 하였을 뿐만 아니라 人脈·地緣 등을 달리하면서 分裂되더니, 급기야는 朋黨政治의 양상을 띠는 形勢로 굳어져 가고 있었다.

　國防 上으로는 한 동안 조용하던 북쪽의 野人들이 소규모이긴 하나 자주 北邊을 侵入해 왔고, 남쪽의 倭人들도 크고 작은 變亂을 자주 일으켜 邊境이 늘 소란하였으니 先覺者들은 이에 대한 對策을 세워야 한다고 우려하고

있었다. 또한 經濟的으로도 收取體制가 흔들리고 있었으며 國初의 科田法은 이미 무너진지 오래여서 새로운 制度의 改編이 要求되는 시기였다.

한편, 中國 大陸에서는 明의 勢力下에 있던 女眞族의 興起 조짐이 역력하였고, 西勢東漸의 潮流에 의해 포르투갈인들의 東南亞 進出 현상이 뚜렷하게 나타나고 있었다. 明의 만주경략은 15世紀 이래 弱化되어 遼河 下流 유역으로 후퇴하였고, 이틈에 女眞族 勢力은 松花江 上流에서 遼河 上流 一帶에까지 擴張되었으니, 그중 遼東 東南 地方의 建州女眞 酋長 누르하치가 가장 强力한 勢力으로 대두되고 있었다. 明은 이러한 女眞族의 動向에 둔감하였을 뿐만 아니라 海禁政策을 强化하여 왜구의 침구를 더욱 자극하는 結果를 招來하였으니, 明은 점차 파멸의 길로 치닫고 있었다. 또, 日本은 15世紀 후반 이래 100여 년에 걸쳐 戰亂의 소용돌이 속에 휘말렸었으나 오다 노부나가에 의해 天下가 일단 統一되었고, 그 뒤를 이은 토요토미 히데요시는 보다 강력한 政權을 수립하고 그들의 세력을 國外로 뻗어보려는 징조가 나타나고 있었다.

이렇게 國內外的으로 어수선한 時期에 登場하여 政治家로서, 學者로서, 특히 國防에 關해 깊은 관심을 갖고 政治一線에서 활약했던 人物이 東皐 李浚慶이다. 그의 一生은 후반기를 除外하고는 평탄치 못한 삶을 보냈는데, 유소년기라 할 16世紀 初에 그는 戊午·甲子士禍를 겪고, 靑年期에 접어들 무렵에 다시 己卯士禍를 겪어, 이 세 차례의 士禍로 인해 그는 一家親族을 大部分 잃고 外家에서 成長하지 않으면 안 되었다. 그럼에도 그는 外家에서 外祖父와 母親의 엄격한 가르침 밑에서 學問을 게을리 하지 않았다. 그러면서도 그는 한때 科擧에 뜻을 두지 않고 草野에 묻힐 생각도 하였으나, 모친의 권유에 따라 中宗 26年(1531)에 이르러 뒤늦게 式年文科에 登科하였다. 그러나, 官界에 進出한 그는 다시 執權者들에 의해 流配되는 등 政治的 시련을 겪게 되었다. 하지만 이 時期는 그가 후일 政治家로서, 學者로서 大成할 수 있는 學問과 경륜이 성숙되는 중요한 시간들이었다. 그 뒤 乙巳士禍를 겪고 난 후 明宗의 信任을 받아 政界에 복귀한 후 末年까지 그는 자신의 뜻을 한껏 펼 수 있었다. 이때부터 그는 士林의 主要 人物로 부상하면서 이른바 士林政治의 구현에 앞장서게 되었으며, 또한 이 무렵 빈번해지기 시작한 外亂을 직접 鎭壓하고 國防對策에 心血을 기울인 점도 注目된다. 明宗 7年(1552) 邊將 金秀文이 伊應巨島의 野人을 몰아내고 設鎭한 관계로 西水羅의 난리를 겪게 되었다. 이때 그는 咸鏡道巡邊使에 任命되어 野人을 招撫하여 이를 진압하였던 것이다. 그리고, 明宗 10年(1552) 왜구가 湖南에 侵入하자 全羅道巡察使가 되어 朝鮮軍을 總指揮하여 實兄인 靈岩守城將 李潤慶과 함께 왜구를 격파하는 공을 세웠다. 이리하여, 그는 兵曹判書에 再起用되고 兄도 全羅道觀察使가 되어 兵水使를 겸하게 되었다. 이는 왜구의 再侵에 對備한 人事였으며, 여기에서 그의 國防觀도 깊어졌다고 하겠다. 後述하겠지만 兩人의 書信交換은 주로 國防對策에 關聯된 것들이었다. 더구나 그는 右贊成에 올라 備邊司馬를 겸하여 邊務를 주관하고 南致勤 등의 將材를 발굴해 냈으며, 실상 그의 軍制改革論이나 對外政策 등도 이 무렵에 具體化 되었다고 할 수 있다.

또한, 그가 世上을 뜨기 전에 宣祖에게 마지막으로 올렸던 遺疏에서는 當時 조정에 팽배해 있던 朋黨의 形局을 지적하고 이를 조기에 해소토록 건의한 바 있었다. 물론 이는 후일 栗谷에게 심한 질타를 당하였음에도 불구하고 東西分黨이 된 후, 많은 世人들로부터 그의 앞을 내다보는 통찰력이 칭송되어 지기도 하였다.

한마디로 그는 士禍 이후 明宗의 외숙 윤원형을 중심으로 한 勳舊勢力의 발호를 종식시키고 士林政治의 幕을 여는 선구자적 역할을 했다는 점에서 朝鮮中期 政治史에서 굵은 획을 그은 人物이었으며, 北方의 野人과 南方의 倭人들에 대해 강경·온건의 兩面 政策을 써서 國防을 튼튼히 하려 했고, 무너져 가는 軍制를 改革하여 다가올 外侵에 對備코저 한 改革思想家로서도 높이 評價되어야 할 人物인 것이다.

그러나, 지금까지 그에 대한 研究結果가 거의 없는 상황에서[1] 筆者는 주로 『朝鮮王朝實錄』과 『東皐先生遺稿』를 中心으로 하여 그의 軍制에 대한 見解가 어떤 밝혀 보고자 한다.

旣存의 研究結果가 없는데다가 基本史料에만 의존했기 때문에 혹여 편협

된 결과를 가져올지 모른다는 우려를 금할 수 없으나, 이를 바탕으로 16世
紀 후반의 朝鮮의 國防狀況을 研究하고 檢討하는데 조금이라도 도움이 되
었으면 하는 바람이다.

2. 軍制改革論

東皐 李浚慶은 朝鮮初期의 軍制가 變化되는 明宗代(1546~1567)에 주로
活動하였다. 그의 軍制에 關聯된 見解는 비록 『朝鮮王朝實錄』이나 『東皐先
生遺稿』에서 多數 찾아지지만, 그때마다 時事에 따른 것이어서 具體的이지
못한 限界點도 안고 있다. 그러나 그는 兵曹判書를 역임하였고 또한 乙卯倭
變을 직접 鎭壓한 바 있었기 때문에, 當時의 軍制變化를 폭넓게 理解하기
위해서는 그의 軍制에 관한 見解를 分析하고 體系化하는 作業이 必要하다
고 여겨진다.

李浚慶은 朝鮮初期의 鎭管體制가 붕괴되어 가는 것을 인식하고 새로운
防禦體制를 모색했던 것 같다. 이러한 사실은 그가 兵曹判書로서 그의 兄
인 全羅道觀察使 李潤慶에게 보낸 書信에서 파악되는데, 그 內容은 다음과
같다.

　且防備之難 果如來示 但許多邊堡 豈可一一充兵 待此不期之賊耶 只令列鎭多
備器械 賊來 足以自守而已 若粮械有定 則城中之衆 雖不多 亦可延日 以待外兵之
來耳 內邑之軍 亦何可預待自困耶 要令預抄精銳 嚴立法制 使業武及有武才之人
無所隱漏 預備弓矢 其不能自備者 官自給之 賊至某處 三兩日相持之際勢 必可及
馳救矣 且□預定某邑 則當救某邊[2]

●●●● ∶∶∶

1) 拙稿, 1988.10, 「東皐 李浚慶의 生涯와 國防政策 研究」, 『湖西史學』 16輯, 湖西史學會,
　　111~127쪽. 위의 논문이 하나 유일하게 발표돼 있고, 현재 수원대학교 동고연구소에서 그
　　'에 대한 연구논문집을 준비하고 있다.
2) 『東皐先生遺稿』 卷7, 答上兄書.

위의 史料에 의하면, 그는 허다한 鎭堡에 일일이 充兵할 수 있는지에 의문을 제기하였다. 그리고, 그는 嚴正한 군기아래 精銳한 軍士를 뽑아 軍粮과 兵器械를 整備하면 2~3日間 自守할 수 있고, 이에 外援兵이 合勢하면 賊變을 鎭壓할 수 있다고 본 것이다. 이러한 見解는 朝鮮初期의 鎭管體制가 붕괴되어 가는 과정에서 나온 것이라고 생각된다. 사실 鎭管體制는 要害守禦處로서의 鎭壓를 中心으로 한 自戰自守를 原則으로 하였는데 이 무렵은 沿邊城堡가 많이 설치되어 賊路를 制壓하는 效果가 있었다. 그러나, 兵力의 分散으로 防禦上 虛點을 드러내고 있었고, 더구나 軍役의 기피로 인하여 一定한 軍額을 유지할 수도 없었다. 그러므로, 그는 軍額의 補充問題보다도 現在의 軍額을 바탕으로 한 各 邊鎭의 유기적인 防禦對策을 모색했던 것이라 하겠다. 그런데, 위의 史料와 같이 그는 賊變때 隣近 邊鎭에 馳救하고, 各 邊鎭을 구원할 某邑을 미리 정해두어야 한다고 하였다. 이는 自戰自守가 不可能한 邊鎭의 實情을 감안한 데서 나온 見解라 생각된다. 일찍이 中宗때 柳順汀은 防禦對策의 하나로서 軍士들을 居住地와 가까운 鎭浦에 赴防하되, 有事時 거리에 따라 어느 道의 軍士는 어느 道로 向하고, 어느 邑의 軍士는 어느 浦鎭으로 가게 하여 防禦한다는 見解를 제시한 적이 있었다.[3] 이는 制勝方略에 의한 分軍法과 거의 흡사한 형태였던 것으로 理解된다.[4] 더구나, 明宗 10年(1555)의 乙卯倭變은 朝鮮前期 軍制變化의 한 계기를 이룬 것으로서, 이때 京將이 파견되고 北軍士層이 動員되는 등 종래 진관체제의 붕괴 속에서 制勝方略에 의한 分軍法이 活用된 것으로 理解된다.[5] 그러므로, 앞의 內容은 制勝方略 體制에 입각한 防禦對策의 次元에서 理解할 수 있으며, 이는 그가 乙卯倭變을 직접 鎭壓할 때에도 적용되었으리라 본다.

다음, 그는 軍令의 嚴正한 確立을 强調하였다. 이와 關聯하여 그는 監察御史의 파견에 대하여 다음과 같이 그 폐단을 지적하고 있다. 즉,

●●●○ ·····················

3) 『中宗實錄』卷25, 11年 5月, 丁亥條.
4) 陸軍士官學校, 1968, 『韓國軍制史』, 近世朝鮮前期篇, 302쪽.
5) 車文燮, 1981, 「軍事制度」, 『韓國史論』卷3, 국사편찬위원회, 40쪽.

右議政李浚慶議 …… 兵水使之任 專委閫寄 待以心腹 故其人亦知自重 士卒亦
皆信服 近來始遺御史 考究其不法 損毀事體 使將師無自重之心 士卒萌輕忽之念[6]

이라 하여 監察御史의 파견이 그 實效를 거두지 못하고, 兵水使의 權限을
侵害하고 軍士들로 하여금 不信을 招來하는 폐단이 있다고 하였다.

　　사실 監察御史는 地方指揮官의 軍事活動에 대한 放棄와 軍士侵虐에 대한
監察을 담당했으며, 中宗 39年(1544)에 一時 設置된 후 廢止되었다가, 明宗
初年에는 慶尙·全羅道에 常設되고 있었다.[7] 그러나, 監察御史의 파견으로
그 폐단만 노정되어, 實際 乙卯倭變때는 軍士들이 守令이나 邊將들의 軍令
에 복종하지 않는 현상이 나타났던 것이다.[8] 이로써 監察御史制는 廢止되
기에 이르지만, 그의 見解는 守令이나 邊將들의 不法을 認識하지 못했던 데
서 나온 것이 아니라, 오히려 實效를 거두지 못하고 있는 형편에서 軍令體制
의 確立에 우선적으로 중요성을 인식한 것이기 때문이라고 생각된다. 즉,
그는 文武를 兼備한 儒臣으로서 地方官의 擇簡을 重視했으며, 그가 천거한
南致勤 등의 重用은 하나의 實例라 할 수 있다. 따라서, 그는 監察御史의 常
設보다는 兵水使들의 權限을 保障시켜 주고, 中央의 必要에 따라 京官을 파
견하도록 한 것 같다. 이는 그가 왜구에 대한 방어에 관해,

而京畿黃海淸洪道 防備虛疎 請分遺備邊司郎廳于此三道 列陣防備及兵船一一
巡視 其中尤甚不備者 推考啓聞 …… [9]

라고 한 기록에서 보듯이 備邊司 郎官을 보내 京畿·黃海·淸洪道의 防備
現況을 점검한 사실에서도 짐작할 수 있으리라 본다. 特히 그는 沿海邊境의

6)『明宗實錄』卷25, 14年 3月, 戊子條.
7) 陸軍士官學校, 前揭書, 279쪽.
8)『明宗實錄』卷18, 10年 5月, 辛酉條.
9)『東皐先生續稿』卷3, 防備倭寇啓.

守令과 邊將에 대한 人事에 있어서, 주로 文臣보다는 武臣의 任用을 主張했는데, 다음은 이와 관련된 內用들이다.

　　(가) 上御朝講 知經筵事李浚慶曰 萬戶僉使可當年少有武才出身者預選事 傳教
至當 年少 自知前程之遠大 而不爲非義之事 至於禦敵之際 膂力強壯者 固可用也
自先朝 亦有此議 但僉使則三品 萬戶則四品 年少之人 資級不足 故雖有是議 竟不
得施行矣 臣意以爲僉使萬戶所差之地 關防重處 以年少武臣資級未準者 以權管稱
號差送何如 祖宗朝亦以承文院著作 爲滿浦權管者矣 請議于大臣處之10)

　　(나) 啓曰 近來邊報不絶 賊變之發 朝夕難保 今若以沿邊各官 非大典所載 而一
時盡遞武臣 則幸有不意之變 而防備必難矣 如不得已更以武臣差送 則非但迎送有
弊 政令亦頗騷擾 雖非大典所載之官 防禦最緊處 則仍差武臣 雖犯沿海 而形勢不
至緊關之處 則依大典 以諳鍊廉簡之人 差送爲當 傳曰 知道11)

그는 사료 (가)에서 萬戶와 僉使를 年少한 武才者로 任命하는 것에 同意
하고 있다. 또한, 비록 資級이 不足한 武臣이라 하더라도 權管이라 稱하여
要害處에 파견할 것을 主張하였다. 사료 (나)는 비록 『經國大典』에 규정이
없더라도 종래대로 沿海守令을 武臣으로 差送하자고 한 것이다. 물론, 그가
權管이 '不爲非義之事' 할 것으로 본 것과는 달리 軍民을 侵害하는 폐단이
컸다. 그리고, 武臣重用은 후일 李珥에게 "廣取武士矣 此皆枝棄之謀 非根本
之討"12)라는 비판을 받았다. 그러나, 그의 見解는 武臣을 要害處에 파견하
여 防禦上의 實效를 거두려 했던 것으로, 當時는 倭寇와 野人의 侵邊 속에
서 武官들의 역할이 增大되어 갔던 것이다. 사실, 이들 지역의 守令과 邊將
들은 中宗 23年(1528) 滿浦僉使 沈思遜이 野人들에게 被殺된 이래, 주로 武
臣이 任用되고 있었다. 또한, 觀察使 등도 반드시 邊務에 익숙한 文臣을 파

10) 『明宗實錄』 卷14, 8年 閏3月, 庚申條.
11) 『東皐先生續稿』 卷3, 沿海各官武臣差送啓, 『明宗實錄』 卷20, 11年 6月, 癸卯條.
12) 『栗谷全書』 卷7, 陳時事疏.

견시켰다. 그러므로 年少者 權管의 파견이나 사료 (나)와 같이 다시 沿海守令을 文臣으로 파견하자는 것에 反對한 것은 적절한 對策이었던 것으로 생각된다. 더구나, 그는 文臣들의 文武兼全과 讀書堂 官員을 除外한 文臣들의 試射를 계속 勸課토록 주장하였다.[13] 아울러 그는,

> 我國三面受敵之地 武備雖不可緩 文章亦關於事大 以此人知禮義 其所以見稱於
> 中朝者 在此而已 此不可偏廢而少忽也[14]

라고 하여 文武의 偏廢를 경계하고 있으며, '大臣皆不知邊事 故每問於一二武臣'[15]한 실정에서, 弓馬에 능한 文士를 御史나 敬差官으로 삼아 軍裝을 검열하고 邊事를 익혀야 한다고 하였다.[16] 따라서, 그는 文臣官吏의 文武兼備와 邊事習得을 强調하고, 防御上의 實效를 거두기 위하여 要害處에 한해서는 武臣의 重用을 主張한 것으로 볼 수 있다.

다음, 그는 軍役의 폐단을 깊이 認識하고 있었다. 그는 軍役의 기피에 대해 "世末俗弊 避役多岐 非獨錄事與書吏也"[17]라고 하여 말세에 못된 폐단으로 군역을 피하는 갈래가 많으니, 오직 녹사와 서리뿐만이 아니라고 전제하면서, 일례로 錄事와 書吏의 沙汰를 거론하고 있다. 그는 各司의 錄事 中 數外人員과 作散者를 조사하여 軍籍에 있는자의 入屬을 分別한 다음에, 兵曹에서 各 觀察使로 하여금 定員外 10餘名만 남기고 모두 軍役에 充員시켜야 한다고 하였다. 또한, 數外書吏를 調査하는데도 下吏에게 委任하지 말고, 吏曹와 兵曹가 직접 吏案과 軍籍을 對照하여, 錄事와 같이 定員外 약간 명만 남기고 모두 軍額에 充當시켜야 한다고 하였다. 當時 錄事와 書吏의 폐단도 컸을 뿐만 아니라, 그들은 어떠한 役에도 充定되지 않았으므로 軍役謀

●●●●·····················

13) 『東皐先生續稿』 卷3, 令舍人啓. 『明宗實錄』 卷25, 14年 3月, 庚子條.
14) 『明宗實錄』 卷25, 14年 3月, 庚戌條.
15) 『東皐先生續稿』 卷5, 辛丑經筵啓議.
16) 同上.
17) 『東皐先生遺稿』 卷7, 錄事書吏沙汰議.

避의 한 수단으로 利用되었던 것이다. 일찍이, 中宗 9年(1514)에 數外書吏를 調査하여 모두 軍額으로 充當한 적이 있었다.[18] 그러므로, 그의 주장은 군역의 폐단을 改善하기 위한 것으로, 避役의 防止와 軍額의 充當을 目的으로 했다고 할 수 있다. 더구나, 軍額의 虛張이 촉진되었음을 인식했기 때문으로 생각된다.

다음의 史料도 이와 關聯된 內容이다.

> 上御朝講 知經筵事李浚慶曰 水軍子枝受度牒爲僧者刷還事 已爲公事矣 爲僧者 今雖刷還 其數有幾哉 但水軍凋殘 莫甚於今時 若開其端 漸至虛疎矣 近觀災變 皆 是兵象 …… 凡軍卒之投屬他役者 一切刷還 使實其額可也[19]

위의 史料에서 그는 水軍世傳의 원칙에서, 본래 水軍의 子孫으로 度牒을 받아 僧徒가 된 자를 刷還시킬 것을 主張하였다. 明宗代는 文定大妃의 護佛政策에 힘입어 避役을 위한 僧徒化가 促進되었고, 人口의 自然增加까지도 軍籍에 포함시키는 형편에 있었다. 그러므로, 그가 僧徒刷還이 軍額上 비록 그 수효는 적을지라도, 水軍謀避의 한 수단을 막기 위해 必要하다고 본 것은 軍役의 폐단을 깊이 인식한 데 따른 對策이었다고 생각된다. 더구나, 그가 他役充定者를 모두 刷還시킬 것을 거론한 것으로 보면, 全般的인 軍籍改定을 통하지 않고서는 사실상 軍額의 유지가 不可能한 것임을 인식하고 있었다 해도 좋으리라 본다. 물론, 明宗代의 推刷都監은 "推刷都監啓曰 良丁搜括都監已設矣 但正當窮春 民間亦甚騷擾 請姑停之 以待早穀成熟何如"[20]라는 기록으로 미루어 보아 거의 效果를 보지 못했던 것이 거의 확실하며, 더구나, 그의 見解는 宣祖때 李珥가 『萬言封事』에서 군역의 폐단을 軍事指揮官의 祿俸支給과 軍籍改定의 이행을 통하여 解決하려 했던 것과 對照해

●●●●● ●‧‧‧‧‧‧‧‧‧‧‧‧‧‧‧‧‧‧‧‧‧‧‧‧‧‧‧‧‧

18) 『中宗實錄』 卷20, 9年 8月, 甲辰條.
19) 『明宗實錄』 卷23, 12年 9月, 戊辰條.
20) 上揭書 卷11, 6年 正月, 丙午條.

볼 때, 다소 具體的이지 못한 限界가 있다. 그러나, 李珥의 主張조차도 제대로 반영되지 못한 사정을 고려해 볼 때 그의 見解가 피상적이었다기보다는 時代的 限界로 理解되어야 하리라 본다. 이리하여, 軍役의 폐단이 더욱 노정되는 가운데, 위에서 열거했던 對策들이 具體化되어갔고, 結局 倭亂以後 軍制의 改編으로 發展되어 갔다고 하겠다.

3. 北方對策

朝鮮은 野人에 對해 응징과 회유의 兩面政策을 實施하였다. 朝鮮은 豆滿江과 鴨綠江 一帶에 六鎭과 四郡을 設置한 以來 野人의 侵入을 응징하기 위해 世祖 6年(1460) 申叔舟의 北征 등 몇 차례에 걸쳐 北方征伐을 단행한 바 있었다. 그러면서도 한편으로는, 이들을 적극적으로 招諭하고 저들의 侵入을 事前에 防止하는데 소홀하지 않았다. 그러나, 北方地域은 國防의 前哨로서 항상 野人의 侵入에 對備하지 않으면 안 될 요충지였다.

東皐 李浚慶은 平安道觀察使와 咸鏡道巡邊使를 역임한 바 있어서 北方地域의 事情에 비교적 정통해 있었던 것으로 판단된다. 이러한 現地에서의 경험을 바탕으로 그는 北方地域에 있어서 野人侵入에 對應할 수 있는 對策을 제시하고 있는데, 비록 단편적이긴 하지만 여기 그 內容을 정리해 보고자 한다.

朝鮮朝에 있어서 邊地에 파견된 權管들은 兩界地域에 設置된 堡나 口子에서 土兵을 거느리고 外敵防禦에 종사하고 있었다. 또한, 北方地域의 官吏 任用에 대하여,

> 平安道及兩界重地 本道守令 在祖宗朝 多以武臣差之 …… 伏見 近來守令 文臣
> 及門陰之人[21]

21) 『明宗實錄』卷25, 14年 正月, 辛巳條.

라고 하여, 이 지역이 중요한 국경지대임을 내세워 근래에 文臣들이 대다수 守令으로 差遣되는 것을 지양하고, 從前과 같이 武臣으로 任用할 것을 주장하였다. 아울러 그는 平安道의 城堡修築에 관하여,

繕修事急 漕轉于京 厥後該曹 以年凶各道稅入不敷 用度缺竭 并請漕轉 遂成格例22)

라는 기록에서 보이는 바와 같이, 城堡修築을 지속하고 軍糧의 비축을 위해 前例대로 平安道의 田稅를 本道에 轉納토록 주장하고 있다. 본래 平安道의 田稅는 國防上 本道 邊鎭에 직접 受納되어 軍糧米로 使用되었으나, 이 무렵 國家財政의 궁핍을 메꾸기 위해 서울로 漕轉하는 형편이었던 것이다. 特히, 그는 慶尙道의 양곡을 咸鏡道의 邊鎭에 漕運하여 비축하자는 論議에 대하여,

移穀實邊 雖是義意 自慶尙至于咸鏡 海路險惡 漕運甚艱 …… 使三道之人受弊 …… 但多送綿布 隨歲豊 減價 貿穀以備軍資23)

라고, 그 海路가 험하고 百姓들이 피폐된다는 理由로 反對하고, 그 대신 다량의 綿布를 보내어 軍糧을 具備하도록 하였다.

한편, 그는 長城築造에 대한 具體的 方案을 擧論하고 있다. 長城은 世宗 때부터 鴨綠江과 豆滿江의 沿邊地帶에 築造되기 始作했으나 完成되지 못하고, 中宗때까지 部分的으로만 착수되었다. 그런데, 이 무렵 咸鏡道 邊鎭의 長城이 이미 頹圮했으나 防禦上 緊要한데도 軍丁이 不足하여 修築할 수 없었다. 이에, 그는 南方의 緊要치 않은 屯田을 百姓에게 주어 耕作케 하고, 그 治水卒과 各鎭의 立番水軍 중 十分之一에 限하여 軍布를 받아 邊鎭의 民丁

22) 『東皐先生續稿』卷3, 修築城堡勿復漕轉啓.
23) 上揭書 卷5, 庚戌經筵啓議.

을 사서 修築하는 方案을 제시하였다.[24] 이는 放軍收布라는 일면도 있지만 南方의 軍士들은 軍布를 납부하는 대신 軍役을 면하게 되고, 邊鎭의 貧民들이 役事의 代價로 품삯을 받게 되는 등 長城修築의 實效를 거둘 수 있었던 見解라고 판단된다. 또한, 그는 明宗 9年(1544)에 吏曹判書로서 당시 領議政이었던 沈連源 등과 함께 彌串의 築城이 여의치 않으므로, 먼저 要害處인 定州·嘉山 等地의 城堡르 修築하면서 그 餘力을 利用해 築城하여야 된다고 보았다.[25] 그런데, 그의 活動은 北方對策과 관련지어 볼 때 역시 그가 직접 咸鏡道에 派遣되어 邊事를 主管한 데 중점을 두어야 할 것이다. 明宗年間에는 대체로 野人의 侵入이 누그러지는 형편이긴 하였으나, 明宗 3年(1548)에 採蔘 胡人들의 侵入이 있었고, 特히 同王 7年(1552)에는 邊將 金舜皐와 金秀文이 伊應巨島의 野人을 몰아내고 設鎭한 일이 계기가 되어 西水羅의 난리를 겪기에 이르렀다. 이때 그는 咸鏡道巡邊使가 되어 野人을 招撫하고 포로로 잡힌 자들을 송환시키면서 設鎭의 잘못됨을 밝혀 이를 수습하였다. 당시의 朝議는 鎭의 革罷와 再次 건너 온 胡人들의 居住에 대해 의견이 분분하였는데, 그는 다음과 같은 見解를 제시하였다.

巡邊使李浚慶 復命 因啓曰 …… 今雖革罷新城 而未可輕許還居 待其效誠深切乞備盡 而後許之 則庶可鎭服矣[26]

라고 하여, 그는 新城의 設置가 野人 招撫에 어긋난다는 理由로 그 革罷에 대체로 찬성하였다. 그러나, 그는 胡人이 다시 伊應巨島에 居住하는 것에 대해서는 하나의 위압책으로서 신중을 기해야 한다고 주장하였다. 물론, 그는 宣祖 3年(1570) 野人의 잦은 侵入에 따른 伊應巨島의 征討에 있어서는, 그 名分을 인정하면서도 "而但觀今日六鎭形勢 旱粮無儲 兵力單弱"이라 하

----

24) 『明宗實錄』 卷10, 5年 3月, 辛酉條.
25) 上揭書 卷17, 9年 10月, 己丑條.
26) 『明宗實錄』 卷12, 7年 10月, 壬戌條.

여, 六鎭에 비축된 軍糧이 없고 兵力도 미약하다는 점을 내세워[27] 연기론을
제시한 바 있다. 特히, 明宗 9年(1554)에 野人 骨幹 등이 造山堡・慶興에 侵
入하자, 조정에서는 助防將 崔豪를 파견하고 南致勗을 慶興府使로 差遣했
으며, 특히 崔漢貞의 활약에 힘입어 造山堡를 지킬 수 있었다. 그러나, 事態
가 好轉되지 않아 李浚慶은 1) 別軍官 20名을 派遣하고, 2) 監司가 要請한대
로 南道 內需司의 奴子 및 公私賤으로서 武才가 있는 자를 뽑아 防禦에 充
當케 하며, 3) 道內 곡식과 六鎭의 築城을 위해 役價條로 비축해 놓은 備邊
司의 布 등을 軍糧에 充當케 하고, 4) 賊變을 알려온 羅時哈 등에게는 恩償
을 내려줄 것 등을 제시하였다.[28]

그리고, 그는 明宗 20年(1565)에 軍士들이 境內의 野人들을 調査하다가
殺傷되는 事件이 發生하자, "以示國威 永斷後患"을 위해 征討할 것을 주장
하기도 하였다.[29] 또한, 이듬해에는 西虜의 侵入을 징계하기 위해 西征을
하자는 논의가 있을 때, 軍人의 피폐를 들어 後日로 연기하자고는 하였으
나, 역시 征討의 必要性은 강조하였다.[30]

이와 같이, 李浚慶은 北方地域의 邊事를 직접 처리하고 邊事에 따른 적절
한 對策을 제시하고 있음을 알 수 있는 바, 그는 北方對策에 있어서 주로 平
和를 유지하는데 주력하면서도 國威로 野人을 복속시켜야 한다고 하여, 征
討와 招撫를 並行시켰다고 하겠다. 그는 中宗 38年(1543)의 文臣庭試에 壯
元을 차지한 적이 있는데, 이때의 글이 바로 「對禦夷狄方略」이었다. 여기에
서 그는 王者에 대해 夷狄이란 陽과 陰의 關係로서, 聖人의 道는 陽을 扶護
하고 陰을 억제하는 데 있다고 보았다. 그러므로, 夷狄을 방어하는 對策으
로서 王者의 兢兢業業을 강조하고, 모든 禍亂이 자기 자신으로 말미암아 일
어난다고 하여 王者된 도리로서 修德을 重視하였으니,

●●●○○·····················
27)『東皐先生遺稿』卷7, 伊應巨島征討議.
28)『東皐先生續稿』卷2, 造山堡措置議 및 『明宗實錄』卷16, 9年 5月, 戊午條.
29)『東皐先生續稿』卷4, 邊塞措置啓 및 『明宗實錄』卷31, 20年 9月, 己亥條.
30)『東皐先生續稿』卷4, 西征可否回啓.

王者之於夷狄 猶陽之有陰 …… 故聖人之道 常在扶陽而抑陰 要令陽道長 而陰
道消 …… 故王者 常兢兢業業 不敢逸豫 …… 陽德消而陰道長 則禍亂之作當自我
而召之矣31)

라는 글에서도 이를 찾아볼 수 있다.

　이 같은 見解는 儒敎社會에 있어서 君主의 賢哲을 강조한 것이지만 그의
對外觀은 野人·倭人을 莫論하고 이를 바탕으로 展開되었다고 생각된다.
그러므로, 그는 朝鮮初期 以來의 交隣政策에 보다 充實하고 있으며, 그것도
賊變을 事前에 防止하고 招撫하는 데 있었다고 판단된다.

4. 對倭政策

　高麗末 以來 왜구의 창궐은 계속되어 왔는데, 明宗年間에도 王 7年, 12年
의 濟州道 侵入이 있었고, 同王 10年(1555)에는 乙卯倭變이 있었다. 特히,
乙卯倭變은 倭船 70여 척이 대규모로 達梁浦·梨津浦에 侵入한 事件이다.
이때 加里浦僉使 李世麟의 報告에 따라 兵使 元績, 長興府使 韓蘊, 靈岩郡
守 李德堅 等이 達梁浦 鎭을 구원하러 갔으나, 오히려 왜구에게 포위되는
形勢에 이르게 되었다. 이에, 조정에서는 趙安國을 兵使로, 南致勤을 左道
防禦使로, 金景錫을 右道防禦使로 任命하여 全羅道에 派遣하였다. 그리고,
이때 李浚慶은 이 倭變을 鎭壓할 적임자로 指目되어 全羅道巡察使로 起用
되었으니 그는 직접 왜변진압의 책임을 맡게 된 것이다. 그는 羅州 牙錦城
에 주둔하고 倭變鎭壓을 總指揮하면서 戰況報告를 올렸으며 그의 兄인 李
潤慶도 全州府尹으로서 靈岩守城의 직책을 맡아 靈岩에 侵入한 왜구를 격
퇴시키는데 큰 功을 세웠다. 그리고, 南致勤 等은 전함 60여 척으로 金堂島
의 倭船을 격파하고 이어 兵船을 濟州道에 보내어 濟州牧使 金秀文을 응원
토록 하였다. 이렇게 하여 乙卯倭變은 鎭壓되었고 그 공로로 李浚慶은 兵曹

●●●● ···································

31)『東皐先生遺稿』卷8, 對禦夷狄方略.

判書에 起用되었으며 兄은 全羅道觀察使가 되어 兵水使를 兼任하게 되었다. 이러한 人事處理는 倭變에 따른 事後 수습과 왜구들의 再侵에 對備한 것으로 판단된다.

以上에서 그가 총지휘했던 乙卯倭變의 진압과정을 간단히 살펴보았는바, 여기에서 그는 防禦體制의 實相을 파악하여 이를 再檢討하게 되었던 것으로 생각된다. 倭變의 심각성은 그가 지적한 것처럼 倭軍의 勢力이 강한데 있었던 것이 아니고 우리 측의 방어 상에 虛點이 있으며, 또한 指揮官의 角立 등 軍政의 解弛에 문제점이 있었다고 할 수 있다.[32] 이에, 그는 全羅道의 留鎭軍을 별로 소용이 되지 못한다고 판단하고 士族出身의 武才者를 抄發하였으며,[33] 京中의 他道精兵과 散武臣은 물론 閑良・公私賤・僧徒 등을 동원시켰던 것이다. 이러한 非軍士層의 동원은 濟勝方略에 의한 分軍法과 함께 朝鮮初 以來의 鎭管體制가 붕괴되었음을 뜻하는 것이었다.[34] 그리고, 乙卯倭變을 계기로 備邊司가 定制化되기에 이르렀고 비로소 그 廳舍도 마련되게 되었다.[35] 이러한 變化는 그의 倭變鎭壓의 경험과 防禦體制에 대한 再檢討에서 進展되었을 것임에 틀림없다. 이는 그의 水軍에 대한 强化策에서도 나타나고 있는데, 그가 兄인 全羅道觀察使와의 書信交換을 통하여 광범위하게 軍務를 論議하고 있으며 아울러 岐浦 等地에 대해 要害處로서의 得失과 城堡築造를 擧論한 것에서도 立證된다.[36]

한편, 그의 對倭認識도 乙卯倭變의 鎭壓이나 邊務를 담당하면서 보다 具體化 되었으리라 생각된다. 그는 倭에 대한 記事를 많이 남기고 있는데, 特히 그의 對倭認識은 그가 宣祖 3年(1570)에 올린 獻議에 잘 나타나 있다. 그 內容을 살펴보면 대략 다음과 같다.[37]

●●●● ⋯⋯⋯⋯⋯⋯⋯⋯⋯⋯⋯⋯⋯⋯⋯⋯⋯

32) 『明宗實錄』 卷18, 10年 5月, 辛亥條 및 同年 8月, 辛巳條 參照.
33) 同上, 乙酉條.
34) 陸軍士官學校, 1968, 『韓國軍制史』, 近世朝鮮前期篇, 294~295쪽.
35) 上揭書, 357쪽 參照.
36) 『東皐先生遺稿』 卷7, 答上兄書.
37) 上揭書 卷3, 日本所要修答可否劄 및 卷7, 日本所要修答可否議.

첫째, 그는 日本의 薺浦에 대한 開港 要請에 대해, 釜山은 日本人의 往來에 不便이 없는 곳이고, 薺浦는 섬이 많아서 왜구가 侵入해도 識別하기 어렵다는 理由로 反對하였다. 본래 薺浦는 世宗때 開港되었으나, 中宗 初 諸政 改革의 일환으로 三浦에 대한 統制가 심해졌고, 中宗 5年(1510)에 三浦倭亂이 일어나 폐쇄되었다가, 中宗 7年(1512)에 癸亥條約을 개정한 壬申條約으로 다시 開港하였으나, 곧바로 釜山浦로 옮겨졌다. 그리고, 同王 39年(1544)에는 蛇梁鎭倭變으로 國交가 斷絶되었다가 明宗 2年(1547)의 丁未條約에 의해 國交가 再開되었으나 사실상 薺浦는 閉鎖된 상태에 있었다. 特히 明宗 12年(1557) 對馬島主가 薺浦舊路의 開通을 要請해 왔으나 허락하지 않았는바, 薺浦開港에 反對한 그의 見解는 乙卯倭變에 따른 경계강화에서 비롯되었다고 할 수 있다.

둘째, 그는 日本이 선박의 규모를 재는데 布帛尺을 利用하자는 要請에 대해서도, 이는 옛 規例를 반영시키고자 하는 속임수에 불과하다고 판단하여 역시 反對하였다.

셋째, 그는 倭船 8척과 倭人 熙久 等의 子孫들에게 圖書 印信을 造給하는 것은 허락해도 무방할 것이라고 보았다. 이는 倭人들이 一時에 오는 것이 아니므로 接待에 혼란을 빚을 염려가 없으며, 오히려 이를 倭人 招撫의 한 方法으로 活用할 것을 제시한 것이다.

넷째, 그는 歲遺船을 大船制로 허락하는 것이 現實的인 對策이라고 판단하였다. 丁未條約은 歲遺船에 대해 그 船型까지 制限한 것이 특징인데,[38] 對馬島主의 歲遺船을 25척으로 하되 大船 9척, 中船 8척, 小船 8척으로 規制하고 있었다. 그러나 李浚慶은 이러한 規制가 지켜지지 않은 背景에 대해 倭人들이 名目上 모두 大船이라 칭하여 粮料를 받아가며, 邊將 또한 賂物에 이끌려 大船으로 報告하는 關係로 지난 6~7年間 中·小船이 없었음을 들고 있다. 특히, 그는 大船制로의 轉換을 朝議가 비난하는데 대해, 前日 中宗때

38) 李鉉淙, 1981, 「倭人關係」, 『한국사』 12, 국사편찬위원회, 400쪽.

거센 반발을 무릅쓰고 日本의 和請을 받아들이게 한 成希顔의 경우를 實例로 들면서, 그러한 倭人이나 우리 邊將들의 不法을 現實的으로 禁斷할 수 없는 狀況이므로 倭人들의 和請을 허락하는 편이 차라리 나을 것이라고 주장한 것이다. 勿論, 이러한 그의 主張은 接待費用의 過多한 支出로 인한 入國倭船의 規制精神에 어긋나고 倭人이나 우리 邊將들의 不法을 묵인한다는 면도 없지 않다. 그러나, 그 같은 見解는 壬申・丁未條約으로 對馬島主의 歲遣船이 이미 25척으로 반감되었으므로 이를 大船制호 해도 무방하리라는 판단에서 비롯된 것이 아닌가 생각된다.

더구나, 그는 "參贊官 李浚慶曰 凡有倭人之凌侮 專出於邊將之貪黷 甘心屈辱 不以爲恥 積弊成習 幾十餘年 尹 痛革此習 改絃易轍 而金光軫又加尹 使軍民人等 潛帶物貨 赴館買賣者 一切禁斷 而邊民抱怨 無一人爲朝廷致力 而與倭同心焉 此豈非凌侮之習 由於我民耶 臣意不遞光軫 則可鎭彼倭之凌 亦妨我民之奸"라고 하여, 倭人의 凌侮가 邊將들의 탐학에 있고,[39] 倭人에게 粮料를 支給할 때 邊將들이 大小船을 莫論하고 不法을 저지르므로, 이러한 폐해를 除去하기 위해 必擇邊將을 主張하였다.[40] 또한, 日本의 和請에 대해 "今復自生狡計 欲作釁端 其情可知矣"[41]라고 한 것을 보면, 그의 見解는 안팎의 사정을 감안한 것이라 생각된다. 그런데, 日本의 和請內容은 明宗 22年(1567)의 것과 같은 것으로서 當時는 熙久 및 日人 20人에게 印信을 發給해 주되 나머지 要請은 허용되지 않았다.[42] 따라서, 그의 大船制로의 轉換主張은 상당한 變化를 보게 된 것이라 짐작된다. 그러나, 그는 壬申條約의 준행을 강조하면서, 明宗 19年(1564)에 한하여 特送船을 허용해 주되 이들로 하여금 壬申條約의 改定이 불가하므로 이후 特送船의 파견을 中止하도록 日本에게 환기시키도록 要請하였다.[43] 그러면서도 對馬島主가 平

●●●●○○○○○○○○○○○○○○○○○○○○○○○○○○○○○

39) 『中宗實錄』 卷96, 36年 9月, 庚戌條.
40) 『明宗實錄』 卷29, 18年 8月, 甲寅條.
41) 『東皐先生遺稿』 卷3, 日本所要修答可否剳.
42) 『明宗實錄』 卷34, 22年 5月, 庚午條.

朝光을 파견하여 海賊들의 머리를 바치자 그들의 세견선을 2~3척 정도 增船시켜 주어도 좋을 것이라고 하였다.[44]

그리고, 明宗 12年(1557)에 세견선을 50척으로 회복시켜 달라는 日本의 要請에 대해서도, 50척은 不可하나 5척 정도는 增船시켜주어도 무방할 것이라[45]는 비교적 유연성있는 立場을 견지하고 있었으니, 여기에 大船制로의 전환을 主張했던 背景이 있었던 것으로 생각된다. 特히, 그는 세견선의 增船을 왜구방지의 수단으로 적극 인식하여,

> 先王以五十船爲餌 贖百萬億蒼生之命 非偶然許也 然則姑許五船之數 以圖一時之安徐 復五十之數 以開萬世之太平[46]

이라 하였다. 이는 지나친 柔和的 자세로 해석할 수 있겠으나, 三浦倭亂 以來 이들에 대한 規制 强化와 乙卯倭變에 따른 對倭關係의 긴장을 완화시키려는 의도로 짐작된다. 그러므로, 그의 對倭觀은 乙卯倭變의 진압과 같은 응징과 세견선의 척수에 집착하지 않은 招撫를 적절히 竝用한데서 具體化되었다고 할 수 있다. 이러한 事實은 그의 倭賊分辨과 倭賊處理의 문제에서도 찾아볼 수 있다. 그는 作賊한 根據가 없는 生擒倭人은 中央에 報告하면 外交問題가 되므로 邊將의 事機에 따른 조처가 우선되어야 한다고 보았다.[47]

또한, 이들 倭人을 送還시켜, 作賊者는 반드시 죽임을 당하지만 그렇지 않은 倭人은 送還될 수 있다는 사실을 通諭함으로써 왜구방지의 한 方策으로 삼아야 된다고 하였다.[48] 特히, 그는 中國人을 왜구로 오인하여 이를 處

● ● ● ○ ·······················
43) 上揭書 卷30, 19年 8月, 甲午條.
44) 『東皐先生遺稿』 卷7, 待對馬島議.
45) 『明宗實錄』 卷22, 12年 正月, 己巳條.
46) 『明宗實錄』 卷22, 12年 正月, 己巳條.
47) 『東皐先生遺稿』 卷7, 生擒倭人處置議.
48) 上揭書 卷7, 倭賊分辨及歸還本國議.

刑한 邊將을 處罰하고,[49] 이들을 中國으로 送還시켜야 한다는 立場도 表明
하였다.[50] 그러나, 그는 中國人 寇徒를 中國에 보내면 明의 邊將이 處罰을
받게 되므로, 이를 怨恨으로 삼아 中國 남쪽일대의 바다에 정박하는 朝鮮人
과 그 선박이 피해를 입을 가능성이 크다고 판단하여,[51] 신중을 기할 것을
주장하였다. 더구나, 그는 이들을 中國을 배반한 사실상의 왜구로 규정하여
中國보다도 日本으로 보내는 것이 外交上의 利點이 크다고 강조하고 있
다.[52] 이와 같이, 그는 왜구와 中國人인 寇徒문제에 있어서도, 이들에 의한
侵入을 事前에 防止하는 方法으로 그 解決을 꾀했을 뿐만 아니라, 日本·中
國과의 外交問題까지도 고려하는 치밀한 對策을 강구했다고 할 수 있겠다.
여기에서 李浚慶의 對倭識見과 함께 外交的 수완까지도 엿볼 수 있으리라
생각된다.

5. 맺음말

　以上에서 살펴본 바와 같이 東皐 李浚慶은 朝鮮中期 특히, 明宗年間에 政
局을 主導해 나갔던 人物로서 國防 上에서 큰 비중을 차지하고 있었음을 알
수 있다. 燕山君 以來 네 차례에 걸친 士禍로 인해 그 家門이 많은 피해를 당
하게 되어, 그 자신이 어린 시절을 外家에서 보내야만 했으나 學問은 게을
리 하지 않았고, 官職에 進出한 후에도 역시 執權者들에게 배척을 받아 순
탄치 못한 길을 걷다가, 明宗 卽位 후에야 그의 學問과 경륜이 인정받게 되
어 政界에 복귀할 수 있었으며, 특히, 외척세력을 제거한 뒤 士林들의 추앙
을 받게 되면서 자신의 뜻을 마음껏 펼 수 있게 되었다.
　그는 당시 朝鮮王朝의 軍制에 깊은 關心을 갖고 있었는데, 그것은 16世紀

----

49) 『明宗實錄』 卷1, 卽位年 7月, 丁亥條.
50) 『東皐先生續稿』 卷3, 生擒倭賊雜中朝人中奏送上國啓.
51) 『東皐先生遺稿』 卷7, 下海唐人奏聞便否議.
52) 上揭書 卷7, 生擒倭人處置議.

후반이 軍制上 큰 전환기를 맞고 있었다는 時代的 背景과 그 자신이 軍務를 직접 담당하는 巡察使나 兵曹判書 그리고, 乙卯倭變 때는 이를 鎭壓하는 총책임을 맡고 軍務에 임했던 때문이기도 하겠다.

그는 軍制의 改革에 있어 基本的으로 鎭管體制의 붕괴에 따른 制勝方略의 시도를 꾀한 것으로 보인다. 그가 兄인 李潤慶과 교환한 書信 속에서 종래의 방어 원칙인 各鎭의 自戰自守를 否定하고 各 邊鎭은 서로 유기적인 연계체계를 구축하여 위급한 邊鎭에 구원병을 파견토록 하는 方案을 論議하고 있으니, 이는 이미 진관체제의 붕괴를 의미하는 것이기도 하다. 이러한 그의 意見은 이미 中宗때 柳順汀에 의해 제시된 바 있으나, 李浚慶의 濟勝方略에 의한 分軍法은 보다 現實에 바탕을 둔 進一步한 것으로 판단된다.

또한, 兵水使의 權限을 重視하고 있는데, 이와 관련해 監察御使 파견의 不必要性을 거론하고 있다. 이는 守令이나 邊將들의 不法行爲를 인식치 못해서 그러한 것이 아니라, 制度 自體의 實效性이 없음을 지적한 것이었다. 대신 그는 地方의 守令이나 邊將을 文武兼備의 儒者를 擇簡해 파견하자는 代案을 제시하고 있다. 아울러 沿海 · 邊境의 守令 · 邊將 人事에 대해 年少한 武才者의 파견과, 沿海守令을 왜구의 침입이 없다는 理由로 武臣대신 文臣으로 교체하는 것을 反對하였고 아울러 文臣들의 試射를 勸課토록 하여 文武兼全케 하자고 주장하였다.

또 하나의 문제는 軍役의 폐단을 제거토록 하자는 주장이었는데, 그 중 錄事와 書吏의 폐단을 一例로 들면서 官員의 定數를 유지하여 數外의 官員을 軍額에 充定시킴으로서 官員의 폐단을 줄이고, 軍額을 確保하는 二重效果를 기대하였다. 또 水軍의 子孫으로 僧徒가 된 자나 他役에 充定된 자들을 全員 刷還하여 水軍의 軍額確保도 꾀하였다.

다음으로, 그의 北方對策은, 그가 平安道觀察使와 咸鏡道巡邊使 등을 역임한 바 있어 北方事情에 正確한 判斷을 하고 있는 바탕 위에서 제시되고 있다. 이들 地域은 鮮初以來 國防의 前哨로서 항상 緊張된 防禦態勢를 維持해야만 했기 때문에 이곳의 守令과 邊將은 계속 武臣을 差遣토록 했으며, 軍粮의 비축을 위해서는 前例대로 平安道의 田稅를 本道에 轉納하도록 했다. 또한 압록강·두만강 일대의 長成이 이미 頹圮하여 防禦上 緊要한 곳인데도 軍丁의 不足으로 修築하지 못하고 있는 狀況에 대해, 南方의 긴요치않은 屯田을 百姓에게 경작케 하고 그 治水卒과 各鎭 入番水軍 1/10에 限해 軍布를 받아 民丁을 사서 修築하자는 方案을 제시하고 있다. 그런데, 그의 돋보인 활약은 그가 咸鏡道巡邊使로서 직접 邊事를 처리함에 있었다. 明宗 7年(1552)에 金秀文이 伊應巨島의 野人을 몰아내고 設鎭한 것이 계기가 되어 西水羅의 亂을 겪게 되었을 때, 이들을 招撫하고 設鎭의 잘못됨을 밝혀 이를 수습했다. 그는 野人 居住地에 設鎭하는 것이 저들을 회유하는 데 도움이 되지 못한다는 認識을 갖고, 이의 革罷에 同意하면서도 野人 再居住에 대해서는 威壓策으로 愼重히 대처해야 한다고 했다. 그러나, 明宗 9年(1554)에 骨幹 등이 造山堡·慶興에 侵入했을 때는 別軍官 20名을 派遣할 것과 內需司奴 및 公私賤 중 武才者를 선발해 파견하고, 備邊司의 備蓄布로 軍糧米를 充當할 것이며, 공로자에게는 포상할 것 등을 건의해 野人討伐에 강경책으로 對應하자고 했고, 明宗 20年(1565)에 軍士들이 境內 野人들을 調査하다가 殺傷되는 事件이 일어났을 때는 "以示國威 永斷後患"을 위해 征討할 것을 主張하기도 했다. 이같이 그는 平和維持에 主力하면서도 그들을 國威로 복종시키는 일환으로 征討와 招撫를 並行시켰던 것이라 하겠다.

일찍이 그가 中宗 38年(1543)에 文臣庭試에서 「對禦夷狄方略」이란 글로 壯元한 바 있는데, 여기서 그는 王의 兢兢業業을 强調하여, 모든 禍亂이 國王으로부터 연유한다고 하여 王者의 修德을 力說하였다. 이는 儒教社會에 있어서 君主의 賢哲을 강조한 것이지만, 그의 對外觀을 엿볼 수 있는 一面이며, 全體的으로 그의 對外觀은 鮮初 以來 交隣으로 平和維持를 追求한 對外政策에 充實하면서 賊變은 事前에 防止하고 招撫하는 것을 最善策으로 보고 있었던 것이다.

끝으로, 그의 對倭政策에 대한 見解는 乙卯倭變을 당해 그가 亂의 鎭壓 책임을 지고 全羅道巡察使로 파견되어, 당시 全州府尹으로서 靈岩守城將이던 兄 李潤慶과 함께 實戰에 임했던 경험을 바탕으로 이루어진 것으로 보인다. 乙卯倭變 당시 그는 왜구가 강했던 것 보다는 우리 측의 防禦上 虛點이 많고, 指揮官들에게 문제가 있는 것으로 파악하였다. 때문에 그는 兵種이 아닌 閑良·公私賤·僧徒 등 非軍士層을 動員한 總動員體制를 구상하였고, 制勝方略에 의한 分軍法을 시도한 것이라 보여진다. 그리고, 이를 계기로 備邊司를 定制化한 것으로 생각된다. 이 무렵 그는 日本이 要請한 事案들에 대해 獻議를 올려, 一部 倭人들에게 圖書印信 發給을 許用하고, 세견선을 모두 大船制로 전환토록 하자는 회유책을 제시하고 있는데, 특히 大船制 主張은 入國倭船의 規制情神에 어긋나는 一面도 있지만, 現實的으로 모두 大船制로 通用되고 있었고, 對馬島主의 세견선이 50척에서 25척으로 반감되어 있었으므로 적절한 見解로 평가된다. 또, 倭人과의 마찰이 邊將들의 탐학에 한 原因이 있다고 보고, 이의 擇簡을 要請하기도 하였다. 한편, 강경책으로서 薺浦의 開港은 허락해서 안 되며, 布帛尺의 사용도 허락지 말도록 要請하고 있고, 세견선을 50척으로 增船시켜 달라는 要求는 5척 정도로 增船을 허락함이 바람직하다고 하였다. 아울러 生擒倭人을 中央에 報告하면 外交問題가 되므로 邊將의 판단에 따르는 조처가 必要하다고 보았다. 그리고, 中國人 寇徒를 事實上의 倭寇로 규정하여 中國보다도 日本에 送還하는 것이 外交上의 이점이라고 보았다. 이와 같이, 그는 倭變을 직접 鎭壓했으면서도, 세견선의 척수에 집착하지 않는 비교적 유연한 자세를 보이고 있으며, 倭寇나 中國人 문제에 있어서도 이들의 侵邊을 防止하는 次元에서 그 解決을 꾀하고, 同時에 그들과의 外交問題까지도 고려하는 세심한 배려를 하고 있었던 것이다. 結局, 그의 對倭政策에 대한 見解는 征伐과 회유의 兩面政策을 外交問題까지 고려하면서 적절하게 對應하고자 했던 것으로 볼 수 있다.

앞으로 東皐 李浚慶에 대한 研究가 좀 더 많이 이루어졌으면 한다. 그가 활약했던 明宗年間에서 宣祖初期에 대한 檢討는 壬辰倭亂 研究나 朋黨史研究와도 밀접한 관련을 맺고 있기에, 좁게는 이 문제들과의 관계이지만, 넓게는 朝鮮中期에 대한 폭넓은 檢討를 위한 작업에 도움이 될 것이라고 판단되기 때문이다.

찾아보기